W0300428

Desserts

Die Kochschule

Zum Gebrauch dieses Buches

Schwierigkeitsgrad	von ★ bis ★★★
Verweis auf Videos	
Verweis auf Rezepte	
Verweis auf die Kochschule	
Glossar	›› S. 466
Register	›› S. 472

Unser Verlagsprogramm finden Sie unter www.christian-verlag.de

Übersetzung aus dem Französischen: Sibylle Segovia
Textredaktion und Satz: Carmen Söntgerath
Korrektur: Petra Tröger
Umschlaggestaltung: Caroline Daphne Georgiadis, Daphne Design

Gesamtherstellung Verlagshaus GeraNova Bruckmann GmbH

Alle Angaben in diesem Werk wurden von den Autoren sorgfältig recherchiert und auf den aktuellen Stand gebracht sowie vom Verlag geprüft. Für die Richtigkeit der Angaben kann jedoch keinerlei Haftung übernommen werden. Für Hinweise und Anregungen sind wir jederzeit dankbar. Bitte richten Sie diese an:

Christian Verlag
Postfach 400209
80702 München
E-Mail: lektorat@verlagshaus.de

Die Deutsche Nationalbibliothek verzeichnet diese Publikation in der Deutschen Nationalbibliografie; detaillierte bibliografische Daten sind im Internet über http://dnb.d-nb.de abrufbar.

Copyright © 2013 für die deutschsprachige Ausgabe:
Christian Verlag GmbH, München

Die Originalausgabe mit dem Titel *Encyclopédie des desserts* wurde erstmals 2012 im Verlag Flammarion, Paris, veröffentlicht.
© Flammarion, Paris, 2012

Text: Vincent Boué, Hubert Delorme, Didier Stéphan
Reproduktion: IGS, Angoulême
Layout und Design: Alice Leroy

Alle deutschsprachigen Rechte vorbehalten.

ISBN 978-3-86244-381-9

Vincent Boué, Hubert Delorme, Didier Stéphan
Fotos Clay McLachlan

Desserts

Die Kochschule

300 Techniken
150 Rezepte – 700 Fotos

CHRISTIAN

Zum Gebrauch dieses Buches

Die Kochschule

Hier zeigen Ihnen die Profis alle Techniken Schritt für Schritt.

Einfache Orientierung

Fotos zeigen jeden Arbeitsschritt

Die Kochschule

76

Biskuit- und andere Böden, Kleingebäck

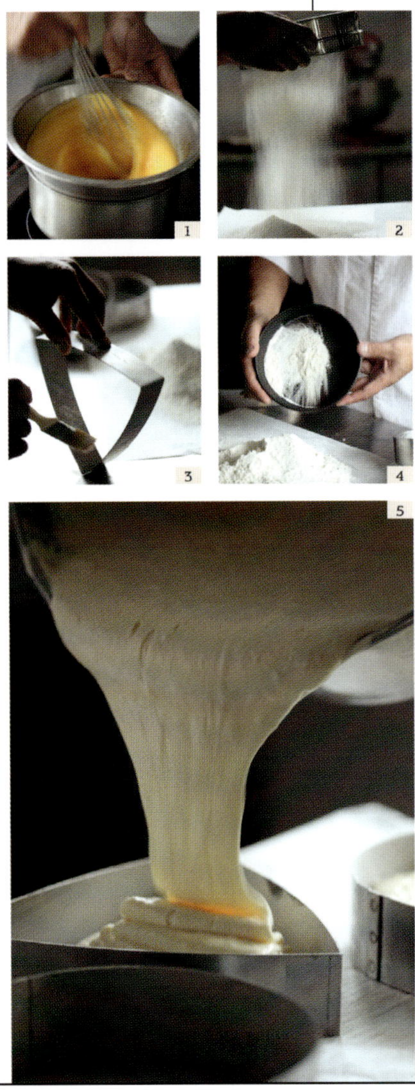

Genueser Biskuit ★

Zutaten für 2 kleine Kuchen
200 g Ei
125 g feinster Zucker
125 g Mehl Type 405
Butter für die Form

Die Eier und den Zucker in einer Schüssel verquirlen. Auf einem 60 °C heißen Wasserbad schlagen (1), bis die Masse dick wird und bandartig vom Schneebesen fließt. Die Hälfte des gesiebten Mehls vorsichtig unterziehen. Die zweite Hälfte darübersieben (2) und ebenfalls behutsam einarbeiten, damit die Masse nicht zusammenfällt. Zwei Formen (etwa 12 Zentimeter Durchmesser) ausbuttern (3), mit Mehl ausstauben (4) und zu drei Vierteln mit der Masse füllen (5). Sofort in den Ofen schieben und bei 180 °C 20-25 Minuten backen. Nach erfolgreicher Garprobe auf ein Kuchengitter stürzen.

● **Tipp**

Für eine Genueser Masse mit Schokolade 25 Gramm Mehl durch 25 Gramm gesiebtes Kakaopulver ersetzen.

Rezepte

Himbeertorte ›› S. 329
Schwarzwälder Kirschtorte ›› S. 346
Erdbeertorte ›› S. 349
Mokkatorte ›› S. 353

http://cv-vlg.de/dessert06

Schwierigkeitsgrad

Fachbegriffe werden im Glossar erklärt

Die Tipps der Profis

Verweis auf Rezepte, in denen die Technik angewendet wird

Videos

Wenn Sie den QR-Code mit einem internetfähigen Mobiltelefon scannen, erhalten Sie Zugriff auf eine Website, die eine Reihe von kurzen Filmen bereithält, die einzelne Techniken genauer illustrieren. Neben dem QR-Code befindet sich jeweils eine Internetadresse, die Sie in den Browser Ihres PC eingeben können, um auf die Website zu gelangen.

Die Rezepte

Hier finden Sie 150 Rezepte, entwickelt und geprüft von erfahrenen Patissiers.

Einfache Orientierung

Zutaten

Schwierigkeitsgrad

Zutaten

Für den Teig
500 g Mehl
20 g frische Hefe
250 ml lauwarmes Wasser
10 g Salz
10 g feinster Zucker
200 g Ei
250 g Butter + Butter für die Förmchen
80 g Rosinen, in 50 ml Rum eingeweicht

Für den Sirup
250 g feinster Zucker
500 ml Wasser
Aroma nach Wahl (Sternanis, Zitruszesten, Zimtstange ...)

Für die Chantilly-Sahne
150 g flüssige Schlagsahne
20 g Puderzucker
Vanilleextrakt

Außerdem
60 g Aprikosenkonfitüre
40 ml Wasser
200 g rote Beeren

Kochschule
Baba- oder Savarinteig >> S. 43
Chantilly-Sahne >> S. 94
Tränken >> S. 133

Baba mit Rum ★★

Für 8 Personen
Zubereitung: 120 Minuten
Backzeit: 25 Minuten

Den Teig herstellen.
Das Mehl in eine Schüssel sieben, in die Mitte eine Mulde drücken. Die Hefe in der Hälfte der Flüssigkeit auflösen und hineingeben.
Das Salz auf den Rand streuen, den Zucker hinzufügen.
Alles mit einem Spatel vermischen, dann nach und nach die verquirlten Eier dazugeben.
Den Teig kräftig kneten, bis er elastisch ist, dabei die restliche Flüssigkeit untermengen. Diesen Arbeitsgang kann auch der Knethaken der Küchenmaschine übernehmen. Sobald der Teig nicht mehr klebt und sich vom Rand der Schüssel löst, nicht weiterkneten.
Die Butter zerlassen und einarbeiten. Die Teigschüssel mit Frischhaltefolie abdecken und den Teig 30-40 Minuten bei 25-28 °C gehen lassen.
Wenn sich das Volumen verdoppelt hat, den Teig abschlagen, indem man ihn zusammendrückt und kurz durchknetet. Die in dem Rum eingeweichten Rosinen unterkneten.

Die Babas backen.
Den Backofen auf 180-200 °C vorheizen. Die Förmchen ausbuttern und mithilfe eines Spritzbeutels oder einer Teigkarte zur Hälfte füllen. Den Teig erneut gehen lassen, bis er den Rand der Förmchen erreicht.
Im vorgeheizten Ofen etwa 25 Minuten backen. Für die Garprobe mit einem Holzspieß in die Babas stechen. Kommt er sauber wieder heraus, ist der Teig durchgebacken. Die Babas zum Abkühlen auf ein Kuchengitter legen.

Den Sirup herstellen.
Sämtliche Zutaten in einen Topf geben, erhitzen und 2-3 Minuten kochen lassen. Auf etwa 40 °C abkühlen lassen. Die Babas nacheinander in den heißen Sirup tauchen und auf eine Platte setzen. Mehrere Male mithilfe einer Schöpfkelle mit dem Sirup übergießen. Die Babas sind vollgesogen, wenn man sie mit einer Nadel ohne Widerstand durchstechen kann. Auf einem Kuchengitter abtropfen lassen, dann auf einer Platte anrichten.
Für die Glasur die Konfitüre mit etwas Wasser aufkochen, durch ein Sieb passieren und mit einem Pinsel auf die Babas streichen.

Die Chantilly-Sahne herstellen.
Die Sahne mit dem Puderzucker steif schlagen, mit Vanilleextrakt aromatisieren. In einen Spritzbeutel mit Sterntülle füllen und in die Mitte der Babas dressieren. Mit den Beeren dekorieren.

● **Tipp**
Das Salz auf den Mehlrand geben, damit es nicht mit der Hefe in Kontakt kommt. Die Babas nach dem Eintauchen in den Sirup nach Belieben mit Rum oder einer anderen Spirituose übergießen.

Die Rezepte 361 Klassiker und neue Favoriten

Verweis auf die Kochschule

Fachbegriffe werden im Glossar erklärt

Inhalt

Die Rezepte

Ein Meisterpatissier eröffnet jeweils das Kapitel und gibt eines seiner Rezepte preis.

Anhang

Vorwort

Joël Bellouet

Mitbegründer der École Gastronomique Bellouet Conseil, Paris

Es ist für mich eine Ehre und eine Freude, einen Beitrag für ein derartig anspruchsvolles Werk zu schreiben. Aufgrund meiner langjährigen Tätigkeit als Ausbilder in vielen Ländern auf allen Kontinenten weiß ich, welch große Wertschätzung die französische Patisserie auf der ganzen Welt genießt. Sie ist ein wesentlicher Teil der Esskultur meines Landes, die 2010 von der UNESCO als immaterielles Welterbe anerkannt wurde.

In diesem Buch beeindruckt die Vielfalt der vorgestellten Desserts ebenso wie die bemerkenswerte Leistung der Autoren, dem Leser jedes einzelne Rezept mit größtmöglicher Präzision nahezubringen. Es trifft absolut einen Trend unserer Zeit, der viele überrascht hat: Kuchen, Torten und Gebäck aller Art, Schokoladen- und Tellerdesserts, geeiste Mousses und Cremespeisen erfreuen sich wachsender Beliebtheit. Auch die Klassiker der Patisserie werden nicht vergessen. Darüber hinaus sind viele Seiten den Grundzubereitungen gewidmet, die den traditionellen ebenso wie den zeitgenössischen Kreationen zugrunde liegen.

Was gibt es Schöneres, als mit einem perfekt zubereiteten Dessert ein glückliches Lächeln auf die Gesichter der großen und kleinen Genießer zu zaubern, als eine gemeinsame Mahlzeit im Familienkreis oder ein Festessen mit einer köstlichen hausgemachten Süßspeise zu krönen? Welch beglückendes Gefühl, wenn der optische Eindruck des Desserts sich geschmacklich bestätigt! Die Düfte und Aromen, die sich während der Zubereitung entwickeln, schenken bereits eine Vorahnung auf den zu erwartenden Genuss. Ob zum Nachtisch, Zum Frühstück oder zur Teestunde – das Buch enthält Rezepte für jede Gelegenheit, die mit einer süßen Köstlichkeit zu einem außergewöhnlichen Moment wird. Für solche Erlebnisse lohnt es sich, sein Know-how und seine Leidenschaft weiterzugeben, nicht zuletzt, weil nur auf diese Weise unsere Fachkenntnisse bewahrt werden.

Der Blick auf all die köstlichen Rezepte in diesem großartigen Buch hat mir bestätigt, dass es vollkommen zu Recht den Titel »Desserts. Die Kochschule« trägt. Ich bin sicher, dass zahllose Feinschmecker mit Begeisterung daraus lernen werden.

Zur Einführung

Christophe Michalak

Chefpatissier, Hotel Plaza Athénée, Paris

Als kleiner Junge träumte ich davon, einmal ein Superheld zu sein, als Teenager wollte ich dann unbedingt Rockstar werden. Keiner meiner Träume ging in Erfüllung – da bin ich eben Patissier geworden. Gleich zu Beginn meiner Ausbildung hat mich die Leidenschaft für das Metier gepackt. Meine Freunde, die noch zur Schule gingen, machten sich darüber lustig. Sie konnten nicht verstehen, dass ich in einem Laden enden wollte, in dem man Sonntag für Sonntag Windbeutel mit Schlagsahne füllt ... Rückblickend kann ich sagen, es war hart, aber es hat sich gelohnt. Ich bin glücklich und zufrieden, ich habe gelernt, mit absoluter Präzision zu arbeiten, nie den Mut zu verlieren und, vor allem, immer mein Bestes zu geben.

Große Patissiers wie Gaston Lenôtre, Pierre Hermé, Philippe Conticini und viele andere haben unser Metier zu dem gemacht, was es heute ist. Patissier ist ein angesehener Beruf. Das war nicht immer so, aber nicht zuletzt durch die zunehmende Präsenz in den Medien erfährt er nun endlich auch die ihm gebührende Wertschätzung.

Mir macht es große Freude, junge Talente zu entdecken und zu fördern, die auf die traditionellen Rezepte zurückgreifen, sie weiterentwickeln und auf diese Weise ihren Beitrag zum Renommee des Berufsstandes leisten. Deshalb erfüllt es mich mit großem Stolz, die Einführung zu diesem hervorragenden Lehrbuch schreiben zu dürfen, das die Grundlagen des Handwerks erklärt.

Es wäre falsch zu behaupten, eine Küche sei besser als alle anderen, sei es nun die französische, die italienische, die chinesische oder eine orientalische, denn jede ist geprägt durch die Kultur ihres Landes. Dagegen gibt es in meinen Augen auf der ganzen Welt nur eine Patisserie, die alle anderen weit überragt, und wir können uns glücklich schätzen, dass sie in unserem Land zu Hause ist. Paris-Brest, Baskischer Kuchen, Macarons, Tarte Tatin, Schnee-Eier, Gugelhupf, Millefeuille ... Wer sonst kann sich so vieler regionaler Spezialitäten rühmen? Und die Qualität der von begabten und engagierten Amateuren gefertigten Produkte nimmt ständig zu. Das ist nicht nur dem Fernsehen zu verdanken, sondern mindestens ebenso sehr dem Internet, wo in zahlreichen ambitionierten Koch- und Backblogs die Patisserie entmystifiziert wird. Und glauben Sie mir, wir stehen erst am Anfang dieser Entwicklung.

Ich bin davon überzeugt, dass dieses Buch dazu beitragen wird, jungen Profis und engagierten Amateuren die Grundlagen der süßen Küche zu vermitteln. Lange wurden die Techniken im Verborgenen gehütet, als wären sie Staatsgeheimnisse. Dankenswerterweise haben sich viele große Patissiers inzwischen dazu entschlossen, ihre besten Rezepte zu veröffentlichen. Dadurch ist unser Metier zugänglich gemacht worden und das Niveau steigt ständig. Auch in diesem Buch gibt in jedem Kapitel ein Meister seines Fachs eines seiner Rezepte preis.

Ich wünsche Ihnen viel Freude dabei, auf den folgenden Seiten den reichen Schatz für sich zu entdecken, der für mich den schönsten Beruf der Welt ausmacht!

Die Kochschule

Teige und Massen

Mehl

Die Bezeichnung Mehl ohne nähere Angaben bezieht sich auf das aus dem Vermahlen von Weizenkörnern entstandene Produkt. In der industriellen Müllerei wird das sorgfältig gereinigte Getreide in einem mehrstufigen Verfahren im **Walzenstuhl** zerkleinert, bis das gesamte Mehl herausgelöst ist, und dann auf dem **Plansichter** gesiebt. Die Walzen der einzelnen »Passagen« genannten Durchgänge sind unterschiedlich tief geriffelt, die letzten sind die sogenannten Glattwalzen.

Damit das Mehl weiß wird, muss man den inneren Kern des Korns von sämtlichen Schalenteilen befreien. Aus diesen Rückständen wird **Kleie** gewonnen, eine grob oder fein vermahlene graubraune Substanz, die reich an wertvollen Ballaststoffen ist. Weizenmehle tragen ihrem Ausmahlungsgrad entsprechend unterschiedliche Typenbezeichnungen. Für Feingebäck und helles Brot kommt in der Regel Type 405 oder 550 zum Einsatz.

Hochwertiges Weizenmehl enthält etwa 12 % Proteine, darunter das Klebereiweiß **Gluten**, das hervorragende Quelleigenschaften aufweist. Wenn man Mehl mit Wasser verknetet, wird das Gluten aktiviert und verleiht dem Teig Elastizität. Diese Reaktion ist insbesondere für Hefeteige wichtig, ein Mürbeteig dagegen darf auf keinen Fall lange geknetet werden.

Hefe im Teig wandelt Zucker in Kohlendioxid und Alkohol um. Das mithilfe von Gluten gebildete **Teiggerüst** hält das Gärgas, sodass der Teig aufgehen kann. Hefegebäck gelingt nur mit glutenhaltigem Mehl. Für die Herstellung von Crêpe- oder Biskuitmassen dagegen ist der Glutengehalt zweitrangig.

● Tipp
Zur Verbesserung der Rieselfähigkeit sollte Mehl vor der weiteren Verarbeitung gesiebt werden.

● Gut zu wissen
Auch Dinkelmehl eignet sich sehr gut für die Herstellung von Feingebäck, ebenso Kastanien- und Maismehl.

Margarine

1869 entwickelte der französische Chemiker Hyppolite Mège-Mouriès einen billigen und haltbaren Butterersatz aus Rindertalg und Magermilch. Das Streichfett benannte er wegen seines weißlichen Schimmers nach dem griechischen Wort *margaron,* »Perle«. Schon bald ließ sich Margarine auch aus Kokosfett und anderen **Pflanzenölen** herstellen. Heute besteht Margarine hauptsächlich aus pflanzlichen Rohstoffen; tierische Fette finden nur noch in geringem Umfang für spezielle Margarinesorten Verwendung.

Obwohl Margarine geschmacklich nicht an Butter heranreicht, bietet sie entscheidende Vorteile: Sie ist nicht nur billiger als Butter, sondern zudem auch wesentlich länger haltbar.

Für die Herstellung von Margarine werden Fette durch Hydrierung gehärtet. Den durch heiße Pressung gewonnenen Rohölen entzieht man in einem mehrstufigen Veredelungsprozess Farbe und Geruch, bevor sie zu **Spezialmargarinen** für die gewerbliche Nutzung weiterverarbeitet werden, wie beispielsweise Crememargarine für die Herstellung von Cremes und Massen oder Ziehfett für Blätter- und Plunderteig. Aufgrund ihres hohen Schmelzpunktes sind sie für Patisserieprodukte besonders gut geeignet.

Wie Butter ist Margarine eine Emulsion aus 82 % Fett und 16 % Wasser. Die restlichen 2 % bestehen aus Aromastoffen, Salz, Zitronensäure zur Konservierung, Farbstoffen sowie Stärke.

Hefe

Bäckerhefe, auch Frisch- oder Bierhefe genannt, besteht aus lebenden Hefepilzen, deren Stoffwechselaktivität Teige aufgehen lässt.

Die Grundlage dafür ist das **Kohlendioxid**, das die mikroskopisch kleinen einzelligen Pilze produzieren. Jedes Gramm Hefe besteht aus etwa 12 Milliarden winziger Pilzzellen, die wie alle anderen Lebewesen atmen, trinken, essen, ausscheiden, sich vermehren und schließlich sterben. Da sich Hefepilze hauptsächlich von Zucker (Saccharose) ernähren, lautet ihr wissenschaftlicher Name *saccharomyces cerevisiae*. Sie sind für die »Löcher im Brot« verantwortlich, denn sie produzieren die Kohlendioxidbläschen, die in der Backofenhitze aus dem Teig entweichen und das Gebäck lockern.

Hefeteig wird so lange kräftig geknetet, bis er hochelastisch ist. Das im Mehl enthaltene Gluten verleiht ihm seine glatte, glänzende, geschmeidige Konsistenz und ein stützendes Gerüst, das die Gärungsbläschen im Teig festhält.
Während der gut verknetete Teig an einem warmen und feuchten Ort ruht, entsteht durch **Gärung** Kohlendioxid und Alkohol, wodurch sich das Teigvolumen beträchtlich vergrößert. Der aufgegangene Teig ist hochempfindlich und darf keinesfalls Zugluft ausgesetzt sein, sonst fällt er wieder in sich zusammen.

Zur Energiegewinnung bauen die Hefezellen die im Mehl enthaltene Stärke in Zucker um. Dabei produzieren sie Kohlendioxid. Allerdings können sie auch ohne Sauerstoff leben, das heißt, sie haben sowohl einen aeroben als auch einen anaeroben Stoffwechsel. Hefezellen teilen sich etwa alle drei Stunden und vermehren sich auf diese Weise sehr rasch, daher muss mit diesen lebenden Kulturen äußerst behutsam und sachgemäß umgegangen werden.

● Tipp

Der Handel bietet frische Hefe und Trockenhefe an. Es empfiehlt sich die Verwendung frischer Hefe, sie verfügt über eine höhere Triebkraft und ermöglicht luftigere Backergebnisse.

Backpulver

Backpulver ist ein chemisches Triebmittel zur Teiglockerung.

Das Pulver setzt sich aus **Natriumhydrogenkarbonat** und Weinstein- oder Zitronensäure zusammen. Während Bäckerhefe einen komplexen alkoholischen Gärungsprozess auslöst, führt das basische Backpulver zu einer chemischen Reaktion. Bei Zufuhr von Feuchtigkeit beginnt es, Kohlendioxid-Bläschen zu bilden. Diese Reaktion lässt sich beobachten, wenn man einige Tropfen Wasser auf einen Löffel mit Backpulver träufelt. Durch die Einwirkung von Wärme während des Backvorgangs dehnt sich das Kohlendioxid weiter aus, sodass der Teig sichtbar an Volumen gewinnt.

Damit sich das Backpulver gleichmäßig im Teig verteilt, siebt man es am besten zusammen mit dem Mehl. Obwohl Backpulver Stärke zugesetzt wird, um Feuchtigkeit zu binden und damit eine vorzeitige Reaktion zu verhindern, empfiehlt sich die Aufbewahrung in einer luftdicht schließenden Dose. Im Handel findet man es vorzugsweise in kleinen Päckchen, die jeweils etwa 15 Gramm enthalten, die für 500 Gramm Mehl benötigte Menge. Backpulver kommt in erster Linie für Rühr- und Biskuitmassen zum Einsatz, in denen die enthaltenen Eier ebenfalls eine lockernde, treibende Wirkung haben.

Unter Einwirkung der Backofenhitze auf die im Teig enthaltene Feuchtigkeit reagiert das Natriumhydrogenkarbonat mit der Säure und setzt Kohlendioxid frei, wodurch kleine Gasbläschen entstehen, die sich ausweiten und den Teig auftreiben, aber durch das gleichzeitig gerinnende Eiweiß nicht entweichen können. Diese Reaktion vollzieht sich einmalig während der ersten Minuten im Backofen. Man kann sie beobachten, sollte dabei aber auf keinen Fall die Ofentür öffnen, um den chemischen Prozess nicht zu stören. Im Laufe des weiteren Backvorgangs garen alle Zutaten und die Teigstruktur verfestigt sich, wodurch ein Zusammenfallen des Kuchens nach dem Backen verhindert wird.

● Gut zu wissen

Die in einem Rezept angegebene Backpulvermenge sollte immer genau eingehalten werden. Da Natronlauge und Fette rein chemisch gesehen Seifengrundstoffe sind, kann eine Überdosierung ein sehr unangenehmes seifiges Mundgefühl verursachen. In der Regel reichen 20–30 Gramm Backpulver je Kilogramm Mehl aus.

Feste Teige

Zuckerteig

Dieser geriebene Mürbeteig ist eine Spezialität der französischen Patisserie. Das Verreiben von Mehl und Butter verleiht ihm eine besonders zarte und feinkrümelige Konsistenz. Er kann von Hand oder in der Küchenmaschine zubereitet werden. Zuckerteig findet hauptsächlich für Kleingebäck und Tartes Verwendung.

Zutaten für 4 Personen

125 g Mehl Type 405
65 g Butter
50 g feinster Zucker
2 g Salz
50 g Ei

Das Mehl in eine Schüssel oder auf die Arbeitsfläche sieben, in die Mitte eine Mulde drücken und die in Stücke geschnittene Butter hineingeben (1).
Butter und Mehl zwischen den Händen rasch zu einer feinkrümeligen Masse verreiben (2). Je kürzer die Butter bearbeitet wird, desto besser die Konsistenz des fertigen Gebäcks. Den Zucker und das Salz dazugeben. Das Ei mit einer Gabel verquirlen und untermischen. Mit einer Teigkarte und einer Hand zu einem homogenen Teig zusammenfügen, aber keinesfalls kneten (3).
Den Teig zu einer dicken Scheibe formen, in Frischhaltefolie wickeln und vor dem Ausrollen etwa 20 Minuten im Kühlschrank ruhen lassen.

● Tipp

Kleingebäck aus Zuckerteig nimmt eine schöne knusprige Konsistenz an, wenn man feinsten Kristallzucker verwendet. Mürbeteig für Tarteböden gelingt mit Puderzucker am besten.
Besonders fein und schmackhaft wird der Teig, wenn man einen Teil der Mehlmenge durch gemahlene Mandeln ersetzt.
Für die Herstellung von Kleingebäck kann dem Mürbeteig Backpulver zugesetzt werden – für das vorstehende Rezept sind drei Gramm ausreichend.
Den Teig nach Belieben aromatisieren (mit abgeriebener Zitronenschale, Vanillemark ...).

● Gut zu wissen

In Frischhaltefolie gewickelt oder in einer luftdicht schließenden Dose lässt sich Mürbeteig bis zu 48 Stunden im Kühlschrank aufbewahren.
Wird der Teig als Boden für Tartes oder Tartelettes verwendet, empfiehlt es sich, ihn vor dem Füllen blindzubacken.
Teigböden vor dem Backen mit einer Gabel mehrfach anstechen, damit sich keine Blasen bilden.
Gebäck aus Mürbeteig sofort nach dem Backen aus der Form oder vom Blech lösen und zum Auskühlen auf ein Kuchengitter legen, damit es schön trocken und knusprig bleibt.
Fertiges Gebäck zum Aufbewahren in eine luftdicht schließende Blechdose geben und trocken und kühl lagern.

Rezepte

Schokoladentarte >> S. 421
Ananas-Kokos-Tarte >> S. 422
Zitronentarte mit Baiserhaube >> S. 425
Tartelettes mit frischen Früchten >> S. 429
Tartelettes mit karamellisierten Nüssen >> S. 434

1

2

3

Rezepte mit Zuckerteig

Zuckerteig mit Mandeln

Zutaten für etwa 12 Plätzchen
125 g Mehl Type 405
30 g Mandeln, gemahlen
75 g Butter
40 g feinster Zucker
2 g Salz
7,5 g Vanillezucker (1 Päckchen)
25 g Ei

Den Teig herstellen wie im Grundrezept (S. 18) angegeben. Dabei das Mehl mit den Mandeln vermischen.

Schoko-Mandel-Zuckerteig

Zutaten für etwa 12 Plätzchen
125 g Mehl Type 405
20 g Mandeln, gemahlen
15 g Kakaopulver
75 g Butter
50 g feinster Zucker
3 g Salz
25 g Ei

Das Mehl, die Mandeln und das Kakaopulver mischen. Dann vorgehen wie im Grundrezept (S. 18) beschrieben.

Bretonisches Buttergebäck

Zutaten für etwa 10 Plätzchen
150 g Mehl Type 405
10 g Backpulver
90 g leicht gesalzene Butter
75 g feinster Zucker
40 g Eigelb
Eigelb zum Bestreichen

Das Mehl und das Backpulver mischen. Anschließend vorgehen wie im Grundrezept (S. 18) beschrieben.
Den Teig 1 Zentimeter dick ausrollen, mit beliebigen Formen ausstechen, mit Eigelb bestreichen und mit dem Rücken einer Gabel ein Muster eindrücken. Auf ein mit Backpapier oder einer Silikonmatte bedecktes Blech geben und je nach Größe etwa 10 Minuten bei 180 °C Umluft backen.

Diamantgebäck

Zutaten für etwa 12 Plätzchen
125 g Mehl Type 405
90 g Butter
50 g feinster Zucker
3 g Salz
7,5 g Vanillezucker (1 Päckchen)
grober Kristallzucker
50 g verquirltes Ei zum Bestreichen
gewöhnlicher oder aromatisierter Zucker zum Wenden

Den Teig herstellen wie im Grundrezept (S. 18) beschrieben (das Ei entfällt). In Frischhaltefolie zu einer Rolle von 3 Zentimeter Durchmesser formen und für etwa 10 Minuten in den Kühlschrank legen. Anschließend die Teigrolle in dem groben Zucker wälzen und in 1 Zentimeter dicke Scheiben schneiden. Die Plätzchen mit dem verquirlten Ei bestreichen und in dem Zucker wenden.
Auf ein mit Backpapier oder einer Silikonmatte bedecktes Blech legen und etwa 10 Minuten bei 180-190 °C backen.

Spekulatius

Zutaten für etwa 12 Plätzchen
100 g Mehl Type 405
2 g Backpulver
50 g leicht gesalzene Butter
50 g Rohrohrzucker
15 g feinster Zucker
1 g Salz
2 g Zimt, gemahlen
5 g Vollmilch
25 g Ei
1 g Vanilleextrakt

Die Zutaten in der angegebenen Reihenfolge miteinander mischen, dabei vorgehen wie im Grundrezept (S. 18) beschrieben.
Den Teig 3 Millimeter dünn ausrollen und mit beliebigen Formen ausstechen oder mit einem Model formen. Auf ein mit Backpapier oder einer Silikonmatte bedecktes Blech geben und je nach Größe 7-8 Minuten bei 180 °C backen.

Schwarz-Weiß-Gebäck

Zutaten für etwa 20 Plätzchen

Für den Schokoladenteig

125 g Mehl Type 405
20 g Mandeln, gemahlen
15 g Kakaopulver
75 g Butter
50 g feinster Zucker
3 g Salz
25 g Ei

Für den Vanilleteig

125 g Mehl Type 405
65 g Butter
65 g feinster Zucker
3 g Salz
50 g Ei
3 g Vanilleextrakt

Den Schokoladen- und den Vanilleteig herstellen wie im Grundrezept (S. 18) beschrieben.
Den Schokoladenteig mithilfe von einem Stück Frischhaltefolie zu einer Rolle von 3 Zentimeter Durchmesser formen und für etwa 10 Minuten in den Kühlschrank legen.
Den Vanilleteig zu einem Rechteck ausrollen, die Schokoladenteigrolle darauflegen und einrollen. Erneut kühl stellen.
Die Rolle in 1 Zentimeter dicke Scheiben schneiden, auf ein mit Backpapier oder einer Silikonmatte bedecktes Blech geben und etwa 10 Minuten bei 180-190 °C backen.

Linzer Gebäck

Zutaten für etwa 12 Plätzchen

125 g Mehl Type 405
4 g Backpulver
45 g Haselnusskerne, gemahlen
125 g Butter
125 g feinster Zucker
3 g Salz
1 g Zimt, gemahlen
abgeriebene Schale von ¼ unbehandelten Zitrone
150 g Ei

Der Teig kann von Hand oder in der Küchenmaschine mit dem Flachrührer hergestellt werden. Alle Zutaten vermengen, in einen Spritzbeutel füllen und auf ein mit Backpapier oder einer Silikonmatte bedecktes Blech dressieren. Je nach Größe etwa 10 Minuten bei 180-190 °C Umluft backen.

Broyé du Poitou

Zutaten für 6 Personen

125 g Mehl Type 405
60 g Butter
60 g feinster Zucker
2 g Salz
50 g Ei
1 EL Cognac
verquirltes Ei zum Bestreichen

Den Teig herstellen wie im Grundrezept (S. 18) beschrieben. Etwa 1 Zentimeter dick rund ausrollen, mit dem verquirlten Ei bestreichen und mit einer Gabel ein Muster in die Oberfläche ziehen. Auf ein mit Backpapier oder einer Silikonmatte bedecktes Blech legen und bei 190 °C etwa 20 Minuten backen.

● Gut zu wissen

Traditionell wird das sehr knusprige Gebäck aus dem Poitou nicht geschnitten, sondern auf dem Tisch mit der Faust in Stücke gebrochen. Daher hat es auch seinen Namen: das französische Wort broyer *heißt zerkleinern.*

Streusel

Zutaten für 6 Personen

125 g Mehl Type 405
125 g Mandeln, gemahlen
125 g Butter
125 g feinster Zucker
Zimt, gemahlen

Alle Zutaten zwischen den Händen krümelig zerreiben, damit die Streusel schön mürbe werden.

Rezept
Beeren-Crumble >> S. 266

Spritzgebäck

Zutaten für etwa 8 Plätzchen

75 g Butter
50 g Puderzucker
20 g Eigelb
1 EL Sahne
100 g Mehl Type 405
10 g Speisestärke
2 g Salz
1 g Vanilleextrakt

In einer Schüssel die Butter mit dem Puderzucker cremig rühren. Eigelb und Sahne untermischen. Das gesiebte Mehl, die Speisestärke, das Salz und den Vanilleextrakt dazugeben und mit einem Spatel einarbeiten, bis ein homogener Teig entstanden ist. In einen Spritzbeutel mit Sterntülle füllen und auf ein mit Backpapier oder einer Silikonmatte bedecktes Blech dressieren. Bei 160 °C Umluft goldgelb backen.

Spritzgebäck mit Früchten

Zutaten für etwa 8 Plätzchen

90 g Butter
30 g Puderzucker
3 g Salz
15 g Eiweiß
100 g Mehl Type 405
kandierte Früchte, Rosinen oder Nüsse zum Bestreuen

In einer Schüssel die Butter, den Puderzucker und das Salz mit einem Spatel cremig rühren. Das Eiweiß dazugeben und sorgfältig untermischen. Das Mehl darübersieben und einarbeiten, bis eine homogene Masse entstanden ist.
In einen Spritzbeutel füllen und auf ein mit Backpapier oder einer Silikonmatte bedecktes Blech dressieren.
Mit gehackten kandierten Früchten, Rosinen oder Nüssen bestreuen. Mindestens 60 Minuten an der Luft antrocknen lassen, damit der Teig im Backofen nicht zerläuft. Bei 180 °C Umluft gleichmäßig goldbraun backen.

Mürbeteig ★

Dieser einfache Auslegeteig findet hauptsächlich für Kuchen- und Tarteletteböden Verwendung. Je nach Rezept wird er blind oder mit einer Füllung gebacken.

Zutaten für 4 Personen

125 g Mehl Type 405
65 g feinster Zucker
65 g Butter
50 g Ei
1 g Salz

Das Mehl in eine Schüssel oder auf die Arbeitsfläche sieben, in der Mitte eine Mulde formen. Den Zucker und die weiche Butter in die Mulde geben und kräftig mit den Fingerspitzen vermischen, bis eine cremige Masse entstanden ist. Das Ei und das Salz hinzufügen und untermengen.
Zum Schluss das Mehl mit einem Spatel untermengen oder von Hand zügig einarbeiten.
Den Teig zu einer dicken Scheibe formen, in Frischhaltefolie wickeln und in den Kühlschrank legen. Vor dem Ausrollen etwa 20 Minuten ruhen lassen.

● Tipp

Für perfekte Tarteletteböden empfiehlt es sich, den ausgerollten und rund ausgestochenen Teig nicht in die Förmchen zu legen, sondern die Förmchen umzudrehen und den Teig darüberzulegen (Abbildung rechts). Auf diese Weise kann der Teigrand während des Backens nicht abrutschen. Der Boden bäckt gut durch und wird schön knusprig.

Rezepte
Pariser Flan-Tarte >> S. 414
Elsässer Reneklodentarte >> S. 417

http://cv-vlg.de/dessert01

Blätterteig ★★★

Klassischer Blätterteig

http://cv-vlg.de/dessert02

Zutaten für 450 Gramm
200 g Mehl Type 550
4 g Salz
100 ml Wasser
150 g Butter (oder Ziehfett)

Das Mehl in eine Schüssel oder auf die Arbeitsfläche sieben und in die Mitte eine Vertiefung drücken. Das Salz darüberstreuen und das Wasser in die Mitte gießen. Alles rasch zu einem homogenen, glatten Teig verarbeiten. Zu einer Kugel formen, auf der Oberseite kreuzförmig einschneiden. In Frischhaltefolie gewickelt mindestens 20 Minuten im Kühlschrank ruhen lassen.
Die Butter bearbeiten, bis sie die gleiche Konsistenz wie der Grundteig hat. Den Teig in Form eines Kreuzes ausrollen, das zur Mitte hin etwas dicker ist (1).
Die zu einem quadratischen Block geformte Butter in die Mitte legen (2) und die vier Teigflügel darüberschlagen (wie die Rückseite eines Briefumschlags) (3). Das Teigpaket zu einem Rechteck ausrollen, das etwa dreimal so lang ist wie breit. Den Teigstreifen dreifach übereinanderschlagen (4), um 90 Grad drehen und den gesamten Arbeitsgang wiederholen (ausrollen und zusammenfalten; der Vorgang wird in der Fachsprache als Tourieren bezeichnet). Dabei muss der Teig exakt Kante auf Kante zusammengelegt und ausgerollt werden, aber nicht zu dünn, um die feinen Schichten aus Butter und Teig nicht zu beschädigen.
Den Teig 20 Minuten im Kühlschrank ruhen lassen. Anschließend zwei weitere einfache Touren geben, wieder 20 Minuten kühlen, dann die letzten beiden Touren geben. Erneut mindestens 20 Minuten kühlen. Die nach dem Ausrollen ausgestochenen oder zurechtgeschnittenen Teigstücke vor dem Backen noch einmal 60 Minuten im Kühlschrank ruhen lassen.

● Gut zu wissen

Nicht für jedes Rezept muss der Teig sechs Touren erhalten. Bei weniger Touren geht der Teig stärker, aber nicht so gleichmäßig auf.
Die Fettmenge bemisst sich nach der Hälfte des Grundteiggewichts (Wasser und Mehl).

1

2

3

4

● Hat ein Millefeuille oder Tausendblätterkuchen tatsächlich 1000 Schichten?

Die Anzahl der »Blätter« (Teig-Fett-Schichten) lässt sich berechnen: Ist die Teigplatte zum ersten Mal dreifach gefaltet, hat man drei Lagen Butter und sechs Lagen Teig, wobei die inneren Teigschichten aufeinanderliegen und jeweils zu einer verbunden werden. Im Detail sieht das so aus:

- *1. Tour: 3 × 3 = 9 – 2 = 7*
- *2. Tour: 7 × 3 = 21 – 2 = 19*
- *3. Tour: 19 × 3 = 57 – 2 = 55*
- *4. Tour: 55 × 3 = 165 – 2 = 163*
- *5. Tour: 163 × 3 = 489 – 2 = 487*
- *6. Tour: 487 × 3 = 1461 – 2 = 1459*

Geht man für das Aufschichten eines Millefeuille von drei Teigscheiben aus, kommt man auf 1459 × 3 = 4377 Lagen.

Bereits nach fünf Touren geht der Teig locker und blättrig auf. Dünn ausgerollt ist er vielseitig verwendbar.

Je nach Beschaffenheit des Mehls und seinem Feuchtigkeitsgehalt muss eventuell etwas mehr Wasser zugegeben werden.

Der Fettziegel und der Grundteig müssen die gleiche feste Konsistenz haben. Nur so kann sich das Fett gleichmäßig zwischen den Teigschichten verteilen.

1

2

3

4

Weitere Blätterteigarten

Französischer Blätterteig

Im Gegensatz zur klassischen Methode wird bei dieser Variante der Grundteig von der Fettschicht umschlossen.

Zutaten für etwa 850 Gramm

Für die Mehlbutter
260 g Butter (oder Ziehfett)
100 g Mehl Type 550

Für den Grundteig
300 g Mehl Type 550
8 g Salz
150 ml Wasser
40 g Butter (oder Ziehfett)

Für die Mehlbutter die weiche Butter mit dem Mehl verkneten. Zu einem gleichmäßigen Rechteck formen und in Frischhaltefolie wickeln. Etwa 30 Minuten im Kühlschrank ruhen lassen, damit die Butter wieder fest wird.
Für den Grundteig das Mehl in eine Schüssel sieben, das Salz, das Wasser und die zimmerwarme Butter dazugeben. Alle Zutaten zügig zu einem glatten Teig verkneten. Zu einem Rechteck formen, das genauso breit, aber nur zwei Drittel so lang ist wie die Mehlbutter. In Frischhaltefolie wickeln und etwa 20 Minuten im Kühlschrank ruhen lassen.
Die Mehlbutter auf die Arbeitsfläche legen. Das Teigrechteck auf die Mehlbutter legen **(1)**. Das freie Drittel der Mehlbutter darüberschlagen **(2, 3)**. Die offene Seite nach oben umschlagen, sodass zwischen drei Mehlbutterschichten nun zwei Teigschichten zu sehen sind **(4)**.
Das Butter-Teig-Paket zu einem Rechteck ausrollen, das dreimal so lang wie breit ist. Anschließend dreilagig falten und um 90 Grad drehen.
Erneut zu einem Rechteck ausrollen, dieses Mal aber viermal so lang wie breit. Beide Schmalseiten zur Mitte einschlagen, sodass die Kanten aneinanderstoßen.
Etwa 30 Minuten im Kühlschrank ruhen lassen.
Anschließend den letzten Arbeitsschritt wiederholen. Zum Schluss den Teig dreilagig falten wie bei der ersten Tour.
Ein letztes Mal ruhen lassen, dann ausrollen und weiterverarbeiten.

Blitzblätterteig oder Holländischer Blätterteig

Zutaten für etwa 450 Gramm

200 g Mehl Type 550
100 ml Wasser
150 g Butter (oder Ziehfett)
4 g Salz

Bei dieser Variante werden alle Zutaten miteinander vermischt. Die Butterwürfel bleiben dabei als Klümpchen im Teig erhalten.
Wie bei der klassischen Methode (S. 24) dem Blitzblätterteig drei doppelte Touren geben.

Wiener Blätterteig

Zutaten für etwa 450 Gramm

200 g Mehl Type 550
80 ml Vollmilch
50 g Butter
4 g Salz
4 g feinster Zucker
20 g Eigelb
6 g Rum
120 g Butter (oder Ziehfett)

Das Mehl in eine Schüssel oder auf die Arbeitsfläche sieben und eine Mulde in die Mitte drücken.
Die Milch mit der Butter, dem Salz und dem Zucker auf maximal 30 °C erhitzen. Das Eigelb mit dem Rum verquirlen. Alles in die Mulde gießen und zügig zu einem glatten Grundteig verkneten. In Frischhaltefolie wickeln und etwa 30 Minuten im Kühlschrank ruhen lassen.
Die Butter geschmeidig kneten und den Teig weiterbearbeiten wie im Grundrezept (S. 24) beschrieben.

Schokoblätterteig

Zutaten für etwa 750 Gramm

Für den Wasserteig
250 g Mehl Type 550
5 g Salz
125 ml Wasser
75 g Butter

Für den Butterteig
50 g Kakaopulver
225 g Butter (oder Ziehfett)

Das Mehl in eine Schüssel oder auf die Arbeitsfläche sieben und in die Mitte eine Mulde drücken. Das Salz, das Wasser und die zimmerwarme Butter dazugeben. Alles rasch vermischen und zu einem glatten Teig verkneten. In Frischhaltefolie gewickelt im Kühlschrank ruhen lassen.
Das Kakaopulver mit der geschmeidig gerührten Butter verkneten. Den Teig weiterbearbeiten wie im Grundrezept (S. 24) beschrieben.

● Tipp

Für die Herstellung von Schokoblätterteig gibt es zwei Verfahren: Am einfachsten geht es, wenn man 15–20 % der Mehlmenge durch Kakaopulver ersetzt. Alternativ kann man der Butter 15–20 % ihres Gewichts an Kakaopulver zusetzen, wodurch der Teig etwas trockener wird.

● Gut zu wissen

Das Grundprinzip der Blätterteigherstellung war schon den Griechen und Arabern bekannt, die ihn mit Öl zubereiteten. Die »Erfindung« des Blätterteigs, wie wir ihn heute kennen, wird häufig dem Maler Claude Gelée, genannt »Lorrain«, zugeschrieben, der im 17. Jahrhundert zunächst den Konditorberuf erlernte. Im 18. Jahrhundert soll ein Patissier mit Namen Feuillet den Teig weiter verbessert und regelmäßig verwendet haben. Antonin Carême hat den Blätterteig schließlich weiter perfektioniert.

Die verschiedenen Blätterteigarten

	Vorteile	Nachteile	Verwendung
Klassischer (deutscher) Blätterteig	• triebstark, gleichmäßiges Aufgehen • variable Touren (einfach, doppelt ...)	• zeitaufwendige Herstellung in mehreren Arbeitsgängen • erfordert perfekte Organisation	• Obsttartes • Tartes in Streifen • Pithiviers-Torte • Dartois (Blätterteigschnitten) • Millefeuilles • Vol-au-vent • Krustaden • Pastetchen • Tartelettes • Schiffchen
Französischer Blätterteig	• besonders luftiges und knuspriges Gebäck • zieht sich beim Backen kaum zusammen • gleichmäßiges Aufgehen • kein Verkrusten der Oberfläche	• erfordert den gekonnten Umgang mit Blätterteig • erfordert die exakte Einhaltung der Verarbeitungstemperatur (15/18 °C)	
Blitzblätterteig (Holländischer) Blätterteig)	• schnelle Herstellung; ideal, wenn der Teig kurzfristig benötigt wird • Erfordert kein luftig-lockeres Aufgehen	• ungleichmäßig • wenig Triebkraft	• Halbmonde • Stangen • Öhrchen • Teighüllen für Pasteten •Tartes und Tartelettes
Wiener Blätterteig	• feine Textur • geschmacklich sehr gut für Feingebäck geeignet • selten verwendet	• ausschließlich für Patisseriewaren und Feingebäck geeignet	• Apfeltaschen • Kopenhagener • Obsttörtchen • Kleingebäck • Dekorelemente

Rezepte mit Blätterteig

Feine Apfeltarte mit Zimteis und Karamellsauce ›› S. 268
Italienische Blätterteigtaschen ›› S. 365
Apfeltaschen ›› S. 366
HImbeer-Millefeuille ›› S. 372
Millefeuille mit Mousseline-Creme ›› S. 375
Pithiviers-Torte ›› S. 379
Saint-Honoré-Torte ›› S. 386

Auslegeteig ★

Süßer Auslegeteig

Zutaten für 4 Personen
125 g Mehl Type 405
63 g Butter
50 g Ei
10 g feinster Zucker
3 g Salz
40 ml Wasser

Das Mehl in eine Schüssel oder auf die Arbeitsfläche sieben. Die Butter in Stücke schneiden und mit den Fingerspitzen in das Mehl reiben (1).
Zügig zwischen den Händen feinkrümelig verreiben (2). Auf diese Weise erhält der Teig seine typische Textur. Darüber hinaus wird dabei auch das im Mehl enthaltene Gluten neutralisiert, sodass der Teig nicht elastisch wird.
Die Mischung aufhäufen, in die Mitte eine großflächige Mulde drücken. Das Ei (je nach Rezept wird auch nur Eigelb verwendet) hineingeben (3).
Zucker und Salz in dem Wasser auflösen und ebenfalls dazugießen. Alles mit den Fingerspitzen vermischen (4) und mit dem Handballen ein- bis zweimal durchwalken (5), bis eine homogene Masse entstanden ist.
Den Teig zu einer Kugel formen (6), in Frischhaltefolie wickeln und vor dem Ausrollen (7) etwa 20 Minuten im Kühlschrank ruhen lassen.

Rezepte
Birnentarte mit Mandelcreme ›› S. 418
Käseküchlein ›› S. 426
Apfel-Pfirsich-Tartelettes ›› S. 430
Tarte Tatin ›› S. 433

● Gut zu wissen
Diese Teigzubereitung blickt auf eine besonders lange Tradition zurück. In seiner einfachsten Form enthält der Teig weder Ei noch Eigelb, die trockenen Zutaten werden nur mit Wasser verrieben. Ein Auslegeteig kann mit oder ohne Zucker zubereitet werden und dient zum Auslegen von Formen für Tartes, Quiches, Pasteten, Tartelettes oder Schiffchen mit süßen oder salzigen Füllungen. Der Teig soll nicht kräftig geknetet werden, da er andernfalls elastisch wird und sich beim Ausrollen und im Backofen zusammenzieht. Damit wäre er nicht geeignet für eine Quiche oder Tarte, deren Füllung erst beim Backen fest wird.

1

2

3

4

5

6

7

Salziger Auslegeteig

Zutaten für 4 Personen
125 g Mehl Type 405
2 g Salz
63 g Butter
50 g Ei
20 ml Wasser

In der Küchenmaschine das Mehl mit dem Salz und der Butter einige Sekunden bei niedriger Geschwindigkeit vermischen. Das Ei mit einer Gabel verquirlen und zusammen mit dem Wasser dazugeben. Die Küchenmaschine auf niedriger Stufe 1-2 Minuten laufen lassen, bis eine homogene Teigkugel entstanden ist.
Den Teig zu einer dicken Scheibe formen, in Frischhaltefolie wickeln und in den Kühlschrank legen.
Nach etwa 20 Minuten Ruhezeit ausrollen.

Traou-Mad-Gebäck ★

Zutaten für 8 Personen
170 g Butter mit Meersalzkristallen
150 g feinster Zucker
100 g Eigelb
250 g Mehl Type 405
7 g Backpulver

In einer Schüssel die Butter mit dem Zucker cremig rühren. Das Eigelb dazugeben und untermengen. Das Mehl mit dem Backpulver darübersieben. Alles mit den Fingern zu feinen Krümeln verreiben. Mit einer Teigkarte und einer Hand zu einem homogenen Teig zusammenfügen, aber keinesfalls kneten.
Den Teig zwischen zwei Lagen Frischhaltefolie oder Backpapier etwa 5 Millimeter dick ausrollen. Mit Backringen runde Plätzchen ausstechen und in den Ringen auf ein mit Backpapier oder einer Silikonmatte bedecktes Blech legen. Bei 180 °C etwa 17 Minuten backen. Die fertigen Plätzchen mithilfe eine Rundholzes oder eines anderen passenden Gegenstands vorsichtig aus den Ringen drücken.

● Gut zu wissen
Traou mad *ist bretonisch und bedeutet wörtlich übersetzt »gute Sachen«. Das Buttergebäck wurde 1920 in Pont-Aven kreiert.*

Rezept
Traou-Mad-Törtchen >> S. 277

Nudelteig ★

Teigwaren spielen weltweit eine wichtige Rolle für die menschliche Ernährung. Seit einigen Jahren werden zunehmend auch Desserts aus Nudelteig kreiert, wie beispielsweise süß gefüllte Ravioli.

Süßer Nudelteig

Zutaten für 8 Personen
250 g Mehl Type 405
125 g Ei
40 g Eigelb
25 g Puderzucker

Das Mehl in eine Schüssel oder auf die Arbeitsfläche sieben und in die Mitte eine Mulde drücken.
Die Eier, das Eigelb und den Zucker verquirlen und in die Mulde gießen. Alles rasch miteinander verkneten. Zu einer Kugel formen und in Frischhaltefolie wickeln.
30-45 Minuten im Kühlschrank ruhen lassen.
Den Teig mit dem Nudelholz flach drücken und portionsweise mit der Nudelmaschine zu dünnen Platten verarbeiten.
Vor der weiteren Verwendung einige Stunden trocknen lassen.

● Tipp
Den Teig für die Herstellung von Ravioli mit der Nudelmaschine sehr dünn ausrollen, um ein mehliges Mundgefühl zu vermeiden. Nudelteig kann im Voraus zubereitet werden, verliert dann aber an Elastizität. Sofort in Frischhaltefolie wickeln, damit er keine Fremdgerüche und -aromen annimmt.

● Gut zu wissen
Die frühesten Belege für die Herstellung von Nudeln stammen aus Ostasien von vor rund 4000 Jahren. Oft wird behauptet, Marco Polo habe 1295 die Nudeln aus China mitgebracht. Tatsächlich konnte aber nachgewiesen werden, dass bereits in der Antike die Griechen und Etrusker Nudelgerichte kannten.

Nudelteig aus Hartweizengrieß

Zutaten für 8 Personen
250 g Hartweizengrieß
180 g Eigelb
5 g Salz
10 g Butter, zerlassen

Den Grieß in eine Schüssel häufen und in die Mitte eine Mulde drücken. Das Eigelb mit dem Salz und der Butter verquirlen, dann in die Mulde gießen. Alle Zutaten zügig miteinander verkneten. Den Teig zu einer Kugel formen. In Frischhaltefolie wickeln und 30-45 Minuten im Kühlschrank ruhen lassen. Mit dem Nudelholz flach drücken und portionsweise mit der Nudelmaschine zu dünnen Platten verarbeiten. Anschließend in die gewünschte Form bringen.

Galette charentaise ★★

Zutaten für 12 Personen
325 g Butter
400 g Zucker
5 g feines Salz
200 g Ei
Vanilleextrakt nach Geschmack
10 g Zitronenextrakt
80 g kandierte Engelwurz, gehackt
460 g Mehl Type 405
mit Salz verquirltes Ei zum Bestreichen

In einer Schüssel die Butter geschmeidig rühren. Zucker und Salz untermengen, dann die Eier unterschlagen.
Anschließend die Aromen, die Engelwurz sowie das Mehl einarbeiten.
Den Teig auf Backpapier 1-2 Zentimeter dick rund ausrollen und auf ein mit Backpapier bedecktes Blech legen, nach Belieben in einen Tortenring.
Die Oberfläche der Galette mit dem mit Salz verquirlten Ei bestreichen. Mit einer Gabel oder einem Messerrücken ein gitterförmiges Muster in die Oberfläche ritzen.
Bei 190 °C etwa 20 Minuten backen. Die Backzeit hängt von der Größe und der Dicke der Galette ab.

● Tipp

Die Teigmenge reicht für zwei Galettes für je sechs Personen. Am besten lässt man sie vor dem Verzehr ein bis zwei Tage ruhen.

● Gut zu wissen

Dieses buttrige Gebäck aus der Charente, einer Landschaft im Westen Frankreichs, heißt auch Butter-Galette oder Erstkommunions-Galette. Traditionell schenkten es die Kommunionkinder allen Familienmitgliedern und Freunden, denen sie in Begleitung ihrer Eltern reihum einen Besuch abstatteten.
Heute genießt man die Galette vor allem anlässlich großer Familienfeiern oder an Festtagen.
Wenn die Galette besonders festlich aussehen soll, kann man sie mithilfe einer Spritztüte mit Royal-Glasur verzieren.

1

2

3

Weiche Teige

Brandteig ★★

Zutaten für 10 Windbeutel
250 ml Wasser
5 g Salz
5 g feinster Zucker
100 g Butter
125 g Mehl Type 405
etwa 150 g Ei
verquirltes Ei zum Bestreichen

In einem Topf das Wasser mit dem Salz, dem Zucker und der in Stücke geschnittenen Butter zum Kochen bringen. Den Topf von der Kochstelle nehmen und das gesiebte Mehl auf einmal in die kochend heiße Flüssigkeit geben.
Zurück auf den Herd stellen und die Masse unter kräftigem Rühren abbrennen, bis sie sich als Kloß vom Topfboden löst (1). In eine Schüssel umfüllen und auf etwa 50 °C abkühlen lassen. Nach und nach die Eier untermischen. Der Teig soll glänzen und schwer reißend vom Rührgerät fallen (2). In einen Spritzbeutel mit Lochtülle füllen und auf ein mit Backpapier oder einer Silikonmatte ausgelegtes Blech dressieren (3). Mit verquirltem Ei bestreichen (4). Zum Schluss die Oberfläche mit einer in kaltes Wasser getauchten Gabel glätten (5). Bei 200 °C 15-20 Minuten backen, dann auf 170 °C herunterschalten und weitere 20 Minuten bei leicht geöffneter Ofentür trocknen lassen.

Rezepte
Nonnenfürzchen ›› S. 38
Croquembouche ›› S. 368
Paris-Brest-Kuchen ›› S. 376
Saint-Honoré-Torte ›› S. 386

4

5

Brandteig mit Zuckerteig

Eine dünne Schicht Mürbeteig bedeckt hier den Brandteig. Auf diese Weise bekommen die Gebäckstücke eine herrliche Kruste und gehen im Backofen schön gleichmäßig auf.

Zutaten für 10 Windbeutel

Für den Zuckerteig

100 g Mehl Type 405
100 g Rohrohrzucker
100 g Butter

Für den Brandteig

250 ml Wasser
250 ml Milch
10 g Salz
12 g feinster Zucker
225 g Butter
290 g Mehl Type 405
500 g Ei

Für den Zuckerteig das Mehl in eine Schüssel oder auf die Arbeitsfläche sieben. Mit dem Zucker und der Butter zu einer feinkrümeligen, homogenen Masse verreiben.
Den Teig zwischen zwei Bögen Backpapier hauchdünn ausrollen (1-2 Millimeter). Im Gefrierfach 30 Minuten fest werden lassen.
In der Zwischenzeit den Brandteig herstellen wie im Grundrezept (S. 34) beschrieben. Wasser und Milch mischen.
Den Teig in einen Spritzbeutel mit Lochtülle füllen und dem gewünschten Gebäck entsprechend (Windbeutel, Eclairs) auf ein mit Backpapier oder einer Silikonmatte ausgelegtes Blech dressieren.
Aus dem Zuckerteig Kreise oder Rechtecke ausschneiden, die rundherum 5 Millimeter größer sind als die ungebackenen Brandteig-Gebäckstücke.
Den Brandteig mit dem vorbereiteten Zuckerteig belegen.
Das Bestreichen mit verquirltem Ei ist in diesem Fall nicht notwendig.
Bei 200 °C 25-30 Minuten backen.

http://cv-vlg.de/dessert03

● Gut zu wissen

Die Erfindung des Brandteigs wird dem italienischen Patissier Popelini zugeschrieben, der im Gefolge der Katharina von Medici an den französischen Hof kam. Seine weitere Verbreitung verdankt der Teig Antonin Carême, der 1820 den Spritzbeutel erfand und damit ein regelmäßiges Aufdressieren des Teigs ermöglichte. So wurden im 19. Jahrhundert zahlreiche Brandteig-Spezialitäten kreiert wie Eclairs oder Windbeutel.

● Tipp

Damit Brandteig optimal gelingt, müssen die Butterstücke geschmolzen sein, wenn das Wasser zu sieden beginnt.
Unmittelbar bevor das Mehl eingerührt wird, muss das Wasser sprudelnd kochen.
Die Brandmasse darf nicht zu heiß sein, wenn die Eier untergerührt werden.
Die Gebäckstücke mit einer in Wasser getauchten Gabel glätten, damit sie beim Backen gleichmäßig aufgehen.
Den dressierten Teig sofort backen, damit die Oberfläche nicht trocknet und verkrustet.
Ist der Teig zu weich, läuft er im Backofen auseinander; ist er zu fest, geht er ungleichmäßig auf, wodurch unschöne Einrisse entstehen.
Brandteig wird in zwei Stufen gebacken:
1. Stufe: Aufgehen und Bräunen (180–200 °C),
2. Stufe: Trocknen der Gebäckstücke (160–180 °C, bei leicht geöffneter Ofentür, um den Dampf entweichen zu lassen).
Während der ersten Stufe den Backofen nicht öffnen, andernfalls fällt das Gebäck zusammen.
Das fertige Gebäck sofort auf ein Kuchengitter legen und abkühlen lassen.

Schokoladen-Brandteig

Zutaten für 10 Windbeutel

125 ml Wasser
125 ml Vollmilch
5 g Salz
125 g Butter
140 g Mehl Type 550
8 g Kakaopulver
200 g Ei
verquirltes Ei zum Bestreichen

Den Brandteig herstellen wie im Grundrezept (S. 34) angegeben.

Feiner Brandteig

Zutaten für 10 Windbeutel
125 ml Wasser
125 ml Vollmilch
10 g Puderzucker
5 g Salz
125 g Butter
125 g Mehl Type 405
150 g Ei
verquirltes Ei zum Bestreichen

Den Brandteig herstellen wie im Grundrezept (S. 34) angegeben.

Rezepte mit Brandteig

Süße Brandteig-Kroketten

Zutaten für 8-10 Personen
125 ml Wasser
125 ml Orangensaft
3 g Salz
25 g Puderzucker
100 g Butter
150 g Mehl Type 405
200 g Ei
30 g Crème fraîche
abgeriebene Schale von ¼ unbehandelten Orange
Pflanzenöl zum Frittieren

Für die Panade
50 g Mehl Type 405
50 g Puderzucker
100 g Ei
100 g Briochebrösel

Den Brandteig herstellen wie im Grundrezept (S. 34) angegeben. Zum Schluss Crème fraîche und Orangenschale unterrühren. In einen Spritzbeutel mit Lochtülle füllen und kleine Kugeln mit etwa 3 Zentimeter Durchmesser auf ein mit Backpapier oder einer Silikonmatte bedecktes Blech spritzen. Ins Gefrierfach legen.
Für die Panade Mehl und Puderzucker vermischen und die gefrorenen Kugeln darin wälzen. In das verquirlte Ei tauchen und zum Schluss in den Briochebröseln wälzen. Bei 170 °C 2-3 Minuten frittieren. Auf Küchenpapier abtropfen lassen.

● Tipp
Die Kroketten allein oder mit einer Fruchtcoulis servieren. Der Orangensaft kann nach Belieben durch einen anderen Fruchtsaft ersetzt werden – lassen Sie der Kreativität freien Lauf.

Nonnenfürzchen

Kleine süße Krapfen aus Brandteig, knusprig frittiert

Zutaten für 15 Stück
125 ml Milch
2 g Salz
3 g feinster Zucker
50 g Butter
75 g Mehl Type 405
125 g Ei
Orangenblütenwasser
Pflanzenöl zum Frittieren
Zucker zum Bestreuen

In einem Topf die Milch mit dem Salz, dem Zucker und der in Stücke geschnittenen Butter zum Kochen bringen.
Den Topf von der Kochstelle nehmen und das gesiebte Mehl auf einmal in die kochend heiße Flüssigkeit geben.
Zurück auf den Herd stellen und die Masse unter kräftigem Rühren mit einem Spatel abbrennen, bis sie sich als Kloß vom Topfboden löst.
In eine Rührschüssel umfüllen.
Die Eier nach und nach mit einem Spatel einarbeiten. Die Masse mit dem Orangenblütenwasser aromatisieren.
In einen Spritzbeutel mit glatter Lochtülle füllen, über das heiße Frittierfett halten, mit einer Hand einen Teigstrang herausdrücken und mit der anderen Hand mithilfe einer Schere kleine Stücke abschneiden. In der Fritteuse aufgehen und goldbraun werden lassen.
Das Gebäck zum Abtropfen auf Küchenpapier legen, noch heiß mit dem Zucker bestreuen.

● Gut zu wissen
Dieses Schmalzgebäck aus Brandteig gehörte im Mittelalter zu den klösterlichen Fastenspeisen. Es hieß im Mittelniederdeutschen zunächst nunne ken furt *(»die Nonnen können es am besten«), wurde jedoch mit der Zeit zum ähnlich klingenden, aber einprägsameren Nonnenfürzchen. Im Elsass kennt man es als* pets de nonnes, *was die gleiche Bedeutung hat.*

Crêpemasse ★

Zutaten für 16 kleine Crêpes

250 g Mehl Type 405
2 g Salz
150 g Ei
500 ml Milch, lauwarm
2 g Vanilleextrakt
40 g Butter, zerlassen und gebräunt
neutrales Pflanzenöl oder Butter zum Ausbacken

Das Mehl in eine Rührschüssel sieben und das Salz untermischen. Die Eier dazugeben und unter Zugabe von etwas Milch kräftig mit dem Mehl verrühren. Die restliche Milch nach und nach dazugießen und alles zu einem glatten, flüssigen Teig verarbeiten. Mit dem Vanilleextrakt aromatisieren, durch ein feines Sieb passieren, zum Schluss die Butter unterrühren. Etwa 30 Minuten quellen lassen.
In einer Crêpepfanne in etwas Öl oder Butter backen.

● Tipp

Die Milch kann ganz oder zum Teil durch Bier oder Cidre ersetzt werden. Anstelle des Weizenmehls eignet sich auch Buchweizen- oder Dinkelmehl.

● Gut zu wissen

Süße Crêpes finden für eine Reihe von Desserts Verwendung:
- *Crêpe Suzette: mit Curaçao aromatisiert und in karamellisiertem Zucker mit Orangsaft und -schale geschwenkt*
- *Crêpe soufflée: mit Soufflémasse gefüllt und im Ofen gebacken*
- *Crêpes-Torte: mit einer beliebigen Füllung (Konfitüre, Konditorcreme, Mandelcreme, Ganache ...) bestrichene und aufeinandergeschichtete Crêpes*
- *gefüllte Crêpes: zu einem Viereck gefaltete oder zu einem Säckchen geformte Crêpes mit süßer oder salziger Füllung*

Rezepte

Crêpes mit Suzette-Butter >> S. 264
Exotisch gefüllte Crêpes >> S. 287

Blinimasse ★

Zutaten für 30 Blini

250 g Mehl Type 405
1 Prise Salz
40 g Eigelb
500 ml lauwarme Milch
40 g Butter, zerlassen und gebräunt
Orangenblütenwasser
40 g feinster Zucker
120 g Eiweiß
neutrales Pflanzenöl zum Ausbacken

Das Mehl mit dem Salz in eine Schüssel sieben. Das Eigelb dazugeben und kräftig verrühren, dabei etwas Milch mit einarbeiten.
Die restliche Milch und die Butter hinzufügen und kräftig rühren, bis ein glatter, flüssiger Teig entstanden ist.
Mit dem Orangenblütenwasser aromatisieren und durch ein feines Sieb passieren.
Aus dem Zucker und dem Eiweiß eine Französische Meringenmasse herstellen (S. 176) und vorsichtig unter die Blinimasse heben.
Die Blini bei starker Hitze in etwas Öl ausbacken, entweder in einer speziellen Blinipfanne oder mithilfe gefetteter Tarteletteringe in einer Crêpepfanne.

● Gut zu wissen

Während die ersten Getreidefladen um 7000 v. Chr. gebacken wurden, kamen Eierkuchen erst im 13. Jahrhundert auf. Die russischen Blini sind dicke Pfannkuchen aus einem mit Hefe angesetzten Teig aus Weizen- oder Buchweizenmehl. Die in der Bretagne üblichen Galettes entstammen keltischen Traditionen und bestehen traditionell aus Buchweizenmehl und Wasser.

Rezept
Blini mit Brombeeren >> S. 295

Ausbackteig ★

Zutaten für 6 Personen

200 g Mehl Type 405
2 g feines Salz
60 g feinster Zucker
40 g Eigelb
30 g Öl
220 g Bier
120 g Eiweiß

Das Mehl, das Salz und 20 Gramm Zucker in einer Schüssel mischen, aufhäufen und in die Mitte eine Mulde drücken. Das Eigelb, das Öl und etwas Bier hineingeben und glatt rühren. Das restliche Bier unter ständigem Schlagen mit dem Schneebesen nach und nach dazugießen. Den Teig für mindestens 30 Minuten im Kühlschrank ruhen lassen.
Das Eiweiß steif schlagen, dabei den restlichen Zucker einrieseln lassen. Den Eischnee behutsam unter den Teig heben.

● Gut zu wissen

In diesen Teig können Obststücke oder -scheiben getaucht werden, die man anschließend in heißem Fett ausbackt.

Rezept
Apfelbeignets >> S. 258

Hefeteig

Baba- oder Savarinteig ★★

Zutaten für 6 Personen

250 g Mehl Type 550
10 g frische Hefe
100 ml Milch oder Wasser, lauwarm
4 g Salz
25 g feinster Zucker
150 g Ei
100 g Butter + Butter für die Förmchen

Für die Babas

125 g Korinthen oder Sultaninen, in 50 ml braunem Rum eingeweicht

Das Mehl eine Schüssel sieben, in die Mitte eine Mulde drücken. Die Hefe in Milch oder Wasser auflösen und hineingeben.
Das Salz auf den Rand streuen, damit es nicht mit der Hefe in Berührung kommt. Den Zucker hinzufügen.
Alles mit einem Holzspatel vermischen, dann nach und nach die verquirlten Eier dazugeben.
Den Teig kräftig kneten, bis er elastisch ist. Diesen Arbeitsgang kann auch der Knethaken der Küchenmaschine übernehmen. Sobald der Teig nicht mehr an den Fingern klebt und sich vom Rand der Schüssel löst, nicht weiterkneten.
Die Butter zerlassen und einarbeiten. Die Teigschüssel mit Frischhaltefolie abdecken und den Teig 30-40 Minuten bei 25-28 °C gehen lassen.
Wenn sich das Volumen verdoppelt hat, den Teig abschlagen, indem man ihn zusammendrückt und kurz durchknetet.
Für Babas die in dem Rum eingeweichten Trockenfrüchte unterkneten.
Die Förmchen ausbuttern und mithilfe eines Spritzbeutels oder einer Teigkarte zur Hälfte füllen. Den Teig erneut gehen lassen, bis er den Rand der Förmchen erreicht.
Im vorgeheizten Ofen bei 180-200 °C etwa 25 Minuten backen. Für die Garprobe mit einem Holzspieß in die Babas stechen. Kommt er sauber wieder heraus, ist der Teig durchgebacken.

● Tipp

Die Korinthen oder Sultaninen unter fließendem Wasser abspülen und entweder über Nacht in kaltem Wasser oder zwei Stunden in Rum oder lauwarmem Wasser einweichen.

Schokoladensavarin ★★

Zutaten für 6 Personen

250 g Mehl Type 550
10 g frische Hefe
75 g Vollmilch
4 g Salz
150 g Ei
20 g feinster Zucker
50 g Butter, zerlassen oder gebräunt,+ Butter für die Förmchen
15 g Kakaopulver

Den Teig zubereiten wie links beschrieben, zum Schluss den Kakao unterkneten.

● Gut zu wissen

Der Legende nach ist der Baba eine Erfindung des im französischen Exil lebenden polnischen Königs Stanislas Leszczynski (1677–1766). Ein Gugelhupf erschien ihm zu trocken und so soll er auf den Gedanken gekommen sein, ihn mit Rum zu tränken. Als begeisterter Leser von »Tausendundeine Nacht« benannte er seine Kreation nach seinem Lieblingshelden Ali Baba. Um 1836 verfeinerte der Pariser Patissier Stohrer den Kuchen, indem er den Rum durch aromatisierten Zuckersirup ersetzte.
Der Savarin wurde 1845 von Auguste Jullien zu Ehren des berühmten französischen Schriftstellers und Gastrosophen Jean Anthelme Brillat-Savarin kreiert, dessen Buch »La physiologie du goût« (»Die Physiologie des Geschmacks«) 20 Jahre zuvor erschienen war.
Der Savarin wird in einer kleinen Kranzform gebacken, während Babaformen in der Mitte geschlossen sind.

● Tipp

Bei der Zubereitung von Hefeteig sollten alle Zutaten Zimmertemperatur haben. Da er an der Luft schnell austrocknet, die Schüssel während der Gärung mit einem feuchten Tuch oder mit Frischhaltefolie abdecken.
Die ideale Gärtemperatur liegt bei 25–30 °C. Zwar geht der Teig auch bei niedrigeren Temperaturen auf, braucht dann aber mehr Zeit. Soll er schnell aufgehen, müssen sämtliche Zutaten temperiert sein. Salz darf nicht in direkten Kontakt mit Hefe kommen, da es die Hefepilze schädigt. Zu viel Fett verlangsamt den Gärprozess, macht den Teig schwer und verhindert, dass das fertige Gebäck sich gut durchtränken lässt. Für ein optimales Ergebnis sollte der Sirup heiß über den abgekühlten Baba oder Savarin gegossen werden. Savarins werden in der Regel mit gesüßter, geschlagener Sahne, Konditorcreme oder pochierten Früchten gefüllt.

1

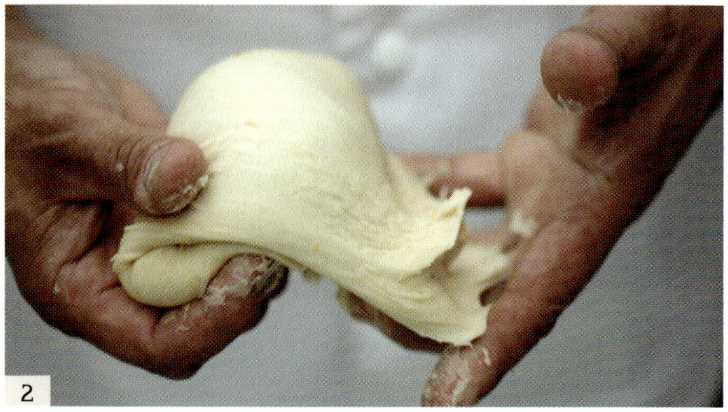
2

3

Briocheteig ★★

Grundrezept

Zutaten für 1 Brioche
250 g Mehl Type 550
7 g frische Hefe
25 g feinster Zucker
5 g Salz
150 g Ei
etwa 50 ml lauwarmes Wasser
125 g Butter + Butter für die Form
Aroma nach Belieben

Das Mehl in eine Schüssel sieben und in die Mitte eine Mulde drücken. Zucker und Salz auf den Rand streuen. Die Hefe hineinkrümeln.
Die verquirlten Eier in die Mulde gießen, mit der Hefe vermischen und nach und nach das Mehl einarbeiten. Den Teig mit einer Teigkarte und dem Handballen kräftig bearbeiten, bis er glatt und elastisch ist (1). Dieser Arbeitsgang lässt sich auch gut in der Küchenmaschine mit dem Knethaken erledigen.

Den Teig mit etwas Wasser anfeuchten und mehrfach schwungvoll auf die Arbeitsfläche werfen. Zum Schluss die weiche Butter dazugeben und erneut bearbeiten, bis der Teig glatt, glänzend und elastisch ist (2, 3). Nach Belieben aromatisieren, zum Beispiel mit abgeriebener Zitrusschale.
Die Teigschüssel mit Frischhaltefolie abdecken und den Teig bei 25-28 °C 30-40 Minuten gehen lassen.
Wenn sich sein Volumen verdoppelt hat, den Teig abschlagen, indem man ihn zusammendrückt und kurz durchknetet. Zu einer Kugel rollen und in eine gefettete Kastenform geben (25 × 10 Zentimeter). Bis zum Rand aufgehen lassen. Bei 180-200 °C etwa 40 Minuten backen. Für die Garprobe mit einem Holzspieß in die Brioche stechen: Kommt er sauber wieder heraus, ist der Teig durchgebacken.

● Tipp

Da Hefeteig an der Luft schnell austrocknet, sollte die Schüssel während der Gärung mit einem feuchten Tuch oder mit Frischhaltefolie abgedeckt sein.
Die ideale Gärtemperatur liegt bei 25–30 °C. Zwar geht der Teig auch bei niedrigeren Temperaturen auf, braucht dann aber mehr Zeit. Soll er schnell aufgehen, müssen sämtliche Zutaten temperiert sein. Salz darf nicht in unmittelbare Berührung mit Hefe kommen, da es die Hefepilze schädigt

● Gut zu wissen

Das Wort »Brioche« ist in Frankreich seit dem 15. Jahrhundert belegt. In den einzelnen Regionen haben sich in Form und Füllung unterschiedliche Spezialitäten entwickelt:
- *die Brioche aus Nanterre mit zwei parallelen Reihen von Kugeln in einer Kastenform*
- *der Zopf, geflochten aus zwei, drei oder vier Strängen*
- *die Pariser Brioche, die bekannteste Brioche-Form, bestehend aus einer größeren und einer kleineren Kugel als »Kopf«*
- *die gerollte Brioche mit Rosinen aus der Schweiz – eine Art Rosinenschnecke mit einer Füllung aus Konditorcreme*
- *die Brioche auf Bordelaiser Art – ein Kranz, dekoriert mit kandierten Früchten und mit dekorativen Einschnitten auf der Oberseite*
- *die Brioche aus Saint-Tropez, wie eine Torte gebacken, mit Vanillecreme gefüllt und mit Hagelzucker bestreut*

http://cv-vlg.de/dessert04

Brioche mit kandierten Früchten

Zutaten für 1 Brioche

350 g Mehl Type 550
10 g frische Hefe
60 g feinster Zucker
120 g Butter + Butter für die Form
75 ml Wasser
10 g Orangenblütenwasser
7 g Salz
100 g Ei
verquirltes Ei zum Bestreichen
Hagelzucker
Zuckersirup (S. 237) zum Bestreichen
kandierte Früchte (Engelwurz, Kirschen, Zitrusschale ...)

Das Mehl und die Hefe in die Rührschüssel der Küchenmaschine geben. Den Zucker mit der Butter, dem Wasser, dem Orangenblütenwasser und dem Salz in eine Schüssel geben und auf einem Wasserbad bei 35-40 °C schmelzen. Die Eier in die Küchenmaschine geben und mit dem Kneten beginnen, dabei nach und nach die flüssigen Zutaten einlaufen lassen. Anschließend 2 Stunden im Kühlschrank ruhen lassen. Den Teig zu einem Kranz formen (etwa 25 Zentimeter Durchmesser). Mit einem Tuch abdecken und an einem warmen Ort 40-60 Minuten gehen lassen. Vorsichtig mit dem verquirlten Ei bestreichen. Die Teigoberfläche mit einer Schere dekorativ einschneiden. Mit dem Hagelzucker bestreuen und bei 180 °C backen, bis der Kranz goldbraun ist. Auf einem Kuchengitter abkühlen lassen. Anschließend mit Sirup bestreichen und mit den zerkleinerten kandierten Früchten dekorieren.

Gugelhupf

Zutaten für 1 Gugelhupf

375 g Mehl Type 550
15 g frische Hefe
180 g Vollmilch
75 g feinster Zucker
50 g Ei
20 g Eigelb
110 g Butter + Butter für die Form
125 g Sultaninen
100 g Mandeln, ganz oder gehobelt

Aus den Zutaten einen Teig herstellen wie im Grundrezept für Briocheteig (S. 44) angegeben. Zum Schluss die Sultaninen einarbeiten. Die Form ausbuttern und mit den Mandeln ausstreuen. Den Teig einfüllen, mit einem Tuch bedeckt aufgehen lassen, dann im Ofen bei 200 °C etwa 40 Minuten backen.

Plunderteig ★★★

Zutaten für 15 Croissants
15 g frische Hefe
10 g Milchpulver
225 ml lauwarmes Wasser
500 g Mehl Type 550
50 g Zucker
15 g Invertzucker
10 g Salz
200 g Butter (oder Ziehfett)
verquirltes Ei zum Bestreichen

Die Hefe mit dem Milchpulver und dem Wasser verrühren. Zusammen mit dem Mehl, dem Zucker, dem Invertzucker und dem Salz in der Küchenmaschine zügig zu einem glatten Teig verkneten. 60 Minuten im Kühlschrank ruhen lassen. Anschließend die Butter darin einschlagen, wie bei der Herstellung von Blätterteig beschrieben (S. 24). Drei einfache Touren geben, zunächst zwei, dann nach 20 Minuten Kühlzeit die dritte Tour.
Für Croissants den Plunderteig 4 Zentimeter dick ausrollen, in längliche Dreiecke schneiden und aufrollen. Mit verquirltem Ei bestreichen. Bei 200 °C etwa 20 Minuten backen.

1

2

Toastbrot ★

Zutaten für 1 Brot
10 g frische Hefe
5 g Milchpulver
120 g lauwarmes Wasser
250 g Mehl Type 550
5 g feinster Zucker
50 g Ei
25 g Butter + Butter für die Form
5 g Salz

Die Hefe mit dem Milchpulver und dem Wasser verrühren. Das Mehl in eine Schüssel sieben, in die Mitte eine Mulde drücken, die Hefemischung und den Zucker hineingeben. Das Ei hinzufügen und den Teig kneten, bis er homogen (1) und leicht elastisch ist.
In einer Küchenmaschine mit Knethaken gelingt dieser Teig besonders gut. Etwa 15 Minuten kneten.
Die weiche Butter und das Salz dazugeben und weitere 5 Minuten kneten.
Den Teig zu einer Kugel formen, zurück in die Schüssel legen und mit Frischhaltefolie abdecken. Bei 25-28 °C gehen lassen, bis sich das Volumen verdoppelt hat.
Den Teig abschlagen und in eine gefettete Kastenform (etwa 20 Zentimeter lang) füllen (2). Nach Belieben zuvor Kugeln formen (3). Erneut gehen lassen, bis sich das Volumen wiederum verdoppelt hat. Die Oberfläche nach Belieben mit einem scharfen Messer oder einer Schere einritzen. Den Backofen auf 220 °C vorheizen, den Herdboden mit Wasser besprühen und die Form sofort hineinschieben. Die Backzeit beträgt etwa 40 Minuten. Für die Garprobe auf die Unterseite des Laibes klopfen: Klingt es hohl, ist das Brot durchgebacken. Das Brot sofort aus der Form nehmen und auf ein Kuchengitter legen, damit es ausdampfen kann.

3

1

2

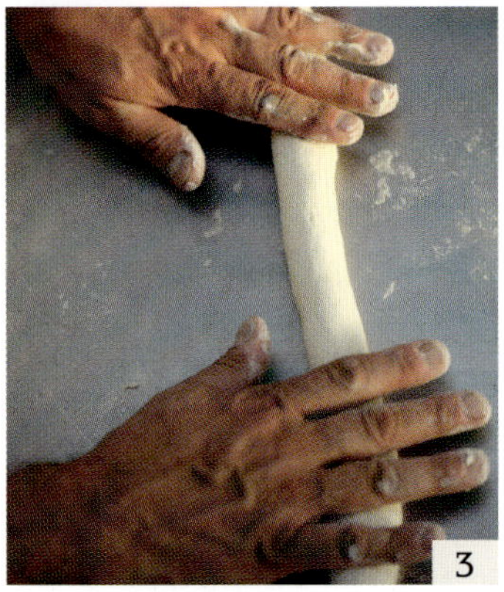
3

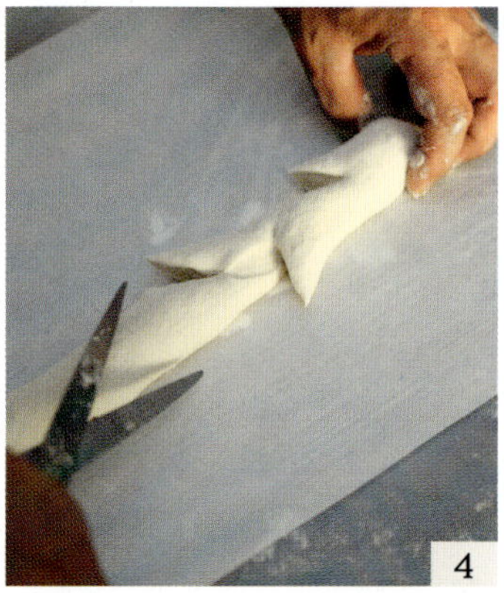
4

5

Weißbrot ★

Zutaten für 2 Brote
10 g frische Hefe
etwa 300 ml lauwarmes Wasser
500 g Mehl Type 550
10 g Salz

Den Teig herstellen.

Die Hefe in dem Wasser auflösen. Zusammen mit dem Mehl in die Schüssel der Küchenmaschine geben. 2 Minuten auf Stufe 1 kneten, anschließend 30 Minuten ruhen lassen.
Auf Stufe 2 weiterkneten, bis ein glatter, elastischer Teig entstanden ist. Falls die Konsistenz zu fest wird, noch etwas lauwarmes Wasser zugeben, allerdings muss der Teig Stand haben, er darf nicht kleben und soll sich leicht von den Fingern lösen.
Das Salz erst 5 Minuten vor Ende des Knetvorgangs dazugeben.
Den Teig in eine Schüssel füllen und mit einem Tuch abdecken. Je nach Raumtemperatur 35–40 Minuten gehen lassen (Teiggare).

Ein Ährenbrot ausformen.

Den Teig in gleich große Portionsstücke teilen. Jeweils zu einem Streifen formen und die Enden zur Mitte hin umschlagen (**1, 2**). In die gewünschte Form bringen (**3**) und auf einem mit Backpapier bedeckten Blech erneut gehen lassen (Stückgare). Anschließend sind die Brote backfertig. Mit einer Schere, einer Rasierklinge oder einem Messer dekorative Einschnitte anbringen (**4, 5**). Im auf 230–240 °C vorgeheizten Ofen backen. Die Backzeit hängt von der Größe der Brote ab. Durch das Einsprühen des Herdbodens mit Wasser unmittelbar vor dem Einschieben der Brote entwickelt sich Wasserdampf, der das gleichmäßige Aufgehen und die Bildung einer perfekten, knusprigen Kruste fördert.

● Gut zu wissen

Die Wahl der Mehlsorte ist für das Ergebnis ausschlaggebend. Weizenmehle weisen aufgrund ihres hohen Glutengehalts besonders gute Backeigenschaften auf. Die Mehltypen 405, 550 oder 812 sind überall im Handel erhältlich. Für die Brotherstellung eignen sich auch andere Mehlsorten, etwa aus Dinkel oder Roggen, ebenso Mehlmischungen.

1

2

3

Walnussbrötchen ★

Zutaten für 10-12 Brötchen

270 g lauwarmes Wasser
10 g frische Hefe
400 g Mehl Type 550
100 g Roggenmehl
8 g Salz
150 g Walnusskerne, gehackt

Vorgehen bis zur Teiggare wie im Grundrezept für Weißbrot (S. 50) angegeben.
Den Teig abschlagen und die Walnüsse unterkneten **(1)**.
Portionieren und zu Kugeln formen **(2, 3)**.
Die Brötchen auf ein mit Backpapier bedecktes Blech setzen und gehen lassen. Wenn der Teig genügend aufgegangen ist, die Brötchen mit einer scharfen Klinge einschneiden und im vorgeheizten Ofen backen wie im Grundrezept (S. 50) beschrieben. Sie brauchen nur etwa 20 Minuten.
Durch das Einsprühen des Herdbodens mit Wasser unmittelbar vor dem Einschieben der Brötchen entwickelt sich Wasserdampf, der das gleichmäßige Aufgehen und die Bildung einer perfekten, knusprigen Kruste fördert.

1

2

Brot mit Vorteig ★★

Zutaten für 2 Brote

etwa 300 ml lauwarmes Wasser
500 g Mehl Type 550
10 g frische Hefe
10 g Salz

Den Teig herstellen

Für den Vorteig die Hefe (1), 100 Milliliter Wasser und 100 Gramm Mehl in eine Schüssel geben und gründlich verrühren (2). Mit Frischhaltefolie abdecken und den Vorteig 6-12 Stunden bei Raumtemperatur gären lassen.
Das restliche Mehl und Wasser in die Rührschüssel der Küchenmaschine geben und mit dem Knethaken 2 Minuten auf Stufe 1 bearbeiten. Auf Stufe 2 weiterlaufen lassen, bis ein glatter, elastischer Teig entstanden ist. Den Vorteig und die Hälfte der Salzmenge dazugeben und zu einem glatten Teig verkneten. Der Teig muss Stand haben, darf nicht kleben und soll sich leicht von den Fingern lösen. Das restliche Salz zugeben und noch weitere 5 Minuten kneten.
Die Schüssel mit einem feuchten Tuch abdecken. Den Teig je nach Raumtemperatur 35-40 Minuten gehen lassen (Teiggare).

Ausformen

Den Teig in gleich große Portionsstücke teilen. Jeweils zu einem Streifen formen und zur Mitte hin umschlagen. In die gewünschte Form bringen und auf einem mit Backpapier bedeckten Blech erneut gehen lassen (Stückgare). Anschließend sind die Brote backfertig. Mit einer Schere, einer Rasierklinge oder einem Messer Einschnitte anbringen. Im auf 230-240 °C vorgeheizten Ofen backen. Die Backzeit hängt von der Größe der Brote ab.
Durch das Einsprühen des Herdbodens mit Wasser unmittelbar vor dem Einschieben der Brote entwickelt sich Wasserdampf, der das gleichmäßige Aufgehen und die Bildung einer perfekten, knusprigen Kruste fördert.

Baguette mit Sauerteig ★★

Zutaten für 3 Baguettes

8 g frische Hefe
etwa 350 ml lauwarmes Wasser
500 g Mehl Type 550
200 g Sauerteig
10 g Salz

Den Teig herstellen

Die Hefe in dem Wasser auflösen. Zusammen mit dem Mehl und dem Sauerteig in die Rührschüssel der Küchenmaschine geben, den Knethaken einsetzen.
Die Maschine 2 Minuten auf Stufe 1, anschließend auf Stufe 2 laufen lassen, bis ein glatter, elastischer Teig entstanden ist. Falls die Konsistenz zu fest ist, noch etwas lauwarmes Wasser dazugeben. Allerdings muss der Teig Stand haben, er darf nicht kleben und soll sich leicht von den Fingern lösen. Das Salz dazugeben und noch weitere 5 Minuten kneten.
Die Schüssel mit einem Tuch abdecken und den Teig je nach Raumtemperatur 35-40 Minuten gehen lassen (Teiggare).

Ausformen

Den Teig in gleich große Portionsstücke teilen. Jeweils zu einem Streifen formen und zur Mitte hin umschlagen. In die gewünschte Form bringen und auf einem mit Backpapier bedeckten Blech erneut gehen lassen (Stückgare). Anschließend sind die Brote backfertig. Mit einer Schere, einer Rasierklinge oder einem Messer Einschnitte anbringen. Im auf 230-240 °C vorgeheizten Ofen backen. Die Backzeit hängt von der Größe der Brote ab.
Durch das Einsprühen des Herdbodens mit Wasser unmittelbar vor dem Einschieben der Brote entwickelt sich Wasserdampf, der das gleichmäßige Aufgehen und die Bildung einer perfekten, knusprigen Kruste fördert.

1

2

3

Rosinenschnecken ★★

Zutaten für 18 Rosinenschnecken

Für den Plunderteig

15 g frische Hefe
10 g Milchpulver
225 ml lauwarmes Wasser
500 g Mehl Type 405
10 g Salz
50 g Zucker
15 g Invertzucker
200 g Butter
verquirltes Ei zum Bestreichen

Für die Konditorcreme

250 ml Milch
½ Vanilleschote
40 g Eigelb
50 g feinster Zucker
20 g Vanillepuddingpulver
80 g Sultaninen

Den Plunderteig herstellen wie im Grundrezept (S. 46) beschrieben. Etwa 4 Millimeter dick ausrollen.
Für die Konditorcreme (S. 99) die Milch in einen Topf gießen und mit der aufgeschlitzten und ausgeschabten Vanilleschote erhitzen. Eigelb und Zucker in einer Schüssel weißschaumig schlagen. Das Puddingpulver unterrühren.
Sobald die Milch zu sieden beginnt, die Hälfte zu der angerührten Puddingmischung gießen. Zu der restlichen Milch in den Topf geben und aufkochen. Unter ständigem Rühren 2-3 Minuten kochen lassen. Durch ein Sieb in eine Schüssel streichen, die Oberfläche mit Frischhaltefolie belegen und die Creme rasch abkühlen lassen.
Den Teig zu einem Rechteck ausrollen und mit der Konditorcreme bestreichen (1). Mit den Sultaninen bestreuen und aufrollen (2).
Die Rolle in 3-4 Zentimeter dicke Scheiben schneiden und auf einem mit Backpapier ausgelegten Blech verteilen. Mit der Handfläche leicht flach drücken. Mit verquirltem Ei bestreichen und aufgehen lassen, bis die einzelnen Schichten des Plunderteigs zu erkennen sind (3).
Bei 200 °C etwa 15 Minuten backen, bis die Schnecken rundherum goldbraun sind. Zum Abkühlen sofort auf ein Kuchengitter legen.

1

2

3

Schokobrötchen ★★

Zutaten für 15 Schokobrötchen

15 g frische Hefe
10 g Milchpulver
225 ml Wasser
500 g Mehl Type 405
10 g Salz
50 g Zucker
15 g Invertzucker
200 g Butter
etwa 20 backstabile Schokoladenstäbchen
verquirltes Ei zum Bestreichen

Den Plunderteig herstellen wie im Grundrezept (S. 46) beschrieben. Den Teig etwa 4 Millimeter dick und 15 Zentimeter breit ausrollen.
In 10 Zentimeter breite Rechtecke schneiden **(1)**. Die Schmalseite jeweils mit etwas Abstand vom Rand mit einem Schokostäbchen belegen, den Teig einmal umschlagen, mit dem zweiten Stäbchen belegen und aufrollen **(2)**. Falls nötig, das untere Ende begradigen **(3)**.
Die Gebäckstücke mit der Nahtstelle nach unten auf ein mit Backpapier oder einer Silikonmatte ausgelegtes Blech geben **(4)** und mit verquirltem Ei bestreichen. Erneut gehen lassen.
Bei 200 °C etwa 15 Minuten backen, bis die Schokobrötchen goldbraun sind. Anschließend sofort auf ein Kuchengitter legen und abkühlen lassen.

4

1

2

Aprikosenplunder ★★

Zutaten für 10 Aprikosenplunder

20 Aprikosenhälften
verquirltes Ei zum Bestreichen
80 g Aprikosenkonfitüre
40 ml Wasser
gehackte Pistazien zum Bestreuen

Für den Plunderteig

15 g frische Hefe
10 g Milchpulver
225 ml Wasser
500 g Mehl Type 405
10 g Salz
50 g Zucker
15 g Invertzucker
200 g Butter
verquirltes Ei zum Bestreichen

Konditorcreme

250 ml Milch
½ Vanilleschote
40 g Eigelb
50 g Puderzucker
20 g Vanillepuddingpulver

Den Plunderteig herstellen wie im Grundrezept (S. 46) beschrieben. Etwa 4 Millimeter dick ausrollen.
Die Konditorcreme herstellen wie im Grundrezept (S. 99) beschrieben.
Den Teig in Quadrate von 15 × 15 Zentimeter schneiden. Die Konditorcreme in einen Spritzbeutel mit glatter Lochtülle füllen und auf jedes Teigquadrat diagonal einen Cremestrang dressieren. Auf beide Enden jeweils eine Aprikosenhälfte setzen **(1)**. Die beiden freien Teigecken übereinanderschlagen **(2)** und gut andrücken, damit sich die Teilchen beim Backen nicht öffnen.
Auf ein mit Backpapier oder einer Silikonmatte bedecktes Blech legen und mit verquirltem Ei bestreichen. Bei 200 °C etwa 25 Minuten backen, bis die Teilchen goldbraun sind. Anschließend sofort auf ein Kuchengitter legen.
In einem Topf die Aprikosenkonfitüre mit dem Wasser erhitzen, durch ein Sieb streichen und die Teilchen damit überglänzen. Zum Schluss mit Pistazien bestreuen.

Rührmassen

Madeleines ★★

Zutaten für 10 Madeleines

100 g Ei
125 g feinster Zucker
160 g Mehl Type 405
4 g Backpulver
Aroma nach Wahl (Vanille, Rum, abgeriebene Zitronenschale ...)
50 ml Milch
60 g Butter + Butter für die Form

In einer Schüssel die Eier mit dem Zucker weißschaumig schlagen.
Das Mehl mit dem Backpulver sieben und mit dem gewählten Aroma unter die Eimasse ziehen.
Die Milch erwärmen und die Butter darin schmelzen. Zu der Eier-Mehl-Masse gießen und unterrühren.
Den Backofen mit einem eingeschobenem Blech auf 180-200 °C vorheizen. Die Vertiefungen eines Madeleine-Blechs ausbuttern und mithilfe eines Spritzbeutels zu jeweils zwei Dritteln mit Teig füllen.
In den Backofen auf das heiße Backblech schieben.
Die Backzeit hängt von der Größe der Förmchen ab; Madeleines in Standardgröße brauchen etwa 10 Minuten.
Nach der Garprobe auf einem Kuchengitter auskühlen lassen.

● Tipp

Wird die gefüllte Madeleineform auf ein im Backofen vorgeheiztes Blech gesetzt, fördert der Kontakt der Form mit dem heißen Backblech die Bildung der typischen Wölbung.
Die Temperatur nach dem Einschieben reduzieren und den Boden des Backofens leicht mit Wasser besprühen, damit die Madeleines nicht austrocknen.
Nach dem Backen sofort auf ein Kuchengitter stürzen, damit zwischen Gebäck und Form keine Kondensationsfeuchte entsteht.

● Gut zu wissen

Der Legende nach wurden die ersten Madeleines um 1730 von einer Madeleine Paumier auf Schloss Commercy in Lothringen für den polnischen König Stanislas Leszczynski gebacken. Er war der Schwiegervater Ludwigs XV. Auf dem Umweg über den französischen Hof wurde das Gebäck bekannt.

Waffelteig ★

Zutaten für 10 Waffeln

40 g Eigelb
15 g feinster Zucker
250 g Mehl Type 405
250 ml Milch
250 ml Wasser
10 g Salz
5 g Vanilleextrakt
50 g Butter

Für die Französische Meringenmasse

60 g Eiweiß
25 g feinster Zucker

In einer Schüssel das Eigelb mit dem Zucker weißschaumig schlagen. Nach und nach die Milch und das Wasser unterrühren. Das Salz, den Vanilleextrakt und die weiche oder zerlassene Butter einarbeiten.
Für die Französische Meringenmasse (S. 176) das Eiweiß steif schlagen, dabei den Zucker nach und nach einrieseln lassen.
Den Eischnee vorsichtig mit einem Teigschaber unterheben.
Die Waffeln in einem vorgeheizten Waffeleisen backen. Auf einem Gitter abkühlen lassen.

Rezept
Waffeln mit Sahne und Erdbeeren >> S. 302

Orangenkuchen ★

Zutaten für 8 Personen

250 g Ei
350 g feinster Zucker
4 g Salz
abgeriebene Schale von 1 unbehandelten Orange
150 g flüssige Schlagsahne
10 ml Grand Marnier
270 g Mehl Type 405
5 g Backpulver
100 g Butter, zerlassen, + Butter für die Form

In einer Schüssel die Eier und den Zucker weißschaumig schlagen. Das Salz, die abgeriebene Orangenschale, die Sahne und den Likör dazugeben und gründlich verrühren. Das Mehl mit dem Backpulver darübersieben und unterziehen. Zum Schluss die zerlassene Butter sorgfältig einarbeiten. Den Teig in eine gefettete Kastenform (25 × 10 Zentimeter) füllen und bei 180 °C 35–40 Minuten backen.

● Tipp

Zum Aromatisieren von Rührkuchen trockene Zutaten wie Kakaopulver oder Extrakte bevorzugen, damit der Teig nicht zu flüssig wird.

Rezept
Zitronenkuchen >> S. 406

Herzhafter Rührkuchen ★

Zutaten für 8 Personen

150 g Butter + Butter für die Form
150 g Glukosepulver
(ersatzweise Glukosesirup)
100 g Ei
100 g Mehl Type 405 + Mehl zum Bestauben
50 g Speisestärke
3 g Backpulver
120 g Füllung nach Belieben (Käse-, Speck- oder Schinkenwürfel, gehackte Oliven ...)

In einer Schüssel die weiche Butter mit dem Glukosepulver cremig rühren. Die Eier dazugeben und weiterrühren, bis alles gut vermischt ist. Das Mehl mit der Speisestärke und dem Backpulver darübersieben und alles zu einem homogenen Teig verarbeiten. Die Füllung vor dem Untermengen mit etwas Mehl bestauben. Den Teig in eine gefettete Kastenform (25 × 10 Zentimeter) füllen und bei 170–180 °C etwa 30 Minuten backen.

Marmorkuchen ★

Eischnee macht den Kuchen schön locker.

Zutaten für 8 Personen

80 g Eigelb
200 g feinster Zucker
200 g Butter + Butter für die Form
120 g Eiweiß
2 g Salz
150 g Mehl Type 405
50 g Speisestärke
2 g Backpulver
20 g Kakaopulver

In einer Schüssel das Eigelb mit einem Drittel der Zuckermenge weißschaumig schlagen. In einer zweiten Schüssel die Butter mit einem Drittel der Zuckermenge cremig rühren. Die beiden Massen vermischen.
Das Eiweiß mit dem Salz und dem restlichen Zucker zu einer Französischen Meringenmasse (S. 176) verarbeiten und vorsichtig unter die Eigelbmasse heben.
Das Mehl mit der Speisestärke und dem Backpulver darübersieben und unterziehen.
Die Masse teilen und eine Hälfte gründlich mit dem Kakaopulver vermischen.
Den hellen und den dunklen Teig mit Löffeln und/oder einem Spritzbeutel abwechselnd in eine gefettete Kastenform (25 × 10 Zentimeter) füllen.
Die Form auf der Arbeitsfläche aufstoßen, in den vorgeheizten Ofen schieben und den Kuchen bei 170 °C etwa 40 Minuten backen.

● Tipp

Besonders gut gelingt die Marmorierung, wenn zum Einfüllen der beiden Teige parallel mit zwei Spritzbeuteln gearbeitet wird.

Rezept
Marmorkuchen Pistazie-Orange >> S. 399

http://cv-vlg.de/dessert05

Früchtekuchen ★

Zutaten für 8 Personen

150 g Butter + Butter für die Form
150 g feinster Zucker
2 g Salz
120 g Ei
3 g Rum
2 g Vanilleextrakt
200 g Mehl Type 405
7 g Backpulver
150 g kandierte Früchte (Orangen, Zitronen, Kirschen …)

In einer Schüssel Butter, Zucker und Salz cremig rühren. Zunächst die Eier, dann den Rum und den Vanilleextrakt hinzufügen.
Das Mehl mit dem Backpulver sieben und die Früchte darin wälzen. Mehl und Früchte zu der Eimasse geben und unterziehen.
Den Teig in eine gebutterte Kastenform (25 × 10 Zentimeter) füllen. Bei 165 °C etwa 30 Minuten backen, bis er goldbraun ist. Für die Garprobe mit einem Holzspieß in den Teig stechen: kommt er sauber wieder heraus, ist der Kuchen durchgebacken. Den fertigen Kuchen sofort auf ein Gitter stürzen.

● Gut zu wissen

Dank der Früchte bleibt dieser Kuchen lange saftig. Er ist schön fest und lässt sich auch gut transportieren.

Rührkuchen mit Schokolade ★

Nur mit hochwertigem reinem Kakaopulver schmeckt der Kuchen optimal.

Zutaten für 8 Personen

70 g dunkle Schokolade (70 % Kakaoanteil)
120 g Butter + Butter für die Form
300 g Ei
100 g Akazienhonig
170 g feinster Zucker
100 g Mandeln, gemahlen
10 g Backpulver
30 g reines Kakaopulver
160 g Mehl Type 405
160 g flüssige Schlagsahne
70 ml Rum

Die Schokolade fein hacken, die Butter in Würfel schneiden. Beides zusammen in eine Schüssel geben und auf einem Wasserbad schmelzen, dabei häufig umrühren.
In einer zweiten Schüssel die Eier, den Honig und den Zucker verquirlen. Die gemahlenen Mandeln, das mit dem Backpulver und dem Kakao gesiebte Mehl sowie die Sahne einarbeiten. Zum Schluss die flüssige Schokoladen-Butter-Mischung und den Rum unterziehen.
Eine Kastenform (25 × 10 Zentimeter) fetten, mit Backpapier auskleiden und den Teig einfüllen.
Im 150 °C heißen Ofen etwa 40 Minuten backen. Um zu überprüfen, ob der Kuchen fertig ist, mit einem Messer in die Mitte stechen: Die Klinge soll beim Herausziehen sauber sein.

● Tipp

Der Kuchen kann auch in einer flachen rechteckigen Form gebacken werden. Die Backzeit verkürzt sich dann auf etwa 10 Minuten bei einer Temperatur von 180 °C.

Maronenkuchen ★

Zutaten für 8 Personen

250 g Maronencreme (aus der Dose, ungezuckert)
200 g feinster Zucker
150 g Butter + Butter für die Form
125 g Ei
15 g Rum
125 g Mehl Type 405
2 g Backpulver

In der Rührschüssel der Küchenmaschine die Maronencreme und den Zucker sorgfältig verrühren. Die weiche Butter dazugeben, dann nach und nach die Eier und den Rum einarbeiten. Das Mehl mit dem Backpulver mischen, darübersieben und unterziehen. Den Teig mit einem Schneebesen glatt rühren und in eine gefettete Springform (22 Zentimeter) füllen. Im auf 180 °C vorgeheizten Ofen 18-20 Minuten backen.

Rezept
Maronenküchlein >> S. 299

Pistazienkuchen ★

Zutaten für 16 Personen

200 g Ei
100 g Eigelb
350 g feinster Zucker
270 g Mehl Type 405
5 g Backpulver
60 g Butter + Butter für die Form
140 g Pistazienpaste
100 g flüssige Schlagsahne
4 g Salz

In einer Schüssel Eier, Eigelb und Zucker mit einem Schneebesen weißschaumig rühren. Das Mehl mit dem Backpulver darübersieben und unterziehen.
Die Butter, die Pistazienpaste, die Sahne und das Salz in einen Topf geben und erwärmen, bis die Butter schmilzt.
Alle Zutaten gründlich miteinander vermischen, dann in zwei gefettete Kastenformen füllen.
Im auf 180 °C vorgeheizten Ofen etwa 30 Minuten backen.

● Gut zu wissen
Hochwertige Pistazienpaste ist im Handel schwer zu finden. Oft enthalten die Pasten Zusätze, Farbstoffe und künstliche Aromen. Beim Einkauf deshalb immer genau auf das Etikett schauen.

Honigkuchen ★★

Zutaten für 8 Personen

125 g Mehl Type 405
125 g Roggenmehl
15 g Backpulver
2 g Lebkuchengewürz
150 g flüssige Schlagsahne
250 g Honig
30 g Butter + Butter für die Form
100 g feinster Zucker
150 g Ei

Beide Mehlsorten mit dem Backpulver und dem Lebkuchengewürz in eine Schüssel sieben.
Die Sahne, den Honig, die Butter und den Zucker auf einem Wasserbad erwärmen, bis die Butter geschmolzen ist. Zu der Mehlmischung geben und mit dem Handrührgerät glatt rühren. Anschließend die Eier unterziehen.
Den Teig in eine ausgebutterte Kastenform füllen und im 170 °C heißen Ofen etwa 40 Minuten backen. Für die Garprobe mit einem spitzen Messer an der dicksten Stelle in den Kuchen stechen: Bleibt die Klinge sauber, ist der Kuchen durchgebacken. Zum Auskühlen auf ein Gitter stürzen.

● Tipp
Lebkuchengewürz kann man aus gemahlenem Zimt, Sternanis oder Anis, Kardamom, Gewürznelke, Muskatnuss und Ingwer selbst herstellen.

Fettgebäck ★★

Einfache Krapfen

Zutaten

70 g Butter
25 g feinster Zucker
25 g Vanillezucker
50 g Ei
5 g Salz
5 g Backpulver
250 g Mehl Type 405
60 g Vollmilch
50 g Rum
abgeriebene Schale von 1 unbehandelten Zitrone
Pflanzenöl zum Frittieren
Puderzucker zum Bestauben

In einer Schüssel die Butter, den Zucker und den Vanillezucker cremig rühren. Das Ei und das Salz untermengen, anschließend das mit dem Backpulver gesiebte Mehl unterziehen.
Den Teig mit der Milch geschmeidig rühren und mit dem Rum und der Zitronenschale aromatisieren.
Kräftig durcharbeiten, bis ein homogener, elastischer Teig entstanden ist.
Zu einer Kugel formen und im Kühlschrank 2 Stunden ruhen lassen. Anschließend 3-4 Millimeter dick ausrollen und in 10 × 4 Zentimeter große Rechtecke schneiden.
In der Mitte jeweils einen Einschnitt anbringen.
In 170-180 °C heißes Frittierfett geben. Sobald die Krapfen an die Oberfläche steigen, umdrehen, damit sie gleichmäßig bräunen.
Die fertig ausgebackenen Krapfen herausnehmen und auf Küchenpapier abtropfen lassen.
Sofort mit Puderzucker bestauben und lauwarm servieren.

Eierkrapfen

Zutaten für 12 Eierkrapfen

60 g Butter
30 g feinster Zucker
125 g Ei
5 g Salz
250 g Mehl Type 405
20 g Orangenblütenwasser
Pflanzenöl zum Frittieren
Puderzucker zum Bestauben

In einer Schüssel die Butter und den Zucker cremig rühren. Die Eier und das Salz unterrühren, anschließend das gesiebte Mehl unterziehen.
Den Teig mit dem Orangenblütenwasser aromatisieren, zu einer Kugel formen und 60 Minuten ruhen lassen. Weiterverarbeiten wie im Grundrezept links angegeben.

Donuts

Zutaten für 10 Donuts

300 g Mehl Type 550
10 g frische Hefe
80 g Vollmilch, lauwarm
20 g feinster Zucker
4 g Salz
etwas Zimt, gemahlen
60 g Eigelb
50 g Ei
75 g Butter
Pflanzenöl zum Frittieren
Zucker zum Bestreuen oder Fondant

Den Teig zubereiten wie im Grundrezept für Briocheteig (S. 49) beschrieben.
Aus dem Teig Ringe ausstechen, falls nötig den Teig zuvor im Gefrierfach fest werden lassen. Etwa 2 Minuten in 180 °C heißem Fett ausbacken.
Die Donuts sind durchgebacken, wenn sie an die Oberfläche steigen und auf beiden Seiten gleichmäßig gebräunt erscheinen.
Auf Küchenpapier abtropfen lassen und mit Zucker bestreuen oder mit Fondant überziehen.

Fastnachtsküchlein

Zutaten für 12 Küchlein

250 g Mehl Type 405
3 g Backpulver
100 g Ei
60 g Butter
60 g feinster Zucker
2 g Salz
etwas Cognac
Pflanzenöl zum Frittieren
Puderzucker zum Bestauben

Das Mehl mit dem Backpulver in eine Schüssel sieben, in die Mitte eine Vertiefung drücken. Die Eier, die Butter, Zucker und Salz dazugeben. Mit dem Cognac parfümieren und alles zu einem homogenen Teig verarbeiten. Mit Frischhaltefolie abdecken und im Kühlschrank fest werden lassen.
Den Teig 1 Zentimeter dick ausrollen, dann in Rauten schneiden. In der Mitte zwei schräge Einschnitte anbringen.
In heißem Frittieröl schwimmend ausbacken, auf Küchenpapier abtropfen lassen und mit dem Puderzucker bestauben.

● Gut zu wissen

Ob Fastnachtsküchlein, Krapfen oder Berliner – sie alle zählen zum Fettgebäck und waren traditionsgemäß der Fastnachtszeit vorbehalten. Das Ausbacken in heißem Öl oder Schmalz ist eine sehr alte und weitverbreitete Zubereitungsmethode. Der Teig wird ausgerollt, anschließend kann man ihn in Streifen schneiden oder Formen ausstechen. Die ausgebackenen Küchlein werden mit Zucker bestreut und am besten ganz frisch gegessen.

Biskuit- und andere Böden, Kleingebäck

Eier

Ob Eier aus einer Hühnerfarm oder aus ökologischer Erzeugung stammen, ändert nichts an ihrer Zusammensetzung. Mit »Ei« ohne weiteren Zusatz ist immer ein Hühnerei gemeint.

Hennen legen von Natur aus Eier, um sich fortzupflanzen. Aber Hühnereier sind auch ein wichtiger Bestandteil der menschlichen Ernährung. Sie bestehen zu 75 Prozent aus Wasser, zu 12 Prozent aus Fetten und zu 13 Prozent aus Proteinen, hinzu kommt eine Vielzahl von Spurenelementen und Vitaminen.

Die **Farbe** der Dotter wird weitgehend durch das Futter bestimmt. Dagegen lässt die Farbe der Eierschale keinen Rückschluss auf die Qualität der Eier zu, sie ist genetisch bedingt und hängt allein von der jeweiligen Hühnerrasse ab.

Ein Ei wiegt zwischen 45 und 75 Gramm. Um die »kleinen« von den »großen« Eiern zu unterscheiden, werden sie nach **Gewicht** (S, M, L, XL) sowie Legedatum klassifiziert. Ein Eigelb wiegt etwa 20, ein Eiweiß etwa 30 Gramm.

Die Kennzeichnung »extra frisch« bedeutet, dass die Eier maximal neun Tage alt sind. Wird das Legedatum auf der Verpackung angegeben, muss es auch auf allen Eiern aufgedruckt sein, ebenso wie die Ziffer, die Auskunft über die **Haltung** gibt: 0 = ökologische Erzeugung, 1 = Freilandhaltung, 2 = Bodenhaltung, 3= Kleingruppenhaltung. Käfighaltung ist in der EU seit 2012 verboten.

Schlägt man ein Ei auf, kann man genau erkennen, wie frisch es ist: Ganz **frische Eier** haben eine sehr kleine Luftkammer (höchstens vier Millimeter hoch), die Dotter sind kugelrund und von dickflüssigem Eiweiß umhüllt. Mit zunehmendem Alter werden die Dotter flacher und die Eiweißschicht verflüssigt sich.

Ohne Eier gäbe es keine Patisserie. Das Eigelb ist reich an **Lecithin**, einem Emulgator, der die Verteilung von Fett in Wasser stabilisiert. Darüber hinaus hat Eigelb eine färbende Wirkung, die besonders in Gebäck aus Brioche- und Brandteig zur Geltung kommt.

Bei der Zubereitung von Speisen und Nahrungsmitteln im gewerblichen Kontext haben sich mittlerweile **Eiprodukte** gegenüber dem Hühnerei als praktische Alternative durchgesetzt. Von der Schale befreit, ganz oder getrennt, in flüssiger oder getrockneter Form sind Eiprodukte nicht nur wesentlich einfacher zu handhaben, sie gewährleisten durch die obligatorische Pasteurisierung auch absolute Sicherheit vor gesundheitsgefährdenden Keimen.

1

2

Kokosbiskuit ★

Zutaten für 1 Teigplatte

175 ml entrahmte Milch
150 g feinster Zucker
100 g Invertzucker
180 g Kokosraspel
150 g Butter
175 g Ei
150 g Mehl Type 405
12 g Backpulver

Die Milch erwärmen und beide Zuckersorten darin schmelzen. Die Kokosraspel in eine Schüssel füllen und mit der Milch übergießen (1).
Die Butter cremig rühren und dazugeben (2).
Die verquirlten Eier unterrühren (3). Das Mehl mit dem Backpulver darübersieben und einarbeiten.
Die Masse auf ein mit Backpapier ausgelegtes Blech oder in eine flache Silikonform (30 × 40 Zentimeter) streichen und im Ofen bei 180 °C etwa 15 Minuten backen (je nach Dicke der Schicht).
Anschließend auf einem Kuchengitter auskühlen lassen.

● Gut zu wissen

Lange Zeit verwendeten die Patissiers am liebsten Genueser Biskuit. Mittlerweile sind zahlreiche weitere Rezepturen für besonders flaumigen Biskuit mit angenehmer Konsistenz und gutem Mundgefühl hinzugekommen. Biskuit findet für eine Vielzahl von Süßspeisen und kleinen Kuchen Verwendung, sei es als Boden, als Hülle oder auch als Einlage.

3

1

2

3

Schokoladenbiskuit ★★

Zutaten für 1 Teigplatte

200 g Marzipanrohmasse
65 g feinster Zucker
95 g Eigelb
70 g Ei
50 g Mehl Type 405
22 g Kakaopulver
50 g Butter, zerlassen
50 g Kakaomasse, geschmolzen

Für die Französische Meringenmasse

110 g Eiweiß
60 g feinster Zucker

In einer Schüssel die Marzipanrohmasse geschmeidig rühren, den Zucker dazugeben. Nach und nach mit dem Eigelb und den Eiern vermischen **(1)**. Die Masse sollte zum Schluss ziemlich weich sein **(2)**.
Aus Eiweiß und Zucker eine Französische Meringenmasse herstellen (S. 176) und vorsichtig mit einem Teigschaber unter die Marzipan-Eier-Mischung heben.
Das Mehl mit dem Kakaopulver darübersieben und behutsam unterziehen.
Zum Schluss die Butter und die Kakaomasse dazugeben und alles zu einer homogenen Biskuitmasse verarbeiten.
Auf ein mit Backpapier ausgelegtes Blech oder in eine flache Silikonform (30 × 40 Zentimeter) streichen **(3)**. Bei 180 °C backen. Die Backzeit hängt von der Dicke des Bodens ab.

● Gut zu wissen
Biskuit soll immer weich und sehr saftig bleiben.

Rezept
Schokoladenmousse-Torte >> S. 338

Joconde-Biskuit ★★

Zutaten für 1 Teigplatte

250 g Ei
175 g Mandeln, gemahlen
175 g Puderzucker
50 g Mehl Type 405
40 g Butter, gebräunt

Für die Französische Meringenmasse

325 g Eiweiß
80 g feinster Zucker

In der Küchenmaschine die Eier mit den Mandeln, dem Puderzucker und dem gesiebten Mehl schaumig schlagen. Die Butter unterrühren.
Aus Eiweiß und feinstem Zucker eine Französische Meringenmasse herstellen (S. 176) und unterheben **(1)**. Die Masse auf ein mit Backpapier ausgelegtes Blech oder in eine flache Silikonform (30 × 40 Zentimeter) streichen **(2)**. Bei 180 °C Umluft backen. Die Backzeit hängt von der Dicke des Bodens ab.

Rezepte
Pfirsich-Orangen-Rolle >> S. 330
Opéra-Torte >> S. 354

1

2

Schokoladenbiskuit ohne Mehl ★

Zutaten für 1 Teigplatte

150 g Eigelb
75 g Kakaopulver

Für die Französische Meringenmasse

190 g Eiweiß
240 g feinster Zucker

In einer Schüssel das Eigelb verquirlen. Aus Eiweiß und Zucker eine Französische Meringenmasse herstellen (S. 176) und zu dem Eigelb geben. Das Kakaopulver darübersieben und alles vorsichtig mit einem Teigschaber vermischen.
Die Masse auf ein mit Backpapier ausgelegtes Blech oder in eine flache Silikonform (30 × 40 Zentimeter) streichen und bei 170 °C etwa 20 Minuten backen.

Rezept
Pineau-Cassis-Verrine >> S. 321
Schoko-Nugat-Torte >> S. 341
Eis am Stiel Himbeer-Ananas >> S. 461

Mandelbiskuit ★

Zutaten für 2 Teigplatten

250 g Ei
60 g Eigelb
225 g feinster Zucker
300 g Mandeln, gemahlen
125 g Speisestärke
25 g Puderzucker
175 g Butter, zerlassen

Für die Französische Meringenmasse

100 g Eiweiß
50 g feinster Zucker

In der Rührschüssel der Küchenmaschine Eier, Eigelb und feinsten Zucker schaumig schlagen. Die gemahlenen Mandeln, die Speisestärke und den Puderzucker darübersieben und mit einem Teigschaber behutsam unterheben. Die lauwarme zerlassene Butter dazugeben.
Aus Eiweiß und Zucker eine Französische Meringenmasse herstellen (S. 176) und vorsichtig unterziehen.
Die Masse auf mit Backpapier ausgelegte Bleche oder in flache Silikonformen (30 × 40 Zentimeter) streichen und im auf 180 °C vorgeheizten Ofen etwa 15 Minuten backen.
Der Mandelbiskuit kann nach Belieben auch in zwei gefetteten Springformen gebacken werden.

1

Haselnuss-Dacquoise ★

Zutaten für 6-8 Böden
350 g Puderzucker
350 g Haselnüsse, sehr fein gemahlen
70 g Mehl Type 405

Für die Französische Meringenmasse
500 g Eiweiß
250 g feinster Zucker

Den Puderzucker mit den Haselnüssen und dem Mehl in eine Schüssel sieben. Aus Eiweiß und Zucker eine Französische Meringenmasse herstellen (S. 176) und mit einem Teigschaber behutsam unter die gesiebte Mischung ziehen, sodass eine homogene Masse entsteht **(1)**.
In einen Spritzbeutel mit großer Lochtülle füllen. Spiralförmig auf mit Backpapier oder Silikonmatten bedeckte Bleche dressieren **(2)**. Bei 200 °C 8-12 Minuten backen.

● Tipp
Die Böden vor dem Backen nach Belieben bestreuen, etwa mit Mandelblättchen, gewürfelten frischen Früchten wie Bananen oder Mangos oder zerkleinerten tiefgekühlten Himbeeren.

● Gut zu wissen
Der nach der südfranzösischen Stadt Dax benannte Biskuit wird auch mit Mandeln hergestellt.

Rezept
Pistazienrolle ›› S. 334

2

1

2

3

4

Löffelbiskuits ★

Zutaten für etwa 20 Stück
200 g Eigelb
200 g Mehl Type 405
50 g Speisestärke
Puderzucker zum Bestauben

Für die Französische Meringenmasse
300 g Eiweiß
250 g feinster Zucker

Aus Eiweiß und Zucker eine Französische Meringenmasse herstellen (S. 176). Das verquirlte Eigelb behutsam untermischen (1). Das Mehl mit der Speisestärke darübersieben und mit dem Teigschaber vorsichtig unterziehen (2). Die Masse in einen Spritzbeutel mit Lochtülle füllen und Streifen auf ein mit Backpapier ausgelegtes Blech dressieren (3). Mit Puderzucker bestauben (4) und warten, bis der Zucker geschmolzen ist. Erneut bestauben, dann sofort in den auf 200 °C vorgeheizten Ofen schieben und 10-15 Minuten backen.

● Gut zu wissen
Ursprünglich wurde die Biskuitmasse mithilfe eines Löffels geformt, daher der Name.

Rezepte
Tiramisu ›› S. 317
Erdbeer-Himbeer-Charlotte ›› S. 337

Japonais-Boden ★★

Zutaten

240 g Eiweiß
200 g feinster Zucker
250 g Puderzucker
100 g Mandeln, gemahlen
100 g Haselnüsse, gemahlen

Das Eiweiß zu Schnee schlagen, dabei den feinsten Zucker einrieseln lassen. Den Puderzucker mit den gemahlenen Mandeln und Haselnüssen vermengen und behutsam unter die Meringenmasse ziehen. Der weiteren Verwendung und dem gewünschten Durchmesser entsprechend auf ein mit Backpapier oder einer Silikonmatte ausgelegtes Blech streichen, als Spirale aufdressieren oder in eine Springform füllen. Bei 120 °C 90–120 Minuten backen.

● Tipp

Dieser Boden gelingt am besten, wenn man ihn bei schwacher Hitze bäckt. Er sollte sich zum Schluss ziemlich hart anfühlen.

Cookies ★

Zutaten für etwa 24 Cookies

250 g weiche Butter
6 g Salz
200 g brauner Zucker
100 g Ei
20 g Eigelb
300 g Mehl Type 405
6 g Backpulver
100 g Haselnüsse, gemahlen
5 g Vanilleextrakt
1 g Zimt, gemahlen
350 g Rosinen

Die Butter mit dem Salz und dem Zucker cremig rühren. Eier und Eigelb dazugeben. Das Mehl mit dem Backpulver darübersieben, die Haselnüsse dazugeben und einarbeiten. Mit Vanilleextrakt und Zimt aromatisieren, die Rosinen untermischen. Den Teig zu einer Rolle formen, in Frischhaltefolie wickeln und für mindestens 1 Stunde in den Kühlschrank legen. In 1 Zentimeter dicke Scheiben schneiden, auf ein mit Backpapier bedecktes Blech legen und bei 180 °C etwa 20 Minuten backen, bis die Kekse goldgelb sind. Auf einem Kuchengitter auskühlen lassen.

Rezept
Schoko-Cookies >> S. 400

Brownies ★

Zutaten für 6 Personen

225 g Butter
120 g dunkle Schokolade (70 % Kakaoanteil), gehackt
200 g Ei
400 g feinster Zucker
130 g Mehl Type 405
50 g Mandeln, gemahlen
10 g Vanilleextrakt
1,5 g Zimt, gemahlen
150 g Walnusskerne, gehackt

Die Butter und die Schokolade auf einem Wasserbad schmelzen.
Die Eier mit dem Zucker weißschaumig schlagen. Die flüssige Schokoladen-Butter-Mischung dazugießen und glatt rühren. Das Mehl darübersieben und mit den gemahlenen Mandeln unterziehen. Mit dem Vanilleextrakt und dem Zimt aromatisieren, zum Schluss die gehackten Nüsse untermischen.
Den Teig 2–3 Zentimeter hoch in eine Silikonform füllen und bei 160–170 °C etwa 10 Minuten backen. Für die Garprobe mit einem Messer in den Teig stechen: Bleibt die Klinge sauber, ist der Teig durchgebacken.

● Tipp

Die Walnüsse können durch eine beliebige Nussmischung ersetzt werden (Cashewkerne, Pekan-, Macadamia-, Haselnüsse …).

Rezept
Brownies mit warmer Schokoladensauce >> S. 396

Financiers ★

Zutaten für 8 Financiers

125 g Butter + Butter für die Form
150 g feinster Zucker
75 g Mandeln, gemahlen
120 g Eiweiß
60 g Mehl Type 405

In einem Topf die Butter zerlassen und anbräunen.
Den Zucker, die Mandeln und das Eiweiß in einer Schüssel verrühren und auf einem Wasserbad auf 50 °C erwärmen.
Vom Wasserbad nehmen. Nach und nach die Butter und anschließend das gesiebte Mehl unterziehen.
Zu einer glatten und homogenen Masse verarbeiten.
In gefettete kleine Financierformen (Barren) oder Formen für Mini-Muffins füllen.
Bei 170 °C Umluft etwa 10 Minuten backen.

● Tipp

Man kann die Financiermasse auch dünn auf Backpapier streichen und zu Böden für Süßspeisen verarbeiten. Wer die Financiers in Förmchen backt, sollte die fertigen Gebäckstücke darin abkühlen lassen, damit sie etwas Feuchtigkeit aufnehmen und ihren flaumigen Biskuitcharakter behalten.

● Gut zu wissen

Das Gebäck hatte ursprünglich eine runde Form und wurde im Mittelalter von den Schwestern des Visitandine-Ordens gebacken. Während der Renaissance war es verpönt, weil sein Bittermandelgeruch an das Gift Arsen erinnerte, mit dem manches Mitglied des Hochadels umgebracht wurde.
Der französische Patissier Lasne hatte sich in der Nähe der Pariser Börse niedergelassen. Für seine Kunden aus der Finanzwelt perfektionierte er die Küchlein und gab ihnen die kleine Barrenform, damit man sie verspeisen konnte, ohne sich die Finger zu beschmutzen.

Rezept
Financiers mit Pistazien >> S. 394

Makronen ★

Zutaten für 15 Makronen

150 g Eiweiß
1 Prise Salz
250 g feinster Zucker
25 g Mehl Type 405
250 g Haselnüsse, gemahlen

In einer Schüssel das Eiweiß mit einer Prise Salz leicht anschlagen.
Den Zucker unter kräftigem Schlagen einrieseln lassen.
Sobald das Eiweiß schaumig wird, die Schüssel auf einen passenden Topf stellen, der zur Hälfte mit 50-55 °C heißem Wasser gefüllt ist. Auf dem Wasserbad ständig schlagen, bis die Masse an Volumen zugenommen hat und weiß glänzt. Die Meringenmasse sollte jetzt maximal 45 °C heiß sein. Ist diese Temperatur erreicht, die Schüssel vom Wasserbad nehmen und weiterschlagen, bis die Masse abgekühlt ist.
Das Mehl und die Nüsse dazugeben und vorsichtig mit einem Teigschaber unterheben.
Mithilfe eines Löffels kleine Pyramiden oder Häufchen auf ein mit Backpapier oder einer Silikonmatte bedecktes Blech setzen. Bei 140 °C backen, bis sich die Makronen trocken anfühlen. Wie weich ihr Kern bleiben soll, ist dem persönlichen Geschmack überlassen.
Die fertigen Makronen sofort auf ein Kuchengitter setzen, damit sie nicht wieder feucht werden. In einer fest schließenden Dose aufbewahren.

● Tipp

Die gemahlenen Haselnüsse ganz oder teilweise durch Mandeln, Walnusskerne oder durch Kokosraspel ersetzen. Fein gehackte kandierte Früchte sind eine gute Ergänzung.
Die Makronen können auch mit einer Italienischen Meringenmasse hergestellt werden.

Rezept
Kokosmakronen >> S. 385

1

2

3

4

5

Genueser Biskuit ★

Zutaten für 2 kleine Kuchen

200 g Ei
125 g feinster Zucker
125 g Mehl Type 405
Butter für die Form

Die Eier und den Zucker in einer Schüssel verquirlen. Auf einem 60 °C heißen Wasserbad schlagen **(1)**, bis die Masse dick wird und bandartig vom Schneebesen fließt. Die Hälfte des gesiebten Mehls vorsichtig unterziehen. Die zweite Hälfte darübersieben **(2)** und ebenfalls behutsam einarbeiten, damit die Masse nicht zusammenfällt. Zwei Formen (etwa 12 Zentimeter Durchmesser) ausbuttern **(3)**, mit Mehl ausstauben **(4)** und zu drei Vierteln mit der Masse füllen **(5)**. Sofort in den Ofen schieben und bei 180 °C 20–25 Minuten backen. Nach erfolgreicher Garprobe auf ein Kuchengitter stürzen.

● Tipp

Für eine Genueser Masse mit Schokolade 25 Gramm Mehl durch 25 Gramm gesiebtes Kakaopulver ersetzen.

Rezepte

Himbeertorte >> S. 329
Schwarzwälder Kirschtorte >> S. 346
Erdbeertorte >> S. 349
Mokkatorte >> S. 353

http://cv-vlg.de/dessert06

1

2

Mandelbaiser ★★

Zutaten für 12 kleine Böden

100 g Puderzucker
150 g Mandeln, gemahlen
50 g Mehl Type 405

Für die Französische Meringenmasse

240 g Eiweiß
50 g feinster Zucker

Eine Französische Meringenmasse herstellen (S. 176) **(1)**. Den Puderzucker, die gemahlenen Mandeln und das Mehl gründlich vermengen **(2)** und mit dem Teigschaber behutsam unter die Meringenmasse ziehen. Die Baisermasse mit einem Spritzbeutel mit Lochtülle in der gewünschten Form und Größe auf ein mit Backpapier oder einer Silikonmatte ausgelegtes Blech dressieren. Bei 180 °C 10 Minuten backen.

● Tipp

Die Baisermasse vor dem Backen nach Belieben mit Mandelblättchen, gehackten Walnüssen oder Pistazien bestreuen.

Rezepte
Himbeertorte >> S. 329 Cassistorte mit Mandelbaiser >> S. 350

1

Biskuitrolle ★★

Zutaten für 10 Personen

120 g Ei
50 g Eigelb
125 g + 15 g Zucker
80 g Eiweiß
40 g Mehl Type 405
30 g Speisestärke
Zuckersirup zum Tränken (S. 237)

In der Rührschüssel der Küchenmaschine Eier, Eigelb und 125 Gramm Zucker schaumig schlagen.
Das Eiweiß mit dem restlichen Zucker steif schlagen, dann behutsam unter die Eigelbmasse heben.
Das Mehl mit der Speisestärke darübersieben und unterziehen.
Die Biskuitmasse 5 Millimeter dick auf ein mit Backpapier bedecktes Blech streichen.
Bei 180 °C 6-7 Minuten backen.
Den fertigen Boden aus dem Ofen nehmen und falls nötig die Ränder glatt schneiden.
Mithilfe eines Pinsels mit Sirup tränken **(1)**.
Eine beliebige Füllcreme gleichmäßig mit einer Palette aufstreichen **(2)**.
Den Boden von der Längsseite her fest aufrollen **(3)**. Zum Schluss das Backpapier darüber einschlagen und mithilfe eines Gitters straff um die Rolle ziehen.

● Tipp

Den gebackenen Biskuitboden sofort vom Blech ziehen und mit einem Tuch oder einem Bogen Backpapier belegen, damit er nicht austrocknet.

Rezepte

Biskuitrolle Schoko-Vanille ›› S. 333
Pistazienrolle ›› S. 334

2

3

1

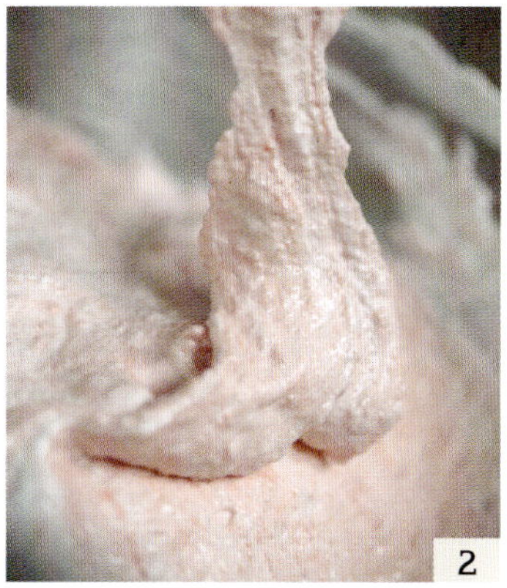
2

3

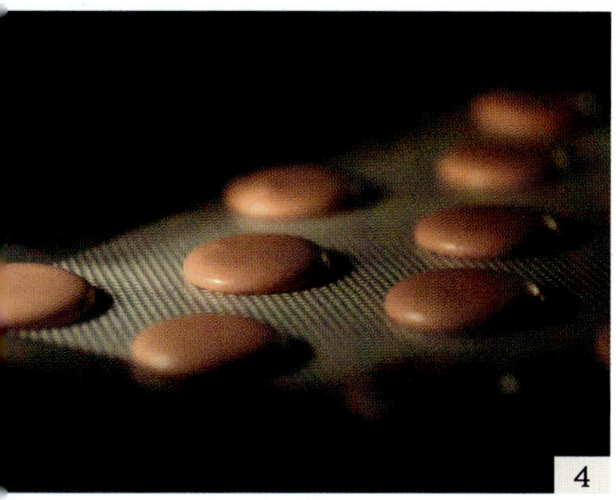
4

5

Macarons ★★★

Zutaten für 40 Macarons

Für die Grundmasse

150 g Mandeln, sehr fein gemahlen
150 g Puderzucker
50 g Eiweiß
Aroma und/oder Speisefarbe nach Wahl

Für die Italienische Meringenmasse

150 g feinster Zucker
50 ml Wasser
55 g Eiweiß

Die Mandeln mit dem Puderzucker im Mixer zu Pulver verarbeiten, dann in einer Schüssel mit dem Eiweiß gründlich vermischen, nach Belieben aromatisieren und/oder einfärben. (Die Zugabe der Speisefarbe kann auch zum Schluss erfolgen.) Eine Italienische Meringenmasse herstellen (S. 177). Die beiden Massen mit einer Teigkarte vermischen, dabei von unten nach oben durchrühren **(1)** und wieder abfließen lassen **(2)**. Mithilfe eines Spritzbeutels mit Lochtülle gleichmäßige Tupfer auf ein mit Backpapier oder einer Silikonmatte bedecktes Blech dressieren **(3)**.
Antrocknen lassen, bis die Oberfläche nicht mehr klebrig ist. Damit die Unterseite der Macarons nicht zu stark backt, unter dem Blech mit den Macarons ein leeres Blech in den Ofen schieben. Bei 155 °C etwa 12 Minuten backen **(4)**. Die Macarons dürfen keinesfalls braun werden **(5)**.

● Tipp

Damit die Macarons schön glatt werden, muss die Grundmasse so fein wie möglich sein. Daher ist es notwendig, die Mandeln fein zu mahlen, zu sieben und anschließend präzise abzuwiegen. Dann zusammen mit dem Puderzucker im Mixer pulverisieren.

Rezepte

Schokoladenmousse-Torte ›› S. 338
Macaron-Törtchen mit Maronencreme ›› S. 342
Litschi-Rosen-Torte ›› S. 345
Macaron-Variationen ›› S. 371
Eisrolle Erdbeer-Vanille ›› S. 442
Macarons mit Erdnusseis ›› S. 448

http://cv-vlg.de/dessert07

Florentiner ★★

Zutaten für 12 Florentiner

100 g feinster Zucker
50 g Honig
125 g Sahne
125 g Mandelblättchen
85 g kandierte Früchte (Engelwurz, Kirsche, Zitrusschale ...), gehackt
temperierte Schokolade (S. 182) zum Überziehen

In einer Pfanne oder in einem Topf den Zucker und den Honig schmelzen.
Bei schwacher Hitze nach und nach die Sahne, die Mandelblättchen und die kandierten Früchte unterrühren.
Von der Kochstelle nehmen und die Masse sofort mithilfe eines Löffels in die Mulden einer Silikonform oder auf ein mit Backpapier bedecktes Blech streichen. Bei 180 °C goldbraun backen.
Die ausgekühlten Florentiner mit einer Seite in die temperierte dunkle Schokolade tauchen und mit der Schokoladenseite nach unten auf eine Hart-PVC-Folie oder Backpapier legen.

Mandel-Tuiles ★

Zutaten für 12 Tuiles

100 g Puderzucker
60 g Ei
50 g Eiweiß
25 g Butter, zerlassen
10 g Mehl Type 405
100 g Mandelblättchen

Sämtliche Zutaten mit Ausnahme der Mandelblättchen mit dem Stabmixer vermischen. Die Masse glatt rühren und die Mandeln unterziehen. Kleine Häufchen auf ein mit Backpapier oder einer Silikonmatte bedecktes Blech setzen und mit einer Gabel sehr dünn rund ausstreichen.
Die Tuiles bei 180 °C backen, bis die Ränder gleichmäßig gebräunt sind. Das Blech aus dem Ofen nehmen, die Tuiles noch heiß ablösen und über ein Nudelholz oder in eine Dachrinnenform legen, um ihnen die typische gebogene Form zu geben.

● Tipp
Die Silikonmatte nach jedem Backgang abkühlen lassen, um die nächsten Tuiles leichter auftragen zu können.

Honig-Tuiles ★

Zutaten für 10 Tuiles

75 g weiche Butter
50 g flüssiger Honig
100 g Puderzucker
50 g Mehl Type 405

In einer Schüssel die Butter mit dem Honig verrühren.
Den Puderzucker und das Mehl untermischen, die Masse glatt rühren und mit dem Schneebesen kurz und kräftig aufschlagen.
Kleine Häufchen auf ein mit Backpapier oder einer Silikonmatte bedecktes Blech setzen und mit einem Löffelrücken sehr dünn rund ausstreichen.
Bei 180 °C backen, bis die Ränder schön gebräunt sind. Die Tuiles noch heiß ablösen und über ein Nudelholz oder in eine Dachrinnenform legen, um ihnen die typische gebogene Form zu geben.

● Tipp
Das zarte Gebäck ist ein stilvoller Blickfang auf jedem Dessertteller. Die Tuiles immer in einer luftdicht schließenden Dose aufbewahren, da sie keine Feuchtigkeit vertragen.

Orangen-Tuiles ★

Zutaten für 10 Tuiles
80 g Butter, zerlassen
100 g feinster Zucker
30 g Mehl Type 405
5 cl Orangensaft
2 cl Cointreau

In einer Schüssel die Butter mit dem Zucker cremig rühren. Das Mehl untermischen und anschließend den Saft sowie den Likör dazugeben.
Die Schüssel für etwa 20 Minuten in den Kühlschrank stellen. Mithilfe eines Löffels kleine runde Häufchen (Durchmesser etwa 2 Zentimeter) auf ein mit Backpapier oder einer Silikonmatte bedecktes Blech setzen. Reichlich Abstand lassen, denn der Teig zerläuft beim Backen.
Bei 180 °C backen, bis die Ränder gleichmäßig gebräunt sind. Die Tuiles noch heiß ablösen und über ein Nudelholz oder in eine Dachrinnenform legen, um ihnen die typische gebogene Form zu geben.

Rotwein-Tuiles ★

Zutaten für 10 Tuiles
250 ml leichter Rotwein
50 g Butter, zerlassen
90 g Zucker
25 g Mehl Type 405

Den Rotwein auf 75 Milliliter einkochen lassen. Dann in einer Schüssel mit den übrigen Zutaten verrühren.
Kleine Häufchen der Masse auf ein mit Backpapier oder einer Silikonmatte bedecktes Blech setzen und mit einem Löffelrücken ausstreichen.
Bei 180 °C backen, bis die Ränder gleichmäßig gebräunt sind. Die Tuiles noch heiß ablösen und über ein Nudelholz oder in eine Dachrinnenform legen, um ihnen die typische gebogene Form zu geben.

● Tipp

Die Tuiles vor dem Backen nach Belieben mit gehackten Haselnüssen oder Mandeln bestreuen.

1

2

Hippen ★

Zutaten für 40 Hippen

250 g weiche Butter
250 g Puderzucker
250 g Eiweiß
250 g Mehl Type 405
Vanilleextrakt

In einer Schüssel die Butter und den Puderzucker mit dem Schneebesen cremig rühren. Das Eiweiß unterziehen.
Das gesiebte Mehl auf einmal hinzufügen und untermischen.
Kleine Häufchen auf ein mit Backpapier oder einer Silikonmatte ausgelegtes Blech setzen und mit einem Löffelrücken oval ausstreichen.
Bei 170-180 °C einige Minuten backen, bis das Gebäck gleichmäßig goldgelb ist. Aus dem Ofen nehmen. Auskühlen lassen.

● Tipp

Für Russische Zigaretten die Hippen noch heiß um einen Wetzstahl oder einen Kochlöffelstiel wickeln und auskühlen lassen.

Rezept
Eisrolle Erdbeer-Vanille >> S. 442

Rosinentaler ★

Zutaten für 40 Rosinentaler

250 g weiche Butter
250 g Puderzucker
250 g Ei
250 g Mehl Type 405
1 EL brauner Rum
125 g Sultaninen

In einer Schüssel die Butter und den Zucker mit dem Schneebesen luftig aufschlagen. Die Eier dazugeben und glatt rühren.Das gesiebte Mehl auf einmal hinzufügen und unterziehen. Die Masse mit dem Rum aromatisieren.
In einen Spritzbeutel mit Lochtülle füllen und kleine Häufchen auf ein mit Backpapier oder einer Silikonmatte ausgelegtes Blech dressieren. Die Taler mit Rosinen verzieren und anschließend bei 170-180 °C einige Minuten backen, bis die Ränder goldbraun sind. Die Rosinentaler auskühlen lassen und von der Backunterlage lösen.

● Gut zu wissen

Wenn man die Masse in Streifen auf das Blech spritzt und die Sultaninen weglässt, erhält man Katzenzungen.

Marzipankonfekt ★

Zutaten für 8 Stück
200 g Marzipanrohmasse
20 g Eiweiß
Pistazienkerne oder kandierte Früchte zum Verzieren
Gummiarabikum (nach Belieben)

In einer Schüssel die Marzipanrohmasse nach und nach mit so viel Eiweiß verrühren, dass sie fest bleibt, aber spritzfähig wird. Die Masse in einen Spritzbeutel mit Sterntülle füllen und auf ein mit Backpapier oder einer Silikonmatte bedecktes Blech dressieren **(1)**. Mit Pistazienkernen oder kandierten Früchten verzieren. Bei Raumtemperatur etwa 60 Minuten an der Luft (möglichst zimmerwarme Zugluft) antrocknen lassen. Im 200 °C heißen Backofen 6-7 Minuten bräunen **(2)**. Nach Belieben sofort mit Gummiarabikum überglänzen.

Marzipan-Spritzgebäck ★

Zutaten für 15 Stück
200 g Marzipanrohmasse
20 g Eiweiß
200 g weiche Butter
75 g Puderzucker
50 g Ei
225 g Mehl
3 g Backpulver
etwas Vanilleextrakt oder abgeriebene Schale
von einer unbehandelten Zitrone

Die Marzipanrohmasse mit dem Eiweiß geschmeidig rühren. Die Butter und den Puderzucker mit einem Schneebesen cremig rühren, das Ei dazugeben und kräftig schlagen. Das Mehl mit dem Backpulver darübersieben und einarbeiten. Mit der Marzipanmasse vermengen und mit etwas Vanilleextrakt oder Zitronenschale geschmacklich abrunden. Die Masse in einen Spritzbeutel mit Sterntülle füllen und auf ein mit Backpapier oder einer Silikonmatte bedecktes Blech dressieren. Bei Raumtemperatur etwa 60 Minuten an der Luft (möglichst zimmerwarme Zugluft) antrocknen lassen. Bei 175 °C etwa 15 Minuten backen, bis das Gebäck goldgelb ist.

● Tipp
Das Antrocknen vor dem Backen ist wichtig, damit die Riffelung erhalten bleibt.

1

2

Mandelküchlein ★

Zutaten für 8 Mandelküchlein

50 g Butter
50 g feinster Zucker
50 g Ei
50 g Mandeln, gemahlen
5 g Speisestärke
Vanilleextrakt
etwas brauner Rum

In einer Schüssel die weiche Butter und den Zucker mit einem Schneebesen cremig rühren. Das Ei dazugeben und kräftig schlagen. Die restlichen Zutaten untermischen und weiterschlagen, bis eine helle, dickschaumige Masse entstanden ist. Mithilfe eines Spritzbeutels kleine Silikonformen zu zwei Dritteln damit füllen.
Bei 175 °C je nach Größe 12-15 Minuten backen

● Tipp

Nach Belieben in die kleinen Kuchen vor oder nach dem Backen eine Füllung geben (Früchte, Konfitüre, Schokoladensauce ...).

Cremes, Mousses und Füllungen für Süßspeisen

Milchprodukte

Milch ist eine weißliche, undurchsichtige Flüssigkeit, die in den Brustdrüsen weiblicher Säugetiere gebildet wird. Die für den Konsum bestimmte Milch muss von gesunden, wohlgenährten Tieren stammen. Artgerecht gehaltene Milchkühe sind langlebig, leistungsfähig und liefern Tag für Tag hochwertige, wohlschmeckende Milch – ein für die menschliche Ernährung wertvolles, rundum gesundes Nahrungsmittel.

Mit Milch ohne nähere Bezeichnung ist generell Kuhmilch gemeint. Sie wird in unterschiedlichen Verfahren wärmebehandelt, um in optimaler Qualität in den Handel zu gelangen. Rohmilch enthält Keime, in erster Linie **Milchsäurebakterien,** die bewirken, dass Joghurt und Käse eindicken. Der französische Chemiker Louis Pasteur entwickelte bereits im 19. Jahrhundert ein Verfahren, mit dem Flüssigkeiten 15–30 Sekunden auf 72–75 °C erhitzt und danach sofort wieder abgekühlt werden können. Die meisten Krankheitserreger werden dabei abgetötet. Noch wirksamer ist die sogenannte **Ultrahocherhitzung**: Vorgewärmte Milch wird für 2–3 Sekunden auf 135–150 °C erhitzt und sofort wieder auf 4–5 °C heruntergekühlt. Dabei werden alle Keime bzw. Mikroorganismen abgetötet, allerdings gehen auch 5–20 Prozent der Vitamine verloren.

In Handel werden **Vollmilch, fettarme Milch** und **entrahmte Milch** angeboten. Alle Sorten sind reich an dem Milchzucker **Lactose**, dem Protein Kasein, an Vitaminen, Spurenelementen und Mineralstoffen wie Calcium (120 mg auf 100 ml), das für den Aufbau und die Erhaltung stabiler, gesunder Knochen und Zähne unerlässlich ist.
Sahne gewinnt man durch Zentrifugieren der Rohmilch, wodurch sich das Fett von der Milch trennt. Dank ihres hohen Fettgehalts lässt sich Sahne steif schlagen. Dabei haften die Fetttröpfchen an den untergeschlagenen Luftbläschen und bilden zunehmend ein feines Netz, das die Luft einschließt, sodass sich das ursprüngliche Volumen der Sahne verdoppelt. **Schlagsahne »extra«** mit einem Fettgehalt von 36 Prozent wird besonders luftig und ist ein unverzichtbarer Bestandteil zahlreicher Süßspeisen. Im Handel heißt sie auch **Konditorsahne**. Für die Herstellung von **Crème fraîche** setzt man der Sahne Milchsäurebakterien zu.
Sollten Sie einmal Sahne zu lange geschlagen haben, werfen Sie sie nicht weg, schlagen Sie fleißig weiter und rufen Sie Ihre Kinder in die Küche. Sie werden staunen, wenn sich vor ihren Augen immer mehr Fettklümpchen an der Oberfläche einer wässerigen, leicht grünlichen Flüssigkeit, der Molke, ansammeln. Das Fett ist zu Butter geworden, die man unter kaltem Wasser abspülen und verkneten kann.

Butter besteht zu 82 Prozent aus Fett und zu 16 Prozent aus Wasser, der Rest sind Spuren von Kasein und Lactose. Kalte Butter ist sehr hart, daher empfiehlt es sich, sie rechtzeitig aus dem Kühlschrank zu nehmen, damit sie bei Raumtemperatur wieder weich und geschmeidig wird und sich gut verarbeiten lässt.
Professionelle Patissiers verwenden für die Herstellung von Blätterteig- und Plundergebäck eine spezielle Ziehbutter, die weniger Wasser enthält und deutlich geschmeidiger ist.

Nussbutter entsteht, wenn man Butter erhitzt, bis das in ihr enthaltene Wasser verdampft ist. Durch die sofort einsetzende Karamellisierung der Lactose bräunen die Proteine und es entsteht ein angenehm nussartiger Duft – ein Aroma, das manchen Gebäckspezialitäten ihren unvergleichlichen Geschmack verleiht.

Nicht zuletzt Dank verschiedener EU-Verordnungen ist Butter generell ein hochwertiges Produkt, aber nur wenige Erzeugnisse weisen eine »geschützte Ursprungsbezeichnung« (AOC) auf. Dazu zählen die französische Butter aus der Normandie und aus Charentes-Poitou. Die ausgesprochen schmackhafte Butter mit Meersalzkristallen ist eine Spezialität der Bretagne, allerdings für Süßspeisen weniger geeignet.

● Gut zu wissen
Butter nimmt schnell fremde Aromen an, was gelegentlich von Vorteil sein kann, aber in der Regel unerwünscht ist. Sie sollte im Kühlschrank nicht neben stark riechenden Lebensmitteln gelagert werden. Am besten bewahrt man sie in einer speziellen Dose mit aromadichtem Verschluss auf.

Mandelcreme ★

Eine Füllcreme, wie man sie etwa für einen Dreikönigskuchen, eine Tarte Bourdaloue, eine Pithiviers-Torte oder für Mandeltörtchen braucht. Sie wird mitgebacken und entwickelt dabei ihre besondere Konsistenz.

Zutaten

100 g Butter
100 g feinster Zucker
100 g Ei
100 g Mandeln, gemahlen
15 g Speisestärke
Aroma nach Wahl (Vanille, Rum, Cointreau, Bittermandel …)

In einer Schüssel die Butter und den Zucker mit einem Schneebesen cremig rühren.
Die Eier dazugeben und kräftig schlagen, bis alles gut vermischt ist.
Die Mandeln und die Speisestärke unterziehen und mit dem Schneebesen glatt rühren. Zum Schluss nach Belieben aromatisieren.

● Tipp

Die gemahlenen Mandeln können ganz oder teilweise durch Haselnüsse ersetzt werden. Pistazien verleihen der Creme einen zartgrünen Ton.
Vermischt man Mandelcreme und Konditorcreme zu gleichen Teilen, erhält man Frangipane-Creme (S. 101).
Egal ob in Tartes oder Plundergebäck, Mandelcreme wird grundsätzlich mitgebacken.

Rezepte

Pithiviers-Torte ›› S. 379
Birnentarte mit Mandelcreme ›› S. 418

1

2

3

Englische Creme ★★

Zutaten
250 ml Milch
½ Vanilleschote
80 g Eigelb
50 g feinster Zucker

Die Milch in einen Topf gießen und mit der aufgeschlitzten Vanilleschote und dem ausgekratzten Mark erhitzen.
In einer Schüssel das Eigelb und den Zucker weißschaumig schlagen (1).
Sobald die Milch zu sieden beginnt, die Hälfte unter die Eigelbmasse rühren (2).
Zu der restlichen Milch in den Topf gießen und behutsam erhitzen, bis das Thermometer 85 °C anzeigt (3) oder bis die Creme eindickt und einen Rührlöffel überzieht, sodass eine deutliche Spur zurückbleibt, wenn man mit dem Finger über den Löffel fährt. Diesen Vorgang nennt man in der Fachsprache »zur Rose abziehen«.
Den Topf hin und wieder vom Herd ziehen, damit das Eigelb nicht durch zu starke Wärmeeinwirkung gerinnt.
Die fertige Creme durch ein feines Sieb in eine Schüssel passieren und mit Frischhaltefolie belegen. Rasch abkühlen lassen und dem Rezept entsprechend verwenden.

● Gut zu wissen

Die Creme soll rasch abkühlen, um das Risiko einer Bakterienvermehrung so weit wie möglich auszuschließen.
Die Masse darf nicht kochen, weil das Eigelb dann gerinnt und die Creme zerfällt. In diesem Fall kann man sie manchmal retten, indem man sie sofort in ein kaltes Gefäß umfüllt und mit einem Pürierstab durchmixt.

● Tipp

Es gibt noch eine simplere Methode, um eine Englische Creme herzustellen: Einfach alle Zutaten verquirlen und in einem Topf unter Rühren auf 85 °C erhitzten. Sie ist besonders empfehlenswert, wenn statt der Vanilleschote ein Extrakt verwendet wird.

Rezept
Schnee-Eier ›› S. 304

http://cv-vlg.de/dessert08

Eiercreme ★

Grundrezept

Zutaten für 4-6 Personen

125 ml Milch
125 g flüssige Schlagsahne
100 g Ei
20 g Eigelb
50 g feinster Zucker
Aroma nach Wahl

In einer Schüssel sämtliche Zutaten miteinander verrühren, aber nicht schaumig schlagen.
Durch ein feines Sieb in eine saubere Schüssel gießen, mit Frischhaltefolie abdecken und bis zur weiteren Verwendung im Kühlschrank aufbewahren.

Rezept
Elsässer Reneklodentarte >> S. 417

Crème brulée

Zutaten für 4-6 Personen

120 g Eigelb
75 g Zucker
250 ml Milch
250 g flüssige Schlagsahne
1 Vanilleschote
80 g Rohrohrzucker

Das Eigelb und den Zucker in eine Schüssel geben und weißschaumig aufschlagen. Die Milch und die Sahne dazugießen und alles gründlich verrühren. Die aufgeschlitzte Vanilleschote und das herausgekratzte Mark dazugeben.
Mit Frischhaltefolie abdecken und etwa 2 Stunden im Kühlschrank ziehen lassen, damit sich das Aroma der Vanille voll entfalten kann. Anschließend durch ein feines Sieb passieren und in ofenfeste Förmchen füllen.
Die Creme in einem Wasserbad im Backofen bei maximal 90-100 °C etwa 40 Minuten stocken lassen. Nach dem Abkühlen mit dem Rohrohrzucker bestreuen.
Den Zucker mit einem Crème-brulée-Brenner karamellisieren.

Rezept
Weihnachtliche Crème brulée >> S. 263

Cremetöpfchen

Zutaten für 4-6 Personen
125 ml Milch
125 g flüssige Schlagsahne
60 g Eigelb
50 g feinster Zucker
Aroma nach Wahl

In einem Topf Milch und Sahne erhitzen.
In einer Schüssel das Eigelb mit dem Zucker verrühren.
Die Milch-Sahne-Mischung dazugießen, gut umrühren.
Die Masse in ofenfeste Förmchen füllen.
Die Förmchen im Wasserbad im Backofen bei maximal 150 °C 35-40 Minuten stocken lassen.

Nugatbutter ★

Zutaten für 200 Gramm
100 g brauner Nugat (S. 160)
100 g weiche Butter

Beide Zutaten in der Rührschüssel der Küchenmaschine mit dem Flachrührer luftig aufschlagen.
Entweder mit einem Spritzbeutel mit Lochtülle aufdressieren oder mit einer Palette aufstreichen.

● Verwendung
Als Füllung für Blätterteigschnitten, Biskuitböden, Macarons ...

Panna cotta ★

Zutaten für 6 Personen
6 g Blattgelatine
500 g flüssige Schlagsahne
½ Vanilleschote
100 g feinster Zucker

Die Gelatine in etwas kaltem Wasser einweichen.
Die Sahne in einen Topf gießen und mit der aufgeschlitzten Vanilleschote und dem ausgekratzten Mark erhitzen. Den Zucker unterrühren.
Den Topf von der Kochstelle nehmen und die ausgedrückte Gelatine unter Rühren in der heißen Flüssigkeit auflösen.
Durch ein feines Sieb in Förmchen oder Dessertgläser füllen und rasch abkühlen lassen.

● Tipp
Zur Aromatisierung kann man Zitrusschale, Nüsse, Mandeln oder auch frische Kräuter in der Sahne ziehen lassen. Frische Sahne schmeckt besser als haltbare.
Es empfiehlt sich, von diesem Dessert mit relativ hohem Fettgehalt vorzugsweise kleine Portionen zuzubereiten.
Die Panna cotta mit einer Früchtecoulis oder knusprigen Streuseln servieren.

● Gut zu wissen
Panna cotta, zu deutsch »gekochte Sahne«, stammt ursprünglich aus der bäuerlichen Küche des Piemont, wo sie traditionell mit Haselnüssen serviert wurde.

Rezepte
Maronenküchlein ›› S. 299
Panna cotta mit Mangocoulis ›› S. 311

Chantilly-Sahne ★

Sahne ist ein wesentlicher Bestandteil vieler Desserts. Wird sie kräftig geschlagen, schließt sie nach und nach Luft ein und nimmt an Volumen zu.
Chantilly-Sahne enthält 15–20 Prozent Zucker und echte Vanille. Sie wird zum Füllen, Garnieren, Überziehen und Dekorieren verwendet und zu Gebäck, Eiscreme und vielen anderen Süßspeisen gereicht.

Zutaten für 10 Personen

250 g flüssige Schlagsahne
35 g Puderzucker
5 g Vanilleextrakt oder das ausgekratzte Mark von 1 Vanilleschote

Methode Nr. 1

Die Sahne in eine gut gekühlte Schüssel gießen, den Zucker und den Vanilleextrakt dazugeben.
Zunächst langsam anschlagen, bis die Sahne leicht cremig wird. Das Tempo steigern und weiterschlagen, bis sie steif ist und am Schneebesen feste Spitzen bildet.

Methode Nr. 2

Die gut gekühlte Sahne in eine Schüssel oder in die Rührschüssel der Küchenmaschine gießen.
Kräftig schlagen (Küchenmaschine: mittlere Geschwindigkeit), bis die Sahne beginnt, steif zu werden.
Den Zucker darübersieben und den Vanilleextrakt (oder das Vanillemark) zugeben.
Einige Sekunden kräftig weiterschlagen, damit die Sahne so luftig wie möglich wird.
Bis zur weiteren Verwendung kühl stellen.

● Tipp

Sahne lässt sich erst ab einem Fettgehalt von 30 Prozent steif schlagen. Außerdem sollte sie gut gekühlt sein oder auf Eis geschlagen werden. Es empfiehlt sich, die Sahne bereits am Vortag kalt zu stellen und auch den Schlagkessel und den Schneebesen zu kühlen.
Bei Verwendung von Kristallzucker darauf achten, dass er sich in der Sahne vollkommen auflöst. Puderzucker ist in jedem Fall besser geeignet.

● Gut zu wissen

Im Jahr 1663 wurde François Vatel, einer der bedeutendsten französischen Küchenmeister des 17. Jahrhunderts, zum Leibkoch und Haushofmeister des Prinzen von Condé berufen, der auf Schloss Chantilly in der Nähe von Paris residierte. Vatel wird die Erfindung der Crème Chantilly zugeschrieben.
Darunter versteht man aus Kuhmilch gewonnene Sahne mit einem Mindestfettgehalt von 30 Prozent, die steif geschlagen, mit Zucker gesüßt und mit echter Vanille aromatisiert wird.

Rezepte

Waffeln mit Sahne und Erdbeeren ›› S. 302
Schwarzwälder Kirschtorte ›› S. 346
Baba mit Rum ›› S. 361
Kinderkuchen ›› S. 404

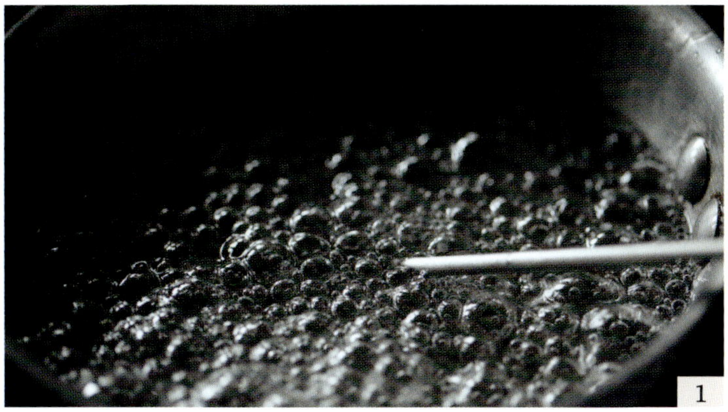
1

2

3

Buttercreme ★★★

Eine Emulsion aus Butter, Eiern und Zuckersirup (wie für eine Pâte à bombe, S. 197) sowie einem Aroma nach Wahl. Zahlreiche Varianten sind möglich, beispielsweise in Verbindung mit einer Englischen Creme oder einer Italienischen Meringenmasse.

Mit Zuckersirup

Zutaten für 8 Personen

250 g Zucker
70 ml Wasser
80 g Eigelb
250 g Butter
Aroma nach Wahl

In einem Topf Zucker und Wasser unter Rühren erhitzen. Den Rand immer wieder mit einem in Wasser getauchten Pinsel säubern. Den Sirup auf 117–121 °C erhitzen **(1)**.
Das Eigelb in der Küchenmaschine schaumig schlagen. Den heißen Sirup langsam in die Eigelbmasse laufen lassen. Weiterschlagen, bis die Masse auf etwa 30 °C abgekühlt ist.
Die zimmerwarme, in Stücke geschnittene Butter bei mittlerer Geschwindigkeit einarbeiten **(2, 3)**. Die Creme nach Belieben aromatisieren, in eine Schüssel füllen, mit Frischhaltefolie belegen und je nach Rezept weiterverwenden.

● Tipp

Damit die Creme eine gute Konsistenz annimmt, nur frisches Eigelb und Butter erstklassiger Qualität verwenden. Soll sie leichter und lockerer werden, die Buttercreme mit einer Italienischen (S. 177) oder Schweizer Meringenmasse (S. 176) vermischen. Mit Frischhaltefolie abgedeckt hält sie im Kühlschrank einige Tage.

● Gut zu wissen

Mitte des 19. Jahrhunderts kreierte der Pariser Patissier Guignard den berühmt gewordenen Moka, eine mit Mokkabuttercreme gefüllte und maskierte Biskuittorte. Die Buttercreme hatte bereits sein Vorgänger Père Quillet entwickelt. Der Mokka, eine spezielle Kaffeezubereitung, ist nach dem einstigen Exporthafen für jemenitischen Kaffee benannt.

Rezepte
Biskuitrolle Schoko-Vanille ›› S. 333
Pistazienrolle ›› S. 334
Mokkatorte ›› S. 353
Opéra-Torte ›› S. 354
Pistazienkuchen mit Himbeerfüllung ›› S. 393

http://cv-vlg.de/dessert09

Mit Englischer Creme

Zutaten für 16 Personen

250 ml Milch
1 Vanilleschote
120 g Eigelb
250 g feinster Zucker
500 g Butter

In einem Topf die Milch mit der aufgeschlitzten Vanilleschote und dem ausgekratzten Mark erhitzen.
In einer Schüssel das Eigelb mit dem Zucker weißschaumig rühren.
Sobald die Milch zu sieden beginnt, die Hälfte in die Eimasse gießen und glatt rühren. Sofort zu der restlichen Milch in den Topf geben und unter Rühren erhitzen, bis das Thermometer 85 °C anzeigt, die Creme eindickt und den Kochlöffel überzieht (zur Rose abziehen). Den Topf dabei hin und wieder vom Herd ziehen, damit das Eigelb nicht durch zu starke Wärmeeinwirkung gerinnt.
Die Creme durch ein feines Sieb in eine Schüssel passieren und mit Frischhaltefolie belegen.
Die Creme rasch auf etwa 30 °C abkühlen lassen.
Die Butter mit einem Schneebesen cremig rühren. Die Englische Creme nach und nach mit der Butter verrühren.

Mit Italienischer Meringenmasse

Zutaten für 16 Personen

500 g feinster Zucker
150 ml Wasser
250 g Eiweiß
1 Prise Salz
500 g Butter

In einem Topf den Zucker mit dem Wasser aufkochen. Wenn der Sirup eine Temperatur von 110 °C erreicht hat, das Eiweiß in die Rührschüssel der Küchenmaschine geben und mit dem Salz steif schlagen.
Wenn der Sirup 117-120 °C heiß ist, bei laufendem Gerät langsam in den Eischnee gießen und weiterschlagen, bis die Meringenmasse auf etwa 30 °C abgekühlt ist. Sie soll sehr fest und glänzend sein und zahlreiche Spitzen bilden.
Die Butter mit dem Schneebesen cremig rühren. Die Meringenmasse nach und nach unter die Butter heben.

Bayerische Creme ★★

Zutaten für 8 Personen

80 g Eigelb
250 ml Milch
125 g feinster Zucker
8 g Blattgelatine
Vanilleextrakt (oder Aroma nach Wahl)
400 g flüssige Schlagsahne

Das Eigelb mit der Milch und dem Zucker verquirlen.
Die Gelatine in etwas kaltem Wasser einweichen.
In einem Topf die Eigelbmasse unter Rühren erhitzen, bis das Thermometer 85 °C anzeigt, die Creme eindickt und den Kochlöffel überzieht (zur Rose abziehen). Den Topf dabei falls nötig hin und wieder vom Herd ziehen, damit das Eigelb nicht durch zu starke Wärmeeinwirkung gerinnt.
Die Creme in eine Schüssel gießen und mit dem Vanilleextrakt aromatisieren. Die ausgedrückte Gelatine unterrühren, um die Masse zu binden. Mit Frischhaltefolie abdecken.
Die Creme auf etwa 20 °C abkühlen lassen.
Die Sahne steif schlagen.
Die abgekühlte Creme mit einem Schneebesen glatt rühren und die geschlagene Sahne nach und nach vorsichtig mit einem Teigschaber unterheben.
Sofort in die gewünschten Formen füllen und kühl stellen.

● Verwendung

Bayerische Creme ist die klassische Füllung für eine Charlotte. Anstelle von Vanille kann man zum Aromatisieren auch Kaffee, Schokolade, ZItronenschale oder Spirituosen verwenden.

Rezepte

Bayerische Creme mit Früchtecoulis ›› S. 291
Schoko-Kaffee-Verrine ›› S. 318
Himbeerstreifen ›› S. 322
HImbeertorte ›› S. 329
Erdbeer-Himbeer-Charlotte ›› S. 337

http://cv-vlg.de/dessert10

1

2

Bayerische Creme mit Früchten ★★

Zutaten für 8 Personen
8 g Blattgelatine
80 g Eigelb
100 g feinster Zucker
250 g Fruchtpüree
400 g flüssige Schlagsahne
Obstbrand (nach Belieben)

Die Gelatine in etwas kaltem Wasser einweichen.
In einer Schüssel das Eigelb mit dem Zucker weißschaumig schlagen.
Das Fruchtpüree in einen Topf geben und aufkochen. Von der Kochstelle nehmen, die Eigelbmasse untermischen und die ausgedrückte Gelatine zur Bindung darin auflösen. Auf etwa 20 °C abkühlen lassen. Die Sahne steif schlagen.
Die abgekühlte Fruchtmasse mit einem Schneebesen glatt rühren, nach Belieben unter Zugabe von etwas Obstbrand.
Die geschlagene Sahne vorsichtig unterheben **(1, 2)**.
Die fertig zubereitete Creme **(3)** sofort in die gewünschten Formen füllen und kühl stellen.

● Tipp
Wer den Fettgehalt der Creme reduzieren möchte, ersetzt die geschlagene Sahne ganz oder teilweise durch eine Italienische Meringenmasse.

Rezepte
Pistazienrolle >> S. 334
Erdbeer-Himbeer-Charlotte >> S. 337

3

1

2

3

Konditorcreme ★

Zutaten für 8 Personen

500 ml Milch
½ Vanilleschote (oder ein Aroma nach Wahl)
80 g Eigelb
100 g feinster Zucker
45 g Speisestärke (ersatzweise
45 g Puddingpulver oder 60 g Mehl)
30 g Butter (nach Belieben)

In einem Topf die Milch mit der Vanilleschote und dem ausgekratzten Mark erhitzen **(1)**.
In einer Schüssel das Eigelb **(2)** mit dem Zucker verrühren, anschließend die Speisestärke dazugeben.
Sobald die Milch zu sieden beginnt, die Hälfte zu der Eigelbmasse gießen und glatt rühren. Die gewählten Aromen dazugeben (mit Ausnahme von Spirituosen, die unter die abgekühlte Zubereitung gemischt werden).
Die Masse zu der restlichen Milch in den Topf geben **(3)**, aufkochen und unter ständigem Rühren 2-3 Minuten kochen lassen. Nach Belieben die in Stückchen geschnittene Butter unterziehen.
Die Vanilleschote entfernen, die Creme in eine Schüssel füllen, mit Frischhaltefolie belegen und kühl stellen.

● Gut zu wissen

Konditorcreme, auch »gekochte Creme« genannt, dient als Basis für zahlreiche Süßspeisen. Um das Risiko einer Bakterienvermehrung auszuschließen, wird sie stets frisch zubereitet.

Rezepte

Rosinenschnecken ›› S. 53
Cointreau-Soufflé ›› S. 274
Italienische Blätterteigtaschen ›› S. 365
Croquembouche ›› S. 368
Windbeutel mit Mangocreme ›› S. 382

http://cv-vlg.de/dessert11

Mousseline-Creme ★

Eine Variante der Konditorcreme, mit Butter luftig aufgeschlagen.

Zutaten für 6-8 Personen

250 ml Milch
100 g Zucker
40 g Eigelb
35 g Speisestärke (oder Puddingpulver)
5 g Vanilleextrakt
130 g Butter

In einem Topf die Milch mit 50 Gramm Zucker aufkochen.
Das Eigelb und den restlichen Zucker in eine Schüssel geben und mit dem Schneebesen weißschaumig schlagen. Die Speisestärke zugeben und glatt rühren.
Die kochend heiße Milch mit dem Schneebesen unterrühren. Zurück in den Topf gießen, wieder zum Kochen bringen und unter ständigem Rühren 2-3 Minuten kochen lassen. Mit dem Vanilleextrakt aromatisieren **(1)**. 65 Gramm in Stücke geschnittene Butter dazugeben **(2)** und mit dem Schneebesen glatt rühren. Die Creme in eine flache Form füllen und mit Frischhaltefolie belegen.
Auf etwa 25 °C abkühlen lassen und anschließend in die Rührschüssel der Küchenmaschine füllen.
Mit dem Flachrührer bei hoher Geschwindigkeit luftig aufschlagen, dabei die restliche Butter einarbeiten.

● Tipp

Für eine Nugat-Mousseline 80 Gramm Nugat mit der Milch aufkochen.

Rezepte
Erdbeertorte ›› S. 349
Millefeuille mit Mousseline-Creme ›› S. 375
Paris-Brest-Kuchen ›› S. 376

1

2

Frangipane-Creme ★

Eine Füllcreme, die zu gleichen Teilen aus Konditorcreme und Mandelcreme besteht.

Zutaten für 8 Personen

Für die Konditorcreme

250 ml Milch
¼ Vanilleschote
40 g Eigelb
50 g feinster Zucker
25 g Puddingpulver (oder Speisestärke)
Bittermandelextrakt oder Amaretto

Für die Mandelcreme

100 g Butter
100 g feinster Zucker
100 g Ei
15 g Speisestärke
100 g Mandeln, gemahlen

Eine Konditorcreme herstellen (S. 99). Rasch abkühlen lassen.
In der Zwischenzeit die Mandelcreme zubereiten (S. 90).
Die Konditorcreme mit dem Bittermandelextrakt oder dem Amaretto geschmeidig rühren. Die Mandelcreme dazugeben und mit dem Schneebesen unterziehen.
Die Creme in eine Schüssel füllen, mit Frischhaltefolie belegen und dem Rezept entsprechend verwenden.

● Gut zu wissen

Die Frangipane-Creme verdankt ihren Namen dem italienischen Parfümeur Don Cesare Frangipani, der sich im 17. Jahrhundert in Paris niederließ. Er hatte ein Parfüm auf Bittermandelbasis kreiert, von dem sich viele Patissiers inspirieren ließen.
Der Begriff crème frangipane *wurde bereits im 1732 erschienenen »Dictionnaire de Trévoux« mit der bis heute gültigen Definition erklärt. In einigen älteren Büchern wird eine mit Mandeln angereicherte Konditorcreme und eine* franchipane *erwähnt (mit Mandelcreme und zerstoßenen Pistazien gefüllte Pastete, laut einer Niederschrift aus dem Jahr 1674). Bisweilen wurde sie auch als Konditorcreme mit Makronensplittern beschrieben.*

Zabaione ★★

Die aus Italien stammende Creme passt zu vielen Süßspeisen, frischen oder pochierten Früchten, Fruchtgratins oder Eiscreme.

Zutaten für 4 Personen

100 g Eigelb
10 ml Süßwein (vorzugsweise Marsala)
100 g feinster Zucker

Das Eigelb in einen Topf geben.
Den Wein und den Zucker hinzufügen und mit einem Schneebesen kräftig aufschlagen.
Bei geringer Wärmezufuhr erhitzen (auf der Kochplatte bei schwacher Hitze, auf einer Gasflamme mit Wärmeverteiler oder auf einem Wasserbad), dabei ständig schlagen, bis die Masse eine luftig-cremige Konsistenz annimmt und bandartig vom Schneebesen fließt (bei etwa 60 °C).

● Tipp

Anstelle von Süßwein kann man auch anderen Alkohol verwenden. Er bestimmt den Geschmack der Creme und muss deshalb auf die Süßspeise abgestimmt sein, zu der man sie servieren möchte. Bei hochprozentigen Spirituosen mit kräftigem Aroma ist daher Vorsicht geboten.

1

2

3

Diplomatencreme ★

Eine Variante der Konditorcreme, die mit Gelatine gebunden und mit geschlagener Sahne aufgelockert wird. Sie dient als Grundlage für den Diplomatenpudding.

Mit Eiern

Zutaten für 8 Personen

5 g Blattgelatine
250 ml Milch
¼ Vanilleschote (oder ein Aroma nach Wahl)
40 g Eigelb
65 g feinster Zucker
30 g Speisestärke
250 g flüssige Schlagsahne

Die Gelatine in etwas kaltem Wasser einweichen.
In einem Topf die Milch mit dem ausgekratzten Vanillemark erhitzen.
Das Eigelb, den Zucker und die Speisestärke in eine Schüssel geben und gründlich verrühren (1).
Sobald die Milch zu sieden beginnt, die Hälfte unter die Eigelbmasse rühren (2). Gegebenenfalls das gewählte Aroma hinzufügen (mit Ausnahme von alkoholischen Substanzen, die unter die abgekühlte Zubereitung gerührt werden). Zu der restlichen Milch in den Topf gießen, aufkochen und unter ständigem Schlagen mit dem Schneebesen 2-3 Minuten kochen lassen.
Den Topf vom Herd nehmen und die ausgedrückte Gelatine mit dem Schneebesen einrühren.
Die Masse in eine Schüssel füllen, mit Frischhaltefolie belegen und auf Zimmertemperatur abkühlen lassen.
Die Sahne cremig-steif schlagen. Die abgekühlte, aber noch nicht fest gewordene Konditorcreme mit dem Schneebesen glatt rühren und die geschlagene Sahne mit einem Teigschaber vorsichtig unterheben (3). Dem Rezept entsprechend verwenden.

● Gut zu wissen

Diplomatencreme wird ausschließlich aus Milch oder Sahne hergestellt.
Der geltenden Verordnung zufolge ist Schlagsahne ein Milchprodukt mit einem Mindestfettgehalt von 30 Prozent. Schlagsahne »extra« enthält 36 Prozent, Kochsahne dagegen nur 15 Prozent Fett. Sahne wird im Handel frisch und ultrahocherhitzt angeboten.

Mit Früchten

Zutaten für 8 Personen

25 g Speisestärke
50 ml Wasser
250 g Fruchtpüree
60 g feinster Zucker
250 g flüssige Schlagsahne

Die Speisestärke in dem Wasser anrühren.
In einem Topf das Fruchtpüree mit dem Zucker erhitzen. Die angerührte Speisestärke unterrühren. 1-2 Minuten sprudelnd kochen lassen. In eine flache Schale gießen, mit Frischhaltefolie belegen und auf Zimmertemperatur abkühlen lassen.
Die Sahne sehr steif schlagen und vorsichtig unter die abgekühlte Zubereitung heben, bis eine homogene Creme entstanden ist.

● Gut zu wissen

Anstelle von Speisestärke kann man auch ein Blatt Gelatine (2 Gramm) je 100 Gramm Fruchtpüree verwenden, um die Creme zu binden.
Die Zuckermenge entsprechend der Säure bzw. Süße der verwendeten Früchte anpassen.

● Tipp

Wird die Sahne unter die noch heiße Konditorcreme gehoben, schmilzt sie, anstatt der Creme die gewünschte luftige Konsistenz zu verleihen.
Diplomatencreme hält sich im Kühlschrank maximal 24 Stunden, kann aber eingefroren werden.
Die fertiggestellte Creme schnell weiterverarbeiten, bevor sie geliert. Anschließend sofort in den Kühlschrank stellen.

Rezepte
Exotisch gefüllte Crêpes ›› S. 287
Blini mit Brombeeren ›› S. 295
Himbeer-Millefeuille ›› S.372
Windbeutel mit Mangocreme ›› S. 382
Tartelettes mit frischen Früchten ›› S. 429

Chiboust-Creme ★★★

Zubereitung aus einer mit Gelatine gebundenen Konditorcreme und Italienischer Meringenmasse. Die Chiboust-Creme kommt vor allem als Füllung der Saint-Honoré-Torte zum Einsatz.

Zutaten für 12 Personen

Für die Konditorcreme

10 g Blattgelatine
500 ml Milch
½ Vanilleschote (oder ein Aroma nach Wahl)
80 g Eigelb
100 g feinster Zucker
45 g Speisestärke (ersatzweise
45 g Puddingpulver oder 60 g Mehl)

Für die Italienische Meringenmasse

480 g feinster Zucker
160 ml Wasser
240 g Eiweiß

Eine Italienische Meringenmasse zubereiten wie auf S. 177 beschrieben (1).
Die Gelatine in etwas kaltem Wasser einweichen.
In einem Topf die Milch mit dem ausgekratzten Vanillemark erhitzen.
Das Eigelb, den Zucker und die Speisestärke in einer Schüssel kräftig verrühren.
Sobald die Milch zu sieden beginnt, die Hälfte zu der Eimasse gießen und glatt rühren. Gegebenenfalls das gewählte Aroma hinzufügen (mit Ausnahme alkoholischer Substanzen, die unter die abgekühlte Zubereitung gerührt werden).
Zu der restlichen Milch in den Topf gießen und aufkochen.
Unter ständigem Rühren mit dem Schneebesen 2-3 Minuten kochen lassen.
Den Topf vom Herd nehmen, die ausgedrückte Gelatine hineingeben und unter Rühren auflösen.
Die Creme glatt rühren (2), dann die Meringenmasse mit dem Schneebesen unter die noch warme Creme heben (3), dabei vorsichtig vorgehen, damit die Masse nicht zusammenfällt.

● Tipp

Die Zugabe einer Italienischen Meringenmasse hat mehrere Vorzüge: Der heiße Zuckersirup verringert das Risiko einer Bakterienvermehrung, darüber hinaus verleiht die Meringenmasse der Konditorcreme Konsistenz, Textur und einen schönen Glanz. Chiboust-Creme hält sich maximal 12 Stunden im Kühlschrank, kann aber eingefroren werden. Die Zugabe von Gelatine ist nicht zwingend notwendig, sofern die Creme am Tag ihrer Herstellung verwendet wird. Die fertige Creme rasch dem Rezept entsprechend verwenden, bevor sie zu fest wird.

1

2

3

● Gut zu wissen

Die Creme geht auf einen Patissier namens Chiboust zurück, der sich 1840 in Paris niederließ und vermutlich zu Ehren des Schutzpatrons der Bäcker die Saint-Honoré-Torte kreiert hat. Dieser köstliche Kuchen aus Brandteig wird mit der nach Chiboust benannten Creme gefüllt.

Rezept
Saint-Honoré-Torte >> S. 386

Flan ★

Eine feste Creme, die im Ofen gebacken wird, vorzugsweise auf einem Boden aus Blätter- oder Mürbeteig. Gebacken und ausgekühlt ist der Flan schnittfest.

Zutaten für 6 Personen

500 ml Milch
40 g Eigelb
100 g feinster Zucker
47 g Vanillepuddingpulver

In einem Topf die Milch erhitzen.
Das Eigelb, den Zucker und das Puddingpulver in einer Schüssel weißcremig aufschlagen.
Sobald die Milch zu sieden beginnt, die Hälfte zu der Eigelbmasse gießen und glatt rühren.
Zu der restlichen Milch in den Topf geben und aufkochen.
2-3 Minuten kochen lassen, dabei ständig mit dem Schneebesen umrühren.

● Tipp

Bevor man die Creme auf den Teigboden gießt, nach Belieben Aprikosenhälften, entsteinte Kirschen, Apfelspalten oder Rosinen darauf verteilen.
Vanillepuddingpulver besteht aus Speisestärke, Vanillearoma und gelber Speisefarbe und kann entsprechend ersetzt werden.

Rezept
Pariser Flan-Tarte >> S. 414

Zitronencreme

Methode Nr. 1

Zutaten für 8 Personen

150 ml Zitronensaft
50 ml Wasser
abgeriebene Schale von ½ unbehandelten Zitrone
75 g Ei
30 g Eigelb
75 g feinster Zucker
15 g Puddingpulver (oder Speisestärke)
50 g Butter
110 g Sahne, geschlagen

In einem Topf den Zitronensaft und das Wasser mit der Zitronenschale aufkochen.
Die Eier, das Eigelb und den Zucker in einer Schüssel weißcremig aufschlagen. Das Puddingpulver dazugeben und mit dem Schneebesen einarbeiten.
Die Masse mit einem Teil der kochend heißen Flüssigkeit glatt rühren. Zu der restlichen Flüssigkeit in den Topf geben und bei starker Hitze unter ständigem Schlagen mit dem Schneebesen 2-3 Minuten kochen.
Den Topf vom Herd nehmen und die Butter sorgfältig einarbeiten. Die Creme in eine Schüssel füllen, mit Frischhaltefolie belegen und in den Kühlschrank stellen.
Nach dem Abkühlen mit dem Schneebesen durchrühren und die steif geschlagene Sahne mit einem Teigschaber vorsichtig unterheben.

Rezept
Zitronentarte mit Baiserhaube >> S. 425

Methode Nr. 2

Zutaten für 8 Personen

200 ml Zitronensaft
100 ml Wasser
90 g Eigelb
200 g feinster Zucker
40 g Speisestärke
50 g Butter

In einem Topf den Zitronensaft und das Wasser zum Kochen bringen.
Das Eigelb mit dem Zucker in einer Schüssel schaumig schlagen. Die Speisestärke untermischen, dann mit dem Schneebesen das kochend heiße Zitronenwasser unterrühren. Die Masse in den Topf geben, erhitzen und wie Konditorcreme (S. 99) kochen. Die Creme vom Herd nehmen und zum Schluss die Butter einarbeiten.

Schokoladenmousse ★

Mit Eischnee

Zutaten für 6 Personen
200 g dunkle Schokolade (64 % Kakaoanteil), gehackt
30 g Butter
60 g Eigelb
90 g Eiweiß
50 g feinster Zucker

Die Schokolade auf einem Wasserbad oder in der Mikrowelle schmelzen. Die weiche, in Stücke geschnittene Butter und das Eigelb mit einem Schneebesen unterrühren.
Das Eiweiß steif schlagen, dabei den Zucker einrieseln lassen. Den Eischnee mit einem Teigschaber vorsichtig unter die Schokoladenmasse heben. Die Mousse in eine Servierschale füllen.
Mit Frischhaltefolie abdecken und mindestens 2 Stunden im Kühlschrank fest werden lassen.

Rezept
Schokoladenmousse >> S. 308

Mit Ganache

Zutaten für 8 Personen
200 g flüssige Sahne oder Vollmilch
1 Streifen Schale von einer unbehandelten Orange
200 g dunkle Schokolade (64 % Kakaoanteil), gehackt
250 g Sahne, geschlagen

In einem Topf die Sahne oder Milch mit der Orangenschale erhitzen und 2-3 Minuten sieden lassen.
Durch ein feines Sieb auf die Schokolade gießen und mit einem Schneebesen homogen verrühren. Sobald die Ganache eindickt und cremig wird (bei 20-25 °C), die steif geschlagene Sahne vorsichtig unterheben.

Rezept
Schoko-Nugat-Torte >> S. 341
Schokoladentarte >> S. 421

Mit Englischer Creme

Zutaten für 8 Personen
6 g Blattgelatine
75 g + 375 g flüssige Schlagsahne
abgeriebene Schale von einer unbehandelten
Orange oder Zitrone
50 g Eigelb
50 g feinster Zucker
225 g weiße Schokolade, fein gehackt

Die Gelatine in etwas kaltem Wasser einweichen.
In einem Topf 75 Gramm Sahne mit dem gewählten Aroma erhitzen. Das Eigelb und den Zucker in einer Schüssel weißschaumig schlagen. Sobald die Sahne zu sieden beginnt, die Hälfte zu der Eigelbmasse gießen und glatt rühren. Zu der restlichen Sahne in den Topf geben, unter Rühren auf 85 °C erhitzen, bis die Creme eindickt und den Kochlöffel überzieht (zur Rose abziehen). Den Topf dabei hin und wieder von der Kochstelle nehmen, damit das Eigelb nicht unter zu starker Wärmezufuhr gerinnt. Die heiße Creme durch ein feines Sieb auf die Schokolade passieren und glatt rühren. Die gut ausgedrückte Gelatine darin auflösen und mit einem Schneebesen unterziehen. Die restliche Sahne steif schlagen und unter die auf 30 °C abgekühlte Schokoladencreme heben.

● **Tipp**
Man kann die Mousse durch die Zugabe von Nugat oder Karamell geschmacklich variieren und ihr mit Krokantsplittern oder fein gehackten Nüssen einen angenehmen Biss verleihen.

Mit Pâte à bombe

Zutaten für 10 Personen
20 ml Wasser
50 g feinster Zucker
50 g Eigelb
250 g Schokolade (64 % Kakaoanteil), gehackt
450 g flüssige Schlagsahne

In einer Schüssel auf einem 45-50 °C heißen Wasserbad das Wasser, den Zucker und das Eigelb kräftig schlagen, bis eine luftige Masse entsteht, die bandartig vom Schneebesen fließt. Die Sahne steif schlagen. Die Schokolade in einem Wasserbad bei 55-58 °C schmelzen. Zunächst die Schlagsahne behutsam unter die Pâte à bombe ziehen, dann ein Drittel der Masse mit der geschmolzenen Schokolade verrühren. Zum Schluss die restliche Masse unterheben.

Rezept
Schokoladenmousse-Torte >> S. 338

Cremespeisen ★★

Mangocreme

Zutaten für 8 Personen

3 g Blattgelatine
15 ml Wasser
20 g + 15 g feinster Zucker
5 + 30 g Butter
70 g Mango, gewürfelt
110 g Mangopüree
30 g Eigelb

Die Gelatine in dem kalten Wasser einweichen.
In einem kleinen Topf 20 Gramm Zucker schmelzen und karamellisieren. Mit 5 Gramm Butter und der in Würfel geschnittenen Mango verrühren.
Das Mangopüree, den restlichen Zucker und das Eigelb dazugeben und die Masse unter Rühren auf 85 °C erhitzen. Die Gelatine unterziehen.
Die Creme auf 35 °C abkühlen lassen, dann die restliche Butter mit dem Stabmixer untermixen.

Karamellcreme

Zutaten für 4 Personen

2 g Blattgelatine
50 g feinster Zucker
15 + 40 g Butter
30 ml Milch
30 g flüssige Schlagsahne
20 g Eigelb

Die Gelatine in etwas kaltem Wasser einweichen.
In einem Topf den Zucker schmelzen und karamellisieren, dann mit 15 Gramm Butter verrühren.
In einem weiteren Topf Milch, Sahne und Eigelb leicht erwärmen. Zu dem Karamell gießen und alles auf 85 °C erhitzen.
Die ausgedrückte Gelatine in der Creme auflösen.
Die Creme auf 35 °C abkühlen lassen, dann die restliche Butter dazugeben (1) und mit dem Stabmixer untermixen (2).

1

2

Erdbeercreme

Zutaten für 6 Personen
3 g Blattgelatine
15 ml Wasser
50 g Eigelb
180 g Erdbeerpüree
15 g feinster Zucker
50 g Butter

Die Gelatine in dem Wasser einweichen. In einem Topf das Eigelb, das Erdbeerpüree und den Zucker auf 85 °C erhitzen. Die Gelatine einrühren. Die Creme auf 35 °C abkühlen und die Butter mit dem Stabmixer untermixen.

Schoko-Karamell-Creme

Zutaten für 4 Personen
40 g feinster Zucker
15 g Butter, zerlassen
70 g flüssige Schlagsahne
5 g Glukose
50 g dunkle Schokolade (64 % Kakaoanteil), geschmolzen

In einem Topf den Zucker schmelzen und karamellisieren, die Butter dazugeben. In einem weiteren Topf Sahne und Glukose auf maximal 45 °C erhitzen. Den Karamell damit ablöschen. Die Flüssigkeit nach und nach auf die geschmolzene Schokolade gießen, dabei mit kleinen kreisförmigen Bewegungen von der Mitte zum Rand hin rühren (wie beim Anrühren einer Mayonnaise). Zum Schluss mit dem Stabmixer kurz durchmixen, um die Konsistenz zu homogenisieren und die Emulsion zu stabilisieren.

Schokoladencreme

Zutaten für 4 Personen
50 g flüssige Schlagsahne
50 ml Vollmilch
20 g Eigelb
10 g feinster Zucker
45 g dunkle Schokolade (64 % Kakaoanteil), geschmolzen

Aus Sahne, Milch, Eigelb und Zucker eine Englische Creme herstellen (S. 91). Noch heiß nach und nach auf die geschmolzene Schokolade gießen, dabei stetig von innen nach außen rühren. Die Creme mit dem Stabmixer homogenisieren.

Früchtemousse ★★

Zutaten für 8 Personen
8 g Blattgelatine
300 g Fruchtpüree
50 g feinster Zucker
300 g flüssige Schlagsahne
(oder Italienische Meringenmasse [S. 177] oder eine Mischung aus beidem)

http://cv-vlg.de/dessert12

Die Gelatine in etwas kaltem Wasser einweichen.
In einem Topf ein Drittel des Fruchtpürees mit dem Zucker erhitzen. Den Topf vom Herd ziehen und die ausgedrückte Gelatine unterrühren.
Das restliche Fruchtpüree untermischen und die Masse auf 20–25 °C abkühlen lassen.

Variante mit geschlagener Sahne
Die Sahne cremig-steif schlagen und mit einem Teigschaber nach und nach vorsichtig unter die abgekühlte Fruchtmasse heben.

Variante mit Italienischer Meringenmasse
Eine Italienische Meringenmasse (S. 177) mit einem Teigschaber nach und nach vorsichtig unter die Fruchtmasse heben.

Variante mit geschlagener Sahne und Italienischer Meringenmasse
Zunächst 150 Gramm Meringenmasse, anschließend 150 Gramm geschlagene Sahne unterheben.
Die Mousse sofort in die gewünschten Formen füllen.

● Tipp
Bei bestimmten Früchten (Zitrusfrüchte, Kiwi, Ananas) muss das gesamte Fruchtfleisch vor dem Einrühren der Gelatine kurz aufgekocht werden. Die Verwendung von Agar-Agar ist bei genauer Einhaltung der Packungsanweisung ebenfalls möglich. Es empfiehlt sich, bevorzugt Früchte der Saison zu verwenden, sie liefern in der Regel das beste Aroma.
Die Zubereitung der Creme nur mit geschlagener Sahne oder nur mit Italienischer Meringenmasse bietet zwar eine gewisse Zeitersparnis, aber nicht dasselbe Ergebnis im Hinblick auf Geschmack und Konsistenz.

Rezepte
Erdbeermousse in der Zuckerkugel >> S. 288
Pineau-Cassis-Verrine >> S. 321
Pfirsich-Orangen-Rolle >> S. 330
Cassistorte mit Mandelbaiser >> S. 350

Kunstvoll dekorieren und anrichten

Früchte

Frisches Obst ist ein unverzichtbarer Bestandteil der menschlichen Ernährung, denn es schmeckt nicht nur gut, sondern versorgt den Körper obendrein mit vielen wichtigen Vitaminen, Mineral- und Ballaststoffen. Botanisch gesehen ist eine Frucht das Gebilde, das den Samen einer Blütenpflanze umschließt. So zählen streng genommen nicht nur Äpfel und Erdbeeren zu den Früchten, sondern auch Nüsse und sogar Tomaten, Auberginen und Zucchini.

Jede Obstsorte hat ihre eigene Saison. Wenn sich aus einer befruchteten Blüte eine Frucht entwickelt hat, muss sie in Ruhe reifen, um ihren optimalen Geschmack und viele Nährstoffe zu entwickeln. Deshalb sollte man Obst vorzugsweise saisongerecht kaufen (siehe Tabelle S. 234–235).

Der Handel unterscheidet zwischen Steinobst, Kernobst und Beerenobst, hinzu kommen Südfrüchte und exotische Früchte. Zu den **Steinfrüchten**, deren mandelartiger Samen von einer sehr harten Hülle umgeben ist, zählen zum Beispiel Pfirsiche, Aprikosen, Pflaumen und Kirschen. Als **Kernobst** werden Früchte bezeichnet, die ein

Kerngehäuse mit mehreren kleinen Kernen besitzen wie Äpfel oder Birnen. **Beeren** haben eine fleischige Fruchtwand, ihre Samen sind im Fruchtfleisch eingebettet. Zu den Südfrüchten zählen **Zitrusfrüchte** wie Orangen und Zitronen. Ananas, Bananen, Kiwis, Mangos und Papayas sind unter den **exotischen Früchten** die bekanntesten.

Nüsse sind Früchte ohne Fruchtfleisch, umschlossen von einer holzigen Schale. Sie enthalten wenig Wasser und viel Fett, deshalb nennt man sie auch Ölfrüchte. Zu den beliebtesten gehören Haselnüsse, Walnüsse und Mandeln.

Ein großer Teil der Obsternte wird für den Handel weiterverarbeitet oder haltbar gemacht.
Dazu gehören etwa die **Pürees** aus fein zerkleinerten Früchten, die maximal 10 Prozent Zucker enthalten dürfen. Sie werden vorwiegend für geeiste Süßspeisen, Cremes, Mousses sowie Dessertsaucen verwendet.
Fruchtmark besteht ebenfalls aus pürierten Früchten, allerdings ohne jeden weiteren Zusatz, und kann in der Küche genauso eingesetzt werden wie die Pürees.
Fruchtsäfte entstehen durch Auspressen und Filtration von Früchten ohne Zusatz von Wasser. Sie dienen der Zubereitung von Getränken, geeisten Süßspeisen, Cremes oder Sorbets.

Früchte, denen zur Verlängerung ihrer Haltbarkeit das Wasser entzogen wurde, bezeichnet man als **Trockenobst** (Bananen, Datteln, Feigen, Äpfel, Dörrpflaumen, Rosinen).
Sie finden ganz oder zerkleinert als Dekorelement Verwendung oder werden zum Aromatisieren von Süßspeisen oder Pralinen in eine Spirituose eingelegt. Außerdem können Trockenfrüchte wie Datteln oder Dörrpflaumen gefüllt und mit Fondant überzogen werden.
Viele Früchte lassen sich auch durch **Einfrieren** konservieren.

Früchte in pasteurisierten oder sterilisierten **Konserven** sind entweder gezuckert in Sirup oder ungezuckert in Wasser eingelegt.
Auch durch das **Einlegen in Alkohol** mit oder ohne Zuckerzusatz lassen sich Früchte haltbar machen.

Schließlich gibt es noch die sogenannten **Obsterzeugnisse**: Für **Gelees** wird der Saft pektinreicher Früchte mit Zucker so lange sprudelnd gekocht, bis die Flüssigkeit geliert. **Konfitüren** und die ausschließlich aus Zitrusfrüchten bestehenden **Marmeladen** werden auf die gleiche Weise, aber aus Fruchtfleisch und Zucker hergestellt. Die hohe Temperatur und der Zucker machen all diese Produkte haltbar. Weitere Obsterzeugnisse sind **Kompott, Fruchtpaste** sowie **kandierte Früchte**. Sie finden als Füllung, zum Aromatisieren oder als Bestandteil von Eisbecherkompositionen Verwendung.

1

2

Mit Fondant glasieren ★★

Zutaten

Fondant (Fertigprodukt)
dickflüssiger Zuckersirup (S. 237), nach Bedarf
Speisefarbe

Den Fondant im Wasserbad auf etwa 37 °C erwärmen. Falls er dann noch zu dickflüssig erscheint, mit einigen Tropfen Sirup (oder Wasser) verdünnen. Die Speisefarbe einrühren.
Die Gebäckstücke, etwa kleine Windbeutel aus Brandteig, mit der Oberseite zu einem Drittel in den Fondant tauchen **(1)**. Überschüssigen Fondant mit dem Finger abstreifen **(2)**. Den Rand rundherum glatt streichen. Die Gebäckstücke auf ein Kuchengitter setzen und die Glasur trocknen lassen.

● Gut zu wissen

Bei über 40 °C verliert Fondant seinen Glanz. Wird er dagegen nicht ausreichend erwärmt, erstarrt er anschließend nicht und zerläuft.

Rezepte
Millefeuille mit Mousseline-Creme ›› S. 375
Windbeutel mit Mangocreme ›› S. 382

1

2

Kaffeeglasur ★

Zutaten für 3-4 Torten

8 g Blattgelatine
200 ml Milch
200 g flüssige Schlagsahne »extra«
55 g Glukosesirup
300 g weiße Kuvertüre, gehackt
300 g helle Fettglasur, gehackt
2 g Titandioxid
30-50 g Kaffee-Extrakt

Zubereitung

Die Gelatine in etwas kaltem Wasser einweichen.
In einem Topf die Milch, die Sahne und den Glukosesirup aufkochen. Vom Herd nehmen, die Kuvertüre, die Fettglasur sowie die gut ausgedrückte Gelatine unterrühren.
Etwa zwei Esslöffel entnehmen, in eine kleine Schale geben und das Titandioxid mithilfe eines Spatels so fein wie möglich in der Glasur verteilen. Sorgfältig mit der restlichen Glasur mischen. Zum Schluss den Kaffee-Extrakt dazugeben. Nur leicht verrühren, sodass eine Art natürliche Marmorierung erhalten bleibt.

Auftragen der Glasur

Die zu überziehende Torte sollte gefroren sein. Auf ein Kuchengitter setzen, das zum Auffangen der ablaufenden Glasur auf einer Schale liegt (1, 2).
Die Glasur zügig über die Torte gießen, dabei am Rand beginnen. Die Oberfläche behutsam mit einer Winkelpalette glatt streichen (3).
Eine Palette vorsichtig unter die Torte schieben und diese rundherum leicht anheben, damit die am unteren Rand sitzenden Tropfen ablaufen können.
Überschüssige Glasur in eine Schale füllen und mit Frischhaltefolie abgedeckt für eine spätere Verwendung aufbewahren.

3

Dunkle Glanzglasur ★

Zutaten für 1 Torte

10 g Blattgelatine
100 ml Wasser
85 g flüssige Schlagsahne »extra«
65 g feinster Zucker
80 g Invertzucker
65 g Kakaopulver

Zubereitung

Die Gelatine in etwas kaltem Wasser einweichen.
In einem Topf 300 Milliliter Wasser, die Sahne, den Zucker und den Invertzucker aufkochen. Das Kakaopulver dazugeben und sorgfältig glatt rühren. Wieder zum Kochen bringen und 2 Minuten unter ständigem Rühren kochen lassen.
Die Gelatine ausdrücken und in der heißen Flüssigkeit auflösen. Mit dem Stabmixer homogenisieren.
Die Glasur in eine Schüssel füllen, mit Frischhaltefolie abdecken und beiseitestellen.

Auftragen der Glasur

Die zu glasierende Torte sollte gefroren sein, die Glasur eine Temperatur von etwa 30 °C haben.
Die Torte auf ein Kuchengitter setzen, das zum Auffangen der ablaufenden Glasur auf einer Schale liegt.
Die temperierte Glasur mit einer Schöpfkelle gleichmäßig über die Torte gießen (1). Die dabei abgelaufene Glasur kann aufbewahrt und wiederverwendet werden.
Prüfen, ob die Torte vollständig überzogen ist (2). Unebenheiten in der Glasur auf keinen Fall mit der Schöpfkelle glätten. Das Gitter leicht auf die Arbeitsfläche aufstoßen, damit überschüssige Glasur abläuft, der Überzug gleichmäßig und so dünn wie möglich ist und eventuell vorhandene Luftbläschen sich auflösen.

Rezepte
Schokoladenmousse-Torte >> S. 338
Litschi-Rosen-Torte >> S. 345

1

2

Schokoladenglasur ★

Zutaten für 1 Torte

125 g dunkle Fettglasur
50 g dunkle Kuvertüre
12 g Traubenkernöl

Zubereitung

Fettglasur und Kuvertüre hacken. Alle Zutaten auf einem Wasserbad bei etwa 50 °C zum Schmelzen bringen. Auf 30 °C abkühlen lassen und dann sofort verwenden.

Auftragen der Glasur

Die zu überziehende Torte sollte gefroren sein. Auf ein Kuchengitter setzen, das zum Auffangen der ablaufenden Glasur auf einer Schale liegt.
Die Glasur zügig über die Torte gießen, dabei am Rand beginnen. Die Oberfläche behutsam mit einer Winkelpalette glatt streichen.
Eine Palette vorsichtig unter die Torte schieben und diese rundherum leicht anheben, damit die am unteren Rand sitzenden Tropfen ablaufen können.
Überschüssige Glasur in eine Schale füllen und mit Frischhaltefolie abgedeckt für eine spätere Verwendung aufbewahren.

● Tipp

Das ist die klassische Glasur für eine Opéra-Torte. Für ein perfektes Ergebnis in diesem Fall die Torte nach dem Aufbauen im Tortenrahmen lassen und nur die Oberseite 2–3 Millimeter dick mit der Glasur überziehen.

Rezept

Opéra-Torte >> S. 354

http://cv-vlg.de/dessert13

Weiße Glasur ★

Zutaten für 1 Torte

4 g Blattgelatine
20 ml Wasser
125 ml Milch
75 g flüssige Schlagsahne »extra«
25 g Glukosesirup
150 g weiße Kuvertüre, gehackt
150 g helle Fettglasur, gehackt
1,5 g Titandioxid

Zubereitung

Die Gelatine in dem Wasser einweichen.
In einem Topf die Milch und die Sahne mit dem Glukosesirup aufkochen. Vom Herd nehmen, die Kuvertüre und die Fettglasur darin schmelzen. Zum Schluss die Gelatine dazugeben und gründlich unterrühren.
Etwa zwei Esslöffel entnehmen, in eine kleine Schale geben und das Titandioxid mithilfe eines Spatels so fein wie möglich in der Glasur verteilen. Mit der übrigen Glasur sorgfältig vermischen.

Auftragen der Glasur

Die zu überziehende Torte sollte gefroren sein. Auf ein Kuchengitter setzen, das zum Auffangen der ablaufenden Glasur auf einer Schale liegt.
Die Glasur zügig über die Torte gießen, dabei am Rand beginnen. Die Oberfläche behutsam mit einer Winkelpalette glatt streichen.
Eine Palette vorsichtig unter die Torte schieben und diese rundherum leicht anheben, damit die am unteren Rand sitzenden Tropfen ablaufen können.
Überschüssige Glasur in eine Schale füllen und mit Frischhaltefolie abgedeckt für eine spätere Verwendung aufbewahren.

● Gut zu wissen

Titandioxid ist ein weißer Farbstoff, gewonnen aus dem natürlich vorkommenden Metall Titan. Es wird vielfältig als Weißpigment eingesetzt, nicht nur in Farben und Zahnpasta, sondern auch in der Lebensmittelindustrie.

Samtiger Überzug aus Schokolade ★

Zutaten für 2 Torten

200 g Kakaobutter
200 g dunkle Kuvertüre, gehackt

Die Kakaobutter und die Kuvertüre in einem Wasserbad bei 50 °C schmelzen und verrühren.
Die heiße Mischung in eine Spritzpistole (aus dem Baumarkt) füllen und die gefrorene Torte gleichmäßig übersprühen. Arbeitsfläche und Hintergrund vorher großzügig mit Plastikfolie abdecken.
Wenn die heiße Mischung auf die Oberfläche der gekühlten Torte trifft, bildet sie winzige Perlen, durch die der Samteffekt entsteht.

● Gut zu wissen

Im Fachhandel gibt es fertiges Samtspray in verschiedenen Farben. Die Spraydosen werden auf etwa 25 °C temperiert, damit sich die Kakaobutter verflüssigt. Unbedingt die Gebrauchsanleitung genau beachten, um ein perfektes Ergebnis zu erzielen.

Rezepte

Schoko-Nugat-Torte >> S. 341
Eisrolle Erdbeer-Vanille >> S. 342

Salzige Karamellsauce ★

Zutaten für 10 Personen

125 g flüssige Schlagsahne
125 g feinster Zucker
10 g Butter
3 g Fleur de Sel

Die Sahne erhitzen. In einem Topf den Zucker trocken zu hellem Karamell kochen. Die Butter dazugeben, anschließend die erhitzte Sahne nach und nach unterrühren. Die Sauce aufkochen, glatt rühren und das Fleur de Sel hinzufügen.

● Tipp

Durch das Angießen der Sahne härtet der Karamell aus. Das anschließende Aufkochen unter fleißigem Rühren macht ihn wieder flüssig.

Rezept

Feine Apfeltarte mit Zimteis und Karamellsauce >> S. 341

Birnenbutter mit Birnenschaumwein ★

Zutaten für 8 Personen

400 g Birnen (Williams Christ, Conférence, Butterbirnen ...)
1 Zitrone
50 g + 200 g Butter
100 g feinster Zucker
750 ml Birnenschaumwein
Zimt, gemahlen
100 g flüssige Schlagsahne

Die Birnen schälen und vom Kerngehäuse befreien, dann mit der halbierten Zitrone abreiben und in Würfel schneiden. In einer Pfanne 50 Gramm Butter erhitzen, die Birnenwürfel und den Zucker dazugeben und bei starker Hitze gar schwenken, aber nicht bräunen.
Mit dem Birnenschaumwein ablöschen und mit etwas Zimt würzen.
Die Flüssigkeit um die Hälfte, besser um zwei Drittel reduzieren. Die Sahne dazugeben und einkochen lassen, bis die Flüssigkeit den Rücken eines Löffels überzieht.
In eine Rührschüssel füllen und mithilfe des Stabmixers mit der restlichen Butter montieren. Durch ein feines Sieb passieren, um der Sauce eine schöne Textur zu verleihen.
Lauwarm servieren.

Schokoladensaucen ★

Schokoladen-Sahne-Sauce

Zutaten für 6-8 Personen
125 g flüssige Schlagsahne
100 g Schokolade (64 % Kakaoanteil), gehackt

In einem Topf die Sahne aufkochen, vom Herd nehmen und über die Schokolade gießen. Die Schokolade in der heißen Flüssigkeit schmelzen lassen. Nach einigen Minuten gut durchrühren.

Rezepte
Brownies mit warmer Schokoladensauce >> S. 396
Rotweinbirne »Helene« >> S. 454
Profiteroles >> S. 457

Schokoladen-Orangen-Sauce

Zutaten für 6-8 Personen
125 ml Milch
20 g Glukosesirup
abgeriebene Schale von ¼ unbehandelten Orange
100 g Schokolade (64 % Kakaoanteil), gehackt
10 g Butter

In einem Topf die Milch mit dem Glukosesirup und der Orangenschale aufkochen. Vom Herd nehmen und über die Schokolade gießen. Die Butter dazugeben und glatt rühren.

Weiße Schokoladensauce

Zutaten für 6-8 Personen
125 ml Milch
20 g Glukosesirup
¼ Vanilleschote, aufgeschlitzt und ausgekratzt
100 g weiße Schokolade, gehackt
10 g Butter

In einem Topf die Milch mit dem Glukosesirup und der Vanille aufkochen. Vom Herd nehmen, die Vanilleschote entfernen. Die heiße Flüssigkeit über die Schokolade gießen. Die Butter dazugeben und glatt rühren.

Schokoladen-Karamell-Sauce

Zutaten für 8-10 Personen
125 g feinster Zucker
10 g Butter
180 g flüssige Schlagsahne
50 g Milchschokolade, gehackt

In einem Topf den Zucker trocken zu hellem Karamell kochen. Zunächst die Butter, dann nach und nach die Sahne unterziehen. Aufkochen und glatt rühren. Die Schokolade darin schmelzen lassen.

Schokoladen-Karamellsauce mit Passionsfrucht

Zutaten für 10 Personen
180 g Passionsfrüchte
125 g feinster Zucker
10 g Butter
50 g Milchschokolade, gehackt

Die Passionsfrüchte halbieren, das Mark herauslösen.
In einem Topf den Zucker trocken zu hellem Karamell kochen. Zunächst die Butter, dann nach und nach das Mark der Passionsfrüchte unterziehen. Aufkochen und glatt rühren. Die Schokolade darin schmelzen lassen.

Tiefdunkle Schokoladensauce

Zutaten für 12 Personen
100 ml Wasser
100 g flüssige Schlagsahne
70 g feinster Zucker
40 g Kakaopulver
100 g dunkle Schokolade (64 % Kakaoanteil), gehackt
20 g Butter

In einem Topf das Wasser und die Sahne mit dem Zucker aufkochen. Das Kakaopulver dazugeben und 2-3 Minuten unter ständigem Rühren mit dem Schneebesen kochen lassen. Vom Herd nehmen, über die Schokolade gießen. Nach einigen Minuten durchrühren. Mit dem Stabmixer die Butter untermixen.

Eierpunsch ★

Ein reichhaltiges, dickflüssiges Getränk aus Milch, Eigelb und Sahne, das mit einer beliebigen Spirituose (üblicherweise Whisky, Rum oder Cognac) aromatisiert wird. In Frankreich genießt man *lait de poule* traditionell zur Weihnachtszeit.

Zutaten für 12 Personen

250 ml Milch
250 g flüssige Schlagsahne
50 g feinster Zucker
60 g Eigelb
30 ml Whisky, Rum oder Cognac

In einem Topf die Milch und die Sahne mit dem Zucker aufkochen und um die Hälfte reduzieren. Das Eigelb und die gewählte Spirituose dazugeben und die Flüssigkeit unter ständigem Rühren mit einem Spatel auf 85 °C erhitzen. Abkühlen lassen, mit Frischhaltefolie belegen und bis zur Verwendung im Kühlschrank aufbewahren.

Fruchtige Suzette-Butter ★

Zutaten für 8 Personen

60 g Zucker
20 g Butter + 50 g Butter
100 ml Orangensaft
abgeriebene Schale von ½ unbehandelten Orange
40 ml Grand Marnier

In einem Topf den Zucker trocken karamellisieren. 20 Gramm Butter unterrühren, dann mit dem Orangensaft ablöschen. Die Orangenschale dazugeben. Aufkochen und reduzieren lassen, bis die Masse cremig ist. Mit dem Grand Marnier aromatisieren. Erneut reduzieren und zum Schluss die restliche Butter unterziehen. Bis zur Verwendung warm stellen.

● Gut zu wissen

Zur Erfindung der Crêpe Suzette gibt es mehrere Geschichten. Einer Version zufolge speiste der britische Kronprinz, der spätere König Eduard VII., im legendären Café de Paris in Monte Carlo. Während der Kochlehrling Henri Charpentier am Tisch die Sauce für süße Pfannkuchen zubereitete, fing ein Likör plötzlich Feuer. Charpentier ließ sich nicht aus der Ruhe bringen, überzog die Crêpes mit der entflammten Sauce und servierte sie als spezielle Kreation für den Prinzen. Eduard kostete, war begeistert und widmete die Sauce seiner schönen Begleiterin Suzette.

Rezept
Crêpes mit Suzette-Butter ›› S. 264

Gratinsauce ★★

Zutaten für 4 Personen

125 g Wein
80 g Zucker
100 g Eigelb
200 g Sahne, geschlagen

Auf einem Wasserbad den Wein mit dem Zucker und dem Eigelb verquirlen und auf maximal 65 °C erhitzen, dabei energisch mit dem Schneebesen rühren, damit die Masse nicht ansetzt.
Die Masse soll sehr schaumig sein und ihr Volumen verdoppeln. Während des Aufschlagens darauf achten, dass das Eigelb nicht gerinnt.
In die Rührschüssel der Küchenmaschine füllen und weiterschlagen, bis die Sauce abgekühlt ist. Zum Schluss die steif geschlagene Sahne unterheben.

● Tipp
Die Sauce eignet sich perfekt zum Gratinieren frischer Früchte.

Weinsauce ★

Zutaten für 8 Personen

750 ml Wein
125 g Zucker
1 Zimtstange
1 Sternanis
1 Vanilleschote, aufgeschlitzt
10 g Speisestärke

In einem Topf den Wein mit dem Zucker und den Gewürzen aufkochen und um die Hälfte reduzieren.
Die Speisestärke in etwas Wasser auflösen und unterrühren, dann kurz aufkochen, um die Sauce zu binden.
Die Gewürze herausnehmen, die Sauce durchmixen.
Rasch abkühlen lassen und kalt verwenden.

● Tipp
Während der Wein einkocht, kann man darin Früchte garen, das verleiht ihm zusätzliches Aroma.

Zitrusbuttersauce ★

Zutaten für 4 Personen

100 g Zucker
100 ml Saft von Zitrusfrüchten (Mandarine, Zitrone, Orange, Grapefruit, nach Belieben auch gemischt)
½ Vanilleschote
8 g Speisestärke
50 ml Wasser
12 g Butter

In einem Topf den Zucker und den Fruchtsaft mit dem ausgekratzten Mark der Vanilleschote aufkochen.
Die Speisestärke in dem Wasser auflösen und mit dem Schneebesen in die Sauce rühren.
Erneut aufkochen, vom Herd nehmen und die Butter unterziehen.

● Tipp
Zitrusbuttersauce passt ausgezeichnet zu Obstdesserts, etwa mit Früchten gefüllten Crêpes.

Fruchtgelee ★

Zutaten für 6 Personen

10 g Blattgelatine
500 g Fruchtpüree nach Wahl
etwa 100 g Zucker (je nach Säuregehalt der Früchte)

Die Gelatine in etwas kaltem Wasser einweichen.
50 Gramm Fruchtpüree erhitzen und die Gelatine darin auflösen. Mit dem restlichen Fruchtpüree gründlich verrühren, dann abkühlen lassen.

● Tipp
Das Gelee noch flüssig in eine flache Silikonform gießen, erstarren lassen und verschiedene Formen ausstechen.
Wer Ananas, Kiwis oder Papayas verwenden möchte, muss das Fruchtpüree zunächst aufkochen. Auf diese Weise wird ein Enzym in diesen Früchten zerstört, das das Gelieren beeinträchtigt.

1

Sabayon ★★

Zutaten für 4-6 Personen
80 g Eigelb
100 g Zucker
100-125 ml Alkohol (trockener Weißwein, Sekt, Champagner, Süßwein …)
unbehandelte Zitrusschale (nach Belieben)

Das Eigelb, den Zucker und den Wein, nach Belieben auch die Zitrusschale, in einen Topf geben (1) und auf maximal 65 °C erhitzen, dabei energisch mit einem Schneebesen rühren, damit die Masse nicht ansetzt. Die Sauce kann auch auf einem Wasserbad aufgeschlagen werden.
Sie soll sehr schaumig sein (2) und ihr Volumen verdoppeln. Während des Aufschlagens darauf achten, dass das Eigelb nicht gerinnt.

● Tipp
Die Zuckermenge kann je nach Süßegrad des verwendeten Alkohols reduziert werden.

Rezept
Grapefruitgratin mit Cidre ›› S. 267

2

1

Saucenspiegel marmorieren ★★

Mit dieser Technik lassen sich sehr dekorative Effekte erzielen, die jedem Dessertteller eine professionelle Note verleihen. Für interessante Kontraste sind zwei oder drei unterschiedliche Farben erforderlich.
Alle in diesem Buch vorgestellten hellen und dunklen Glasuren (S. 116–117) eignen sich für derartige Dekorationen. Insbesondere auf weißem Untergrund hat man mit mehreren Farben unzählige Möglichkeiten. Auch eine Fruchtcoulis, eine Englische Creme oder eine der anderen Saucen ist perfekt geeignet. Man kann seiner Fantasie freien Lauf lassen und jeden Teller individuell mit unterschiedlichen Mustern und Farben gestalten.

Auf den Boden eines Tellers einen Saucenspiegel gießen, beispielsweise mit einer Englischen Creme.

Mit einer Spritztüte rundherum orangefarbene und dunkelbraune Tupfer spritzen. Einen Holzspieß durch die Tupfer ziehen, ohne dabei abzusetzen **(1)**. Auf diese Weise entstehen mehr oder weniger klar konturierte Herzen, die das auf dem Spiegel angerichtete Dessert dekorativ umrahmen.

Eine weitere Möglichkeit besteht darin, Linien aufzuspritzen und mit einem Zahnstocher ein Muster hineinzuziehen **(2)**.

Für ein Spinnennetzmuster den gesamten Tellerboden ausgießen, beispielsweise mit einer Englischen Creme. Schokoladensauce in eine Spritztüte füllen und von innen nach außen spiralförmig auf den Saucenspiegel dressieren (mit etwa 1 Zentimeter Abstand zwischen den Linien). Einen Zahnstocher (oder ein spitzes Messer) in regelmäßigen Abständen abwechselnd von innen nach außen **(3)** und von außen nach innen durch die Linien ziehen, bis die gesamte Oberfläche gemustert ist.

2

3

Eine Torte überziehen ★★

Eine Technik, mit der man Süßspeisen, vor allem Kuchen und Torten, mit Creme, Kuvertüre, Konfitüre usw. bedeckt, um ihnen ein ansprechendes Äußeres zu verleihen und eventuelle Unebenheiten zu kaschieren.

Die Torte auf eine Pappscheibe mit gleichem Durchmesser setzen, um sie gut mit einer Hand halten zu können. Auf Augenhöhe anheben und eine dünne Cremeschicht mit einer Palette auftragen (1). Den Rand rundherum glatt streichen. Die Torte auf der Arbeitsfläche absetzen. Die Oberfläche mit einer weiteren dünnen Schicht Creme überziehen und mit der Palette glatt streichen.
Nach Belieben mit einem langen Sägemesser ein Wellenmuster ziehen (2).
Die Torte erneut auf Augenhöhe anheben und die Kante rundherum mit der Palette von oben nach unten glätten.
Den Überzug im Kühlschrank fest werden lassen.

● Tipp

Nach Belieben den gesamten Rand oder auch nur einen Teil der Torte mit gehackten gerösteten Nüssen, Schokoladenstreuseln oder Krokant verzieren.

● Gut zu wissen

Für eine Marzipandecke die Masse dünn ausrollen, mit Speisestärke bestauben und vollkommen glatt, ohne Falten und Luftblasen, auf den im Tortenring befindlichen Kuchen legen. Mit einem Nudelholz über den Rand des Rings fahren und dabei fest aufdrücken, um die Marzipandecke passgenau auszuschneiden.

Rezept
Mokkatorte ›› S. 353

1

2

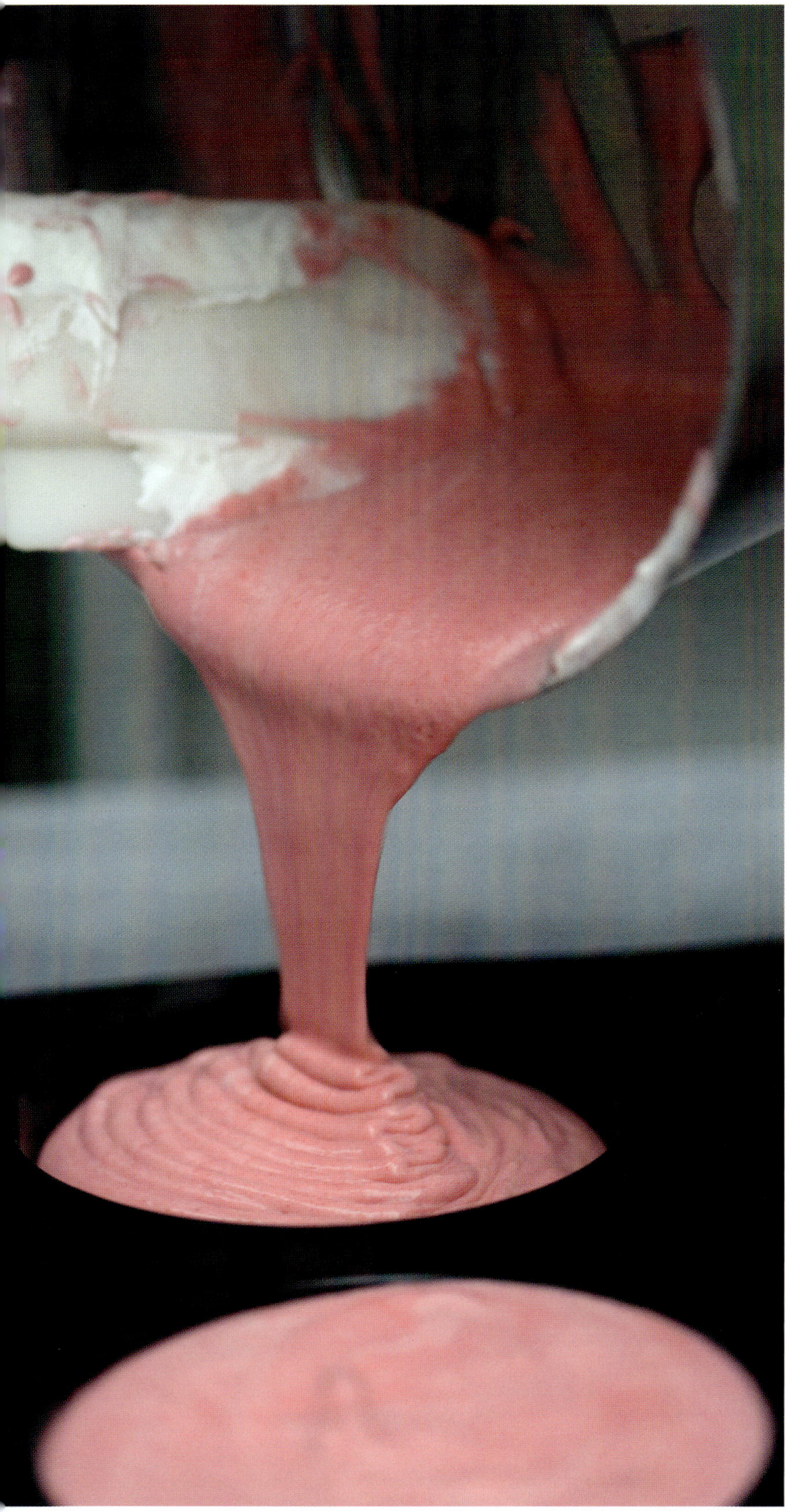

Eine Einlage herstellen ★

Cremes, Fruchtzubereitungen oder feine Mousses werden häufig beim Aufbau von Süßspeisen, kleinen Kuchen oder Desserts in Gläsern als Einlage verwendet. Die zusätzliche Komponente erweitert das Geschmackserlebnis, sorgt für ein überraschendes Mundgefühl und setzt einen farblichen Akzent.

Zutaten für 8 Personen

5 g Blattgelatine
25 ml Wasser
300 g Himbeerpüree
180 g Ei
75 g feinster Zucker
100 g Butter

Die Gelatine in dem Wasser einweichen. Die angegebene Wassermenge ist Bestandteil des Rezeptes und soll von der Gelatine vollständig aufgenommen werden.
In einem Topf das Himbeerpüree, die Eier und den Zucker auf 85 °C erhitzen. Die Gelatine dazugeben und in der heißen Mischung auflösen.
Auf etwa 30 °C abkühlen lassen, dann mit dem Stabmixer die Butter untermixen.
In die gewünschten Formen gießen und ins Gefrierfach stellen. In gefrorenem Zustand lassen sich die Einlagen problemlos stürzen und weiterverarbeiten.

● Gut zu wissen
Die Masse muss auf etwa 30 °C abgekühlt sein, bevor man die Butter untermixt, anderenfalls würde sie schmelzen. Die Crememasse basiert auf einer Wasser-in-Öl-Emulsion, die ihr eine glatte, geschmeidige Konsistenz verleiht.

● Tipp
Diese Zubereitung kann beispielsweise als Einlage für eine Bayerische Creme verwendet werden.

Fruchtcoulis ★

Zutaten für 4 Personen

Für die Zubereitung mit Zuckersirup

50 ml Wasser
30 g Zucker
100 g Früchte (Erdbeere, Mango, Schwarze Johannisbeeren ...)
Saft von ½ Zitrone
Aroma (Kirschwasser, Rum ...) nach Belieben

Für den Sirup in einem Topf das Wasser mit dem Zucker aufkochen.
Die Früchte falls nötig in Stücke schneiden und mit dem Zitronensaft pürieren (1). Den Sirup dazugießen (2) und weitermixen, bis eine sämige Konsistenz erreicht ist. Rasch abkühlen lassen. Nach Belieben durch ein feines Sieb passieren und aromatisieren.

Für die Zubereitung mit Puderzucker

100 g Früchte (Erdbeeren, Johannisbeeren, Himbeeren, Kirschen, Pfirsiche, Aprikosen, Ananas ...)
Zitronensaft (nach Bedarf)
100-150 g Puderzucker
Aroma (Kirschwasser, Rum ...) nach Belieben

Die Früchte falls nötig in Stücke schneiden, pürieren und gegebenenfalls mit Zitronensaft verrühren, damit die Coulis nicht braun wird. Dem Säuregehalt der Früchte und dem persönlichen Geschmack entsprechend mit Puderzucker süßen. Nach Belieben aromatisieren.
Besonders flüssige Fruchtpürees (aus Zitrusfrüchten, Weintrauben) erhitzen und mit einem Blatt eingeweichter Gelatine (2 g) andicken.

● Tipp

Zitronensaft verhindert, dass Früchte wie Bananen, Äpfel oder Birnen oxidieren und braun werden. Himbeeren, Schwarze und Rote Johannisbeeren, Brombeeren, Heidelbeeren, aber auch Weintrauben und Kiwis besser nicht mit dem Stabmixer zerkleinern, sondern einen Entsafter verwenden, damit der Geschmack der Kerne nicht an die Coulis abgegeben wird. Walderdbeeren am besten in der Flotten Lotte pürieren, um ihren Geschmack nicht zu verfälschen.

Rezepte

Pfirsiche »en papillote« ›› S. 273
Bayerische Creme mit Früchtecoulis ›› S. 291
Blancmanger mit weißem Nugat und Birnencoulis ›› S. 292
Panna cotta mit Mangocoulis ›› S. 311
Pfirsich Melba ›› S. 453

1

2

Gelierte Coulis mit Gelatine

Zutaten für 6-8 Personen
10 g Blattgelatine
50 ml Wasser
450 g Aprikosenpüree
100 g feinster Zucker

Die Gelatine in dem Wasser einweichen.
Ein Viertel des Aprikosenpürees mit dem Zucker auf etwa 85 °C erhitzen.
Die Gelatine dazugeben und unter Rühren darin auflösen.
Mit dem restlichen Aprikosenpüree vermischen. Unverzüglich in Formen gießen und rasch abkühlen lassen.

● **Gut zu wissen**
Je weniger das Fruchtpüree erhitzt wird, desto besser bleibt das Aroma der Frucht erhalten. Daher empfiehlt es sich, nur ein Viertel der Gesamtmenge zu erhitzen. Aber keine Regel ohne Ausnahme: Für gelierte Coulis aus Ananas, Kiwi oder Papaya das gesamte Fruchtpüree erhitzen. Auf diese Weise wird ein Enzym zerstört, das das Gelieren beeinträchtigt.

Rezept
Erdbeermousse in der Zuckerkugel >> S. 288

Gelierte Coulis mit Pektin

Zutaten für 6-8 Personen
25 g feinster Zucker
3 g Pektin NH
200 Himbeerpüree
25 g Glukosesirup
15 g Invertzucker

Den Zucker mit dem Pektin vermischen.
In einem Topf das Himbeerpüree mit dem Glukosesirup und dem Invertzucker erhitzen. Sobald eine Temperatur von 45 °C erreicht ist, die Zucker-Pektin-Mischung unterrühren.
Etwa 2 Minuten kochen lassen, unverzüglich in Formen gießen und rasch abkühlen lassen.

● **Gut zu wissen**
Eine mit Pektin NH gelierte Coulis kann erneut erhitzt und verflüssigt werden.

Rezept
Schokoladenmousse-Torte >> S. 338

Pistaziencreme

Zutaten für 6-8 Personen
5 g Blattgelatine
25 ml Wasser
350 g flüssige Schlagsahne
90 g Eigelb
50 g feinster Zucker
60 g Pistazienpaste

Die Gelatine in dem Wasser einweichen. Die angegebene Wassermenge ist Bestandteil des Rezeptes und soll von der Gelatine vollständig aufgenommen werden.
In einem Topf die Sahne erhitzen. Das Eigelb mit dem Zucker weißschaumig schlagen. Die kochend heiße Sahne unter Rühren dazugießen. Die Gelatine darin auflösen. Die Pistazienpaste hinzufügen und die Mischung auf 85 °C erhitzen.
In die gewünschte Form gießen, rasch abkühlen lassen und dann einfrieren.

● **Gut zu wissen**
Pistazienpaste wird häufig mit Zusatzstoffen verfälscht. Deshalb immer sorgfältig das Etikett lesen.

Orangencreme

Zutaten für 6-8 Personen
4 g Blattgelatine
50 ml Wasser
165 Vollmilch
165 g flüssige Schlagsahne
80 g Eigelb
80 g feinster Zucker
15 g Cointreau
abgeriebene Schale von 1 unbehandelten Orange

Die Gelatine in dem Wasser einweichen. Die angegebene Wassermenge ist Bestandteil des Rezeptes und soll von der Gelatine vollständig aufgenommen werden.
In einem Topf Milch und Sahne erhitzen. Das Eigelb mit dem Zucker weißschaumig schlagen. Die kochend heiße Milch-Sahne-Mischung unter Rühren dazugießen.
Mit dem Cointreau parfümieren und die eingeweichte Gelatine unterrühren. Die Orangenschale dazugeben und die Mischung auf 85 °C erhitzen.
In die gewünschte Form gießen, rasch abkühlen lassen und dann einfrieren.

Zitrusfrüchte filetieren ★

Zutaten

Zitrusfrüchte (Orange, Grapefruit, Zitrone, Limette …)

Von der Ober- und der Unterseite der Frucht jeweils einen Deckel abschneiden. Die Frucht auf ein Schneidebrett stellen und die Schale einschließlich der weißen Haut rundherum abschneiden.
Die Fruchtfilets mit einem Officemesser zwischen den Trennhäuten herauslösen. Falls nötig, Kerne entfernen.
Den beim Filetieren austretenden Saft auffangen und die Reste der Frucht gut ausdrücken.

● Gut zu wissen

Fruchtfilets werden häufig roh oder kandiert als Dekoration verwendet. In einem fest schließenden Gefäß können sie im Kühlschrank zwei Tage aufbewahrt werden.

Rezepte

Grapefruitgratin mit Cidre ›› S. 267
Früchte in Sirup ›› S. 306
Pfirsich-Orangen-Rolle ›› S. 330

Fruchtchips ★

Fruchtchips lassen sich sehr leicht herstellen, vorausgesetzt, man besitzt ein scharfes Messer und ein bisschen Geschick – oder eine gute Schneidemaschine. Die Scheiben müssen hauchdünn sein (etwa 1 Millimeter dick), damit sie schnell trocknen.

Die Früchte in hauchdünne Scheiben schneiden. Die Scheiben flach auf ein mit Backpapier oder einer Silikonmatte bedecktes Blech legen.
In den auf 50-60°C vorgeheizten Backofen schieben und trocknen, aber keine Farbe annehmen lassen.
Die fertigen Chips luftdicht verschlossen aufbewahren.

● Gut zu wissen
Man kann die Fruchtchips auch über Nacht auf der Heizung trocknen lassen – eine effiziente und obendrein wirtschaftliche Methode.

Rezept
Blancmanger mit weißem Nugat und Birnencoulis >> S. 292

1

2

3

Dekoration aus Marzipan ★★

Marzipanrose

Rosen sind nach wie vor die beliebtesten Blumen, nicht nur frisch gepflückt, sondern auch aus Marzipan. Man kann ihnen unterschiedliche Formen geben, aber die Blütenblätter müssen hauchzart sein.

Das Marzipan durch den Zusatz von Speisefarbe in flüssiger oder in Pulverform abtönen. Für einen marmorierten Effekt verschiedenfarbige Schichten übereinanderlegen **(1)** und zu einer Rolle formen. Scheiben abschneiden und zwischen zwei Plastikfolien mit dem Daumen flach drücken.
Das erste Blütenblatt zur Bildung des Stempels leicht konisch aufrollen. Das zweite in gleicher Höhe eng darumwickeln. Die folgenden Blütenblätter so anbringen, dass sie sich jeweils um ein Drittel überlappen **(2)**. Die Blüte möglichst aus einer ungeraden Anzahl Blätter (fünf oder sieben) formen. Die Ränder leicht nach außen biegen, um der Blüte ein natürliches Aussehen zu verleihen **(3)**.

Marzipannelke

Die Nelkenblüte wirkt fransig und zerzaust und ihre Blütenblätter sind mehr oder weniger stark gezackt.

Die Marzipanrohmasse nach Belieben einfärben und zu einer etwa 50 Zentimeter langen Rolle mit einem Durchmesser von 8-10 Millimeter formen. Die Rolle auf die Arbeitsfläche legen, mit der Hand flach drücken und jeweils den vorderen Teil mit dem Rücken eines Esslöffels 4-5 Zentimeter lang und sehr dünn ausstreichen.
Mit der flachen Klinge eines Officemessers den vorderen Rand weiter ausstreichen, um ihn auszufransen. Das Blütenblatt abschneiden. Auf diese Weise weitere Blütenblätter formen.
Um die Blüte zusammenzusetzen, die Messerklinge unter ein Blütenblatt schieben und dieses von der Arbeitsfläche lösen. Das Blatt akkordeonartig falten und wieder ablegen. Mit den übrigen Blättern ebenso verfahren. Mehrere Blütenblätter mit leichtem Druck zusammenfügen. An den Rändern zwischen Daumen und Zeigefinger auseinanderzupfen.

Tränken ★

Zutaten
Zuckersirup (S. 237) oder Fruchtsaft

Den zu tränkenden Biskuitboden mithilfe eines Pinsels gleichmäßig mit der Flüssigkeit bestreichen.
Den Boden je nach Rezept nur von einer oder von beiden Seiten tränken.

● Tipp
Den Sirup nach Geschmack mehr oder weniger stark einkochen und nach Belieben aromatisieren.

Rezepte
Biskuitrolle Schoko-Vanille >> S. 333
Erdbeer-Himbeer-Charlotte >> S. 337
Schwarzwälder Kirschtorte >> S. 346
Erdbeertorte >> S. 349
Opéra-Torte >> S. 354

1

2

Zuckerdekor ★★★

Zutaten für 8-10 Personen
200 g Zucker
60 ml Wasser
20 g Glukosesirup

Gesponnener Zucker
Den Zucker mit dem Wasser und dem Glukosesirup in einen Topf geben und auf 155-165 °C erhitzen, bis er sich goldbraun verfärbt. Den Topf in eine Schüssel mit kaltem Wasser tauchen, um den Kochprozess zu beenden.
Sobald der Karamell etwas abgekühlt ist, einen Esslöffel hineintauchen und ein Faden- oder Gittermuster auf die leicht gefettete Rückseite einer Suppenkelle oder auf eine umgedrehte, gefettete Halbkugelform träufeln **(1)**.
Für Engelshaar einen Schneebesen mit aufgeschnittenen Drahtenden **(2)** (oder zwei Gabeln) in den Karamell tauchen und mit zügig ausholenden Bewegungen über einem Metallstab oder Holzstiel hin und her schwenken, der die entstandenen Fäden auffängt.

Rezepte
Traou-Mad-Törtchen ›› S. 277
Schnee-Eier ›› S. 304

Karamellisierte Mandeln ★

Zutaten für 30 Stück
200 g Zucker
60 ml Wasser
20 g Glukosesirup
ganze Mandeln oder Haselnüsse, leicht geröstet

Den Zucker mit dem Wasser und dem Glukosesirup in einen Topf geben und auf 155-165 °C erhitzen, bis er sich goldbraun verfärbt. Den Topf in eine Schüssel mit kaltem Wasser tauchen, um den Kochprozess zu beenden.
Die leicht gerösteten ganzen Mandeln oder Haselnüsse auf Holzstäbchen oder Zahnstocher stecken.
Ein Stück Backpapier auf die Arbeitsfläche legen. Aus zwei hohen umgedrehten Töpfen und einem Streifen Styropor darüber eine Brücke bauen und mit einem Teller beschweren. Die aufgespießten Mandeln oder Nüsse in den Karamell tauchen **(3)** und sofort von unten in das Styropor stecken, damit der Karamell abtropfen kann. Er bildet dabei lange Spitzen.

3

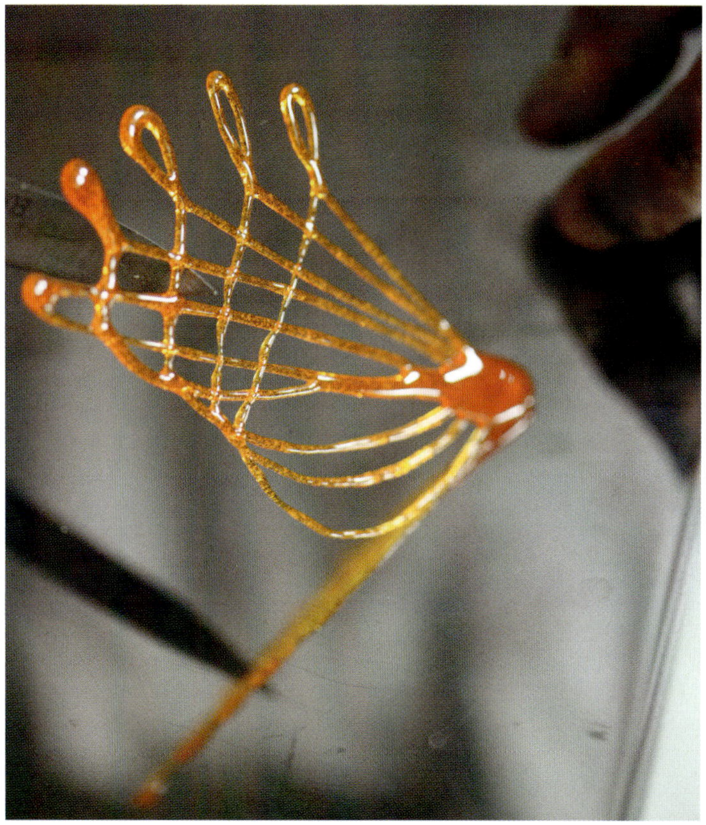

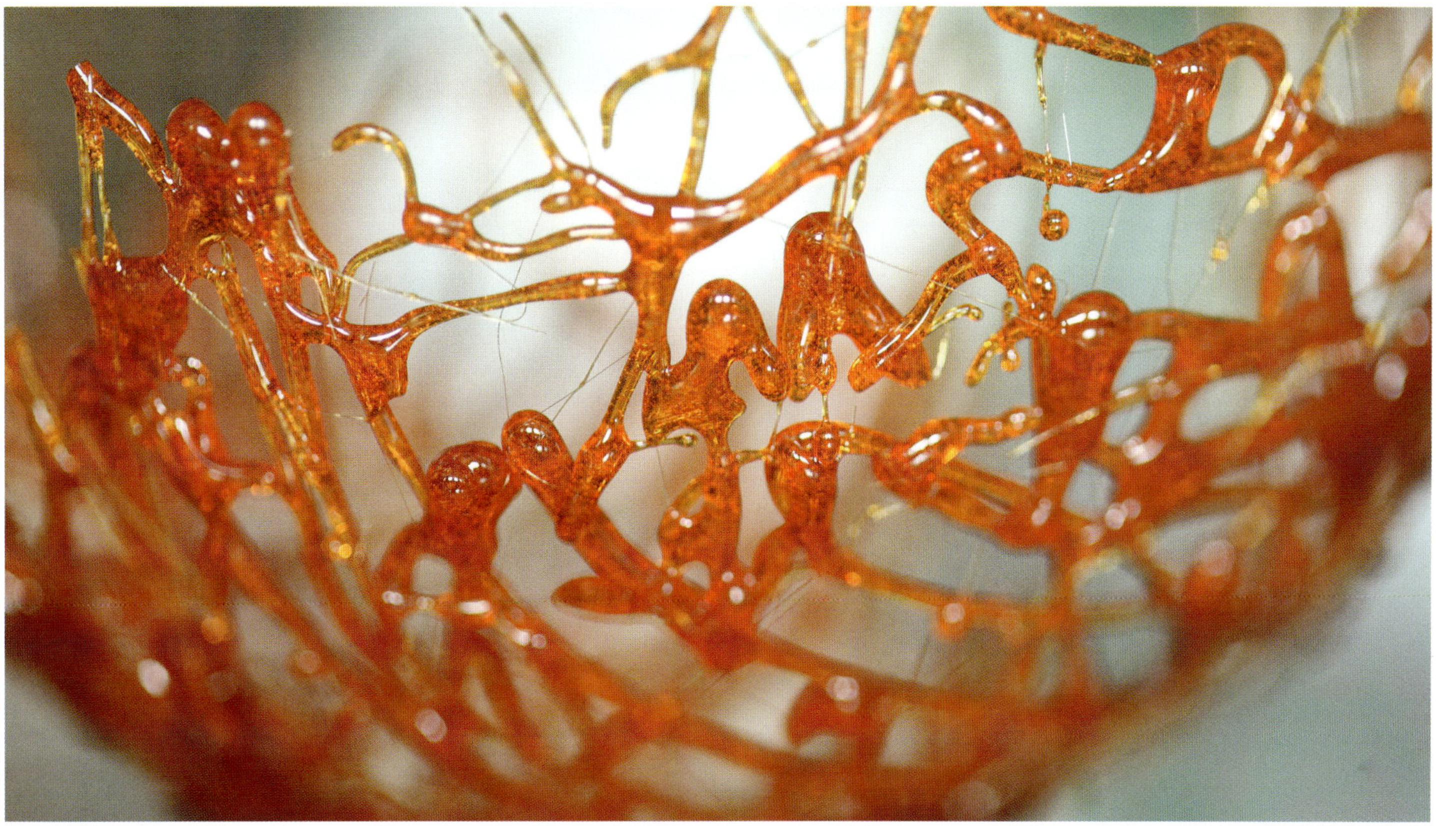

Blasenglukose ★

Zutaten für 8 Personen
150 g Glukosesirup

Den Glukosesirup auf einem mit einer Silikonmatte bedeckten Blech mithilfe einer Winkelpalette zu hauchdünnen Ovalen verstreichen.
Das Blech für etwa 60 Minuten in den 150 °C heißen Ofen schieben (bei leicht geöffneter Ofentür).
Die Glukose bläht sich im heißen Backofen auf und wirft Blasen. Zum Schluss soll die Glukose durchsichtig sein, die Blasen fest.
Falls die Blasen beim Herausziehen des Blechs in sich zusammenfallen, zurück in den Backofen schieben und noch etwas länger trocknen lassen.
Für originelle Effekte die Glukose vor dem Erhitzen mit einigen Tropfen flüssiger Speisefarbe beträufeln.

Rezept
Bayerische Creme mit Früchtecoulis >> S. 291

1

2

3

4

Modellierzucker ★★

Zutaten für etwa 1 Kilogramm

16 g Blattgelatine
60 ml Wasser
1 kg Puderzucker
20 ml Zitronensaft oder Weißweinessig (nach Belieben)

Die Gelatine in dem Wasser einweichen und erhitzen, um sie aufzulösen. Den Puderzucker auf die Arbeitsfläche sieben, in die Mitte eine Vertiefung drücken. Die aufgelöste Gelatine hineingeben, dann Zitronensaft oder Essig dazugießen (1). Alles zunächst mithilfe einer Teigkarte vermengen (2) und anschließend von Hand verkneten (3). Zu einer Rolle formen (4). In einer luftdicht schließenden Dose oder in Frischhaltefolie gewickelt lässt sich die Zuckermasse aufbewahren. Zum Ausrollen oder Auslegen eine Marmorplatte oder eine Form mit Speisestärke bestreuen.

Die fertiggestellten Dekorelemente an der Luft vollständig trocknen lassen, dabei regelmäßig wenden.

Einzelne Teile für Schaustücke oder Sockel können mit Royal-Glasur (S. 140) zusammengeklebt werden.

1

2

Royal-Glasur ★

Zutaten für etwa 1,2 Kilogramm
1 kg Puderzucker
210 g Eiweiß
20 ml Zitronensaft oder Weißweinessig
Speisefarbe (nach Belieben)

Den Puderzucker sieben. 750 Gramm in eine Schüssel geben und mithilfe eines Spatels mit dem Eiweiß verrühren (1). Kräftig bearbeiten, dabei nach und nach den restlichen Puderzucker dazugeben. Den Zitronensaft oder Essig hineinträufeln und weiterschlagen, bis die Masse steif ist (2). Nach Belieben mit Speisefarbe kolorieren.
Die Konsistenz der Glasur hängt von ihrer Verwendung ab. Gegebenenfalls mehr Puderzucker hinzufügen (bis sich beim Herausziehen des Spatels steife Spitzen bilden).

● Gut zu wissen
Mit Frischhaltefolie abgedeckt hält sich die Royal-Glasur maximal einen Tag.

Rezept
Croquembouche >> S. 368

1

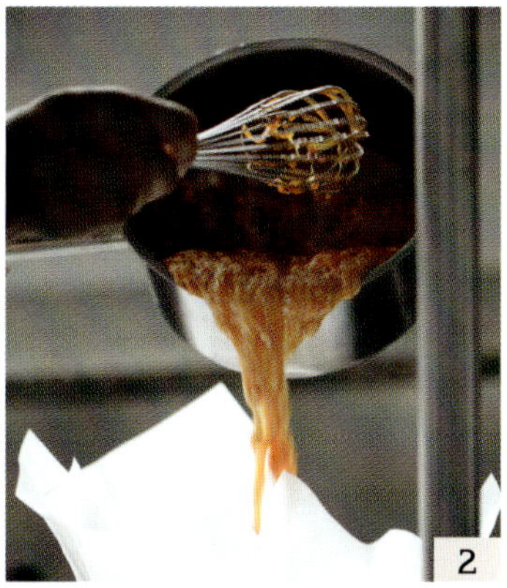
2

3

4

Felsenzucker ★★

Zutaten für 2 Liter

1 kg Zucker
350 ml Wasser
80 g Royal-Glasur

In einem großen Topf den Zucker mit dem Wasser verrühren und auf 145 °C erhitzen (1). Die Größe des Topfes ist von entscheidender Bedeutung.
Den Topf von der Kochstelle nehmen, die Royal-Glasur hineingeben und mit einem Schneebesen gründlich verrühren. Die Mischung beginnt zu schäumen und verdoppelt ihr Volumen. Sobald die Masse wieder zusammenfällt, in eine sehr große, mit Backpapier ausgelegte Form füllen (2, 3).
In den auf 200 °C vorgeheizten Backofen schieben, nach maximal 2 Minuten wieder herausnehmen und stürzen (4, 5). Der Zucker hat sich in einen porösen Stein verwandelt (6) und kann nun in Stücke gebrochen, in Form geschnitzt oder einfach nur zerstoßen werden.

● Tipp

Nach Belieben Speisefarbe unter den gekochten Zucker rühren.

5

6

1

2

3

4

Eine Schablone verwenden ★

Die Schablone auf eine Silikonbackmatte legen (1) und die Biskuit- oder Dekormasse mithilfe einer Winkelpalette gleichmäßig aufstreichen.

Dekorbiskuit ★

Für einen Dekorbiskuit eine mit Speisefarbe beliebig eingefärbte Hippenmasse (S. 83, Teigmenge dem jeweiligen Rezept anpassen) gleichmäßig auf eine Silikonbackmatte streichen (2). Mit den Fingern (3), einem Dekorschaber oder -kamm (4) ein Muster hineinzeichnen (5). Im Tiefkühlfach gut durchkühlen.
Den vorbereiteten Biskuitteig auf die gemusterte Masse gießen und im heißen Ofen backen.
Den fertigen Boden auf ein Kuchengitter stürzen und die Silikonmatte abziehen (6).

5

6

Rezept
Himbeertorte >> S. 329

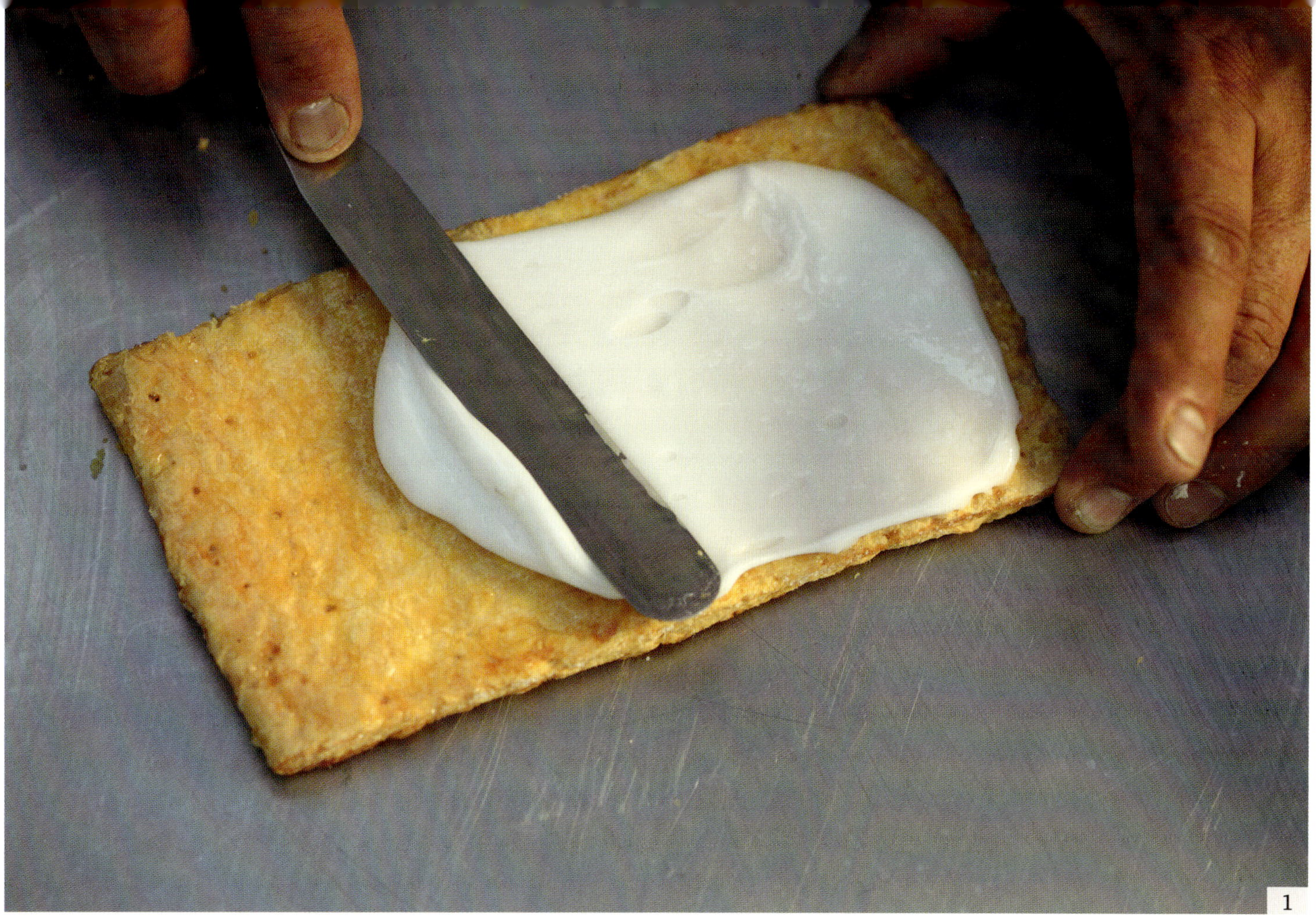

1

2

3

Fondantglasur marmorieren ★★

Zutaten

200 g weißer Fondant
20 g dunkle Schokolade (65 % Kakaoanteil)

Den Fondant auf einem Wasserbad bei maximal 45 °C erwärmen. Die Schokolade bei 45-50 °C schmelzen und in eine Spritztüte füllen. Den weichen Fondant auf die Teigoberfläche gießen und mit einer Palette glatt streichen (1). Gegebenenfalls eine zweite Schicht auftragen, damit die Glasur gut deckt. Mit der Spritztüte feine Schokoladenstreifen mit etwa 1 Zentimeter Abstand aufdressieren (2), dabei über den Rand hinaus fahren und mit einer runden Bewegung die Richtung wechseln, damit die Linien parallel verlaufen.
Einen Messerrücken leicht schräg quer durch die Streifen ziehen (3).
Abkühlen lassen und überschüssigen Fondant entfernen.

Rezept
Millefeuille mit Mousseline-Creme >> S. 375

1

2

3

Tortenguss marmorieren ★

Zutaten für 2-3 Torten

8 g Blattgelatine
40 ml + 150 ml Wasser
200 g Zucker
rote Speisefarbe

Die Gelatine in 40 Milliliter Wasser einweichen.
In einem Topf das restliche Wasser mit dem Zucker aufkochen. Vom Herd ziehen und die Gelatine darin auflösen.
Die Hälfte der Glasur mit Speisefarbe rot einfärben. Auf 25-30 °C abkühlen lassen.
Die Torte auf eine Tortenpappe oder eine Servierplatte setzen. Den Tortenring noch nicht entfernen.
Die Torte kreuz und quer mit etwas rotem Guss bespritzen **(1)**. Anschließend den transparenten Guss auf der Oberfläche verteilen. Die beiden Glasuren mithilfe einer langen Palette miteinander verstreichen **(2)**, sodass ein marmorartiges Muster entsteht.
Die Oberfläche glätten, dabei mit der Palette über den Rand des Tortenrings fahren **(3)**. Den Ring nach oben abziehen **(4)** und die Torte bis zum Servieren in den Kühlschrank stellen.

Rezepte
Himbeertorte ›› S. 329
Cassistorte mit Mandelbaiser ›› S. 350

4

1

2

3

4

Eine Charlotte aufbauen ★

Diese Süßspeise wird traditionell in speziellen konischen Formen, aber zunehmend auch in hohen Dessertringen aufgebaut, die mit einzelnen Löffelbiskuits oder Biskuitplatten ausgekleidet und dann mit der gewünschten Masse gefüllt werden.

Den Dessertring auf eine Servierplatte oder einen Tortenkarton setzen.
Die einzelnen Biskuits oder die Teigplatte auf die gewünschte Höhe kürzen (Ringhöhe plus 1 Zentimeter) und den Dessertring damit auskleiden **(1)**.
Eine Biskuitscheibe (gebacken aus Biskuit- oder Löffelbiskuitmasse) mit etwas Zuckersirup tränken **(1)** und auf den Boden des ausgekleideten Dessertrings legen.
Die gewählte Creme einfüllen **(2, 3)**, dabei gegebenenfalls Früchte, Einlagen oder eine Schicht Kompott mit einbeziehen.
Die Form bis zum Rand auffüllen **(4)** und die Creme im Kühlschrank fest werden lassen. Nach Belieben dekorieren.

● Gut zu wissen
Für dieses Rezept muss der Dessertring nicht mit Folie ausgekleidet werden, da die Löffelbiskuits nicht festkleben.

Rezept
Erdbeer-Himbeer-Charlotte >> S. 337

Eine Pithiviers-Torte verzieren ★

Damit das eingeritzte Muster klar und deutlich hervortritt, muss der Blätterteig zweimal mit verquirltem Ei bestrichen werden. Die erste Schicht wird vom Teig aufgesogen, die zweite wirkt wie aufgetragener Lack.
Das im Ei enthaltene Albumin gerinnt im heißen Backofen und bildet einen blassgelben, glänzenden Überzug.

Die Teigoberfläche nach dem Bestreichen mit einer Messerspitze einritzen: Von der Mitte ausgehend gebogene Strahlen Richtung Rand ziehen. Den Rand rundherum mit dem Messerrücken dicht an dicht einkerben.

Rezept
Pithiviers-Torte >> S. 379

Kuchen und Torten beschriften ★★

Eine Spritztüte herstellen

Material
Backpapier

Aus Backpapier ein gleichschenkliges Dreieck mit einer Basis von 25 Zentimetern und einer Höhe von 15 Zentimetern ausschneiden. Das Dreieck von einer der kurzen Seiten her aufrollen, sodass eine Tüte entsteht. Es ist wichtig, dass die Spitze dabei vollständig geschlossen ist. Die oben überstehende Ecke nach innen umschlagen, um die Form der Tüte zu fixieren. Die Spritztüte zur Hälfte mit einer Masse füllen (Royal-Glasur, geschmolzene Schokolade ...) und den oberen Rand mehrfach umschlagen, um die Tüte zu verschließen. Die Spitze mit einer Schere abschneiden; die Lochgröße bestimmt die Stärke des Spritzfadens.

● Gut zu wissen
Spritztüten sind ideal zum Beschriften und Dekorieren mit Royal-Glasur oder geschmolzener Schokolade.

Gespritztes Dekor

Mit einer mit geschmolzener Schokolade, Royal-Glasur oder einer anderen Glasur gefüllten Spritztüte lassen sich Torten und andere Süßspeisen, aber auch Dessertteller individuell mit Motiven, Ornamenten oder Schriftzügen dekorieren. Einige Muster zum Nachzeichnen finden Sie auf S. 233.

● Tipp
Übung macht den Meister. Wer unsicher ist, kann das Motiv zunächst auf einem Stück Backpapier ausprobieren.

http://cv-vlg.de/dessert14

Glasur auftragen ★

Das vollkommen gleichmäßige Überziehen einer Süßspeise mit Glasur ist nicht ganz einfach: Man muss präzise und mit ruhiger Hand vorgehen.

Die Glasur auf die richtige Temperatur bringen (25-30 °C) und nach Belieben mit Speisefarbe kolorieren **(1)**.
Die zu überziehende Süßspeise soll mehrere Stunden im Kühlschrank gestanden haben und sehr kalt sein oder tiefgekühlt.
Auf ein Gitter setzen, das zum Auffangen der ablaufenden Glasur auf einer Schale liegt. Die Süßspeise mithilfe einer großen Kelle mit der Glasur überziehen **(2)**, dabei zügig vorgehen, damit die Schicht nicht zu dick wird.
Mit einer Palette rasch über die glasierte Oberfläche streichen, damit die überschüssige Glasur seitlich ablaufen kann. Dabei darauf achten, dass die Palette die Süßspeise nicht beschädigt. Das Gitter leicht auf die Arbeitsfläche aufstoßen. Sobald keine Glasur mehr abtropft, die Süßspeise auf eine Tortenpappe oder eine Servierplatte setzen und in den Kühlschrank stellen **(3)**.
Anschließend nach Belieben dekorieren.

● Tipp

Es ist ratsam, immer etwas mehr Glasur bereitzustellen, so lassen sich unschöne Nachbesserungen vermeiden.

Rezepte

Pfirsich-Orangen-Rolle ›› S. 330
Pistazienrolle ›› S. 334
Schokoladenmousse-Torte ›› S. 338
Litschi-Rosen-Torte ›› S. 345
Geeiste Kaffeetorte ›› S. 444

1

2

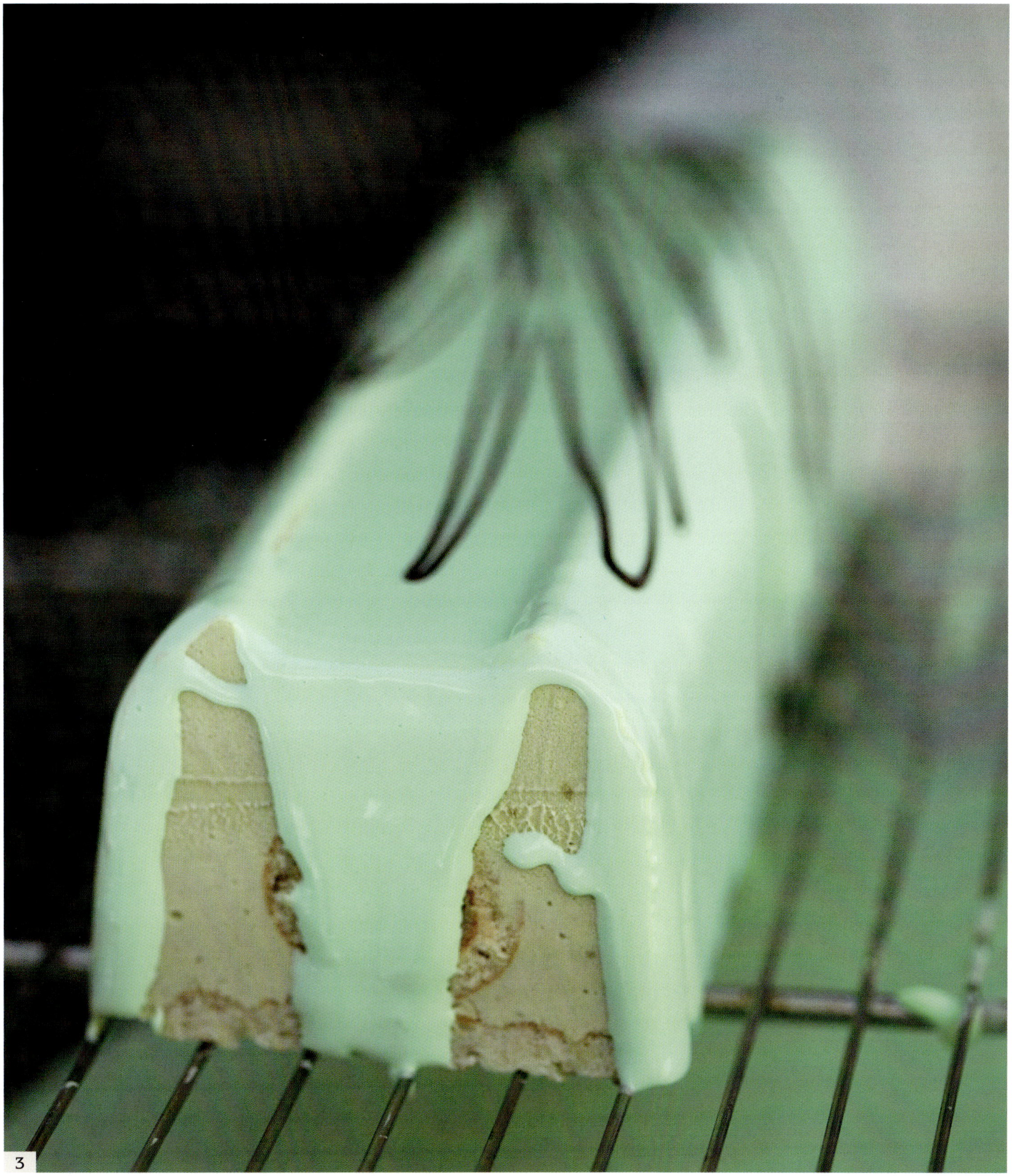

3

Confiserie

Zucker

Aus dem Saft von Zuckerrüben oder Zuckerrohr entsteht in einem mehrstufigen Verfahren Zucker, der Grundstoff für die süße Küche, ohne den kaum ein Dessert auskommt.

Für Rübenzucker werden zunächst die Zuckerrüben geerntet und gründlich gewaschen, um sie von an den Wurzeln haftender Erde zu befreien. Anschließend zerkleinert man sie zu sogenannten Schnitzeln, aus denen im Extraktionsturm mit sehr heißem Wasser der Zucker herausgelöst wird.
Der so entstandene **Rohsaft** enthält neben Zucker noch weitere Stoffe, die entfernt werden müssen. Dazu setzt man ihm Kalkmilch und Kohlensäure zu, die die Nichtzuckerstoffe binden und ausfällen. Übrig bleibt eine klare, dünne Flüssigkeit, der **Dünnsaft**. Der angefallene Kalk, als Carbokalk bezeichnet, findet in der Landwirtschaft zur Verbesserung des pH-Wertes der Böden Verwendung.
Der Dünnsaft wird in mehreren Stufen eingedampft, bis sein Zuckergehalt etwa 75 Prozent beträgt. Jetzt heißt er **Dicksaft**. Nach dem Erhitzen bildet er Kristalle, die noch mit einem bräunlichen Sirup überzogen sind. Durch Schleudern in der Zentrifuge trennt sich die **Melasse** von den Zuckerkristallen. Der so entstandene **Weißzucker** kommt nach der Reinigung als **Raffinade** in verschiedenen Körnungen in den Handel. Für Desserts findet in der Regel **feinster Zucker** Verwendung, der sich besonders gut auflöst.

Die Zuckerkristalle schmelzen, wenn man sie erhitzt. Bei Temperaturen ab etwa 145 °C beginnt der Zucker allmählich zu bräunen, **Karamell** entsteht bei etwa 180 °C. Um Zucker für die weitere Verarbeitung zu kochen, gibt man ein Drittel seines Gewichtes an heißem Wasser dazu.

Eine Spezialität, die ursprünglich aus Indien und Persien stammt, ist der **Kandiszucker**. Die großen Kristalle werden durch Abkühlen einer übersättigten Zuckerlösung gewonnen.
Heute produziert man Kandis industriell in großen, mit Fäden durchzogenen Behältern durch langsame Kristallisation einer hochkonzentrierten Zuckerlösung. Die Kristalle setzen sich an den Fäden fest und werden ständig von der Lösung umspült, sodass sie nach und nach wachsen.
Kandis findet nicht nur zum Süßen von Tee Verwendung, in Form einer dünnen Kruste kann er auch Marzipan, Pralinen und getrocknete Früchte überziehen.

Zu diesem Zweck zunächst eine konzentrierte Zuckerlösung herstellen: Man braucht auf 1 Liter Wasser 2,2 Kilogramm Zucker, verrührt beides in einem Topf und bringt die Flüssigkeit zum Kochen. Den Schaum abschöpfen und die sich am Topfrand absetzenden Unreinheiten mit einem angefeuchteten Pinsel abstreifen. Vom Herd nehmen, mit Frischhaltefolie abdecken und abkühlen lassen. Dabei auf keinen Fall gegen den Topf stoßen oder den Sirup selbst berühren, da beim Abkühlen eine Übersättigung eintritt und der überschüssige Zucker dazu neigt, sofort wieder Kristalle zu bilden. Taucht man einen Spatel heftig in den Sirup, entstehen unkontrolliert große Zuckerkristalle. Erwünscht ist dagegen eine langsame, fachgerecht gesteuerte Kristallisation.
Während der Sirup abkühlt, hat man ausreichend Zeit, das Kandiergut mit genügend Abstand auf einem Gitter mit Füßen zu verteilen und in ein geeignetes Gefäß zu stellen. Mit der Zuckerlösung langsam und vorsichtig übergießen, bis das Kandiergut mindestens 1 Zentimeter hoch bedeckt ist. Auf die Oberfläche vorsichtig ein Blatt Papier legen, in das quadratische Löcher mit 1 Zentimeter Seitenlänge geschnitten wurden, und an einen ruhigen Ort stellen. Mindestens 24 Stunden stehen lassen, besonders Geduldige warten 36 Stunden, drei Tage oder auch sechs Monate. Je länger das Kandiergut in der Zuckerlösung ruht, desto spektakulärer wird das Ergebnis. Auf diese Weise kann man jedes beliebige Objekt kandieren, nicht nur Süßigkeiten, sondern zu Dekorationszwecken beispielsweise auch Muscheln oder Steine.
Durch das Papier mit den eingeschnittenen Löchern lässt sich die Entwicklung der Kandiskruste beobachten. Bricht man sie vorsichtig auf, sieht man, wie dick sie bereits ist. Sobald sie wunschgemäß ausgebildet ist, das Papier vorsichtig entfernen, das Gitter anheben und den restlichen Sirup 30 Minuten abtropfen lassen. Die fertig kandierten Stücke anschließend an einen gut belüfteten Ort stellen und trocknen lassen.
Im Gegensatz zu einer durch Wälzen in Zucker entstandenen Kruste sind die Kristalle einer Kandiskruste fest miteinander verbunden und bilden einen luftundurchlässigen Überzug, der den Inhalt vor dem Austrocknen schützt.

Weicher Salzbutter-Karamell ★★

Zutaten für 30 Bonbons

250 g feinster Zucker
75 g flüssige Schlagsahne
75 ml Wasser
1 g Weinsteinpulver
45 g leicht gesalzene Butter
1 g Vanilleextrakt

Den Zucker, die Sahne, das Wasser und den Weinstein in einen Topf geben und auf 116 °C erhitzen **(1)**. Die in Stücke geschnittene Butter unterrühren.
Weiter erhitzen, bis 138 °C erreicht sind, zum Schluss mit dem Vanilleextrakt aromatisieren.
Die Masse auf ein mit Backpapier oder einer Silikonmatte bedecktes Blech gießen (maximal 1 Zentimeter hoch), entweder in einen Rahmen oder zwischen zwei Ausrollstäbe **(2)**. Sobald die Masse nur noch lauwarm ist, auf ein Schneidebrett gleiten lassen und mit einem Kochmesser in beliebig große Stücke schneiden. Vollständig abkühlen lassen und in Cellophanpapier gewickelt aufbewahren.

● Tipp

Man kann die Butter auch zum Schluss dazugeben und damit den Kochvorgang beenden. Dazu den Topf von der Kochstelle nehmen und die Butter unterrühren. Die Butter entwickelt durch die hohe Temperatur ein leicht nussiges Aroma. Nach Belieben leicht gesalzene Butter oder Butter mit groben Salzkristallen verwenden.

● Gut zu wissen

Je nachdem, wie lange man den Karamell kocht, nimmt er eine weichere oder härtere Konsistenz an.

1

2

3

Karamellsplitter ★

Zutaten für etwa 300 Gramm
100 g feinster Zucker
100 g Glukosesirup
3 g Fleur de Sel
100 g flüssige Schlagsahne

Zucker, Glukosesirup, Fleur de Sel und Sahne in einen Topf geben und unter Rühren auf 150 °C erhitzen **(1, 2)**.
Sofort auf Backpapier oder eine Silikonmatte gießen **(3)**, mit einer zweiten Matte oder mit Backpapier abdecken und ausrollen **(4)**.
Abkühlen lassen, dann in Stücke brechen.

● Tipp
Die Karamellmasse heiß in Förmchen gießen, um Lutschbonbons herzustellen.

● Gut zu wissen
Je länger die Kochzeit , desto härter wird der Karamell nach dem Abkühlen.

4

Fruchtpaste ★★

Zutaten für etwa 500 Gramm
250 g Fruchtpüree mit 10 % Zuckergehalt
50 g Glukosesirup
6 g gelbes Pektin
27 g + 200 g feinster Zucker
5 g Zitronensäure-Lösung (50 %)

In einem Topf das Fruchtpüree mit der Glukose erwärmen (nicht aufkochen).
Das Pektin mit 27 Gramm Zucker mischen und die Pektin-Zucker-Mischung unter das Fruchtpüree rühren **(1)**.
Den restlichen Zucker dazugeben und alles auf 107 °C erhitzen. Die Zitronensäure-Lösung unterrühren und die Masse sofort in eine Silikonform, in einen Tortenring oder in eine andere Form gießen **(2)**.
Abgekühlt auf ein mit Zucker bestreutes Schneidebrett stürzen und in beliebige Stücke teilen **(3)**. Dabei die Messerklinge immer wieder mit Alkohol reinigen, damit sie, ohne zu kleben, durch die Fruchtpaste gleitet. Die Fruchtwürfel anschließend in Zucker wälzen.

● Tipp
Für die Zitronensäure-Lösung kristallisierte Zitronensäure in der gleichen Menge Wasser auflösen.

● Gut zu wissen
Die Fruchtpaste kann auch als Einlage für verschiedene Süßspeisen dienen; in diesem Fall in kleinere Stücke schneiden und nicht in Zucker wälzen. Die Stückchen dünn mit Alkohol einpinseln, damit sie nicht zusammenkleben.

Rezepte
Himbeerstreifen >> S. 322
Pistazienbiskuit mit Himbeerfüllung >> S. 393
Eisrolle Erdbeer-Vanille >> S. 442

http://cv-vlg.de/dessert15

1

2

3

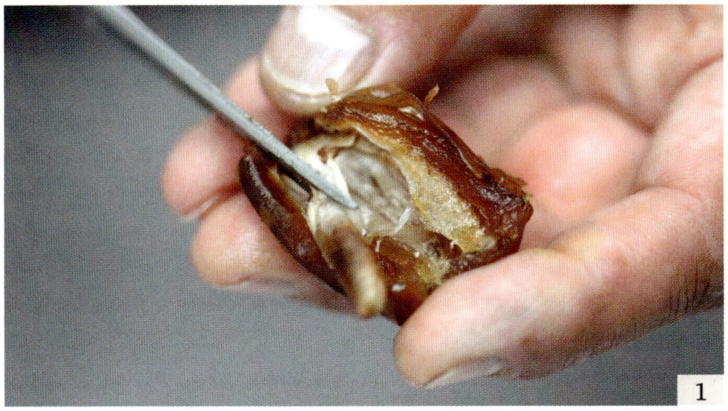

1

Verkleidete Früchte ★

Zutaten für 24 Früchte

Ganze Trockenfrüchte nach Wahl (Aprikosen, Dörrpflaumen, Datteln, Feigen ...)
Marzipanmasse, nach Belieben eingefärbt

Für den Sirup

100 ml Wasser
300 g Zucker
50 g Glukosesirup

2

Die Früchte der Länge nach aufschneiden **(1)** und gegebenenfalls den Kern entfernen. Ein länglich gerolltes Stück Marzipan mit einem Durchmesser von 1 Zentimeter hineinlegen **(2)** und die Früchte bis auf einen Spalt wieder schließen, sodass das Marzipan teilweise sichtbar bleibt **(3)**.
Das Wasser, den Zucker und den Glukosesirup in einen Topf geben und auf 150 °C erhitzen. Die auf Holzspieße gesteckten Früchte in den Sirup tauchen **(4)**.
Die Spieße quer über ein Gestell legen und die Früchte abtropfen lassen, ohne dass sie einander berühren.
Nach dem Abkühlen die Tropfnasen mit einer Schere abschneiden **(5)** und die Früchte auf eine Platte gleiten lassen, ohne sie zu berühren.

● Tipp

Man kann auch Nüsse oder kandierte Früchte verwenden. Dafür dicke Scheiben aus Marzipan formen, jeweils eine Nusshälfte daraufdrücken und wie beschrieben in den Zuckersirup tauchen.

3

4

5

Roter Nugat ★★

Zutaten für etwa 600 Gramm

100 ml Wasser
300 g feinster Zucker
100 g Glukosesirup
etwas rote Speisefarbe
150 g Mandeln, gehäutet und geröstet

Das Wasser, den Zucker, den Glukosesirup und die Speisefarbe in einen Topf geben und auf 155 °C erhitzen.
Die gerösteten, noch warmen Mandeln dazugeben (1).
Die Nugatmasse auf Backpapier oder eine Silikonmatte gießen und abkühlen lassen (2).
Den Nugat nach dem Erkalten zerkleinern und luftdicht verschlossen aufbewahren.

● **Tipp**
Die Mandeln nicht zu lange rösten, sie sollen innen weiß bleiben. Zur Überprüfung eine Mandel halbieren.

1

Weißer Nugat ★★

Zutaten für etwa 800 Gramm

45 g Eiweiß
250 g Akazienhonig (oder ein anderer heller Honig)
250 g Glukosesirup
250 g Mandeln, gehäutet und frisch geröstet
50 g Pistazien, frisch geröstet

Das Eiweiß in der Küchenmaschine zu steifem Schnee schlagen.
Den Honig und den Glukosesirup in einen Topf geben und erhitzen. Sobald 120 °C erreicht sind, etwa ein Viertel der Masse langsam in den Eischnee gießen (wie für eine Italienische Meringenmasse), dabei die Küchenmaschine weiterlaufen lassen. Die restliche Honig-Glukose-Masse auf 155 °C erhitzen, dann ebenfalls in die Meringenmasse laufen lassen. Weiterschlagen, bis die Masse abgekühlt ist. Den Rührbesen herausnehmen, den Flachrührer einsetzen und die noch warmen Mandeln und Pistazien untermischen **(1)**.
Die Küchenmaschine bei mittlerer Geschwindigkeit 30 Minuten laufen lassen, bis die Masse abgekühlt und ausreichend fest ist. (Eine Rührschüssel aus Metall kann nach Belieben mithilfe eines Gasbrenners erhitzt werden, damit die Masse schneller trocknet). Die Masse auf Backpapier oder eine Silikonmatte streichen und zwischen zwei Ausrollstäben etwa 1 Zentimeter dick ausrollen.

● Tipp

Um zu überprüfen, ob der Nugat die richtige Konsistenz hat, eine Messerklinge in die Nugatmasse und anschließend sofort in Eiswasser tauchen. Dann mit der Klinge einmal fest auf eine Tischkante schlagen. Der Nugat muss sich vollständig von der Klinge lösen und zerbrechen.
Im Übrigen gilt das Gleiche wie für Karamell: Je länger man die Nugatmasse erhitzt, desto härter wird ihre Konsistenz.

Brauner Nugat ★

Zutaten für etwa 350 Gramm

150 g feinster Zucker
40 ml Wasser
10 g Butter
150 g Haselnüsse, frisch geröstet und enthäutet

In einem Topf den Zucker mit dem Wasser zu goldbraunem Karamell kochen. Vom Herd nehmen und sofort die Butter und die noch warmen, gerösteten Haselnüsse einarbeiten. Die Masse in eine flache Silikonform gießen und abkühlen lassen **(1)**. Die abgekühlte Mischung mit einem Messer grob und anschließend im Mixer fein zerkleinern, bis eine cremige Paste entstanden ist **(2, 3)**. In eine Schale füllen und mit Frischhaltefolie luftdicht abdecken. Die Nugatmasse hält sich bei Zimmertemperatur 1-2 Wochen.

Zubereitung nach alter Art

Den Zucker auf 110 °C erhitzen. Die Haselnüsse untermischen und unter Rühren mit einem Holzspatel weiter erhitzen, bis die Masse karamellisiert. Auf Backpapier gießen, abkühlen lassen und mahlen. Dabei immer nur kleine Mengen in den Mixer geben, damit er nicht heiß läuft.

1

2

Schaumzucker ★★

Zutaten für etwa 450 Gramm

15 g Blattgelatine
75 ml + 100 ml Wasser
250 g feinster Zucker
25 g Glukosesirup
30 g Invertzucker und/oder Eiweiß
Aroma nach Wahl (Zitrusschale, ätherisches Öl, Vanille ...)
Speisefarbe (nach Belieben)
Puderzucker und Speisestärke

Die Gelatine in 75 Milliliter Wasser einweichen. Den Zucker mit dem restlichen Wasser und der Glukose erhitzen (1). Die Gelatine in ihrem Einweichwasser erhitzen und auflösen. Wenn der Zuckersirup 127 °C erreicht hat, den Topf vom Herd nehmen und die aufgelöste Gelatine einrühren. Vorsicht, die Mischung schäumt! Den Invertzucker und/oder das Eiweiß in die Küchenmaschine geben, den heißen Sirup langsam dazugießen und die Masse bei mittlerer Geschwindigkeit 15 Minuten aufschlagen. Aroma sowie nach Belieben Speisefarbe untermischen. Sobald die Masse steif ist, auf eine zu gleichen Teilen mit Puderzucker und Speisestärke bestreute Silikonbackmatte gießen (2). Abkühlen und fest werden lassen, anschließend nach Belieben formen (3).

3

1

2

3

4

Pflaumenkonfitüre ★

Zutaten für 3-4 Gläser

1 kg Pflaumen
800 g feinster Zucker

Am Vortag

Die Pflaumen halbieren und entsteinen. Die Früchte in eine Schüssel geben, mit dem Zucker vermischen **(1)** und mit einem Tuch abdecken.
Über Nacht stehen lassen, dabei ein- bis zweimal umrühren, damit sich der Zucker gut auflöst.

Am folgenden Tag

Alles in einen großen Topf füllen und zum Kochen bringen. Aufsteigenden Schaum abschöpfen **(2)**. Etwa 20 Minuten kochen lassen, gegebenenfalls erneut abschäumen.
Für die Gelierprobe etwas Konfitüre auf einen kalten Teller träufeln **(3)**. Wenn die Tropfen schnell erstarren und nicht mehr verlaufen, ist die gewünschte Konsistenz erreicht.
Die vorbereiteten Gläser bis fast zum Rand mit der kochend heißen Konfitüre füllen **(4)**, sofort verschließen und umgedreht vollständig abkühlen lassen. Auf diese Weise entsteht ein Vakuum, das die Deckel fest verschließt.

● Tipp

Zuckerthermometer werden zunehmend auch in privaten Haushalten verwendet. Zum Einkochen von Konfitüre empfiehlt sich, je nach der gewünschten Konsistenz, eine Temperatur von 105–107 °C.

● Gut zu wissen

Im Handel wird mit Pektin angereicherter Zucker angeboten, sogenannter Gelierzucker, der die Herstellung von Konfitüren, Marmeladen und Gelees erheblich erleichtert und beschleunigt. Allerdings liefert die traditionelle Zubereitung im Hinblick auf Geschmack und Konsistenz bessere Ergebnisse.
Die Gläser vor dem Abfüllen der fertigen Konfitüre im Backofen oder mit kochendem Wasser sterilisieren.

1

2

3

Würzige Rhabarber-Erdbeer-Konfitüre ★

Zutaten für 2 Gläser

300 g Rhabarber
200 g Erdbeeren
400 g Zucker
50 ml Wasser
1 Sternanis
1 Vanilleschote
1 Zimtstange

Die Rhabarberstangen waschen, die Enden abschneiden, die Haut abziehen (1). Die Erdbeeren waschen und von ihrem Stielansatz befreien. Rhabarber und Erdbeeren in Stücke schneiden. Mit dem Zucker, dem Wasser und Gewürzen in einen Topf geben (2).
Rasch aufkochen. Anschließend bei schwacher Hitzezufuhr köcheln lassen, damit die Aromen erhalten bleiben und die Früchte nicht zerfallen. Nach etwa 20 Minuten eine Gelierprobe machen.
Die fertige Konfitüre in vorbereitete Gläser füllen. Vor dem Servieren (3) einige Tage kühl stellen.

1

2

3

Himbeergelee ★

Himbeergelee gelingt problemlos, da die Früchte von Natur aus viel Pektin enthalten.

Zutaten für 3–4 Gläser

1,3 kg Himbeeren
1 kg Zucker

Die Beeren am besten in den Entsafter geben, alternativ mit 200 Milliliter Wasser aufkochen und durch ein Sieb passieren, um die Kerne zu entfernen.
Den Saft und den Zucker in einen Topf füllen und rasch aufkochen. Aufsteigenden Schaum abschöpfen und das Gelee etwa 10 Minuten sprudelnd kochen lassen, dabei ständig überwachen und umrühren **(1)**.
Für die Gelierprobe etwas Gelee auf einen gekühlten Teller tropfen lassen **(2)**. Sobald die Tropfen erstarren und nicht mehr verlaufen, ist das Gelee fertig **(3)**.
Die vorbereiteten Gläser bis fast zum Rand mit dem kochend heißen Gelee füllen, sofort verschließen und umgedreht vollständig abkühlen lassen. Auf diese Weise entsteht ein Vakuum, das die Deckel fest verschließt und dadurch das Gelee länger haltbar macht.

● Tipp

Gibt man gegen Ende der Kochzeit etwas Zitronensaft dazu, wird jedes Gelee schneller fest.

● Gut zu wissen

Bei der Herstellung von Konfitüre oder Gelee werden in Kupferkesseln die besten Ergebnisse erzielt. Kupfer garantiert eine gleichmäßige Wärmeverteilung und die beim Kochen austretenden Kupferionen sorgen dafür, dass die Konfitüre gut geliert und die Farbe kräftig bleibt.

Quittengelee ★

Zutaten für 2-3 Gläser

750 g Quitten
etwa 500 g Zucker
½ Vanilleschote
Schale von 1 unbehandelten Orange

Die Quitten mithilfe einer Bürste von ihrem Flaum befreien. Die Früchte mit Schale und Kerngehäuse klein schneiden, dabei vorsichtig vorgehen, da sie sehr hart sind und das Messer leicht abrutschen kann.
Die Quittenstücke in einen Topf geben und mit Wasser auffüllen, bis sie gerade bedeckt sind. Bei geschlossenem Deckel kochen lassen, bis eine Messerspitze widerstandslos in das Fruchtfleisch eindringt.
Die Quittenstücke in ein Sieb abgießen, dabei das Kochwasser auffangen. Das heiße Fruchtfleisch vorsichtig in ein Tuch geben und kräftig ausdrücken. Der gewonnene Saft ist hocharomatisch und sehr pektinreich.
Den Saft abwiegen, in einen Topf gießen und mit der gleichen Menge Zucker aufkochen. Die aufgeschlitzte, ausgekratzte und fein gehackte Vanilleschote, das Mark und die klein geschnittene Orangenschale hinzufügen.
Kochen lassen und dabei gegebenenfalls abschäumen. Wenn die Masse eine rötliche Farbe annimmt, eine Gelierprobe machen und gegebenenfalls wiederholen, bis sie positiv ausfällt.
Die feinen Vanillesamen und Orangenzesten sind in dem transparenten Gelee klar erkennbar.
Die vorbereiteten Gläser mit dem kochend heißem Gelee fast bis zum Rand füllen, verschließen und umgedreht vollständig abkühlen lassen. Auf diese Weise entsteht ein Vakuum, das die Deckel fest verschließt und dadurch das Gelee länger haltbar macht.

● Tipp
Quitten harmonieren sehr gut mit anderen Früchten wie beispielsweise mit Äpfeln oder Himbeeren. Die Konsistenz immer mit einer Gelierprobe kontrollieren.

Knuspertaler mit Nüssen ★

Zutaten für 12-15 Knuspertaler

50 ml Milch
125 g Butter
150 g feinster Zucker
3 g Pektin NH
50 g Glukosesirup
150 g Mandeln, gehackt
100 g Pistazien, gehackt
100 g Haselnüsse, gehackt

Die Milch, die Butter, den Zucker, das Pektin und den Glukosesirup in einen Topf geben und auf 150 °C erhitzen.
Mandeln, Pistazien sowie Haselnüsse unterrühren und die Masse sofort in eine Silikonform mit runden Mulden gießen.
Im Ofen bei 180-200 °C goldbraun backen.

● Tipp
Wer keine Silikonform zur Verfügung hat, streicht kleine Kreise der Masse auf ein mit Backpapier ausgelegtes Blech.

1

2

Krokant ★★

Zutaten für etwa 350 Gramm

150 g Zucker
100 g Glukosesirup
10 g Butter
100 g Mandeln, geröstet und gehackt

Den Zucker und die Glukose in einen Topf geben und unter Rühren zu Karamell kochen (1).
Den Topf vom Herd nehmen, die Butter unterrühren, anschließend die Mandeln (2).
Die Masse auf Backpapier oder eine Silikonmatte streichen (3) und abkühlen lassen. Sobald die Krokantmasse weich und formbar ist, ausrollen (4) und ausstechen oder in die gewünschte Form schneiden (5).
Nach Belieben die Teile noch warm über ein Nudelholz (6) oder in eine Dachrinnenform legen, um sie leicht rund zu biegen.
Vollständig auskühlen lassen und in luftdicht schließenden Dosen aufbewahren.

3

● Tipp

Zur Abwechslung die Mandeln ganz oder teilweise durch Sesam- oder Mohnsamen ersetzen.

● Gut zu wissen

Wird der Karamell zu dunkel, schmeckt er bitter, bleibt er zu hell, hat er so gut wie keinen Geschmack. Daher empfiehlt es sich, den Zucker zu kochen, bis er 170 °C erreicht hat und sich goldbraun verfärbt.

Rezepte

Croquembouche ›› S. 368
Eistorte Krokant-Aprikose ›› S. 447

4

5

6

http://cv-vlg.de/dessert16

1

2

3

Mohnkrokant ★★

Zutaten für etwa 300 Gramm

250 g Fondant
10 g Butter
80 g Mohnsamen

Den Fondant in einen Topf geben und karamellisieren. Vom Herd ziehen, Butter und Mohnsamen unterrühren. Auf Backpapier oder eine Silikonmatte gießen und etwas abkühlen lassen.
Sobald der Krokant formbar ist, dünn ausrollen und in beliebige Formen schneiden.
Eine gewölbte Form erhält man, wenn man die einzelnen Teile über ein Nudelholz legt.
Vollständig auskühlen lassen und in luftdicht schließenden Dosen aufbewahren.

Marzipanrohmasse ★

Zutaten für etwa 500 Gramm

100 g Mandeln
300 g feinster Zucker
100 ml Wasser
30 g Glukosesirup

Die Mandeln in kochendem Wasser einige Minuten blanchieren. Kurz auf Küchenpapier abtropfen, aber nicht auskühlen lassen. Der Kern lässt sich jetzt problemlos mit den Fingern aus der Haut drücken.
In einem Topf den Zucker, das Wasser und die Glukose auf 120°C erhitzen (großer Ballen). Die gehäuteten Mandeln unter ständigem Rühren mit einem Holzspatel dazugeben (1, 2).
Nach einigen Minuten wird die Mischung krümelig, das Wasser scheint sich zu verflüchtigen und es entsteht eine trockene, klumpige Masse. Auf einen Bogen Backpapier geben und unverzüglich fein zerkleinern, entweder mit Mörser und Stößel oder in der Küchenmaschine. Dabei tritt das in den Mandeln enthaltene Öl aus und verleiht der grobkrümeligen Masse nach und nach eine glatte, fettige Konsistenz (3).
Die Marzipanrohmasse sofort in Frischhaltefolie wickeln, damit sie nicht austrocknet.

● Gut zu wissen

Marzipan stammt wahrscheinlich aus dem Vorderen Orient. Während der Kreuzzüge gelangte es nach Venedig. Darauf deutet die lateinische Bezeichnung marci panis *hin, »Brot des Markus«, des Schutzheiligen der Stadt. Heutige Hochburgen für die Marzipanproduktion sind neben Lübeck auch Toledo und Aix-en-Provence.*
Marzipan enthält mindestens 50 Prozent Marzipanrohmasse, maximal 50 Prozent Zuckerzusatz (50/50).
Edelmarzipan enthält mindestens 70 Prozent Marzipanrohmasse, maximal 30 Prozent Zuckerzusatz (70/30).
Gütemarzipan enthält mindestens 80 Prozent Marzipanrohmasse, maximal 20 Prozent Zuckerzusatz (80/20).
Lübecker Edelmarzipan enthält mindestens 90 Prozent Marzipanrohmasse und maximal 10 Prozent Zuckerzusatz (90/10).

http://cv-vlg.de/dessert17

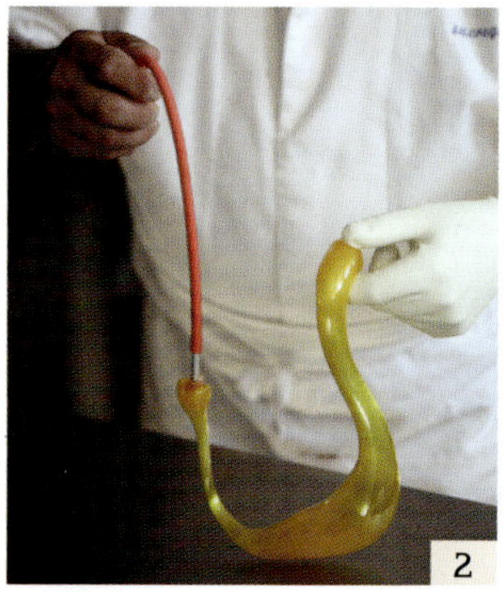

Zuckerschwan ★★★

Wer die Herstellung von Schaustücken aus geblasenem Zucker meistern möchte, sollte bereit sein, fleißig zu üben. Und damit nicht genug: Man braucht einen speziellen Blasebalg (eine kleine Handpumpe) und idealerweise auch eine Zuckerlampe, um die Masse auf Temperatur zu halten.

Zutaten

500 g Zucker
180 ml Wasser
100 g Glukosesirup
1 g Weinsteinpulver
etwas Speisefarbe, mit Alkohol verrührt

Alle Zutaten (mit Ausnahme der Speisefarbe) auf 160 °C erhitzen. Sobald die Masse zu kochen beginnt, den Schaum abschöpfen und kontinuierlich Schaumreste und Zuckerkristalle mit einem angefeuchteten Pinsel vom Topfrand abstreifen.
Den Sirup auf eine Silikonmatte gießen und nach Belieben einige Tropfen Speisefarbe untermischen. Darauf achten, dass die Masse gleichmäßig abkühlt, ohne Klumpen zu bilden oder stellenweise auszuhärten; sie soll formbar bleiben.
Sobald die Masse so weit abgekühlt ist, dass man sie berühren kann, Einweghandschuhe überstreifen und die zu einer Rolle geformte Zuckermasse immer wieder an beiden Enden auseinanderziehen und zusammenschlagen, bis sie seidig glänzt.
Die Zuckermasse unter einer Wärmequelle (Gasbrenner, Rotlichtlampe, Backofen) in Verarbeitungstemperatur halten.
Den Zuckerstrang zusammenlegen, ein Stück davon abtrennen und zu einer Kugel formen. In die Mitte eine Vertiefung drücken. Das Röhrchen eines Zuckerblasebalgs über einem Gasbrenner erhitzen und in die Verdickung einführen. Die Zuckermasse um das Röhrchen herum fest andrücken.
Nun mit kurzen Stößen Luft einpumpen (1), die Zuckermasse dabei mit der anderen Hand vorsichtig formen. Auf diese Weise wird nach und nach der gesamte Körper des Schwans modelliert (2), dabei mit den Fingern nicht zu viel Druck ausüben, damit die dünne Zuckerschicht keinen Schaden nimmt. Den Hals durch wiederholte kleine Luftstöße formen und in die Länge ziehen. Aus der restlichen Zuckermasse zum Schluss Flügel, Schnabel und die Kopfzier formen und ansetzen.
Die fertige Figur vor einem Ventilator vollständig auskühlen lassen.
Der geblasene Zucker lässt sich mit einer über einem Gasbrenner erhitzten Messerklinge mit sägenden Bewegungen schneiden (die Wärme der Klinge bringt den Zucker zum Schmelzen).

1

2

Kristallisierte Rosenblütenblätter ★

Zutaten

30 g Eiweiß von extra frischen Eiern
1 Prise Salz
Rosenblütenblätter
150 g Zucker

Das Eiweiß mit etwas Salz anschlagen und mithilfe eines Pinsels behutsam und gleichmäßig auf die Blütenblätter streichen (1).
Auf beiden Seiten mit dem Zucker bestreuen und auf Backpapier legen (2). Auf einem Heizkörper oder im Backofen bei etwa 30 °C trocknen lassen.

● **Tipp**

Auf diese Weise kann man auch die Blütenblätter anderer Blumen kristallisieren (Duftveilchen, Kapuzinerkresse, Stiefmütterchen ...).

Rezept
Litschi-Rosen-Torte ›› S. 345

Berlingot-Bonbons ★★

Zutaten für etwa 700 Gramm

500 g feinster Zucker
175 ml Wasser
100 g Glukosesirup
1 g Weinsteinpulver
einige Tropfen eines ätherischen Öls (Minze, Zitrone, Orange ...)
rote Speisefarbe

In einem Topf Zucker, Wasser, Glukosesirup und Weinstein verrühren und auf 160 °C erhitzen, dabei abschäumen, sobald die Masse zu kochen beginnt. Schaumreste und Zuckerkristalle mit einem angefeuchteten Pinsel kontinuierlich vom Topfrand abstreifen.
Die Zuckermasse zu zwei gleichen Teilen auf eine Silikonbackmatte gießen (1). Eine Hälfte mit dem ätherischen Öl, die andere mit der Speisefarbe vermischen (2).
Beide Massen nacheinander wiederholt ziehen und zusammenlegen, bis sie leicht glänzen (3). Die Stränge unmittelbar nebeneinanderlegen und miteinander verdrehen (4). Zu einer gleichmäßigen Rolle mit etwa 1 Zentimeter Durchmesser formen.
Mit einer Schere nacheinander 1 Zentimeter breite Stücke abschneiden, dabei jedes Mal die Rolle um 90 ° drehen, sodass kleine Tetraeder entstehen. Auskühlen lassen.

● Tipp

Die Zugabe von etwas Zitronensäure in Pulverform verleiht den Bonbons eine fruchtig-säuerliche Note.

● Gut zu wissen

Berlingots de Carpentras, eine Spezialität aus der Provence, erkennt man an den weißen Streifen. Berlingots de Nantes sind kleiner und haben eine einheitlich opake Oberfläche.

1

2

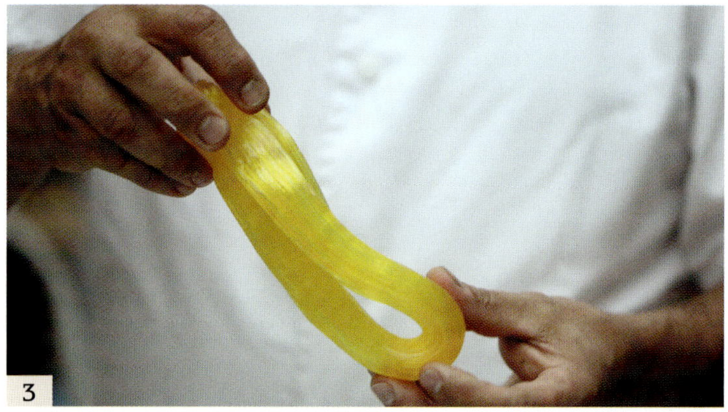
3

4

5

1

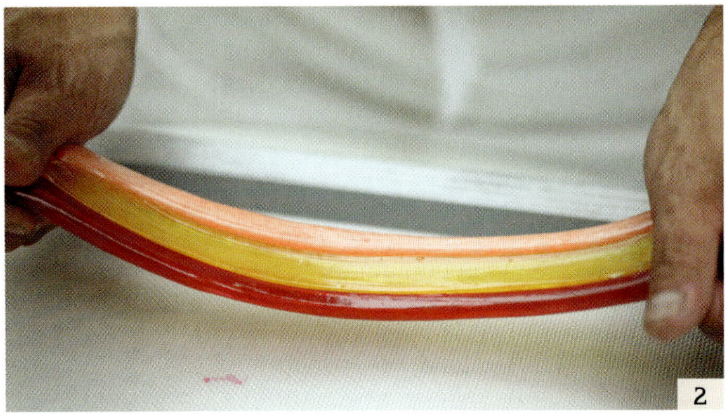
2

3

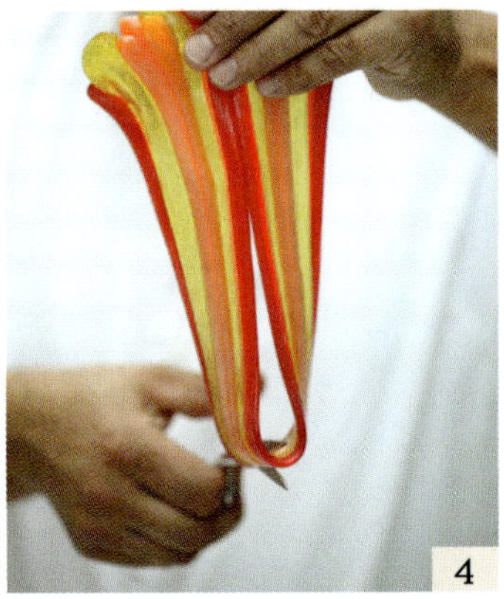
4

Zuckerbänder ★★★

Zutaten für etwa 1,3 Kilogramm

1 kg feinster Zucker
350 ml Wasser
1 g Weinsteinpulver
verschiedene Speisefarben, mit Alkohol verrührt

In einem Topf den Zucker in dem Wasser auflösen und auf 165-168 °C erhitzen. Vom Herd nehmen und zu drei (oder vier) gleichen Teilen auf eine Silikonbackmatte gießen. Sofort die Speisefarben untermischen. Die Massen nacheinander unter einer Wärmequelle (Zuckerlampe, Heizstrahler oder im geöffneten Backofen) wiederholt ziehen und zusammenlegen, bis sie seidig glänzen. Die Stränge dürfen dabei nicht hart werden.
Zu gleichmäßigen Rollen formen und unmittelbar nebeneinanderlegen, dabei helle und dunkle Farben abwechseln **(1)**. Die Rollen leicht aneinanderdrücken, damit sie zusammenkleben.
Den mehrfarbigen Strang etwa 50 Zentimeter lang auseinanderziehen **(2)** und in der Mitte quer halbieren **(3)**.
Beide Hälften nebeneinanderlegen, zusammendrücken und den Vorgang unter der Wärmequelle wiederholen, bis die gewünschte Anzahl farbiger Streifen erreicht ist **(4, 5)**.
Das Band ein letztes Mal so lang wie möglich auseinanderziehen (zu zweit ist das bedeutend einfacher), ohne dass es reißt. Auf die Matte legen und der weiteren Verwendung entsprechend zerteilen **(6)**. Zu Ringen formen **(7)** oder zu Schleifen binden - der Kreativität sind keine Grenzen gesetzt.

● Tipp

Für sehr breite Bänder gleich zu Beginn zwei oder drei gleichfarbige Rollen (z. B. rot) nebeneinanderlegen, mit einer andersfarbigen Rolle (z. B. schwarz) abgrenzen und mit vier oder fünf Rollen einer anderen Farbe (z. B. grün) abschließen. In die Länge ziehen und wie beschrieben schneiden.

5

6

7

1

2

Lutscher ★

Zutaten für etwa 700 Gramm

500 g feinster Zucker
175 ml Wasser
100 g Glukosesirup
1 g Weinsteinpulver
einige Tropfen eines ätherischen Öls (Minze, Zitrone, Orange ...)
Speisefarben

Den Zucker, das Wasser, die Glukose und den Weinstein in einen Topf füllen und auf 160 °C erhitzen, dabei abschäumen, sobald die Masse zu kochen beginnt. Schaumreste und Zuckerkristalle mit einem angefeuchteten Pinsel kontinuierlich vom Topfrand abstreifen.
Die Masse auf Backpapier oder eine Silikonmatte gießen, nach Belieben in zwei Portionen, die unterschiedlich eingefärbt und aromatisiert werden.
Zu Lutschern formen, nach Belieben ein- oder zweifarbig, rund oder oval (1), falls gewünscht mit dem Oberflächenmuster einer Strukturmatte aus Silikon (2). Solange die Masse noch weich ist, jeden Lutscher mit einem Holzspieß als Stiel versehen. Die Lutscher auskühlen lassen.

● Tipp

Die Zugabe von etwas Zitronensäure in Pulverform verleiht den Lutschern eine fruchtig-säuerliche Note.

● Gut zu wissen

Wer öfter Lutscher herstellen möchte, kann auch über die Anschaffung von speziellen Formen nachdenken. Man gießt die kochend heiße, beliebig eingefärbte und/oder aromatisierte Zuckermasse hinein und versieht sie mit Stielen.

Blasenzucker ★★

Zutaten für etwa 700 Gramm

500 g feinster Zucker
175 ml Wasser
100 g Glukosesirup
1 g Weinsteinpulver
Speisefarbe

Den Zucker, das Wasser, die Glukose und den Weinstein in einen Topf geben und auf 160-165 °C erhitzen. Den Topfrand mit einem angefeuchteten Pinsel sauber halten.
Einige Tropfen Speisefarbe dazugeben. Die Masse in kleinen Mengen auf zerknittertes Backpapier gießen und das Papier an einer Seite anheben. Dabei bilden sich die Blasen von alleine. Vollständig auskühlen lassen und je nach Verwendung in gleichmäßige Stücke brechen.
Der fertige Blasenzucker sieht aus wie buntes Fensterglas. In luftdicht schließenden Dosen aufbewahren.

● Tipp

Das Weinsteinpulver gleich zu Beginn dazugeben, es verhindert das Auskristallisieren des Zuckers.

1

2

Zuckerstangen ★★

Zutaten für etwa 700 Gramm

500 g feinster Zucker
175 ml Wasser
100 g Glukosesirup
1 g Weinsteinpulver
einige Tropfen eines ätherischen Öls (Minze, Zitrone, Orange …)
Speisefarben

Den Zucker, das Wasser, die Glukose und den Weinstein in einen Topf geben und auf 160-165 °C erhitzen. Den Topfrand mit einem angefeuchteten Pinsel sauber halten.
Die Masse zu zwei gleichen Teilen auf eine Silikonbackmatte gießen, davon eine mit einem ätherischen Öl aromatisieren und einfärben.
Beide Massen nacheinander ziehen und zusammenlegen, bis sie leicht seidig glänzen. Beide Rollen unmittelbar nebeneinanderlegen und dekorativ miteinander verdrehen. Zu einer gleichmäßigen Rolle mit etwa 1 Zentimeter Durchmesser formen **(1)**. Mit einer Schere in etwa 10 Zentimeter lange Stangen schneiden **(2)**. Nach Belieben an einem Ende umbiegen, um Spazierstöcke zu formen. Auskühlen lassen.

Meringenmassen

Französische Meringenmasse ★

Zutaten
100 g Eiweiß
200 g feinster Zucker

Das Eiweiß in einem einwandfrei sauberen und fettfreien Schlagkessel anschlagen, nach Belieben mit einer Prise Salz. Kräftig mit dem Schneebesen in kreisförmigen Bewegungen von unten nach oben weiterschlagen (oder ein elektrisches Handrührgerät verwenden), dabei den Zucker einrieseln lassen. Der Eischnee soll eine feste Konsistenz haben, seidig glänzen und beim Herausziehen des Schneebesens steife Spitzen bilden.

Rezepte
Cointreau-Soufflé >> S. 274
Quarkcreme mit Heidelbeeren >> S. 293
Blini mit Brombeeren >> S. 295
Waffeln mit Sahne und Erdbeeren >> S. 302
Schnee-Eier>> S. 304
Pistazienrolle >> S. 334
Erdbeer-Himbeer-Charlotte >> S. 337
Marmorkuchen Pistazie-Orange >> S. 399

Schweizer Meringenmasse ★

Zutaten
100 g Eiweiß
200 g feinster Zucker

Das Eiweiß und den Zucker in einen einwandfrei sauberen und fettfreien Schlagkessel geben und unter Rühren auf einem Wasserbad erhitzen. Wenn die Temperatur auf etwa 45 °C gestiegen ist, aus dem Wasserbad nehmen und die Eiweiß-Zucker-Mischung in der Küchenmaschine schlagen, bis sie ihr Volumen verdoppelt hat und eine weiße, glänzende Schaummasse entstanden ist. Weiterschlagen, bis die Masse kalt ist.

Rezept
Eistorte Krokant-Aprikose >> S. 447

1

2

Italienische Meringenmasse ★★

Zutaten

200 g feinster Zucker
60 ml Wasser
100 g Eiweiß

Den Zucker und das Wasser in einen Topf geben und zum Kochen bringen (1). Den Topfrand immer wieder mit einem in Wasser getauchten Pinsel abstreifen.
In der Zwischenzeit das Eiweiß in einem einwandfrei sauberen und fettfreien Schlagkessel (oder in der Rührschüssel der Küchenmaschine) steif schlagen.
Sobald der Sirup 117-120 °C erreicht hat, in einem dünnen Strahl in den Eischnee laufen lassen (2) und weiterschlagen, bis die Meringenmasse vollständig abgekühlt ist. Sie soll sehr fest und glänzend sein und beim Herausziehen des Schneebesens zahlreiche Spitzen bilden.

Rezepte

Zitronentarte mit Baiserhaube ›› S. 425
Macaron-Variationen ›› S. 371
Geeister weißer Nugat ›› S. 463
Geeistes Soufflé mit kandierten Früchten ›› S. 458
Norwegisches Omelett ›› S. 450

http://cv-vlg.de/dessert18

Schokolade

Schokolade

Die Geschichte der Schokolade nimmt ihren Anfang im tropischen Regenwald Mittelamerikas, wo das feuchtheiße Klima eine üppige Vegetation hervorbringt. Dort wächst ein kleiner, immergrüner Baum, dessen große Blätter denjenigen der europäischen Kastanie erstaunlich ähneln. Das ganze Jahr über trägt die Pflanze Blüten, Blätter und Früchte. Die Azteken betrachteten die Kakaobohnen als Geschenk der Götter. Sie sammelten die Samenkörner, rösteten sie und kochten sie mit Wasser zu einem scharf gewürzten Getränk, das sie *xocolatl* nannten. Ihr Herrscher Moctezuma hortete riesige Mengen der ovalen Früchte, die ihm als wertvolles Zahlungsmittel dienten.

Es gibt zwei Sorten der Kakaopflanze: die edle, aber anfällige **Criollo** (Einheimische) und die weniger aromatische, aber robustere **Forastero** (Fremdling). Die dritte Varietät, **Trinitario**, ist eine Kreuzung aus Criollo und Forastero, die zufällig auf der Insel Trinidad entstanden ist, nach der sie benannt wurde. Trinitario vereint die positiven Eigenschaften der beiden Ausgangssorten. Die Früchte der Kakaobäume, die sogenannten **Kakaoschoten**, enthalten 30 bis 60 in Reihen angeordnete Samen, die von weißem, süß-säuerlichem Fruchtfleisch umgeben sind.

Die reifen Kakaoschoten werden nach der Ernte geöffnet, die Samen herausgeschält, fermentiert, getrocknet und nach einer gründlichen Reinigung geröstet. Durch feines Zermahlen der gerösteten **Kakaobohnen** entsteht schließlich die **Kakaomasse**.

Zur Gewinnung von **Kakaopulver** wird die erhitzte Kakaomasse in hydraulischen Pressen zusammengedrückt. Durch den starken Druck von bis zu 900 Bar tritt die Kakaobutter aus. Der auf diese Weise entstandene kompakte Kakaopresskuchen lässt sich zerkleinern und anschließend fein zu Kakaopulver vermahlen.

Schokolade und **Kuvertüre** bestehen aus der Grundzutat Kakaomasse. Auch ihre Herstellung (Feinwalzen, Conchieren und Temperieren) ist identisch. Der Hauptunterschied zwischen beiden Produkten besteht darin, dass Kuvertüre mehr Kakaobutter enthält (dunkle Kuvertüre mindestens 31 Prozent). Durch den höheren Fettgehalt ist sie in geschmolzenem Zustand fließfähiger als Schokolade und entsprechend leichter zu verarbeiten.

Die **Kakaobutter** ist ausschlaggebend für den Geschmack der Schokolade und bestimmt die Textur, das Mundgefühl, den Schmelzpunkt und den Glanz. Heute ist es erlaubt, bis zu fünf Prozent der Kakaobutter durch andere pflanzliche Fette zu ersetzen, aber besonders hochwertige Tafelschokoladen und Kuvertüren enthalten ausschließlich Kakaobutter.

Beim **Schmelzen** ist unbedingt auf die richtige Temperatur zu achten. Da 50 °C keinesfalls überschritten werden dürfen, sollte Schokolade nur auf einem nicht kochenden Wasserbad erhitzt werden. Man kann sie auch in der Mikrowelle schmelzen, muss dabei aber berücksichtigen, dass Schokolade schnell anbrennt.

Durch die gute Fließfähigkeit von Kuvertüre können Produkte wie beispielsweise Pralinen mit einer hauchdünnen Schicht Schokolade überzogen werden. Vorher gilt es allerdings, die Kuvertüre korrekt zu **temperieren**. Der Grund dafür ist die Kakaobutter, ein komplexes Fett, das, einmal geschmolzen, nicht von allein zu einer stabilen Kristallstruktur zurückfindet. Beim Abkühlen bilden sich unterschiedliche Kristallformen, die Konsistenz wird krümelig und an der Oberfläche bildet sich ein grauer Schleier. Um das zu vermeiden, muss die Kakaobutter durch Temperieren wieder in eine stabile kristalline Struktur gebracht werden, damit die Schokolade einen harten Bruch, zarten Schmelz und seidigen Glanz erhält.

● Gut zu wissen
Weiße Schokolade enthält keinerlei Kakaomasse.

http:/cv-vlg.de/dessert19

Schokoladendekor ★★

Vor der weiteren Verarbeitung muss Schokolade korrekt temperiert werden. Patissiers verwenden Kuvertüre, eine Schokolade mit höherem Kakaobuttergehalt, der sie fließfähiger macht und Formgüsse sowie hauchdünne Überzüge ermöglicht.
Während der Vorkristallisation spielt die Temperaturführung eine wichtige Rolle. Die flüssige Masse wird entlang einer genau definierten Temperaturkurve (siehe unten) abgekühlt und anschließend wieder auf die richtige Verarbeitungstemperatur gebracht.

Die Temperiermethoden

Tablieren
1. Die Schokolade auf einem Wasserbad erwärmen und zum Schmelzen bringen. Man kann sie auch in die Mikrowelle geben, dort lässt sich die Temperatur aber nicht so gut kontrollieren.
2. Zwei Drittel der flüssigen Masse auf eine Granit- oder Marmorplatte gießen und mit einem Spatel immer wieder verstreichen und zusammenschieben. Auf diese Weise die Schokolade wieder abkühlen lassen.
3. Die Masse zu dem restlichen Drittel geben, gründlich verrühren und die Temperatur kontrollieren. Während der Verwendung im Wasserbad auf dieser Temperatur halten und immer wieder überprüfen.

Impfen
Zwei Drittel der Schokolade im Wasserbad erwärmen und zum Schmelzen bringen. Das restliche Drittel gehackt oder in Form von Chips oder Drops dazugeben. Die feste Schokolade schmilzt ebenfalls und verteilt ihre stabilen Kristalle in der Masse. Außerdem kühlt sie die erhitzte Schokolade auf die Verarbeitungstemperatur herunter.

Natürliches Abkühlen
Die geschmolzene Schokolade vom Wasserbad nehmen und abkühlen lassen, dabei gelegentlich umrühren. Diese Methode ist deutlich zeitaufwendiger.

Zutaten
1 kg Schokolade
50 g Läuterzucker 30 °Baumé
400 g Glukosesirup

Den Läuterzucker und den Glukosesirup in die geschmolzene Schokolade geben. Nicht verrühren, sondern abwarten, bis die Zutaten temperiert sind.
Nach 15 Minuten behutsam umrühren. Die Masse wird pastös. Sofort mit Frischhaltefolie abdecken und in den Kühlschrank stellen.
Vor der weiteren Verarbeitung 2-3 Sekunden in der Mikrowelle geschmeidig werden lassen oder von Hand weich kneten.

● Tipp
Soll Schokolade in der Mikrowelle erwärmt werden, maximal 350 W einstellen. Dabei mehrfach umrühren.

● Gut zu wissen
Schokolade darf nicht mit Wasser oder Wasserdampf in Berührung kommen, deshalb darauf achten, dass die Arbeitsfläche und die verwendeten Geräte sauber und trocken ist.

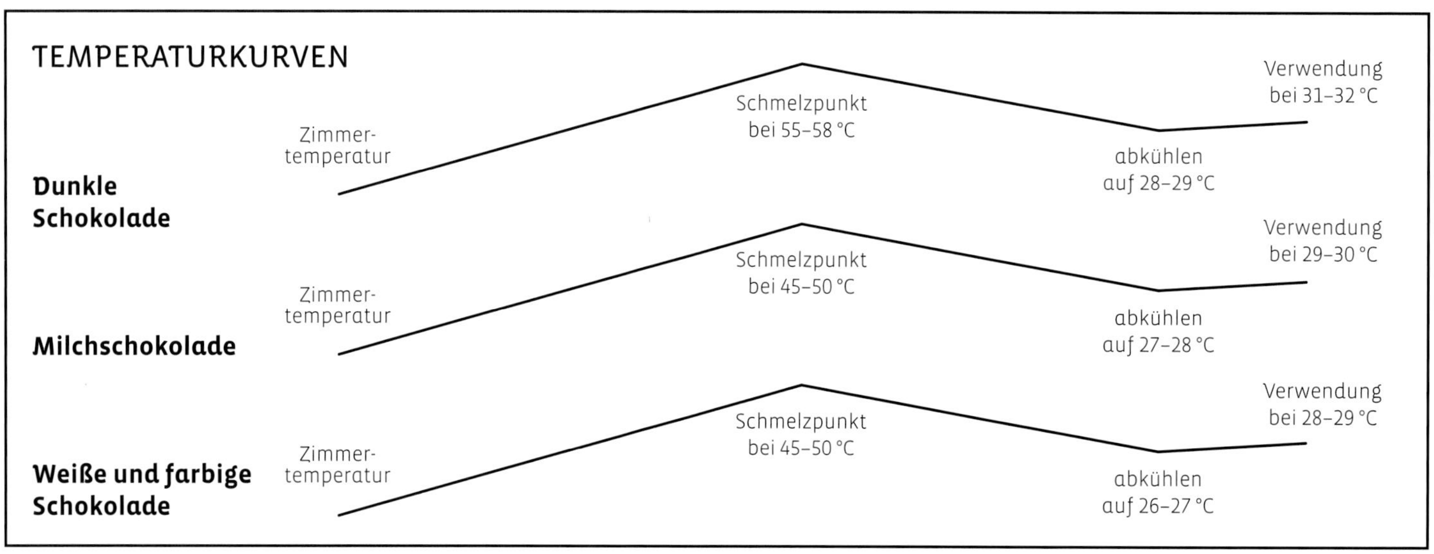

1

Schokoladenröllchen (1)

Die temperierte Schokolade auf eine Marmorplatte gießen und dünn verstreichen. Sobald sie zu kristallisieren beginnt, einen Spachtel schräg ansetzen und die Schokolade mit sanftem Druck wegschieben. Ist sie noch zu flüssig, bleibt sie an der Klinge kleben, ist sie bereits zu hart, lässt sie sich nicht mehr aufrollen und bricht.
Für gestreifte Röllchen zunächst weiße Schokolade auftragen und mit einem Konditorkamm Streifen durch die Schicht ziehen. Sobald sie fest zu werden beginnt, die dunkle Schokolade daraufstreichen.

2

Flammenmotive (2)

Eine Hart-PVC-Folie dünn mit geschmolzener und eingefärbter Kakaobutter beschichten.
Mit der temperierten Schokolade bestreichen. Sobald sie zu kristallisieren beginnt, mit einem Officemesser wie eine Pithiviers-Torte einritzen (S. 146) und die Folie diagonal locker aufrollen. Mit Klebeband fixieren und in den Kühlschrank legen. Die Folie erst unmittelbar vor der Verwendung ablösen. Das Ergebnis sind hauchdünne, leicht gebogene Flammen für dekorative Zwecke.

3

Schokoladenfächer (3)

Die Schokoladenfächer entstehen wie von Zauberhand. Die geschmolzene Schokolade dünn auf ein heißes Backblech streichen und in den Kühlschrank stellen. Sobald die Schokolade abgekühlt ist, auf Raumtemperatur erwärmen. Wenn die geeignete Konsistenz erreicht ist, das heißt, dass die Schokolade weder klebt noch bricht, einen Dreieckspachtel ansetzen, mit dem Zeigefinger fest auf eine Ecke drücken und mit der anderen Hand den Spachtel nach vorne schieben, sodass sich die Schokolade gegen den Widerstand auffältelt **(3)**. Mit ein bisschen Übung geht das ganz leicht.

4

Mit einer Spritztüte arbeiten (4)

Aus Backpapier eine Spritztüte herstellen (S. 147) und mit temperierter Schokolade füllen. Die Fertigkeit, Torten kunstvoll mit einem gespritzten Dekor zu verzieren, lässt sich nur durch unermüdliches Üben erlernen. Erst durch ständiges Wiederholen entwickelt man das erforderliche Fingerspitzengefühl, um Tupfen, schwungvolle Linien und filigrane Ornamente gleichmäßig aufzutragen (S. 233). Auch Schriftzüge werden auf diese Weise aufdressiert.

Eine zweifarbige Gitterrolle herstellen

Die Technik erfordert ein bisschen handwerkliches Geschick, aber der Effekt ist grandios.
Weiße und dunkle Schokolade temperieren (S. 182) und mithilfe einer Spritztüte feine Linien über Kreuz auf eine Hart-PVC-Folie spritzen, sodass ein feines Gitter entsteht, das beim Aufrollen hält. Sobald die Schokolade fest genug ist, die Folie zu einer Rolle formen. Mit einem Gummiband oder einem Stück Klebeband fixieren.
In den Kühlschrank legen und die Gitterrolle erst unmittelbar vor der Verwendung aus der Folie lösen.

● Tipp

Weiße Schokolade lässt sich in einem elektrischen Zerkleinerer zu einer modellierfähigen Masse verarbeiten, aus der man Dekorelemente anfertigen kann.

1

Blasiges Schokoladendekor (1)

Die temperierte Schokolade in einer dünnen Schicht auf eine mit Glitzerpulver (Gold, Bronze …) bestreute Luftpolsterfolie auftragen.
Man kann die Folie flach ausbreiten, falten oder über eine umgedrehte Schüssel legen, um ihr eine gerundete Form zu verleihen. Wenn die Schokolade abgekühlt ist, die Folie vorsichtig abziehen.

Kleine Figuren gießen

Mit selbst angefertigten Gussformen aus Gelatine lassen sich kleine Figuren oder Objekte herstellen.

Zutaten

500 g feinster Zucker
175 g gemahlene Gelatine
500 ml heißes Wasser

Die ausgewählte Figur rechtzeitig in den Kühlschrank legen und auf 2-3 °C herunterkühlen.
In einem Topf den Zucker mit der Gelatine vermischen. Das Wasser darübergießen. Die Mischung erhitzen, bis ein klarer Sirup entstanden ist, aber nicht aufkochen. Aufsteigenden Schaum abschöpfen. Die Masse auf 45 °C abkühlen lassen, dann über die gewählte Figur gießen.
Die Gelatine im Kühlschrank fest werden lassen. Anschließend mit einem Messer in zwei gleiche Teile schneiden, dabei darauf achten, dass die Figur nicht beschädigt wird. Die Figur entnehmen, die beiden Hälften der Gussform wieder zusammenfügen und mit einem Klebeband oder mit Gummiringen fixieren. Jetzt kann man die Form mit temperierter Schokolade ausgießen.

Sandrosen ★

Zutaten für 4 Personen
100 g Milchschokolade, gehackt
50 g Kakaobutter
50 g Cornflakes

Die Schokolade und die Kakaobutter auf einem Wasserbad auf maximal 50 °C erwärmen und zum Schmelzen bringen. Die heiße Mischung in einen Schlagkessel gießen. Einweghandschuhe überstreifen, die Cornflakes mit der Mischung überziehen und auf Backpapier oder einer Silikonmatte zu kleinen Häufchen anordnen.
Im Kühlschrank hart werden lassen. In luftdicht schließenden Dosen lässt sich das Konfekt mehrere Wochen aufbewahren.

● Gut zu wissen
Sand- oder Wüstenrosen sind bizarre Kristallgebilde, zumeist aus Sand und Gips. Ihre blattförmige Struktur erinnert an rosettenartige Blüten.

Orangenganache ★

Zutaten für etwa 350 Gramm
125 g Milchschokolade, gehackt
125 g dunkle Schokolade, gehackt
75 g flüssige Schlagsahne
abgeriebene Schale von ¼ unbehandelten Orange
50 g Cointreau

Die Schokolade auf einem Wasserbad auf 45–50 °C erwärmen und schmelzen. In der Zwischenzeit die Sahne in einen Topf gießen und mit der Orangenschale aufkochen. Den Topf vom Herd nehmen. Die Schokolade in die kochend heiße Sahne gießen, dabei ständig mit dem Schneebesen rühren, bis eine stabile Emulsion entstanden ist. Mit dem Cointreau aromatisieren. Die Masse in einen Spritzbeutel füllen und kleine Rosetten auf ein mit Backpapier bedecktes Blech spritzen.

Rezept
Opéra-Torte >> S. 354
Schokoladentarte >> S. 421

http:/cv-vlg.de/dessert20

1

2

Füllungen für Pralinen ★

Ob Nugat, Marzipan oder feine Ganache – bei Pralinenfüllungen sind der Fantasie keine Grenzen gesetzt.

Nugatpralinen

Zutaten für 8 Pralinen

100 g Nugatmasse (S. 160)
50 g Milchschokolade (36 % Kakaoanteil), gehackt
temperierte Schokolade (S. 182) zum Überziehen

3

Die weiche Nugatmasse in eine Schüssel geben **(1)**. Die Schokolade auf einem Wasserbad auf maximal 50 °C erwärmen oder in der Mikrowelle bei 350 W schmelzen **(2)**. Zu dem Nugat geben und mit einem Spatel glatt rühren **(3)**. Die Masse bei Raumtemperatur abkühlen lassen, bis die Konsistenz cremig ist. Einen Backrahmen auf eine Hart-PVC-Folie setzen. Die Schokoladen-Nugat-Masse in den Rahmen gießen und 12 Stunden bei 15–17 °C oder 5–6 Stunden im Kühlschrank aushärten lassen. Nach Belieben anschließend die gesamte Oberfläche mit temperierter Schokolade bestreichen.
In gleichmäßige Stücke schneiden **(4)** und zum Überziehen in temperierte Schokolade tauchen **(5)**.

4

5

Nugattrüffel

Zutaten für 15 Trüffel

65 g Milchschokolade, gehackt
25 g Kakaobutter
250 g Nugat (S. 160)
temperierte Schokolade (S. 182) zum Überziehen
100 g Kakaopulver

Die Schokolade und die Kakaobutter auf einem Wasserbad auf maximal 50 °C erwärmen, bis sie geschmolzen sind.
Aus dem Wasserbad nehmen, den Nugat dazugeben und mit einem Spatel glatt rühren. Bei Raumtemperatur abkühlen lassen, bis die Konsistenz cremig ist. Die Masse in einen Spritzbeutel mit Lochtülle füllen und auf Backpapier dressieren.
Die Trüffeln im Kühlschrank fest werden lassen.
Mit temperierter Schokolade überziehen (S. 189) und zum Schluss in Kakaopulver wälzen.

● Tipp
Mit Erdnuss-, Walnuss- oder Haselnussnugat variieren.

Marzipanpralinen

Zutaten für 25 Pralinen

300 g feinster Zucker
100 ml Wasser
30 g Glukosesirup
100 g Mandeln
temperierte Schokolade (S. 182) zum Bestreichen

Aus Zucker, Wasser, Glukosesirup und Mandeln eine Marzipanrohmasse herstellen (S. 167).
Auf einer Hart-PVC-Folie zwischen zwei Teigstäben ausrollen.
Mit Frischhaltefolie abdecken und einen Tag bei etwa 15 °C ruhen lassen.
Mit temperierter Schokolade bestreichen, in Stücke schneiden und zum Schluss mit temperierter Schokolade überziehen.

● Tipp
Die Marzipanmasse lässt sich am besten handwarm ausrollen; ist sie zu warm, wird sie ölig.

Nugatfüllung für Pralinenhohlkörper

Zutaten für 20 Pralinen

35 g Kakaobutter
350 g Nugatmasse (S. 160)
Schokoladenhohlkörper
temperierte Schokolade (S. 182) zum Verschließen

Die Kakaobutter auf maximal 50 °C erwärmen und schmelzen. Den Nugat dazugeben und die Masse sorgfältig glatt rühren. Auf 27-28 °C abkühlen lassen und in die Schokoladenhohlkörper füllen.
Nach 12 Stunden Ruhezeit mit temperierter Schokolade verschließen.

Milchschokoladen-Nugat-Füllung für Pralinenhohlkörper

Zutaten für 20 Pralinen

100 g Milchschokolade (36 % Kakaoanteil), gehackt
350 g Nugatmasse (S. 160)
Schokoladenhohlkörper
temperierte Schokolade (S. 182) zum Verschließen

Die Schokolade hacken und auf einem Wasserbad auf maximal 50 °C erwärmen oder vorsichtig in der Mikrowelle bei 350 W schmelzen.
Die Schüssel aus dem Wasserbad bzw. der Mikrowelle nehmen, den Nugat dazugeben und mit einem Spatel glatt rühren. Die Masse auf 27-28 °C abkühlen. Mithilfe eines Spritzbeutels mit Lochtülle in Schokoladenhohlkörper füllen.
Nach 12 Stunden Ruhezeit mit temperierter Schokolade verschließen.

1

2

Cognactrüffel ★

Zutaten für 18 Trüffel
75 g Milchschokolade, gehackt
75 g dunkle Schokolade (64 % Kakaoanteil), gehackt
80 g flüssige Schlagsahne
25 g Cognac
temperierte Schokolade (S. 182) zum Überziehen
100 g Kakaopulver

Die Schokolade hacken und auf einem Wasserbad zum Schmelzen bringen.
In der Zwischenzeit die Sahne in einen Topf gießen und aufkochen.
Die kochend heiße Sahne auf die flüssige Schokolade gießen und mit einem Schneebesen zu einer stabilen Emulsion rühren. Nach und nach den Cognac dazugeben.
Die Masse abkühlen lassen, bis sie leicht anzieht.
In einen Spritzbeutel füllen und haselnussgroße Kugeln auf ein mit Backpapier ausgelegtes Blech dressieren. Im Kühlschrank fest werden lassen.
Zur Erleichterung der weiteren Arbeit am besten Einweghandschuhe überstreifen. Die Handflächen mit temperierter Schokolade einstreichen und die Trüffeln zwischen den Händen rollen (1), bis sie vollständig überzogen sind. Anschließend in Kakaopulver wälzen (2).

● Tipp
Hier empfielt sich ausnahmsweise H-Sahne. Frisch geöffnet muss sie nicht erhitzt werden. Man kann sie kalt über die geschmolzene Schokoladenmasse gießen und auf diese Weise gelingt die Emulsion besonders leicht.

Knuspernugat ★

Zutaten für etwa 500 Gramm
200 g dunkle Schokolade (64 % Kakaoanteil)
100 g Haselnusspaste
230 g Hippenbrösel

Die Schokolade hacken und auf einem Wasserbad auf maximal 58 °C erwärmen, bis sie geschmolzen ist.
Die Schüssel herausnehmen, die Haselnusspaste und anschließend die Hippenbrösel behutsam unterziehen.
Den Nugat noch weich zwischen zwei Bögen Backpapier ausrollen oder dünn auf Biskuit streichen.

Rezept
Schoko-Nugat-Torte >> S. 341

Knusprige Nugat-Füllmasse ★

Zutaten für etwa 250 Gramm
25 g Kakaobutter
25 g Milchschokolade (36 % Kakaoanteil)
80 g Haselnusspaste
50 g Nugatmasse (S. 160)
80 g Hippenbrösel

Die Schokolade hacken und zusammen mit der Kakaobutter auf einem Wasserbad auf maximal 50 °C erwärmen, bis beides geschmolzen ist.
Die Schüssel herausnehmen, die Haselnusspaste und den Nugat unterrühren, anschließend die Hippenbrösel behutsam unterziehen.
Die Masse dünn auf eine Silikonmatte gießen und als Füllschicht verwenden.

Orangetten ★★

Zutaten für etwa 50 Orangetten
2 unbehandelte Orangen
300 g feinster Zucker
500 ml Wasser
100 ml Orangensaft
75 g dunkle Schokolade (64 % Kakaoanteil), gehackt

Die Orangen einschließlich der weißen Haut schälen. Die Schalen in 5 Millimeter breite Streifen schneiden, in einem Topf mit kaltem Wasser bedecken und zum Kochen bringen. In ein Sieb abgießen, abtropfen lassen und den Vorgang noch einmal wiederholen. Den Zucker mit dem Wasser und dem Orangensaft aufkochen und über die blanchierten Schalenstreifen gießen. Mit Frischhaltefolie abdecken und bis zum folgenden Tag durchziehen lassen. Die Schalenstreifen in einem Sieb abtropfen lassen. Den Sirup erneut erhitzen, 2 Minuten kochen lassen und die Schalen hineingeben. Den Topf vom Herd nehmen, mit Frischhaltefolie abdecken und die Schalen über Nacht kandieren lassen. Am nächsten Tag die Schokolade auf einem Wasserbad auf maximal 58 °C erwärmen, bis sie geschmolzen ist. Die kandierten Schalenstreifen mithilfe einer Pralinengabel in die flüssige Schokolade tauchen, auf Backpapier trocknen lassen.

● Gut zu wissen
Je dicker und/oder härter die Orangenschale ist, desto öfter muss der Koch- und Abkühlvorgang wiederholt werden.

1

2

Schokoladentaler mit Nüssen ★

Zutaten für 10 Schokoladentaler
125 g dunkle Schokolade (64 % Kakaoanteil), gehackt
10 ganze Mandeln, gehäutet und geröstet
10 Haselnüsse, gehäutet und geröstet
10 Pistazien
10 Walnüsse
10 Streifen kandierte Orangenschale

Die Schokolade hacken und auf einem Wasserbad auf maximal 58 °C erwärmen, bis sie geschmolzen ist. Auf 28-29 °C abkühlen lassen. Auf dem Wasserbad wieder auf die Verarbeitungstemperatur von 31-32 °C bringen.
Die Schokolade in einen Spritzbeutel mit kleiner Lochtülle füllen und zehn gleichmäßige Tupfer auf ein mit einer Hart-PVC-Folie ausgelegtes Blech dressieren **(1)**.
Das Blech leicht auf der Arbeitsfläche aufstoßen, damit die Schokolade zu gleichmäßigen Talern verläuft.
Jeden Taler mit einer gerösteten Mandel, einer gerösteten Haselnuss, einer Pistazie, einer halben Walnuss und einem Streifen kandierter Orangenschale belegen **(2)**. Die Schokolade kristallisieren lassen, sie soll fest werden und sich zusammenziehen.
Die Taler vom Backblech nehmen und luftdicht verschlossen bei Raumtemperatur aufbewahren.

● Tipp
Anstelle der dunklen Schokolade weiße oder Milchschokolade verwenden. Die Taler können auch marmoriert oder mithilfe der Spitze einer Spritztüte mit Rillen versehen werden.

● Gut zu wissen
Anstelle einer Hart-PVC-Folie kann auch ein Bogen Backpapier als Unterlage dienen.

Geeiste Süßspeisen

Vanille

Die Kapselfrüchte der *Vanilla planifolia,* als Gewürzvanille oder Echte Vanille bezeichnet, liefern den meistverwendeten Aromastoff weltweit. Da **Vanille** aber in einem sehr aufwendigen Prozess gewonnen wird, ist ihr Preis sehr hoch. Aus diesem Grund kommt in industriell hergestellten Süßspeisen häufig der als **Vanillin** bezeichnete Aromastoff zum Einsatz, der sich synthetisch herstellen lässt.

Die Arten der Gattung Vanille sind tropische und subtropische Kletterpflanzen und gehören zur Familie der Orchideen. Sie bevorzugen halbschattige Standorte und ein feuchtheißes Klima. Die ursprünglich aus Mexiko und Mittelamerika stammende Vanille war bereits bei den Majas und den Azteken ein wertvolles Gewürz. Da die Spanier in Mexiko ein Handelsmonopol innehatten, wurden erst im 19. Jahrhundert Stecklinge nach La Réunion (früher Bourbon, daher die Bezeichnung **Bourbon-Vanille**) und Java gebracht. Heute sind die Hauptproduzenten Madagaskar, Indonesien und Mexiko. Eine andere Art, die **Tahiti-Vanille**, kommt aus Französisch-Polynesien. Im Gegensatz zu *Vanilla planifolia* brauchen die geernteten Kapseln der *Vanilla tahitiensis* keine Behandlung mit kochendem Wasser. Beide Arten werden ausschließlich von Hand geerntet.

Die gelblichweißen Blüten wachsen büschelweise aus dem lianenartigen Strunk hervor. Wenn die Regenzeit beginnt, öffnet sich eine nach der anderen. Dann machen sich jeden Morgen die Plantagenarbeiterinnen auf den Weg, um die Blüten mithilfe eines Kaktusstachels manuell zu bestäuben. Dieses aufwendige Verfahren wurde 1841 von dem aus La Réunion stammenden Sklavenjungen Edmond Albius erfunden und wird bis heute angewandt – einer der Gründe für den hohen Preis der schwarzen Schoten mit ihrem unvergleichlichen Aroma.

Die allgemein als **Schoten** bezeichneten Gewürzkapseln dürfen weder zu fett noch zu trocken sein, sie sollen schwarzbraun glänzen, eine weiche, ledrige Konsistenz haben und intensiv aromatisch duften. Vor ihrer Verwendung werden sie der Länge nach aufgeschlitzt und die winzigen Samen, das sogenannte Vanillemark, herausgekratzt. Um für bestimmte Rezepte Milch mit Vanille zu aromatisieren, kocht man sie mit der aufgeschlitzten Schote und dem ausgekratzten Mark auf und lässt sie mindestens 10 Minuten bei geschlossenem Deckel ziehen.

Gibt man ausgekratzte Vanilleschoten mit Zucker in ein sauberes, luftdicht verschließbares Glas, erhält man nach einigen Tagen wunderbar aromatisierten **Vanillezucker**.

● Tipp

Ausgekratzte Vanilleschoten nicht wegwerfen, sondern gründlich abspülen, auf der Heizung oder in der Sonne trocknen und als effektvolles Dekor für Desserts verwenden.

● Gut zu wissen

Nicht nur mit Vanille lässt sich Zucker aromatisieren. Auch Zitronen- oder Orangenschale, Rosenblütenblätter oder Lavendel eignen sich dafür. Stellen Sie sich ein ganz indivuduelles Zuckersortiment zusammen!

1

2

3

Eisparfait ★★

Eisparfait oder Halbgefrorenes verdankt seine Konsistenz dem hohen Anteil an Sahne und Eigelb.

Fruchtparfait

Zutaten für etwa 1,5 Kilogramm

200 g Eigelb
150 g feinster Zucker
250 g Fruchtpüree
750 g Sahne, geschlagen
40-80 ml Obstbrand (nach Belieben)

Das Eigelb mit dem Zucker auf einem 85-90 °C heißen Wasserbad dickschaumig aufschlagen. Nach und nach das Fruchtpüree untermischen. Vom Wasserbad nehmen und weiterschlagen, bis die Masse vollständig abgekühlt ist. Zum Schluss die steif geschlagene Sahne unterheben **(1, 2)**. Nach Belieben mit einer Spirituose parfümieren, in diesem Fall den Alkohol unter die geschlagene Sahne ziehen. Die Parfaitmasse in Portionsförmchen oder Dessertgläser füllen **(3)** und für mindestens 2-3 Stunden ins Gefrierfach stellen.

Geeistes Milchparfait

Zutaten für etwa 1 Kilogramm
260 ml Vollmilch
160 g Eigelb
250 g feinster Zucker
Aroma nach Wahl
425 g flüssige Schlagsahne

Aus Milch, Eigelb und Zucker eine Englische Creme (S. 91) zubereiten und nach Belieben aromatisieren. Sobald sie vollkommen abgekühlt ist, die Sahne steif schlagen und unterheben.
Die Parfaitmasse in Portionsförmchen oder Dessertgläser füllen für mindestens 2-3 Stunden ins Gefrierfach stellen.

Geeistes Honigparfait

Zutaten für etwa 400 Gramm
100 g Akazienhonig
80 g Eigelb
250 g flüssige Schlagsahne

Den Honig auf einem Wasserbad auf 118 °C erhitzen, dann unter ständigem Rühren in das aufgeschlagene Eigelb laufen lassen.
Weiterschlagen, bis die Masse vollständig abgekühlt ist.
Die Sahne steif schlagen und vorsichtig unter die Eigelbmasse heben.
Die Parfaitmasse in Portionsförmchen oder Dessertgläser füllen und für mindestens 2-3 Stunden ins Gefrierfach stellen.

● Tipp
Parfaits am besten bereits am Vortag zubereiten, um sicherzustellen, dass sie vollständig durchgefroren sind.

Pâte à bombe ★★

Die Pâte à bombe ist eine Grundzubereitung für viele Süßspeisen, etwa Parfaits und Eisbomben. Sie kann auf mehrere Arten hergestellt werden. Bei den beiden ersten Zubereitungen wird das Eigelb erhitzt, einmal mit heißem Zuckersirup, einmal im Wasserbad. Die im Wasserbad aufgeschlagene Masse ist die leichtere Variante. Die dritte Zubereitungsart basiert auf einer Englischen Creme.

Mit Zuckersirup

Zutaten für etwa 400 Gramm
150 g feinster Zucker
50 ml Wasser
200 g Eigelb

In einem Topf den Zucker in dem Wasser auflösen und auf 118-121 °C erhitzen. Unter ständigem Rühren in das aufgeschlagene Eigelb laufen lassen. Mit dem Schneebesen weiterschlagen, bis die Masse vollständig abgekühlt ist.

Im Wasserbad

Zutaten für etwa 600 Gramm
300 g Eigelb
300 g feinster Zucker

Das Eigelb mit dem Zucker auf einem Wasserbad erhitzen, bis es am Rand zu stocken beginnt (bei 55 °C).
Kräftig schlagen, bis eine schaumige Masse entstanden ist, die bandartig vom Schneebesen fließt (wie eine Biskuitmasse, S. 76).

Mit einer Englischen Creme

Zutaten für etwa 1 Kilogramm
500 ml Milch
320 g Eigelb
120 g feinster Zucker

Eine Englische Creme zubreiten wie auf S. 91 beschrieben.
Die fertige Creme kräftig weiterschlagen, bis die Masse abgekühlt und luftig ist.

● Gut zu wissen
Die Pâte à bombe, eine luftig aufgeschlagene Zubereitung aus Eigelb und Zucker, ist nicht zu verwechseln mit der Eisbombe, einer geeisten Süßspeise in halbkugeliger Form.

Geeiste Soufflés ★

Ein geeistes Soufflé besteht aus einer Parfaitmasse, die zusätzlich mit einer Italienischen Meringenmasse aufgelockert wird.

Geeistes Soufflé mit einer Spirituose

Zutaten für etwa 1,5 Kilogramm

150 g feinster Zucker
50 ml Wasser
200 g Eigelb
750 g Sahne, geschlagen
60-75 ml einer Spirituose
200 g Italienische Meringenmasse (S. 177)

Aus Zucker, Wasser und Eigelb eine Pâte à bombe (mit Zuckersirup) zubereiten (S. 197).
Die mit der Spirituose aromatisierte Schlagsahne unterziehen. Zum Schluss die Italienische Meringenmasse unterheben. Die Souffléemasse in Formen füllen und für mindestens 2-3 Stunden ins Gefrierfach stellen.

Geeistes Fruchtsoufflé

Zutaten für etwa 1,5 Kilogramm

200 g Eigelb
150 g feinster Zucker
250 g Fruchtpüree
50 ml Wasser
700 g Sahne, geschlagen
50 ml Obstbrand
220 g Italienische Meringenmasse (S. 177)

Eigelb und Zucker auf einem Wasserbad schaumig schlagen. Fruchtpüree und Wasser dazugeben und die Masse auf 85 °C erhitzen. Vom Wasserbad nehmen, dann weiterschlagen, bis die Soufflémasse vollständig abgekühlt ist. Weiterverfahren wie oben beschrieben.

Geeistes Krokantsoufflé

Zutaten für etwa 600 Gramm

40 ml Wasser
100 g feinster Zucker
20 g Glukosesirup
70 g Eigelb
250 g flüssige Schlagsahne
125 g Italienische Meringenmasse (S. 177)
Krokantsplitter (S. 166)

Das Wasser, den Zucker und den Glukosesirup in einem Topf verrühren und auf 121 °C erhitzen. Den heißen Sirup in das aufgeschlagene Eigelb laufen lassen und mit dem Schneebesen weiterschlagen, bis die Masse vollständig abgekühlt ist. Die Sahne steif schlagen und unterheben. Zum Schluss die Italienische Meringenmasse unterheben.
Die Parfaitmasse mit Krokantsplittern vermischen, in Formen füllen und für mindestens 2-3 Stunden ins Gefrierfach stellen.

Geeistes Bananensoufflé

Zutaten für etwa 1,2 Kilogramm

325 g Bananenpüree, mit dem
Saft von 1 Zitrone vermischt
250 g Pâte à bombe (S. 197)
300 g Italienische Meringenmasse (S. 177)
350 g Sahne, geschlagen
35 g Rum

Geeistes Mandarinensoufflé

Zutaten für etwa 1,8 Kilogramm

250 g Mandarinensaft
500 g Pâte à bombe (S. 197)
200 g Italienische Meringenmasse (S. 177)
850 g Sahne, geschlagen
40 g Mandarinenlikör

Die Zutaten in der angegebenen Reihenfolge vorsichtig vermischen. Die Parfaitmasse in Formen füllen und für mindestens 2-3 Stunden ins Gefrierfach stellen.

● Gut zu wissen

Geeiste Fruchtsoufflés können mit püriertem Fruchtfleisch oder Saft zubereitet werden. Zusätzlich kann man die Masse mit Früchten anreichern, die frisch, kandiert oder getrocknet in Alkohol eingelegt worden sind.

● Tipp

Es empfiehlt sich, immer mindestens die im Grundrezept angegebene Menge Italienische Meringenmasse herzustellen, auch wenn im Einzelfall weniger gebraucht wird. Kleinere Mengen lassen sich nur schwer zubereiten.

Rezept
Geeistes Soufflé mit kandierten Früchten >> S. 458

1

2

Geeiste Mousses ★

Eine geeiste Früchtemousse ist eine luftig-schaumige Zubereitung aus einer Italienischen Meringenmasse, Früchten (Saft oder Püree) und geschlagener Sahne. Gegebenenfalls kann ein Bindemittel zugegeben werden. Diese Süßspeisen werden nicht unter Rühren in der Eismaschine, sondern ruhend gefroren.

Geeiste Erdbeermousse

Zutaten für etwa 1,3 Kilogramm
500 g Erdbeerpüree
260 g Italienische Meringenmasse (S. 177;
hergestellt aus 140 g Zucker, 50 ml Wasser und 70 g Eiweiß)
400 g Sahne, geschlagen

Geeiste Mango-Passionsfrucht-Mousse

Zutaten für etwa 1,5 Kilogramm
300 g Mangopüree
200 g Passionsfruchtmark
250 g feinster Zucker
260 g Italienische Meringenmasse (S. 177;
hergestellt aus 140 g Zucker, 50 ml Wasser und 70 g Eiweiß)
500 g Sahne, geschlagen

Geeiste Himbeermousse

Zutaten für etwa 1,3 Kilogramm
500 g Himbeerpüree
550 g Italienische Meringenmasse (S. 177)
250 g Sahne, geschlagen

Das Fruchtpüree mit einem Schneebesen unter die Meringenmasse heben (**1**), je nach Rezept Zucker dazugeben. Anschließend die geschlagene Sahne mit einem Teigschaber vorsichtig unterziehen (**2**).
Die Mousse in Dessertgläser oder Portionsförmchen füllen und für mindestens 2-3 Stunden ins Gefrierfach stellen.

Geeiste Mousses auf Milchbasis ★★

Geeiste Mousses auf Milchbasis sind luftig-schaumige Zubereitungen aus einer Englischen Creme, geschlagener Sahne und gegebenenfalls einer Italienischen Meringenmasse. Diese Süßspeisen werden nicht unter Rühren in der Eismaschine, sondern ruhend gefroren.

Geeiste Mousse mit Rumrosinen

Zutaten für etwa 1 Kilogramm
250 ml Vollmilch
1 Vanilleschote
140 g Eigelb
200 g feinster Zucker
50 g Invertzucker
250 g flüssige Schlagsahne »extra«
50 g weißer Rum

Für die eingelegten Rosinen
75 g Rosinen
200 g feinster Zucker
200 ml Wasser
etwas Rum

Einige Tage im Voraus die Rosinen einlegen. Dafür die Rosinen in einen Topf mit kaltem Wasser geben, zum Kochen bringen, dann abtropfen lassen. Noch einmal wiederholen. Den Zucker mit dem Wasser aufkochen. Den Sirup nach Belieben mit Rum aromatisieren. Die abgetropften Rosinen in den kochend heißen Sirup geben, dann in ein sterilisiertes Schraubglas füllen. Die Rosinen vor der Verwendung durchziehen lassen. Im Kühlschrank halten sie montatelang.
Die Milch in einen Topf gießen, die aufgeschlitzte Vanilleschote und das ausgekratzte Mark dazugeben und erhitzen.
Für die geeiste Mousse das Eigelb mit dem Zucker und dem geschmolzenen Invertzucker in einer Schüssel weißschaumig schlagen. Sobald die Milch zu sieden beginnt, die Hälfte unter die Eigelbmasse rühren. Zu der restlichen Milch in den Topf geben, unter Rühren auf 85 °C erhitzen, bis die Masse eindickt und den Kochlöffel überzieht (zur Rose abziehen). Dabei den Topf hin und wieder vom Herd nehmen, damit das Eigelb nicht durch zu starke Wärmeeinwirkung gerinnt.
Die Creme durch ein feines Sieb in eine Schüssel passieren und mit Frischhaltefolie belegen. Auf etwa 20 °C abkühlen lassen. Die Sahne steif schlagen und vorsichtig unterheben. Die Mousse mit dem Rum parfümieren, mit den abgetropften Rosinen vermischen und in Formen füllen. Für mindestens 2-3 Stunden ins Gefrierfach stellen.

Geeiste Orangen-Schokoladen-Mousse

Zutaten für etwa 1,5 Kilogramm
250 g Vollmilch
abgeriebene Schale von 1 unbehandelten Orange
150 g Eigelb
125 g feinster Zucker
100 g Invertzucker
100 g Glukosesirup
375 g dunkle Schokolade (50 % Kakaoanteil), gehackt
350 g flüssige Schlagsahne »extra«
50 g Cointreau (Orangenlikör)

In einem Topf die Milch mit der Orangenschale erhitzen.Das Eigelb und den Zucker in einer Schüssel weißschaumig schlagen. Sobald die Milch zu sieden beginnt, die Hälfte unter die Eigelbmasse rühren. Zu der restlichen Milch in den Topf gießen, den Invertzucker und den Glukosesirup dazugeben. Die Masse unter Rühren auf 85 °C erhitzen, bis die Creme eindickt und den Kochlöffel überzieht (zur Rose abziehen). Dabei den Topf hin und wieder vom Herd nehmen, damit das Eigelb nicht durch zu starke Wärmeeinwirkung gerinnt. Die Creme durch ein feines Sieb auf die Schokolade passieren, glatt rühren, mit Frischhaltefolie abdecken und auf etwa 20 Grad abkühlen.
Die Sahne steif schlagen und vorsichtig unter die abgekühlte Creme heben. Mit dem Orangenlikör parfümieren, in Formen füllen und für mindestens 2-3 Stunden ins Gefrierfach stellen.

Geeiste Nugatmousse

Zutaten für etwa 1 Kilogramm
250 ml Vollmilch
120 g Eigelb
125 g feinster Zucker
225 g Nugatmasse (S. 160)
500 g flüssige Schlagsahne »extra«

Geeiste Kaffeemousse

Zutaten für etwa 1,2 Kilogramm
250 g Vollmilch
150 g Eigelb
200 g feinster Zucker
35 g löslicher Kaffee
8 g Kaffee-Extrakt
550 g flüssige Schlagsahne »extra«

Rezept
Rosa Schokoladeneis am Stiel >> S. 465

Sorbets ★★

Ein Sorbet ist eine gefrorene Süßspeise aus püriertem Fruchtfleisch oder Saft, Wasser und Zucker ohne jegliche Zugabe von Ei oder Milchprodukten. Gemäß den Leitsätzen für Speiseeis und Speiseeishalberzeugnisse muss der Fruchtanteil mindestens 25 Prozent betragen, bei sehr sauren Früchten 15 Prozent. Dabei gilt als »Frucht« das Fruchtfleisch oder die entsprechende Menge an Saft, Extrakten, Konzentraten, Trockenfrüchten usw., und zwar sowohl in frischer als auch in konservierter Form.

Einfaches Erdbeersorbet

Zutaten für etwa 1 Kilogramm

100 ml Wasser
250 g feinster Zucker
650 g Erdbeerpüree

In einem Topf das Wasser auf 25 °C erwärmen, dann unter Rühren den Zucker dazugeben (1). Den Sirup zur Pasteurisierung für 3 Minuten auf 85 °C erhitzen, mit dem Pürierstab durchmixen (2). In eine Schüssel gießen, mit Frischhaltefolie abdecken und abkühlen lassen.
Den erkalteten Sirup im Kühlschrank mindestens 4 Stunden reifen lassen, besser über Nacht.
Anschließend mit dem gut gekühlten Fruchtpüree vermischen und mit dem Pürierstab noch einmal 1 Minute durchmixen. Das Sorbet in der Eismaschine gefrieren lassen. Innerhalb von 24 Stunden verbrauchen.

1

2

● Gut zu wissen

In einer Eismaschine wird die flüssige Masse während des Gefrierens ständig umgerührt. Man unterscheidet zwischen drei Hauptsorten Speiseeis:

- *Sorbet*
- *Eiercremeeis (oder Cremeeis)*
- *Milcheis*

Die Bezeichnungen variieren je nach Art und Menge der verwendeten Grundprodukte (Beispiele: Reines Fruchtsorbet = mindestens 45 Prozent Fruchtgehalt, Milcheis = mindestens 70 Prozent Milchgehalt, Eiercremeeis = mindestens 50 Prozent Milch auf 1 Liter und mindestens 270 g Vollei oder 90 g Eigelb je Liter Milch, kein Wasserzusatz).
Bei der professionellen Eisherstellung werden spezielle Zusatzstoffe verwendet wie Stabilisatoren, Glukosepulver und Invertzucker. Sie verleihen jeder Eiszubereitung eine glattere, cremigere und leichtere Textur, verlängern die Haltbarkeit und sorgen für das perfekte Abschmelzverhalten und damit für ein geschmeidiges Mundgefühl. Rezepturen ohne Stabilisatoren sind für die heimische Eisherstellung und den Verzehr innerhalb von 24 Stunden bestimmt.
Für alle Eissorten werden auf den folgenden Seiten jeweils einige Profi-Rezepturen vorgestellt, außerdem ein einfaches Grundrezept, das sich nach Belieben abwandeln lässt.

Rezept
Eisrolle Himbeer-Vanille >> S. 442

Lagerfähige Sorbets

Aprikosensorbet

Zutaten für etwa 1,5 Kilogramm
220 ml Wasser
25 g Zitronensaft
140 g feinster Zucker
105 g Glukosepulver
30 g Invertzucker
4 g Stabilisator für Eiscreme
1000 g Aprikosenpüree

Litschisorbet

Zutaten für etwa 2 Kilogramm
514 ml Wasser
260 g feinster Zucker
120 g Glukosepulver
6 g Stabilisator für Eiscreme
1100 g Litschipüree

Weinbergpfirsichsorbet

Zutaten für etwa 1,5 Kilogramm
220 ml Wasser
20 g Zitronensaft
170 g feinster Zucker
105 g Glukosepulver
4 g Stabilisator für Eiscreme
1000 g Weinbergpfirsichpüree

Himbeersorbet

Zutaten für etwa 1,5 Kilogramm
332 ml Wasser
186 g feinster Zucker
97 g Glukosepulver
4 g Stabilisator für Eiscreme
1000 g Himbeerpüree

Cassissorbet

Zutaten für etwa 2 Kilogramm
410 ml Wasser
225 g feinster Zucker
126 g Glukosepulver
40 g Invertzucker
5 g Stabilisator für Eiscreme
1000 g Schwarze Johannisbeeren, püriert

Sauerkirschsorbet

Zutaten für etwa 1,5 Kilogramm
220 ml Wasser
125 g feinster Zucker
120 g Glukosepulver
30 g Invertzucker
4 g Stabilisator für Eiscreme
1000 g Sauerkirschpüree

Ananas-Ingwer-Sorbet

Zutaten für etwa 2 Kilogramm
306 ml Wasser
348 g feinster Zucker
120 g Glukosepulver
6 g Stabilisator für Eiscreme
20 g Ingwer, gerieben
1200 g Ananaspüree

Zitronen-Basilikum-Sorbet

Zutaten für 2 Kilogramm
348 ml Wasser
775 g feinster Zucker
133 g Glukosepulver
67 g Milchpulver
10 g Stabilisator für Eiscreme
20 g Basilikum, fein gehackt
1000 g Zitronensaft

Mango-Orangen-Sorbet

Zutaten für etwa 1,5 Kilogramm
260 ml Wasser
328 g feinster Zucker
105 g Glukosepulver
10 g Invertzucker
4 g Stabilisator für Eiscreme
500 g Mangopüree
500 ml Orangensaft

Erdbeersorbet

Zutaten für etwa 1,5 Kilogramm
194 ml Wasser
133 g feinster Zucker
85 g Glukosepulver
4 g Stabilisator für Eiscreme
1000 g Erdbeerpüree

In einem Topf das Wasser auf 25 °C erwärmen, dann unter stetigem Rühren den Zucker dazugeben, anschließend das Glukosepulver und den Stabilisator unterrühren. Den Sirup zur Pasteurisierung auf 85 °C erhitzen, mit dem Pürierstab durchmixen. In eine Schüssel gießen, mit Frischhaltefolie abdecken und etwas abkühlen lassen.
Den Sirup im Kühlschrank mindestens 4 Stunden reifen lassen, besser über Nacht. Anschließend mit dem gut gekühlten Fruchtpüree vermischen und mit dem Pürierstab noch einmal 1 Minute durchmixen. Das Sorbet in der Eismaschine gefrieren lassen. In eine Gefrierbox füllen und bei -18 °C lagern.

Rezepte
Eis am Stiel Himbeer-Ananas >> S. 461
Eistorte Krokant-Aprikose >> S. 447

1

2

Cremeeis ★★

Gefrorene Zubereitung aus Milch, Sahne, Zucker und Eiern, aromatisiert mit Früchten, Fruchtsäften oder natürlichen Aromen. Der Name der jeweiligen Zubereitung muss die verwendete Frucht bzw. das Aroma enthalten.

Kaffee-Eiscreme

Zutaten für etwa 2 Kilogramm

1036 ml Vollmilch
369 g flüssige Schlagsahne »extra«
60 g Eigelb
77 g Milchpulver
274 g feinster Zucker
60 g Glukosepulver
6 g Stabilisator für Eiscreme
50 g löslicher Kaffee

Die flüssigen Zutaten (Milch, Sahne und Eigelb) in einen Topf geben und auf 40 °C erwärmen **(1)**.
Unter stetigem Rühren die trockenen Zutaten (Milchpulver, Zucker, Glukose, je nach Rezept auch Invertzucker, sowie den Stabilisator) dazugeben **(2)**. Die Eismasse zur Pasteurisierung auf 85 °C erhitzen, dabei stetig weiterrühren. Den Instantkaffee hinzufügen. Die Masse mit dem Pürierstab durchmixen **(3)**. In eine Schüssel gießen, mit Frischhaltefolie abdecken und zum Abkühlen beiseitestellen. Anschließend mindestens 4 Stunden (am besten über Nacht) bei 4 °C reifen lassen. In der Eismaschine weiterverarbeiten. Das fertige Eis in eine Gefrierbox füllen und bei -18 °C lagern.

3

● Tipp

Der Instantkaffee sorgt für eine schöne Farbe. Für ein authentischeres Aroma zerstoßene Kaffeebohnen in der Milch ziehen lassen.

Lagerfähige Cremeeis-Zubereitungen

Schokoladeneis

Zutaten für etwa 2 Kilogramm
1036 ml Vollmilch
140 g flüssige Schlagsahne »extra«
144 g Eigelb
70 g Milchpulver
180 g feinster Zucker
120 g Invertzucker
8 g Stabilisator für Eiscreme
120 ml Wasser
40 g Kakaopulver
160 g dunkle Schokolade (64 % Kakaoanteil), geschmolzen

Vorgehen wie im Grundrezept (S. 203). Den in dem Wasser angerührten Kakao und die geschmolzene Schokolade zum Schluss unter die pasteurisierte Eiscrememasse ziehen.

Pistazieneis

Zutaten für etwa 1,8 Kilogramm
1036 ml Vollmilch
180 g flüssige Schlagsahne »extra«
130 g Eigelb
80 g Pistazienpaste
55 g Milchpulver
220 g feinster Zucker
70 g Invertzucker
7 g Stabilisator für Eiscreme

Vorgehen wie im Grundrezept (S. 204). Die Pistazienmasse in der Flüssigkeit auflösen.

Cointreau-Eiscreme

Zutaten für etwa 1,6 Kilogramm
1036 ml Vollmilch
95 g Butter
130 g Eigelb
55 g Milchpulver
150 g feinster Zucker
80 g Glukosepulver
7 g Stabilisator für Eiscreme
100 g Cointreau

Vorgehen wie im Grundrezept (S. 204). Anstelle von Sahne die Butter dazugeben. Den Cointreau zum Schluss unterrühren.

Vanilleeis

Zutaten für etwa 1,8 Kilogramm
1036 ml Vollmilch
250 g flüssige Schlagsahne »extra«
1 Vanilleschote
144 g Eigelb
75 g Milchpulver
260 g feinster Zucker
80 g Glukosepulver
7 g Stabilisator für Eiscreme

Vorgehen wie im Grundrezept (S. 203). Die Vanilleschote aufschlitzen und zusammen mit dem ausgekratzten Mark zu der Milch-Sahne-Eigelb-Mischung geben.

Rezepte
Macarons mit Erdnusseis >> S. 448
Pfirsich Melba >> S. 453
Rotweinbirne »Helene« >> S. 454
Profiteroles >> S. 457

Geeiste Cremes ★

Einfache geeiste Vanillecreme

Zutaten für etwa 700 Gramm
400 ml Vollmilch
100 g flüssige Schlagsahne »extra«
120 g Eigelb
1 Vanilleschote
100 g feinster Zucker

Die Milch, die Sahne und das Eigelb in einen Topf füllen. Die Vanilleschote aufschlitzen und zusammen mit dem ausgekratzten Mark dazugeben. Die Masse auf 40 °C erwärmen. Unter stetigem Rühren den Zucker hinzufügen.
Die Eismasse zur Pasteurisierung für 3 Minuten auf 85 °C erhitzen, dabei stetig weiterrühren. Die Vanilleschote entfernen, die Masse mit dem Pürierstab durchmixen.
In eine Schüssel gießen, mit Frischhaltefolie abdecken und zum Abkühlen beiseitestellen. Anschließend mindestens 4 Stunden (am besten über Nacht) bei 4 °C reifen lassen. In der Eismaschine weiterverarbeiten, dann in eine Gefrierbox füllen und bei -18 °C lagern.

Lagerfähige geeiste Cremes

Geeiste Creme mit Schokolade

Zutaten für etwa 1,7 Kilogramm
1036 ml Vollmilch
200 g flüssige Schlagsahne »extra« 70 g Milchpulver
200 g feinster Zucker
85 g Invertzucker
6 g Stabilisator für Eiscreme
30 g Kakaopulver
150 g dunkle Schokolade (64 % Kakaoanteil), geschmolzen

Geeiste Kaffeecreme

Zutaten für etwa 2 Kilogramm
1036 ml Vollmilch
350 g flüssige Schlagsahne »extra«
55 g Eigelb
75 g Milchpulver
305 g feinster Zucker
50 g Glukosepulver
6 g Stabilisator für Eiscreme
29 g löslicher Kaffee

Geeiste Bananencreme

Zutaten für etwa 3 Kilogramm
1036 ml Vollmilch
700 g flüssige Schlagsahne »extra«
160 g Milchpulver
270 g feinster Zucker
110 g Glukosepulver
8 g Stabilisator für Eiscreme
800 g Bananenpüree

Geeiste Vanillecreme

Zutaten etwa 2 Kilogramm
1036 ml Vollmilch
390 g flüssige Schlagsahne »extra«
60 g Eigelb
1 Vanilleschote
65 g Milchpulver
295 g feinster Zucker
50 g Glukosepulver
6 g Stabilisator für Eiscreme

Geeiste Kokoscreme

Zutaten für etwa 2 Kilogramm
1036 ml Vollmilch
200 g Butter
60 g Eigelb
100 g Milchpulver
220 g feinster Zucker
100 g Invertzucker
8 g Stabilisator für Eiscreme
300 g Kokoscreme

Geeiste Nugatcreme

Zutaten für etwa 1,7 Kilogramm
1036 ml Vollmilch
100 g flüssige Schlagsahne »extra«
70 g Milchpulver
80 g feinster Zucker
80 g Invertzucker
6 g Stabilisator für Eiscreme
250 Nugatmasse (S. 160)

Die flüssigen Zutaten (Milch, Sahne oder Butter, je nach Rezept Eigelb) in einen Topf füllen. Für die Vanillecreme die Vanilleschote aufschlitzen und zusammen mit dem ausgekratzten Mark hinzufügen. Die Masse auf 40 °C erwärmen. Unter stetigem Rühren die festen Zutaten (Milchpulver, Zucker, Glukosepulver, Invertzucker, Stabilisator) dazugeben. Zum Schluss das jeweilige Aroma unterrühren.
Die Eismasse zur Pasteurisierung für 3 Minuten auf 85 °C erhitzen, dabei stetig weiterrühren. Die Vanilleschote entfernen.
Die Masse mit dem Pürierstab durchmixen. In eine Schüssel gießen, mit Frischhaltefolie abdecken und zum Abkühlen beseitestellen. Anschließend mindestens 12 Stunden bei 4 °C reifen lassen. In der Eismaschine weiterverarbeiten, dann in eine Gefrierbox füllen und bei -18 °C lagern.

Rezepte
Feine Apfeltarte mit Zimteis und Karamellsauce >> S. 204
Eisrolle Erdbeer-Vanille >> S. 442
Geeiste Kaffeetorte >> S. 444
Eistorte Krokant-Aprikose >> S. 447
Norwegisches Omelett >> S. 450
Nugateis am Stiel >> S. 462

Granita-Variationen ★

Eine Granita ist eine halbgefrorene Süßspeise mit körniger Konsistenz. Sie wird aus Zuckersirup und Fruchtsaft, Wein oder einer Spirituose und ohne Zusatz von Stabilisatoren hergestellt. Während des Gefrierens muss die Masse regelmäßig umgerührt werden, damit die feinkristalline Struktur entsteht.
Eine Granita gefriert in einem flachen Gefäß im Tiefkühlfach und wird dabei in regelmäßigen Abständen mit einer Gabel durchgeschabt. Man kann sie auch in einer Eismaschine herstellen, sollte dabei aber darauf achten, dass die körnige Struktur erhalten bleibt.

Mandarinen-Champagner-Granita

Zutaten für etwa 1,4 Kilogramm
300 ml Mandarinensaft
200 ml Wasser
200 g feinster Zucker
700 ml Champagner

Den Fruchtsaft, das Wasser und den Zucker in einen Topf geben und erhitzen. 3 Minuten kochen lassen und anschließend rasch abkühlen. Den erkalteten Sirup mit dem Champagner verrühren. In eine breite, flache Schale füllen, damit die Flüssigkeit nur eine dünne Schicht bildet.
In das Gefrierfach stellen und nach 15 Minuten mit einer Gabel durchschaben, um die Eiskristalle an der Oberfläche und am Rand zu zerstoßen.
Wieder in das Gefrierfach geben und den Vorgang während der folgenden zwei Stunden alle 25 Minuten wiederholen.
Die Granita ein letztes Mal mit der Gabel auflockern, dann sofort servieren.

Grapefruit-Rosé-Granita

Zutaten für 1,25 Kilogramm
200 ml Grapefruitsaft
100 ml Wasser
250 g feinster Zucker
700 ml Roséwein

Weinbergpfirsich-Granita

Zutaten für 1 Kilogramm
375 g Weinbergpfirsichpüree
445 ml Wasser
180 g feinster Zucker

Wodka-Orangen-Granita

Zutaten für etwa 500 Gramm
100 g Orangensaft
300 ml Wasser
90 g feinster Zucker
50 g Wodka

Mojito-Granita

Zutaten für etwa 1 Kilogramm
50 ml Limettensaft
300 ml Wasser
100 g feinster Zucker
abgeriebene Schale von einer unbehandelten Limette
einige Minzeblätter, gehackt
50 g weißer Rum

Cassata-Eis ★

Geeiste Süßspeise, bestehend aus einer Italienischen Meringenmasse, geschlagener Sahne und kandierten, in Wein oder in eine Spirituose eingelegten Früchten. Die Cassata kann zusätzlich mit Nüssen oder weißem Nugat angereichert werden. Sie wird ruhend gefroren.

Cognac-Cassata mit Krokant

Zutaten für 225 Gramm
100 g flüssige Schlagsahne »extra«
50 g Italienische Meringenmasse (S. 177)
25 g Cognac
50 g Krokantsplitter (S. 166)

Die Sahne mit dem Handrührgerät steif schlagen und vorsichtig unter die Meringenmasse heben.
Mit dem Cognac parfümieren, dann die Krokantsplitter unterheben. Die Masse in eine Form füllen und gefrieren lassen.

Orangen-Haselnuss-Cassata

Zutaten für 335 Gramm
100 g flüssige Schlagsahne »extra«
100 g Italienische Meringenmasse
35 g Grand Marnier
50 g Haselnüsse, gehackt
50 g feinster Zucker

Spoom ★

Besonders luftiges, cremiges Sorbet.

Ananas-Champagner-Spoom

Zutaten für 825 Gramm
40 ml Wasser
60 g Zucker
400 g Ananaspüree
125 g Champagner
200 g Italienische Meringenmasse (S. 177)

Aus Wasser, Zucker, Ananaspüree und Champagner eine Sorbetmasse zubereiten (S. 201). In der Eismaschine gefrieren lassen, zum Schluss die Meringenmasse unterziehen.

Geeister Nugat ★★

Ein luftiges Eisdessert aus einer Italienischen Meringenmasse auf Honig- oder Zucker- und Honigbasis, geschlagener Sahne, gerösteten Nüssen und kandierten Früchten oder Krokant. Geeister Nugat gelingt ohne Eismaschine.

Zutaten für etwa 1,3 Kilogramm
100 g Mandeln, gehackt und geröstet
100 g Pistazienkerne, gehackt
100 g Haselnüsse, gehackt und geröstet
60 g kandierte Orangenschale, gewürfelt
60 g kandierte Kirschen, gewürfelt
100 g Krokantsplitter (S. 166)
½ Vanilleschote
500 g Sahne, geschlagen

Für die Italienische Meringenmasse
55 g Zucker
100 g Honig
20 ml Wasser
120 g Eiweiß

Die Italienische Meringenmasse zubereiten (S. 177), dazu den Zucker und den Honig mit dem Wasser erhitzen.
Mandeln, Pistazien, Haselnüsse, die kandierten Früchte und den Krokant dazugeben, ebenso das ausgekratzte Vanillemark. Zum Schluss die Sahne vorsichtig unterheben. Die Masse in eine Form füllen und sofort ins Gefrierfach stellen.

Geeister Nugat mit Cointreau

Zutaten für etwa 1,7 Kilogramm
150 g Eiweiß
250 g Honig
100 g kandierte, in Cointreau eingelegte Früchte, gewürfelt
50 g kandierte Orangenschale, gewürfelt
100 g Haselnüsse, geröstet
100 g Mandeln, gehackt und geröstet
110 g Pistazien, gehackt und geröstet
850 g Sahne, geschlagen
50 ml Cointreau

Mit dem Eiweiß und dem auf 121 °C erhitzten Honig eine Italienische Meringenmasse herstellen (S. 177). Die kandierten Früchte und die gerösteten Nüsse, Mandeln und Pistazien dazugeben. Die geschlagene Sahne vorsichtig unterheben, dann mit dem Cointreau parfümieren. Die Masse in eine Form füllen und ins Gefrierfach stellen.

Garmethoden

1

2

Kompott kochen ★

Frische Früchte werden bei niedriger Temperatur sanft gegart, bis sie weich sind.

Die Früchte waschen, gegebenenfalls schälen. Je nach Größe in Spalten oder Würfel schneiden **(1)**. Äpfel oder Birnen mit Zitronensaft beträufeln, damit sie nicht braun werden. Zusammen mit etwas Wasser (oder einer anderen Flüssigkeit wie beispielsweise Cidre oder Wein) in einen Topf geben, um die Dampfbildung und damit den Garprozess zu fördern **(2)**. Aromen nach Wahl (Gewürze, Kräuter, Extrakte, Zitrusschale ...) dazugeben. Mit aufgelegtem Deckel bei niedriger Temperatur dünsten, dabei ab und zu umrühren, damit der Fruchtzucker nicht karamellisiert.
Zucker nach Geschmack zugeben. Harte Zutaten (Zimtstange, Sternanis ...) entfernen.
Das Kompott je nach der weiteren Verwendung durch ein Sieb passieren.

● Tipp

Kompott als Füllung verwenden, beispielsweise für Tartes oder Blätterteigtaschen.

● Gut zu wissen

Festfleischige und stärkehaltige oder zuckerreiche Früchte (etwa Pflaumen) mit etwas mehr Wasser aufsetzen und den Garvorgang ständig überwachen.

Rezepte

Apfeltaschen >> S. 366
Apfel-Pfirsich-Tartelettes >> S. 430

Kandieren ★

Traditionelle Konservierungsmethode für Früchte und Zitrusschalen. Sie werden in konzentrierten Zuckersirup eingelegt, um ihnen Wasser zu entziehen und gleichzeitig ihren Zuckergehalt zu erhöhen. Auch Gemüse lässt sich kandieren.

Zutaten

4 unbehandelte Orangen oder Zitronen (200 g Schale)
500 g feinster Zucker
500 ml Wasser

Die Früchte schälen, die Schale mit der weißen Haut in Streifen schneiden. Dreimal in sprudelnd kochendem Wasser blanchieren **(1)**.
Den Zucker mit dem Wasser in einen Topf geben und auf 107 °C erhitzen. Die Schalenstreifen in den heißen Sirup tauchen (beispielsweise mithilfe eines Kandiergitters) und darin abkühlen lassen.
Den Sirup abgießen, dabei auffangen und den Zuckergehalt vor jedem erneuten Einlegen (drei- bis siebenmal) um jeweils 25 Prozent erhöhen. Den Sirup nach jeder Zuckerzugabe aufkochen.
Die fertig kandierten Schalenstreifen aus dem Sirup heben **(2)** und abtropfen lassen **(3)**.

● Tipp

Den Zuckersirup nach Belieben aromatisieren (mit Zimt, Vanille, Sternanis ...).

● Gut zu wissen

Beim Kandieren verlieren die Früchte Wasser und nehmen Zucker auf. Der hohe Zuckergehalt sorgt dafür, dass man sie lange aufbewahren kann.

Rezept
Zitronentarte mit Baiserhaube ›› S. 425

1

Blindbacken ★★

Technik zum Backen eines Teigbodens, der später gefüllt werden soll.

Einen Backring (oder eine Tarteform) fetten und mit dem ausgerollten Zuckerteig (S. 18), Mürbeteig (S. 22) oder Auslegeteig (S. 30, 31) auskleiden. Den Backring auf ein mit Backpapier oder einer Silikonmatte ausgelegtes Blech setzen.
Ein Stück hitzebeständige Folie oder Backpapier auf den Teig legen, sodass es am Rand etwa 15 Zentimeter übersteht. Die Folie rundherum vorsichtig auf dem Teigboden andrücken und zum Stabilisieren bis zum Rand mit Haushaltszucker oder getrockneten Hülsenfrüchten beschweren (**1**, **2**, **3**). Die überstehenden Ecken der Folie zur Mitte hin einschlagen und das Blech in den Backofen schieben.

● Tipp

Damit der Teigboden gleichmäßig bräunen kann, den Ring 5–10 Minuten vor Ende der Backzeit entfernen. Die mit Zucker oder getrockneten Hülsenfrüchten gefüllte Folie ebenfalls entfernen, damit auch der Teigboden schön knusprig wird.

2

3

Grieß kochen ★

Zutaten für 4 Personen

1 l Milch
½ Vanilleschote
150 g mittelfeiner Grieß
120 g Zucker

Die Milch mit der aufgeschlitzten Vanilleschote in einem Topf erhitzen. Den Grieß unter ständigem Rühren mit dem Schneebesen hineinrieseln lassen (1).
Bei schwacher Hitze etwa 15 Minuten garen (2), dabei weiterrühren. Den Topf vom Herd ziehen, die Vanilleschote entfernen und den Zucker unterrühren. Den Grießbrei in eine Schüssel füllen und mit Frischhaltefolie belegen.

● Tipp

Das ständige Rühren ist wichtig, damit der Grießbrei nicht ansetzt und verbrannt schmeckt. Die Grießmenge kann entsprechend der gewünschten Konsistenz variiert werden.

Rezept

Grießpudding >> S. 315

1

2

1

2

3

Frittieren ★

Garmethode, bei der Lebensmittel in heißem Fett (Öl, Butterschmalz) schwimmend ausgebacken werden. Die Temperatur des Fettes hängt von der Beschaffenheit des Frittiergutes ab. In der Dessertküche wird vor allem Teig ausgebacken, aber auch Früchte oder Kräuterblätter.

Die Fritteuse auf 180 ° vorheizen. Das Frittiergut entsprechend vorbereiten und sorgfältig abtrocknen. Zu frittierende Gebäckstücke je nach Rezept formen und in das heiße Fett gleiten lassen **(1)**.
Mehrfach wenden, damit sich rundherum eine gleichmäßig goldbraune Kruste bilden kann.
Manche Gebäckstücke (etwa Nonnenfürzchen) drehen sich während des Ausbackens von selbst.
Das Frittiergut mit einem Schaumlöffel herausnehmen **(2)**, abtropfen lassen und auf Küchenpapier legen, damit überschüssiges Fett aufgesaugt wird.
Die fertig frittieren Stücke zum Schluss nach Belieben mit Zucker bestreuen **(3)**.

● Tipp

Empfindliche Produkte vor dem Frittieren in Mehl wenden, um sie mit einer dünnen Schutzschicht zu versehen.

● Gut zu wissen

Niemals über einem Frittierbad salzen oder zuckern.
Das Frittierfett regelmäßig austauschen.
Frittiergut wie süßes Gebäck niemals in demselben Fett wie Fleisch, Fisch oder Gemüse ausbacken. Die Fritteuse nach jedem Gebrauch luftdicht verschließen und an einen kühlen dunklen Ort stellen, damit das Fett nicht oxidiert.

Rezepte
Apfelbeignets ›› S. 258
Churros ›› S. 262

Marinieren ★

Einlegen eines Lebensmittels in eine aromatische Flüssigkeit.
Die Wahl der Marinade (im Dessertbereich vor allem Fruchtsaft, gewürzter Sirup, Spirituosen ...) hängt von dem jeweiligen Produkt ab und hat zum Ziel, das eingelegte Produkt weicher zu machen und mit Aromen zu durchdringen.

Zumeist werden Trockenfrüchte (beispielsweise Rosinen) in Alkohol eingelegt,
- damit sie wieder Feuchtigkeit aufnehmen und weich werden,
- um sie zu parfümieren.

Die Früchte zunächst unter warmem Wasser abspülen, dann in einer Schale mit dem Alkohol übergießen. Die Zeitdauer hängt von der Beschaffenheit des jeweiligen Produktes ab. Auch frische Früchte eignen sich zum Marinieren. Dazu werden sie in der Regel zunächst geschält oder enthäutet und anschließend zerkleinert.

Rezept
Apfelbeignets >> S. 258

Früchte blanchieren und häuten ★

Früchte wie Pfirsiche und Aprikosen, aber auch Mandeln müssen kurz in kochendes Wasser getaucht werden, damit sich ihre Haut abziehen lässt.

Von den Früchten den Stielansatz entfernen und die Haut auf der gegenüberliegenden Seite mit einem Officemesser kreuzförmig einschneiden (1).
Die Frucht für etwa 10 Sekunden in einen Topf mit kochendem Wasser tauchen, bis sich die Haut an den Schnittstellen löst.
Mit einem Schaumlöffel herausnehmen (2) und sofort in eine Schüssel mit Eiswasser legen, um durch den Temperaturschock den Kochvorgang zu beenden (abschrecken).
Die Haut mit dem Officemesser abziehen (3) und die Frucht auf Küchenpapier legen.

Mandeln und Walnüsse etwa 10 Sekunden in kochendes Wasser tauchen. Mandeln noch warm aus der Haut drücken, Walnüsse mit der Spitze eines kleinen Messers abziehen.

● Tipp

Früchte werden gehäutet, weil die Konsistenz der Haut oft störend ist und das Geschmackserlebnis beeinträchtigt. Die abgezogene Haut kann man frittieren und als Dekoration für Desserts verwenden.

● Gut zu wissen

Im Unterschied zu Mandeln werden Haselnüsse und Pistazien nicht blanchiert, um sie häuten, sondern geröstet. Dazu die Nüsse auf ein mit Backpapier ausgelegtes Blech geben und für etwa 10 Minuten in den 200 °C heißen Ofen schieben. Auf diese Weise platzt die Haut und kann mit einem groben Tuch oder zwischen den Händen abgerieben werden.

Rezepte

Apfel-Pfirsich-Tartelettes >> S. 430
Pfirsich Melba >> S. 453

1

2

3

1

2

3

4

In der Papierhülle garen ★★

Das Gargut wird in Backpapier eingeschlagen und die Papierränder werden mehrfach gefaltet, sodass das Päckchen fest verschlossen ist. Auf diese Weise findet zwischen dem Gargut und seiner Garnitur ein Austausch der Aromen statt und alles bleibt zart und saftig.

Die Früchte garfertig vorbereiten.
Das Backpapier etwa auf DIN-A4-Format zurechtschneiden.
Das Gargut auf einer Blatthälfte anordnen **(1)**.
Nach Belieben mit etwas Flüssigkeit (Spirituose, Sirup ...) beträufeln, mit Zucker bestreuen und/oder aromatisieren (mit Zimtstangen, Gewürzen ...). Wer möchte, gibt ein Stück Butter dazu **(2)**.
Wer ganz sichergehen will, dass sich die Ränder gut verschließen lassen, kann etwas Eiweiß verquirlen und den Rand des Papiers rundherum damit bestreichen. Die andere Blatthälfte darüberschlagen **(3)**, die Ränder aufeinanderlegen und mehrfach nach innen umschlagen **(4)**. Nach Belieben mit Büroklammern befestigen, damit das Päckchen fest verschlossen bleibt.
In den auf etwa 160 °C vorgeheizten Backofen geben. Bei zu starker Hitze wird das Papier braun, bevor der Inhalt durchgegart ist. Sobald sich das Päckchen aufgebläht hat, noch 5-6 Minuten backen.

● Tipp

Die Päckchen erst unmittelbar vor dem Verzehr öffnen, am besten erst bei Tisch, damit jeder Gast in den Genuss der aufsteigenden Aromen kommt.

● Gut zu wissen

Bei dieser Garmethode sollte keine Alufolie verwendet werden, weil sie in Verbindung mit der Säure aus den Früchten oxidiert und Schadstoffe an das Gargut abgibt. Außerdem reißt sie leicht.

Rezept
Pfirsiche »en papillote« ›› S. 273

1

2

3

Pochieren ★

Ein Lebensmittel in einer Flüssigkeit knapp unterhalb des Siedepunktes gar ziehen lassen.

Die gewählte Flüssigkeit (Wasser, Sirup, Fruchtsaft, Wein ...) in einen Topf geben und nach Belieben aromatisieren (mit Gewürzen, Zitronenscheiben ...).
Aufkochen und ziehen lassen **(1)**, damit die Gewürze ihr Aroma abgeben.
Das Gargut vorbereiten **(2)** und in die heiße Flüssigkeit geben **(3)**. Die Temperatur reduzieren, denn sprudelndes Kochen könnte empfindliches Gargut beschädigen. Die Garzeit hängt von der Größe des jeweiligen Produktes ab.
In der Garflüssigkeit oder auf Küchenpapier abkühlen lassen.

Rezepte

Pfirsich Melba ›› S. 453
Rotweinbirne »Helene« ›› S. 453

1

2

Braten ★

Kurzes Garen unter Zugabe von Fett in einer Pfanne. Empfindliches Gargut wie Obst am besten nicht umrühren, sondern die Pfanne schwenken.

Das Gargut vorbereiten und zerkleinern.
In einer Pfanne etwas Butter erhitzen (1).
Die Obststücke unter Schwenken anbraten und Farbe annehmen lassen. Nach Belieben aromatisieren (Vanille, Zitrusschale, Gewürze ...). Wer möchte, kann das Gargut anschließend flambieren (2).
Die Pfanne erneut schwenken, falls nötig die Früchte mit Zucker bestreuen (3). Soll etwas Sauce dazu serviert werden, die Pfanne zum Ende der Garzeit mit Fruchtsaft oder einer Spirituose ablöschen.
Die Sauce nach Belieben mit etwas Butter montieren.

Rezept
Exotisch gefüllte Crêpes ›› S. 273

3

Praktischer Ratgeber

Formen

1. Hohe Formen und Tortenringe
2. Hohe quadratische Tortenrahmen
3. Hohe rechteckige Formen und Tortenrahmen
4. Hohe sechseckige Torten- und Dessertrahmen
5. Rechteckige halbrunde Form
6. Dachrinnenformen
7. Silikonbackmatte

Patisserie-Zubehör

1. Transferfolie aus Kunststoff
2. Dekorationskamm aus Kunststoff für Schokolade
3. Sprühpistole
4. Gussform aus Kunststoff
5. Tortenrandfolie
6. Dreieckspachtel aus Edelstahl
7. Silikonspatel mit integriertem Thermometer
8. Verschiedene Tauchgabeln und -spiralen (für Pralinen)
9. Dekorschaber Holz (zur Herstellung von Holzmustern)
10. Goldpuder (zur Dekoration)
11. Skalpell

Messer und Schneidewerkzeuge

1. **Teigkarte aus Kunststoff**
2. **Garnierspritze** (für Coulis, Saucen und Dekorationen aus gekochtem Zucker)
3. **Zestenreißer**
4. **Teigschneider** (fünf Schneiderädchen)
5. **Große Winkelpalette aus Edelstahl**
6. **Kleine Winkelpalette aus Edelstahl**
7. **Kleine Streichpalette aus Edelstahl**
8. **Große Streichpalette aus Edelstahl**
9. **Tranchiermesser mit Kullenschliff** (ideal, um Früchte wie Ananas oder Mangos hauchdünn und präzise zu schneiden)
10. **Konditormesser mit Wellenschliff** (zum Schneiden von Biskuitböden)
11. **Kochmesser**
12. **Backpapier-Dreieck zum Herstellen einer Spritztüte**
13. **Teigabstecher aus Edelstahl**

Grundausstattung

1. Küchenmaschine mit Zubehör (Schneebesen, Knethaken, Flachrührer)
2. Digitale Waage und digitale Feinwaage
3. Elektronischer Kurzzeitwecker/Timer
4. Streudose aus Edelstahl
5. Stabmixer/Pürierstab
6. Rührschüssel aus Kunststoff
7. Rührschüssel aus Edelstahl
8. Schlagkessel aus Edelstahl
9. Dosiertrichter
10. Sahnespender (mit Kohlensäurekapseln)

Exotische Früchte

Brombeeren
Erdbeeren
Rote
Johannisbeeren
Heidelbeeren
Himbeeren
Gariguette-
Erdbeeren

Beeren

Steinobst

Getrocknete und kandierte Früchte

Nüsse und Samen

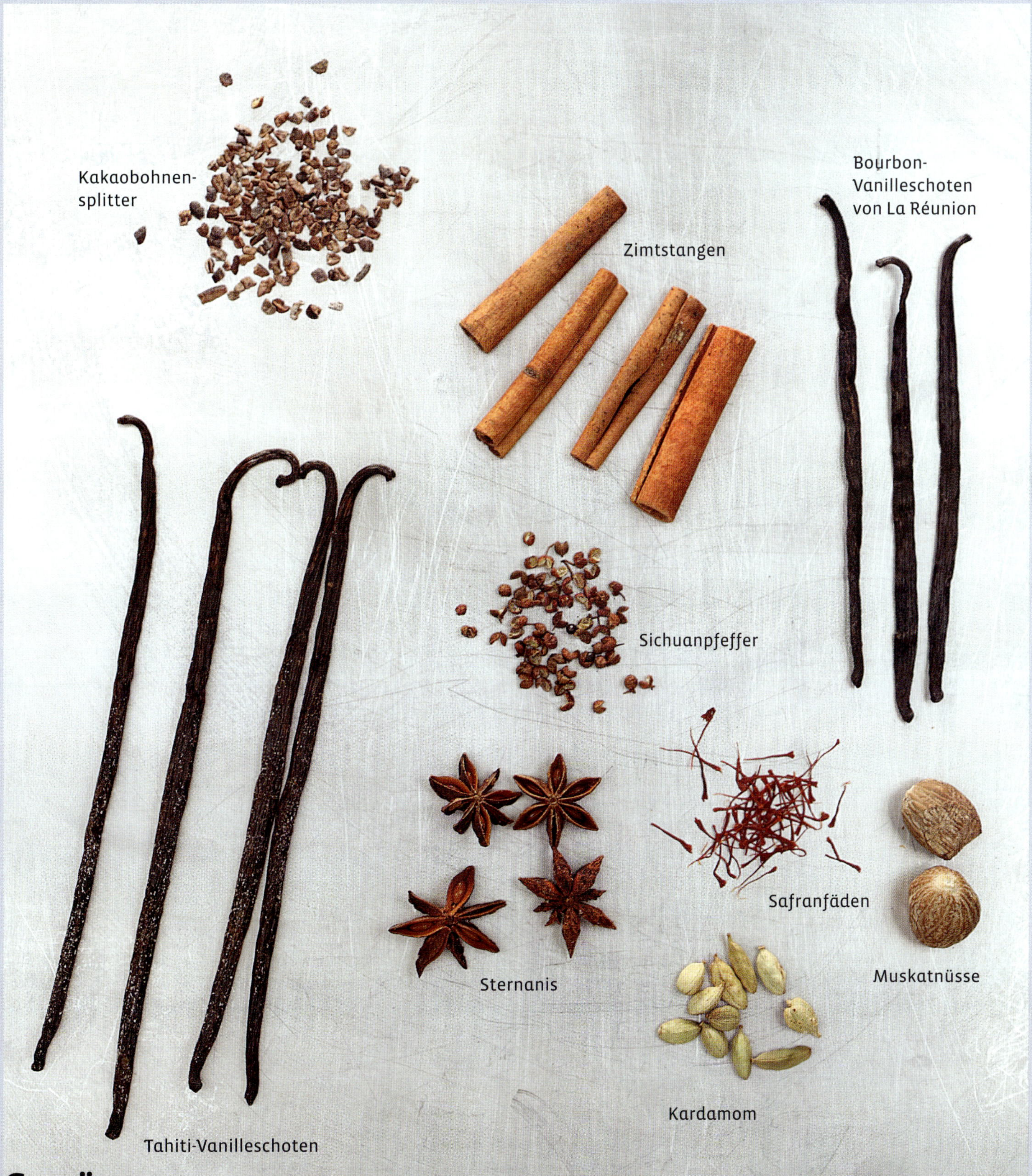
Kakaobohnen-
splitter
Zimtstangen
Bourbon-
Vanilleschoten
von La Réunion
Sichuanpfeffer
Safranfäden
Muskatnüsse
Sternanis
Kardamom
Tahiti-Vanilleschoten

Gewürze

Pimpinelle
Eibisch
Borretsch
Ringelblume
Ananassalbei
Wermut
Kapuzinerkresse
Stiefmütterchen
Marokkanische
Minze
Pfefferminze
Zitronenverbene
Kräuter

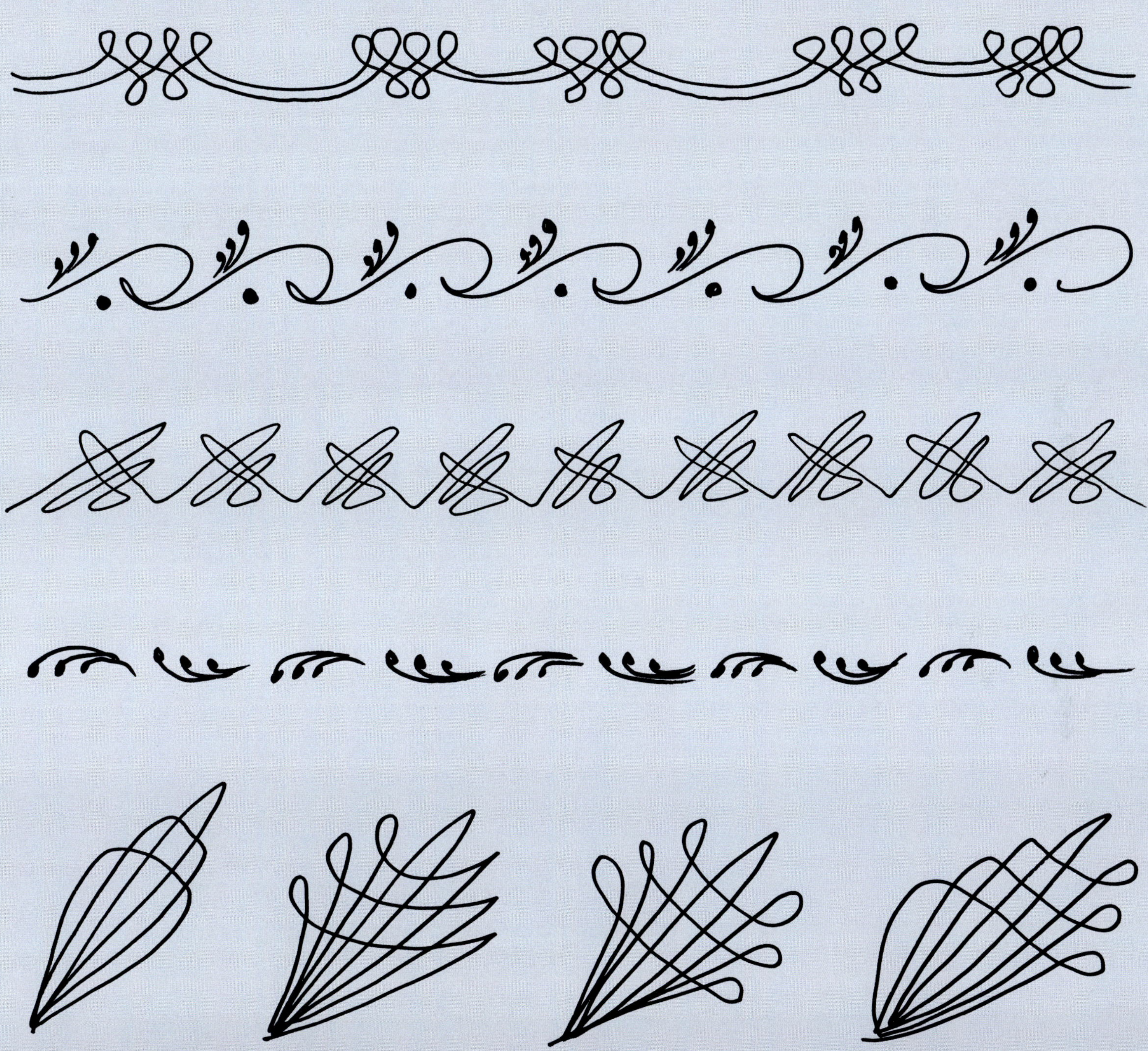

Muster für aufgespritzte Ornamente

Saisonkalender der Früchte

	Jan.	Febr.	März	April	Mai	Juni	Juli	Aug.	Sept.	Okt.	Nov.	Dez.
Ananas		****	****	****	**							
Äpfel	****	****	****				****	****	****	****	****	****
Aprikosen							****	**				
Avocados	****	****	****	****	****		**	**	**	****	****	****
Bananen	****	****	****				****	****	****			****
Birnen	****	****	****			****	****	****	****	****	****	****
Brombeeren								****	****			
Blutorangen	****										****	****
Clementinen	****	****										
Datteln	****	****	****	****	****	****	****	****	****	****	****	****
Erdbeeren					****	****	****	**				
Erdnüsse	****	****	****	****	****	****	****	****	****	****	****	****
Feigen									****	****		
Grapefruits	****	****					****	****				
Granatäpfel										****	****	****
Guaven	****	****	***									
Haselnüsse								**	****	****		
Heidelbeeren						**	****	****	***			
Himbeeren						**	****	****	****			
Holunder								****	****			
Johannisbeeren, Rote						**	****	**				
Johannisbeeren, Schw.							****	**				
Kakis/Sharonfrüchte	****									**	****	****
Kaktusfeigen	**										***	***
Karambolen	***	***	***	***	***	***	***	***	***	***	***	***
Kastanien	****									**	****	****
Kirschen					**	****	**					****
Kiwis	****	****	****									****
Kokosnüsse	***	***	***	***	***	***	***	***	***	***	***	***

	Jan.	Feb.	März	April	Mai	Juni	Juli	Aug.	Sept.	Okt.	Nov.	Dez.
Kumquats	****										****	****
Limetten	**	**	**	**	**	**	**	**	**	****	****	****
Litschis	****										**	****
Mandarinen	****	****										**
Mandeln						**	****	***	**			
Mangos			****	****	****	****	****	****				
Mangostanen					****	****	****	**	**	**		
Melonen						**	****	****	**			
Mirabellen							****	****				
Mispeln											****	****
Orangen	****	****	****								****	****
Papayas	****	****	****	****	****	****	****	**	**	**	**	**
Passionsfrüchte	****	****	****	****	****	****	****	****	****	****	****	****
Pinienkerne	****	****	****	****	****	****	****	****	****	****	****	****
Pistazien	****	****	****	****	****	****	****	****	****	****	****	****
Pfirsiche							****	****				
Pflaumen							****	****	****			
Physalis								****	****	****		
Preiselbeeren							****	****	****			
Quitten									**	****	****	**
Rhabarber					****	****	****	****				
Tomaten							****	****	****	**		
Walderdbeeren								****				
Walnüsse	****									****	****	****
Weintrauben								****	****			
Wassermelonen							****	****	****			
Zedratzitronen									****	****	****	
Zitronen	***	***	***	***	***	***	***	***	***	***	***	***

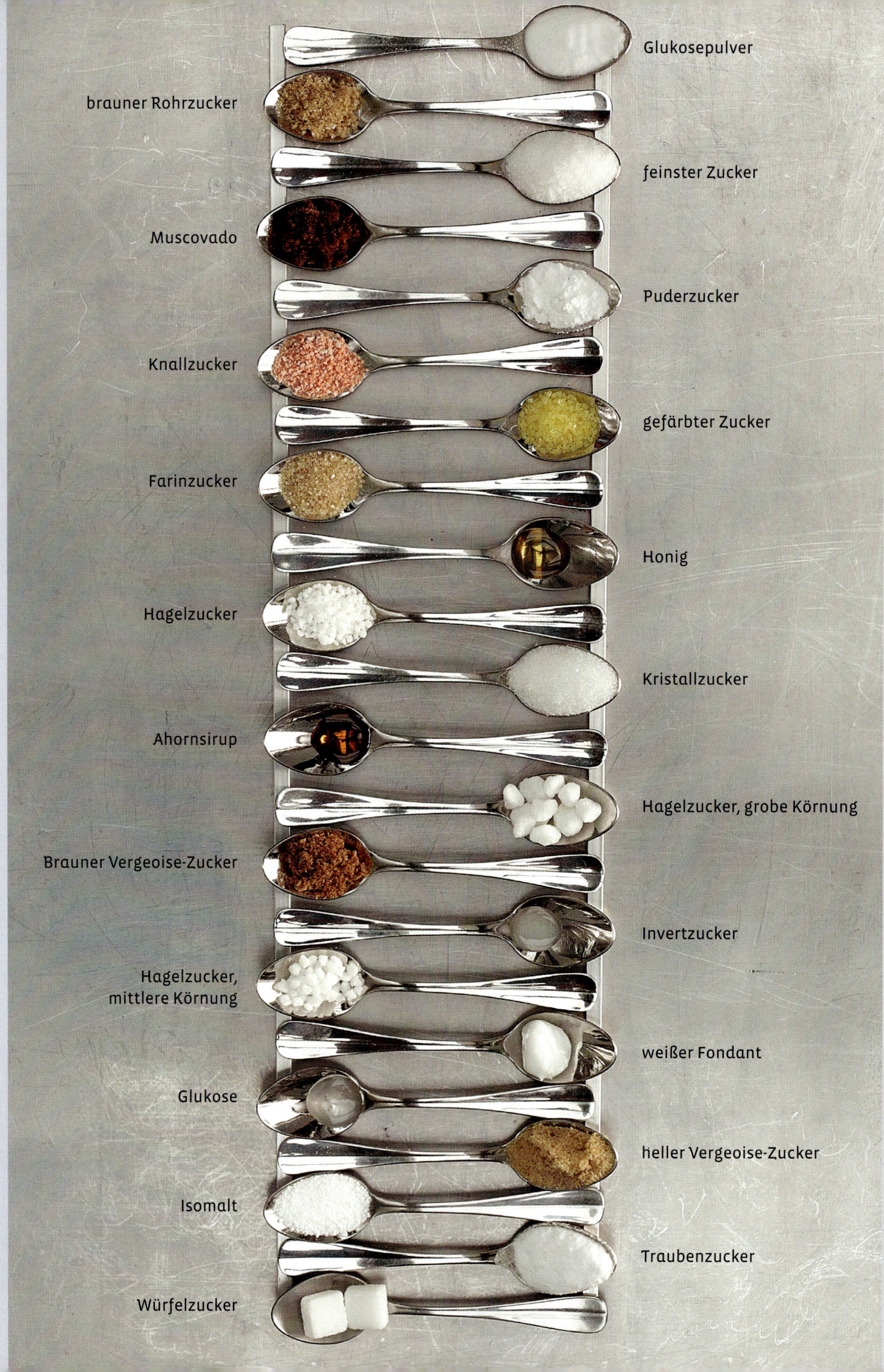
Glukosepulver
brauner Rohrzucker
feinster Zucker
Muscovado
Puderzucker
Knallzucker
gefärbter Zucker
Farinzucker
Honig
Hagelzucker
Kristallzucker
Ahornsirup
Hagelzucker, grobe Körnung
Brauner Vergeoise-Zucker
Invertzucker
Hagelzucker, mittlere Körnung
weißer Fondant
Glukose
heller Vergeoise-Zucker
Isomalt
Traubenzucker
Würfelzucker

Zucker

Die wichtigsten Siruparten

	Mengenverhältnis	Verwendung
Sirup zum Einlegen, Pochieren	• 1 l Wasser • 300–500 g Zucker • Aroma nach Wahl	• Savarins • Babas • Früchte in Sirup
Sirup zum Tränken	• 1 l Wasser • 1000–1350 g Zucker • Aroma nach Wahl	• Torten • Biskuitböden • Kleingebäck
Kandierlösung, Läuterzuckerglasur	• 1 l Wasser • 2200 g Zucker • In einem geschlossenen Gefäß auf 25 °C abkühlen lassen. • Früchte, Zitrusschalen usw. mit dem Sirup übergießen. 24–36 Stunden kandieren lassen.	• verkleidete Früchte • Dekorelemente • Marzipanfiguren • kandierte Früchte

Wasser	Zucker	Dichte	°Baumé
2 Liter	1 kg	1.1335	17 °Bé

Das Maß für die lösliche Trockensubstanz in einer Flüssigkeit (beispielsweise der Zuckergehalt von Sirup) wird in Grad Brix gemessen. Zur Messung des Brix-Wertes wird das sogenannte Refraktometer eingesetzt.
Grad Baumé (Einheitenzeichen °Bé) ist eine nach dem französischen Chemiker Antoine Baumé (1728–1804) benannte, inzwischen veraltende Gradeinteilung der Aräometerskala (Gradeinteilung auf einer Senk- bzw. Zuckerwaage) zur Bestimmung der Dichte einer Zuckerlösung.
In der Süßwarenindustrie ist die Skaleneinteilung in Grad Baumé bis heute gebräuchlich.

Kochgrade für die meistverwendeten Zuckerlösungen

Zuckerlösung	Temperatur
Für Läuterzucker/Sirup	100 °C
Für Fruchtpasten	105–106 °C
Für Italienische Meringenmasse	117–121 °C
Für Pâte à bombe	117–121 °C
Für Schaustücke	150–155 °C
Für Karamell (Sauce und Dekor)	180 °C

Kochstadium	Temperatur	Verwendung
Schwacher Faden	103 °C	• Konfitüren, Gelees
Starker Faden	105–106 °C	• Fruchtpasten
Schwacher Flug	110 °C	• Florentiner, Krokant
Starker Flug	113–115 °C	• weicher Karamell
Kleiner Ballen	118 °C	• weiche Fondants, Marzipanmassen
Starker Ballen	121 °C	• Italienische Meringenmasse, Buttercremes, feste Fondants
Schwacher Bruch	135–145 °C	• weißer Nugat, Schaumzucker
Starker Bruch	145–155 °C	• gesponnener, gegossener, gezogener, geblasener Zucker, Blasenzucker
Heller Karamell	165 °C	• Croquembouche, gegossener, gezogener, geblasener Zucker, Blasenzucker
Karamell	180 °C	• Karamellsauce mit gesalzener Butter
Karbonisierter Zucker	190–200 °C	• Färbemittel für Cremes und Glasuren

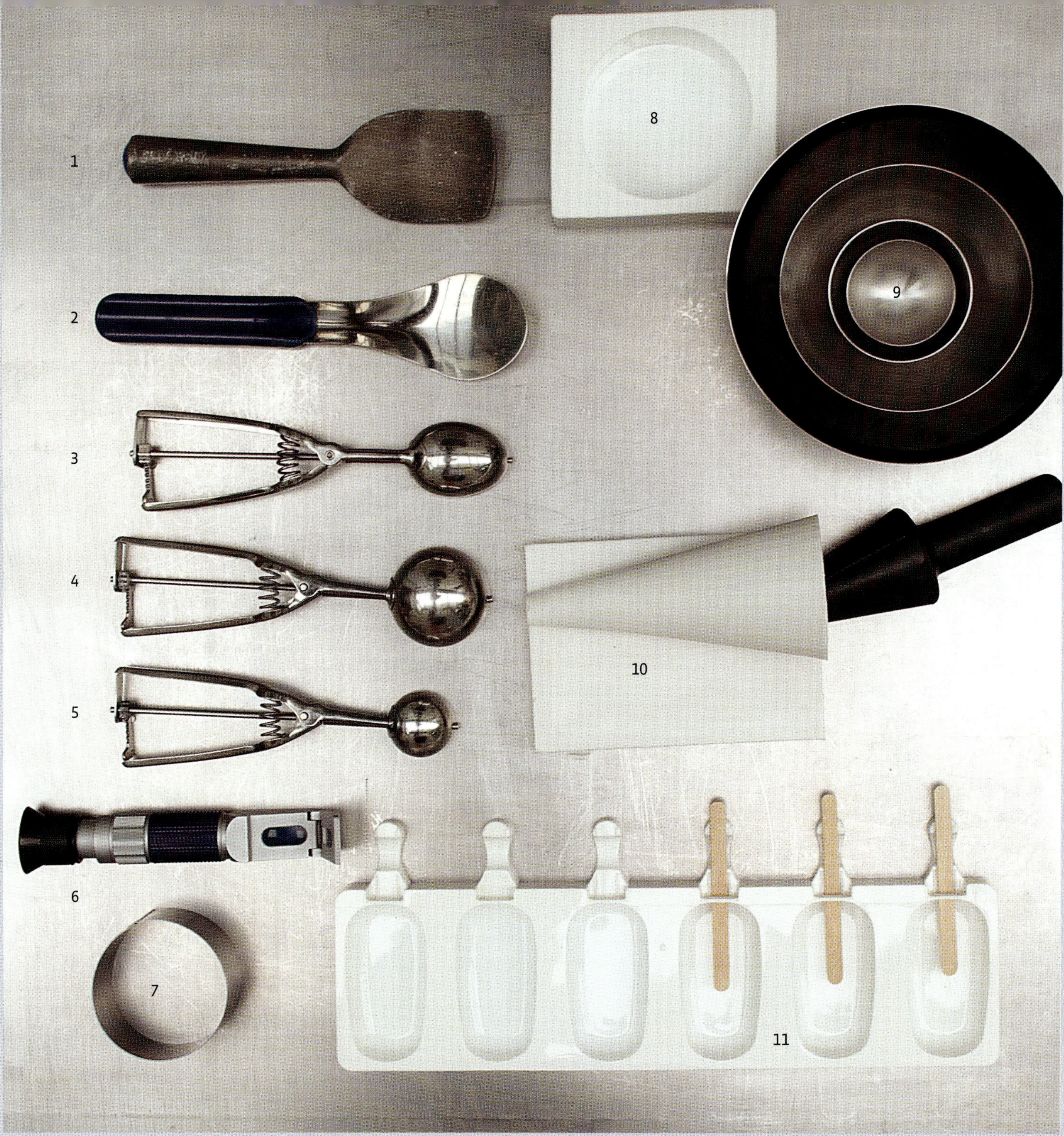

Material für die Eisherstellung

1. Eisspachtel
2. Eisformlöffel, gerundet
3. Eisportionierer, oval (zum Formen von Nocken)
4. Eisportionierer für große Kugeln
5. Eisportionierer für kleine Kugeln
6 Refraktometer
7. Hoher Dessertring aus Edelstahl
8. Eisform aus Silikon, kältebeständig bis -60 °C
9. Eisbombenformen aus Edelstahl
10. Eistütenformer mit Waffelhorn
11. Silikonformen für Eis am Stiel

Eiszubereitung

Eisbecher

Bezeichnung	Zusammensetzung	Geschichte
Pfirsich Melba	•2 Kugeln Vanilleeis • in Vanillesirup pochierte Pfirsiche • Johannisbeergelee • geschlagene Sahne • geröstete Mandelblättchen	Dessertkreation von Auguste Escoffier während seiner Zeit als Küchendirektor des Londoner Savoy-Hotels, angeblich zu Ehren der australischen Sängerin Nelly Melba, die 1892/93 am Royal Opera House gastierte.
Colonel	• Zitronensorbet • Wodka	
Birne Helene	• 2 Kugeln Vanilleeis • halbierte, in Läuterzucker pochierte Birnen • warme Schokoladensauce • geschlagene Sahne • geröstete Mandelblättchen	Dessertkreation anlässlich der Uraufführung von Jacques Offenbachs Operette »Die schöne Helena« im Jahr 1864.
Banana-Split	• -der Länge nach halbierte Banane • 3 Kugeln Vanille- oder Schokoladeneis • Schokoladensauce oder Fruchtcoulis • geschlagene Sahne	
Eiskaffee	• 2 Tassen eisgekühlter gesüßter Espresso • 2 Kugeln Vanille- oder Kaffee-Eis • geschlagene Sahne	Eiskaffee stammt ursprünglich aus Wien.
Eisschokolade	• Tassen eisgekühlter gesüßter Espresso •2 Kugeln Vanille- oder Schokoladeneis • geschlagene Sahne	
Dame blanche	• 2 Kugeln Vanille- oder Mandelmilcheis • Schokoladensauce	Möglicherweise geht der Name auf die um 1825 komponierte, sehr erfolgreiche Oper »La dame blanche« von François-Adrien Boieldieu zurück.

Die Hauptzutaten für Speiseeisrezepturen

Fettstoffe

Produkt	% Wasser	% GTM [1]	% Fettgehalt	% FTM [2]	% Süßkraft
Vollmilch	88	12	3,60	8,40	FTM/ 2 × 16
Fettarme Milch			1,80		
Entrahmte Milch	90	9,30	0,06	9,28	FTM / 2 × 16
Kondensmilch, ungezuckert	75	25	7,50	17,50	FTM / 2 × 16
Kondensmilch, gezuckert	30	70	9	20	FTM / 2 × 16
Milchpulver 26 % Fett	3	97	26	71	FTM / 2 × 16
Milchpulver 0 % Fett	3	97	0	97	FTM / 2 x 16
Sahne 30 % Fett	63,56	36,44	30	6	FTM / 2 × 16
Sahne 35 % Fett (Schlags. »extra«)	59,02	40,98	35	5	FTM / 2 × 16
Sahne 40 % Fett	54,48	45,52	40	5	FTM / 2 × 16
Butter 80 % Fett	18	82	80	2	FTM / 2 × 16
Butter 82 % Fett	12	84	82	2	FTM / 2 × 16
Butterreinfett 99,98 % Fett	0,02	99,98	99,98	0	FTM / 2 × 16
Eigelb	50	50	33	0	FTM / 2 × 16

1 Gesamttrockenmasse
2 Fettfreie Trockenmasse

Süßmittel

Produkt	Herkunft	% Süßkraft	% Trockenmasse
Saccharose (Haushaltszucker)	Zuckerrübe oder Zuckerrohr Besteht aus Glukose und Fruktose	100	100
Glukosesirup	Hydrolyse von Stärke (aus Äpfeln, Kartoffeln, Reis, Mais, Süßkartoffeln)	40 (Standardsirup) (38–68 nach DE-Wert)	78
Glukosepulver	Hydrolyse (Sprühtrocknung) von Glukosesirup	47	95
Invertzucker oder Invertzuckersirup	Hydrolyse von Saccharose (Glukose und Fruktose)	etwa 127	78
Dextrose	Reine Glukose (Hydrolyse von Maisstärke)		95
Sorbitsirup E 420	Früher aus den Früchten der Eberesche, heute industriell aus Mais- und Weizenstärke auf Glukosebasis	75	70
Sorbit-Pulver E 420	Hydrolyse von Sorbitsirup	30	100
Isomalt E 953	Enzymatische Spaltung von Saccharose	30	95
Fruktose	Natürlicher Bestandteil von Obst und Gemüse (Hydrolyse von Saccharose)	50	
Honig	Nektar von Blüten (Ausscheidungsprodukt von Bienen)	173	78
Ahornsirup	Eingedickter Saft des Zuckerahorns (Nordamerika)	130	80
Laktose	Milch (4,2 %) und Milchprodukte	16	
Maltose	Hydrolyse von verschiedenen Getreidestärken (z.B. Mais, Gerste) Besteht aus zwei Glukosemolekülen	33	
Rohrohrzucker	Unraffinierter brauner Rohrzucker	100	100
Muscovado	Ungereinigter und unraffinierter brauner Rohrzucker von der Insel Mauritius	100	100
Stevia	Blätter der Stevia-Pflanze (Südamerika)	35-mal süßer als Saccharose	17

Früchte und Nüsse

Bezeichnung	% Trockenmasse	% Anteil an der Sorbetmasse
Ananas	14	45–60
Apfel, grün	14	50–60
Aprikose	14	50–70
Avocado	32	30–50
Banane	25	50–60
Blutorange	11	55–70
Brombeere	16	45–60
Dörrpflaume	67	30–40
Erdbeere	11	50–70
Erdbeere »Mara des Bois«	11	50–70
Feige	23	45–60
Granatapfel	20	60–70
Grapefruit	10	35–40
Guave	15	40–50
Haselnuss	93	–
Heidelbeere	15	40–50
Himbeere	14	45–55
Johannisbeere, rot	16	40–50
Johannisbeere, schwarz	17	60–70
Kiwi	16	50–60
Kokosnuss	56,2	55–70
Limette	9	15–25
Litschi	15	45–55
Mandarine	12	45–55
Mandel	94	–
Mango	15	50–60
Marone	49	30–40
Melone	8	60–80
Minze	16,5	–
Mirabelle	18	50–60
Papaya	15	60–70
Passionsfrucht	15	30–45
Pflaume	19	45–55
Orange	10	55–70
Pfirsich, gelbfleischig	13	60–70
Pfirsich, weißfleischig	14	60–70
Preiselbeere	16	40–50
Sauerkirsche	19	40–50
Vereinsdechantsbirne	15	40–50
Walderdbeere	12	50–70
Walnuss	12	–
Wassermelone	93	60–70
Weinbergpfirsich	7	60–70
Weintraube	13	60–70
Williams-Christ-Birne	21	50–60
Zitrone	13	60–70

Schokolade

Auftretende Mängel bei der Verarbeitung von Schokoladenkuvertüre

Fehler	Ursachen	Abhilfe
Die Kuvertüre wird während der Verarbeitung zu dickflüssig.	• Die Kuvertüre erkaltet und kristallisiert aus.	• Etwas warme Kuvertüre dazugeben oder erneut erwärmen.
Der Schokoladenüberzug glänzt nicht.	• falsches Temperieren der Kuvertüre • Raum- und/oder Kühlschranktemperatur zu niedrig • Form oder PVC-Folie nicht sauber	• Die Raumtemperatur sollte 19–23 °C, die Kühlschranktemperatur 8–12 °C betragen. • Formen und PVC-Folien müssen absolut sauber sein: Vor der Verwendung mit einem Wattebausch aus- bzw. abreiben.
Pralinen lösen sich nicht gut aus der Form und zerbrechen	• kalte Kuvertüre, zu warme Form	• Die jeweilige Temperierkurve berücksichtigen. • Auf absolute Sauberkeit der Formen achten: Vor dem Befüllen mit einem Wattebausch ausreiben. • Die Formen anwärmen (22 °C).
Pralinen kommen mit einem Grauschleier aus der Form (stumpfe Oberfläche, unansehnlich).	• kalte Kuvertüre, kalte Form	• Die jeweilige Temperierkurve berücksichtigen. • Die Temperatur überwachen. • Die Formen anwärmen (22 °C).
Pralinen lösen sich nicht aus der Form; die Kuvertüre ist klebrig und hat gräuliche Streifen.	• kalte Kuvertüre, zu warme Form	•Die jeweilige Temperierkurve berücksichtigen. • Die Temperatur überwachen. • Die Formen anwärmen (22 °C).
Pralinen haben eine körnige, brüchige Textur.	• Abkühlungsprozess zu schnell vollzogen	• Die Kuvertüre erst nach dem Anziehen in den Kühlschrank stellen (bei 8–12 °C).
Pralinen haben einen Grauschleier	• Kuvertüre noch zu warm, Kühlschrank zu kalt • Feuchtigkeit (Kondensation)	• Die jeweilige Temperierkurve berücksichtigen. • Die Temperatur überwachen. • Die Kühlschranktemperatur sollte 8–12 °C betragen. • Die Pralinen abdecken.
Pralinen haben keine glatte Oberfläche	• unsaubere, nicht sorgfältig ausgeriebene Formen (kein Glanz)	• Die Formen mit Zellstoffwatte und 90 %igem Alkohol von Fettrückständen befreien, dann kräftig mit einem trockenen Wattebausch ausreiben.

Umrechnungstabellen

Liter	Deziliter	Zentiliter	Milliliter	Kilogramm
1 Liter	10 dl	100 cl	1000 ml	1 kg
½ Liter	5 dl	50 cl	500 ml	0,500 kg
¼ Liter	2,5 dl	25 cl	250 ml	0,250 kg
⅛ Liter	1,25 dl	12,5 cl	125 ml	0,125 kg

Tasse	Milliliter
1 Tasse	250 ml
¾ Tasse	200 ml
½ Tasse	120 ml
¼ Tasse	60 ml

Produkt	1 Esslöffel (EL)	1 Teelöffel (TL)
Mehl	10 g	3 g
Zucker	18 g	5 g
Puderzucker	10 g	3 g
Backpulver	10 g	6 g
Salz	20 g	6 g
Pfeffer, gem.	8 g	2,5 g
Öl	8 g	4 g
Butter	15 g	4 g

Gewicht/Stückzahl von Eiern

Produkt	1 kg (Frischei)	Gewicht (je Stück)	1 kg (Eitrockenmasse)
Eier	etwa 20 Stück	etwa 50 g	83 Stück
Eiweiß	etwa 33 Stück	etwa 30 g	250 Stück
Eigelb	etwa 50 Stück	etwa 20 g	125 Stück

Backofentemperaturen

Temperatur in °C	30 °C	60 °C	90 °C	120 °C	150 °C	180 °C	210 °C	240 °C	270 °C	300 °C
Thermostat	1	2	3	4	5	6	7	8	9	10

Patisserie-Spezialitäten

Die französische Patisserie kennt eine unglaubliche Vielzahl unterschiedlicher Süßspeisen, Kuchen und Torten, von denen sich viele bis weit über die Landesgrenzen hinaus großer Beliebtheit erfreuen. Daher kann hier nur eine Auswahl der bekanntesten Desserts vorgestellt werden.

Regionale Spezialitäten

Bretagne

Crêpe
Sehr dünner Pfannkuchen, der in einer flachen gusseisernen Pfanne oder einem elektrischen Crêpe-Gerät gebacken wird.

Far breton
Auflaufartiger Kuchen aus Backpflaumen und einem Teig aus Eiern, Zucker, Milch und Mehl, der im Backofen gebacken und lauwarm oder kalt gegessen wird. Die in der Bretagne als *farz fourn* bezeichnete Süßspeise gehört zu den traditionellen Rezepten der nordwestlichen Region Frankreichs.

Kouign-amann
Runder, mehrschichtiger Kuchen aus Brotteig (Hefeteig), der wie Plunderteig touriert wird. Dabei wird bei jeder Tour reichlich Butter eingearbeitet und dick mit Zucker bestreut, der während des Backens karamellisiert. Die Oberfläche besteht aus einer knusprigen, goldbraun karamellisierten Zuckerschicht.

Burgund

Croquets aux amandes
Knuspriges, in der Regel rechteckig geformtes Gebäck aus Eiern, Zucker, Mehl, gemahlenen und zerstoßenen Mandeln, das den italienischen Cantucci sehr ähnlich ist.

Gaufrettes mâconnaises
Knusprige, etwa 15 Zentimeter lange Waffelrollen mit zarten Karamell-, Zitrone- und Vanillearomen, die seit Jahrhunderten ausschließlich in der Stadt Mâcon hergestellt werden.

Gougère
Herzhafte Käsewindbeutel, die lauwarm verzehrt werden. Der Brandteig wird vor dem Backen mit einem kräftigen Käse (Comté oder Gruyère) vermischt.

Massepain
Kleiner runder, luftig lockerer Kuchen aus Zucker, Mandeln und Eiweiß.

Pain d'epices
Kastenkuchen aus Rührteig mit Honig und Lebkuchengewürz.

Elsass

Apfelstrudel
Rolle aus Strudelteig mit einer Füllung aus mit Zimt bestreuten Apfelspalten und Rosinen.

Berewecke
Süßes, dunkles, länglich geformtes Weihnachtsgebäck mit getrockneten Birnen, Nüssen und Gewürzen. Je nach Region werden auch andere Trockenfrüchte eingebacken.

Bienenstich
Runder Hefekuchen mit einer Füllung aus Konditorcreme und einem Belag aus Honig, Butter, Zucker und Mandelblättchen, der beim Backen karamellisiert.

Dreikönigs-Galette
Runder Blätterteigkuchen, gefüllt mit Mandelcreme, der traditionell zum Dreikönigsfest gebacken wird.

Gugelhupf
Hefekuchen in Turbanform. In den mit Kirschwasser parfümierten Teig sind Rosinen und ganze Mandeln eingebacken.

Linzer Torte
Nussmürbeteigboden, gefüllt mit Himbeerkonfitüre, auf die ein Teiggitter gespritzt wird.

Nonnenfürzchen
Kleine runde, mit Zucker bestäubte Brandteigkrapfen.

Rhabarbertarte
Süßer Mürbeteigboden mit einem Belag aus Rhabarberstücken und einem Eier-Sahne-Guss.

Streusel-Galette
Runder, flacher Kuchen aus Hefeteig mit einer Kruste aus mit Zimt und Mandeln aromatisierten Streuseln.

Zwetschgentarte
Süßer Mürbeteigboden mit einem Belag aus gehobelten Mandeln und geviertelten, kranzförmig angeordneten und mit Zucker bestreuten Zwetschgen.

Franche-Comté

Apfel-Charlotte
Im Ofen gebackene Süßspeise, für die eine Charlottenform mit eingefetteten Briochescheiben ausgelegt, mit gekochten Äpfeln gefüllt und mit Briochescheiben abgedeckt wird. Die Charlotte wird gestürzt und warm serviert.

Île-de-France

Rosenblüten-Konfitüre
Eine Konfitüre nach altüberliefertem Rezept aus natürlichem Rosenextrakt, verfeinert mit kandierten Rosenblüten aus Provins. Die im frühen Mittelalter erbaute Stadt ist seit Jahrhunderten für die Qualität ihrer Rosen berühmt.

Pariser Flan-Tarte
Mürbeteigboden, gefüllt mit einer vanillierten Eiermasse, die im Backofen stockt.

Moka
Mokkatorte aus Genueser Biskuitböden, einer Kaffee-Buttercreme-Füllung. Der Rand des Kuchens wird mit gerösteten Mandelblättchen bestreut.

Opéra
Flache, rechteckige Torte aus mit Kaffeesirup getränkten Joconde-Biskuitböden, abwechselnd zusammengesetzt mit Ganache und Kaffee-Buttercreme. Die Oberfläche ist mit Ganache oder einer dunklen Schokoladenglasur überzogen.

Paris-Brest
Ein horizontal aufgeschnittener Brandteigkranz, mit Nugatcreme gefüllt und mit Mandelblättchen bestreut.

Saint-Honoré
Runde Torte aus einem Blätterteigboden und einem aufdressierten Brandteigkranz, der nach dem Backen mit kleinen, karamellisierten Windbeuteln besetzt wird. Die Tortenmitte wird mit Chiboust-Creme gefüllt.

Savarin
Kleiner oder großer ringförmiger Kuchen aus Hefeteig, der mit Zuckersirup und einer Spirituose (in der Regel mit Rum oder Kirschwasser) getränkt und in der Mitte mit Konditorcreme, Chantilly-Sahne und/oder Früchten garniert wird. Savarins werden fälschlicherweise oft als Babas bezeichnet.

Tarte Bourdaloue
Süßer Mürbeteigboden mit einer Mandelcremefüllung und einem Belag aus in Zuckersirup pochierten Birnenhälften.

Languedoc-Roussillon

Crème catalane
Gekochte katalanische Creme aus Milch, Eiern, Zucker und Speisestärke. Sie wird in feuerfeste Förmchen gefüllt, dick mit Zucker bestreut und mit einem Brenneisen oder einem Flambierbrenner karamellisiert.

Limousin

Clafoutis
In einer Auflaufform im Ofen gebackene Süßspeise, bestehend aus schwarzen, nicht entsteinten Kirschen, die mit einem dickflüssigen Crêpeteig übergossen werden.

Lothringen

Baba
Hoher runder Napfkuchen aus einem eier- und butterreichen Hefeteig, in der Regel mit Rosinen, der nach dem Abkühlen mit einer Mischung aus Läuterzucker und Rum oder Kirschwasser getränkt wird.

Madeleine de Commercy
Muschelförmiges Gebäck aus luftiger Biskuitmasse. Das lothringische Örtchen Commercy nimmt die Erfindung dieser Spezialität für sich in Anspruch.

Mirabellentarte
Mürbeteigboden, kranzförmig belegt mit frischen, halbierten Mirabellen, die mit einem Eier-Sahne-Guss überzogen werden.

Nord-Pas-de-Calais – Picardie

Dartois
Feingebäck aus zwei Blätterteigstreifen, die eine Füllung aus Johannisbeergelee oder Mandelcreme einschließen.

Normandie

Sablé normand
Runde, zart-knusprige Butterplätzchen.

Teurgoule
Mit Zimt aromatisierter Milchreis, der in einer Steingutschüssel mehrere Stunden bei 120–130 °C im Backofen gegart wird. Dabei bildet sich auf der Oberfläche eine knusprige braune Kruste.

Provence-Alpes-Côte d'Azur

Gâteau des rois
Traditionell zum Dreikönigsfest gebackener Hefekranz mit kandierten Früchten und Orangenschalen. In den mit Hagelzucker bestreuten Kuchen ist eine getrocknete Bohne eingebacken. Wer beim Essen darauf stößt, ist für einen Tag der König der Familie.

Rhône-Alpes

Brioche aus Saint-Génix
Zu einem Laib geformter Briocheteig, in den die berühmten rosaroten Zuckermandeln aus Lyon eingebacken sind.

Pâté
Große Hefeteig- oder Blätterteigtasche, gefüllt mit Früchten oder Konditorcreme.

Pogne
Kranzförmige, mit Orangenblütenwasser aromatisierte Brioche.

Zentralregion

Pithiviers
Großer runder Blätterteigkuchen mit verziertem Rand, dekorativ eingeritzter Oberfläche und einer Mandelcremefüllung. Der Kuchen ist eine Spezialität der Stadt Pithiviers, wo man ihn traditionell zum Dreikönigsfest serviert.

Tarte Tatin
Die »kopfüber« gebackene und anschließend gestürzte Tarte besteht aus einer Schicht karamellisiertem Zucker, Apfelhälften oder -Spalten und einem Mürbeteigboden.

Desserts mit Geschichte

Baba mit Rum

Der Legende nach ist der Baba eine Erfindung des im französischen Exil lebenden polnischen Königs Stanislas Leszczynski (1677–1766). Ein Gugelhupf erschien ihm zu trocken und so soll er auf den Gedanken gekommen sein, ihn mit Rum zu tränken. Als begeisterter Leser von »Tausendundeine Nacht« benannte er seine Kreation nach seinem Lieblingshelden Ali Baba. Um 1836 verfeinerte der Pariser Patissier Stohrer den Kuchen, indem er den Rum durch aromatisierten Zuckersirup ersetzte.

Birne Helene

Das Dessert mit pochierter Birne, Vanilleeis und Schokoladensauce soll 1864 von Auguste Escoffier anlässlich der Pariser Premiere von Jaques Offenbachs Operette »Die schöne Helena« kreiert worden sein, als Hommage an Hortense Schneider, die gefeierte Interpretin der Titelrolle.

Charlotte

Die Süßspeise, von der es zahlreiche Varianten gibt, soll in der zweiten Hälfte des 18. Jahrhunderts am englischen Königshof zu Ehren von Königin Charlotte, der Gemahlin König Georgs III., kreiert worden sein. Ursprünglich war die Charlotte eine Art Pudding: Eine Form wurde mit in aromatisierter Milch getränkten Weißbrotscheiben ausgelegt und mit einem Fruchtpüree gefüllt. Nach dem Backen stürzte man die Speise und servierte sie warm. Anfang des 19. Jahrhunderts kreierte der berühmte Küchenchef Antonin Carème die »Charlotte auf Pariser Art«, die wir heute kennen: Eine hohe runde Form, mittlerweile als Charlottenform bezeichnet, wird mit Löffelbiskuits ausgelegt und mit einer Bayerischen Creme oder einer Früchtemousse gefüllt.

Crêpe Suzette

Um die Erfindung der berühmten französischen Süßspeise ranken sich viele Anekdoten. Die bekannteste dreht sich um den späteren Meisterkoch Henri Charpentier, der seine Lehrzeit im Café de Paris in Monte Carlo absolvierte. An einem Januartag des Jahres 1896 sollte er am Tisch des britischen Kronprinzen Edward Crêpes auf einem Rechaud anrichten. Durch ein Missgeschick entzündete sich der zum Übergießen verwendete Likör. Charpentier behielt die Fassung, zog die Crêpes durch die entflammte Marinade und erklärte dem erstaunten Prinzen, es handele sich um eine neue Kreation zu Ehren Seiner Königlichen Hoheit. Edward war geschmeichelt, bat aber charmant darum, sie nach seiner Begleiterin Suzette zu benennen.

Millefeuille

Die Herstellung des Tausendblätterkuchens erfordert eine geübte Hand. Seine Blätterteigböden bestehen aus einer Vielzahl dünner Schichten (genau genommen 1479), die im Backofen durch den im Gebäck entstehenden Wasserdampf locker-luftig aufgehen. Für den Millefeuille werden drei Böden benötigt, die mit zwei Schichten Konditorcreme zusammengesetzt werden. Das Gebäck wird mit Puderzucker bestaubt oder mit Fondant überzogen und die Oberfläche mit flüssiger Schokolade marmoriert. Heute wird angenommen, dass Blätterteig ursprünglich aus dem östlichen Mittelmeerraum stammt. Gegen Ende des 18. Jahrhunderts soll der legendäre Koch Antonin Carème die Blätterteigherstellung perfektioniert haben.

Moka

Mit »Mokka« wurde ursprünglich eine Kaffeesorte aus dem Jemen bezeichnet. Der Name leitet sich von der jemenitischen Hafenstadt al-Mucha am Roten Meer ab, von wo aus früher der Kaffee verschifft wurde. Die Mokkatorte aus drei Genueser Biskuitböden wird mit Kaffee-Buttercreme zusammengesetzt und bestrichen und ihr Rand mit gerösteten Mandelblättchen bestreut.

Norwegisches Omelett

Das spektakuläre, auch als Omelette Surprise bekannte Dessert verdankt seine Entstehung dem amerikanischen Physiker Rumford, der 1804 entdeckte, dass steif geschlagenes Eiweiß nicht wärmeleitfähig ist. Ein gewisser Balzac, seinerzeit Küchenchef des Pariser Grand-Hotels, machte sich dieses Prinzip 1867 für seine bahnbrechende Kreation zunutze: Eine geeiste Creme wurde mit Biskuit ummantelt, mit einer Meringenmasse überzogen und mit einem Gasbrenner leicht gebräunt.

Opéra-Torte

Zwei große Pariser Patissiers machen sich gegenseitig die Erfindung der berühmten Kreation streitig: Paul Bugat, Eigentümer der Patisserie Clichy an der Place de la Bastille, behauptet, Monsieur Riss, der Gründer seines Hauses, habe die Torte in den 1920er-Jahren kreiert und sie nach seiner Patisserie »Le Clichy« benannt. Unter diesem Namen wird die Torte bis heute im Haus Nr. 5 am Boulevard Beaumarchais angeboten.

Die Familie Bugat kaufte die Patisserie Clichy 1955. Gegen Ende der 1950er-Jahre soll Cyriaque Gavillon, ein Verwandter und Besitzer der Patisserie Dalloyau, die Clichy-Torte gekostet und sie so köstlich gefunden haben, dass er sie kopierte und in seinem Haus unter dem Namen Opéra-Torte verkaufte. Allerdings bestreitet das Haus Dalloyau diese Version der Geschichte ganz entschieden und behauptet, Monsieur Gavillon habe die Torte 1955 selber kreiert. An dieser Stelle soll keineswegs Partei ergriffen werden, aber zugegebenermaßen gleichen sich die Opéra-Torte und die Clichy-Torte wie ein Ei dem anderen. Auch wenn diese Köstlichkeit von zwei Häusern unter verschiedenen Namen angeboten werden, eines steht fest: Die Torte, wie wir sie heute kennen, zählt zu den herausragenden Kreationen der Pariser Patisserie.

Paris-Brest

Der 1984 erschienenen Ausgabe des »Larousse gastronomique« zufolge wurde der Paris-Brest-Kuchen von einem Patissier kreiert, dessen Haus vor den Toren von Paris an der Strecke des Radrennens gleichen Namens lag. Das seit 1891 alle zehn Jahre ausgetragene Straßenrennen soll ihn dazu inspiriert haben, einen Kuchen in Form eines Fahrradreifens zu backen. Wer war dieser Patissier, und wo genau lag sein Geschäft?

Der Erfinder des Kuchens war ein gewisser Louis Durand aus Maisons-Laffitte, einer kleinen Stadt östlich von Paris. Seine Söhne und Enkel bestätigen, dass er das berühmte Gebäck 1910 kreierte (und nicht 1891, wie fälschlicherweise oft behauptet wird). Ist es reiner Zufall, dass in dem wenig später erschienenen Werk »Traité de la pâtisserie moderne« (Lehrbuch der modernen Patisserie) der Autoren Darenne und Duval ein identisches Rezept für einen Kuchen namens »Paris-Nice« vorgestellt wurde? Wie dem auch sei, der Paris-Brest-Kuchen hat einen unvergleichlichen Siegeszug angetreten und gehört zu den bekanntesten und beliebtesten Spezialitäten der Region Île-de-France.

Pfirsich Melba

Die bekannte und beliebte Süßspeise wurde Ende des 19. Jahrhunderts von Auguste Escoffier kreiert, dem berühmten Meisterkoch und damaligen Küchenchef des Londoner Savoy- Hotels. Das Dessert besteht aus frischen ganzen Pfirsichen, die in vanilliertem Läuterzucker pochiert, auf Vanilleeis angerichtet und mit einer Himbeercoulis überzogen werden. Escoffier widmete seine Kreation der berühmten australischen Sängerin Nelly Melba, die von 1892 bis 1893 im Royal Opera House gastierte.

Religieuse

Das Gebäck (»Nonne«) wurde Mitte des 19. Jahrhunderts im Pariser Café Frascati kreiert. Bestehend aus zwei unterschiedlich großen Windbeuteln (für Kopf und Körper) mit einer Füllung aus Schokoladen- oder Kaffeecreme haben die Religieuses eine recht üppige Kontur. Eine Halskrause aus Buttercreme rundet das Erscheinungsbild ab.

Saint-Honoré

Sicher ist nur, dass die Torte ihren Ursprung in Paris hat, aber über die Frage, wem sie tatsächlich ihren Namen verdankt, streiten sich die Geister. Eine Theorie besagt, sie sei dem Schutzpatron der Bäcker, dem Heiligen Honorius, geweiht. Anderen Quellen zufolge ist sie nach der Rue Saint-Honoré benannt, dem Standort der seinerzeit berühmten Patisserie Chiboust, in der sie 1846 kreiert wurde. Chiboust selbst hat die Creme erfunden, mit der die Torte gefüllt wird. Auguste Julien, der in den 1840er-Jahren bei Chiboust angestellt war, hat sie später in seiner eigenen Patisserie weiterentwickelt und ihr die Form gegeben, die wir noch heute kennen.

Savarin

Die Verwendung von Hefe zum Brotbacken kommt aus dem alten Ägypten. Der Grundteig für Savarins besteht ebenfalls aus Weizenmehl, Wasser, Hefe und Salz, wird aber zusätzlich mit Eiern und Butter angereichert. Im Gegensatz zum Gugelhupf enthält er keine Rosinen. Der Teig wird in Kranzformen gefüllt und nach dem Backen mit einem aromatisierten Zuckersirup getränkt. Die Mitte wird mit Chantilly-Sahne gefüllt. Der Pariser Patissier Auguste Julien kreierte das Gebäck im Jahr 1845 und benannte es nach dem berühmten französischen Schriftsteller und Gastrosophen Jean Anthelme

Brillat-Savarin, dessen Werk »Physiologie des Geschmacks« 1825 erschienen war.

Sorbet

Halbgefrorene Speise aus Fruchtsaft und/oder Fruchtpüree und Zucker. Das arabische Wort *sarbat* für ein kaltes, erfrischendes Getränk wurde auf dem Weg über die Türkei *(sherbet)* in Italien zu *sorbetto* und in Frankreich schließlich zu *sorbet*. Die Herstellung dagegen ist im Wesentlichen unverändert geblieben: Frisch gepresster Fruchtsaft wurde durch ein Seidentuch gefiltert und anschließend mit Honig gesüßt. Ein beigemischter Pflanzenextrakt sollte die Bildung von Kristallen verhindern. Seit dem späten 18. Jahrhundert werden Sorbets in vielen Varianten hergestellt. Im Unterschied zu Eiscremes enthalten sie weder Eier noch Milchprodukte.

Tarte Bourdaloue

Diese ausgesprochen edle Tarte wurde ebenfalls von einem Pariser Patissier kreiert. Der Mann mit Namen Fasquelle hatte sich in der Rue Bourdaloue niedergelassen. Ein Mürbeteigboden wird mit Mandelcreme überzogen und kreisförmig mit in Vanillesirup pochierten Birnenhälften belegt.

Tarte Tatin

In Lamotte-Beuvron, einer kleinen Stadt südlich von Orléans, führten im frühen 19. Jahrhundert zwei betagte Schwestern namens Tatin ein einfaches Hotel-Restaurant. Ihre Gäste waren in erster Linie die Jäger der Umgebung und Fremde auf der Durchreise. Im Jahr 1926 machte auch der berühmte französische Gastrokritiker Curnonsky in dem Restaurant halt. Von der zum Nachtisch servierten Apfeltarte war er hellauf begeistert, bat um das Rezept und gab es nach seiner Rückkehr an einen Pariser Koch weiter. Schon bald fand sich das einfache, köstliche Dessert mit seiner knusprigen Karamellkruste auf allen Speisekarten der Stadt wieder und trat wenig später seinen Siegeszug durch das ganze Land an. Der Legende zufolge ist es einem reinen Missgeschick zu verdanken, dass die Tarte »kopfüber«gebacken wird.

Die Rezepte

Jérôme Chaucesse präsentiert sein Rezept

Warme Desserts

Jérôme Chaucesse

Chefpatissier
Hôtel de Crillon, Paris

»Die französischen Dessertklassiker haben mich durch meine Kindheit begleitet. Natürlich liebe ich sie, aber ich liebe es auch, sie optisch und geschmacklich immer wieder neu und zeitgemäß zu interpretieren. Zu meinen absoluten Favoriten zählt unter anderem der Eisbecher ›Birne Helene‹, den ich in eine anspruchsvolle Dessertkreation verwandelt habe: eine auf zweierlei Art gegarte Williamsbirne (pochiert und karamellisiert), Bourbon-Vanilleeis (an einer Mandel-Tuile hängend), Mandelblättchen Polignac und eine mit Ingwer und schwarzem Pfeffer parfümierte Schokoladensauce. Eine Komposition zum Niederknien! Meine Vision? Eleganz und Design im Dienst des Geschmacks.«

Birne Helene, Bourbon-Vanilleeis, Sauce von zweierlei Schokolade

Die Birnen pochieren.
Die Birnen schälen, von ihrem Kerngehäuse befreien und jeweils das obere Drittel abschneiden. Für den Sirup das Wasser, den Orangensaft, den Zucker und den Ingwer in einen Topf geben. Die Vanilleschote der Länge nach aufschlitzen, das Mark herauskratzen und ebenfalls dazugeben. Aufkochen. Die oberen Birnendrittel hineingeben und pochieren. Mit dem Birnenbrand parfümieren, die Birnen aus dem Sirup nehmen und kühl stellen.

Den Karamell herstellen.
Den Zucker in einen Topf geben und trocken karamellisieren. Die Butter unterrühren und die Birnenunterteile in dem Karamell anbraten. Mit dem Birnenbrand begießen und im Backofen bei 160 °C fertig garen.

Die Mandel-Tuiles herstellen.
Sämtliche Zutaten vermengen und auf ein mit Backpapier oder einer Silikonmatte bedecktes Blech streichen. Einige Minuten bei 160 °C vorbacken. Kreise mit dem Durchmesser der Dessertgläser ausstechen und mit einer feinen Lochtülle in der Mitte eine kleine Öffnung ausstanzen. Die Tuiles fertig backen und auf einem Kuchengitter auskühlen lassen.

Das Vanilleeis herstellen.
Die Milch und die Sahne aufkochen. Die aufgeschlitzte Vanilleschote und das ausgekratzte Mark dazugeben und ziehen lassen. Die Hälfte des Zuckers mit dem Stabilisator mischen und in die Milch geben. Das Eigelb mit dem restlichen Zucker und der Glukose weißschaumig aufschlagen. Beide Massen vermischen, dann unter Rühren auf 85 °C erhitzen. Durch ein feines Sieb passieren und rasch auf 4 °C abkühlen. Im Kühlschrank mindestens 4 Stunden reifen, anschließend in der Eismaschine gefrieren lassen.
Das Vanilleeis in Kegelformen aus Kunststoff füllen. Aus den Formen stürzen und jeweils einen Birnenstiel aus Schokolade in die Spitze stecken. Mit der Grundfläche auf die Unterseite einer Mandel-Tuile kleben. Bis zur weiteren Verwendung im Gefrierfach aufbewahren.

Für 10 Personen
Zubereitung: 50 Minuten
Kühlzeit: 4 Stunden
Garzeit: 30 Minuten

Zutaten
10 Birnen der Sorte Williams Christ
10 aus temperierter Schokolade (S. 182) geformte Birnenstiele
Blattgold (nach Belieben)

Für den Sirup
1 l Wasser
50 ml Orangensaft
400 g feinster Zucker
60 g Ingwer, frisch gerieben
1 Vanilleschote
50 ml Williamsbirnen-Brand

Für den Karamell
200 g feinster Zucker
50 g Butter
25 ml Williamsbirnen-Brand

Für die Mandel-Tuiles
60 g feinster Zucker
30 g Mehl
50 g Eiweiß
16 g Butter, zerlassen
100 g Mandelblättchen

Für das Vanilleeis
400 ml Vollmilch
100 g flüssige Schlagsahne
1 Vanilleschote
100 g feinster Zucker
2 g Stabilisator für Eiscreme
100 g Eigelb
20 g Glukosepulver

Die Mascarpone-Sahne herstellen.
Sämtliche Zutaten in die Rührschüssel der Küchenmaschine geben und mit dem Schneebesen steif schlagen. Bis zur weiteren Verwendung in den Kühlschrank stellen.

Die Polignac-Mandeln herstellen.
Den Zucker mit dem Wasser aufkochen. Die Mandelblättchen verlesen und nur die schönsten verwenden. Vorsichtig mit dem Sirup vermischen, dann im Backofen bei 160 °C goldbraun karamellisieren.

Die Schokoladensauce herstellen.
Die Milch und die Sahne aufkochen. Die Glukose, den Ingwer, den Pfeffer und den Zimt dazugeben und 5 Minuten ziehen lassen. Durch ein Sieb auf die Kuvertüre gießen. Durchmixen und beiseitestellen.

Fertigstellung.
Die karamellisierten Birnen in Scheiben schneiden und mit etwas von dem Karamell auf den Böden der Dessertgläser anordnen. Die Mandel-Tuiles mit dem Eis nach unten auf die Gläser legen. Die Mascarpone-Sahne in einen Spritzbeutel mit Lochtülle füllen und einen Kranz aus kleinen Tupfern auf den Rand der Tuiles dressieren. Jeweils sieben Mandelblättchen darauf verteilen. Die pochierten Birnendrittel in die Mitte setzen und die Stiele nach Belieben mit etwas Blattgold verzieren. Zum Schluss die Birne mit der lauwarmen Schokoladensauce überziehen.

Für die Mascarpone-Sahne
250 g flüssige Schlagsahne
50 g Mascarpone
32 g Puderzucker
ausgekratztes Mark von 1 Vanilleschote

Für die Polignac-Mandeln
4 g Zucker
4 ml Wasser
25 g Mandelblättchen

Für die Schokoladensauce
75 ml Vollmilch
62 g flüssige Sahne
25 g Glukose
4 g Ingwer, frisch gerieben
1 Umdrehung Pfeffer aus der Mühle
1 g Zimt, gemahlen
65 g Caraïbe (dunkle Kuvertüre von Valrhona), gehackt
20 g Jivara (Vollmilchkuvertüre von Valrhona), gehackt

Apfelbeignets ★

Für 6 Personen

Zubereitung: 45 Minuten
Marinieren: 60 Minuten
Kühlzeit: 30 Minuten
Backzeit: 25 Minuten

Zutaten

4 Äpfel
50 g Calvados
40 g Zucker
Frittierfett
120 g Aprikosencoulis (S. 128)

Für den Ausbackteig

200 g Mehl
2 g Salz
20 g + 40 g feinster Zucker
40 g Eigelb
30 g Öl
220 g Bier
120 g Eiweiß

Die Äpfel vorbereiten.
Die Früchte schälen, mit einem Apfelausstecher vom Kerngehäuse befreien und in 1 Zentimeter dicke Ringe schneiden. Nebeneinander in eine große flache Schüssel legen, mit dem Calvados beträufeln und mit dem Zucker bestreuen. 60 Minuten marinieren lassen.

Den Ausbackteig herstellen.
In einer Schüssel das Mehl, das Salz und 20 Gramm Zucker mischen, aufhäufen und in die Mitte eine Mulde drücken. Das Eigelb, das Öl sowie etwas Bier hineingeben und kräftig glatt rühren. Das restliche Bier unter ständigem Schlagen mit dem Schneebesen nach und nach dazugießen. Den Teig mindestens 30 Minuten im Kühlschrank ruhen lassen.
Das Eiweiß steif schlagen, dabei den restlichen Zucker einrieseln lassen. Den Eischnee behutsam unter den Teig heben.

Die Beignets fertigstellen.
Die Fritteuse auf 180 °C vorheizen.
Die Apfelringe mithilfe einer Gabel durch den Teig ziehen. In dem heißen Frittierfett goldbraun ausbacken, dabei einmal wenden. Herausheben und auf Küchenkrepp kurz abtropfen lassen. Rasch auf Tellern anrichten und mit der Aprikosencoulis servieren.

● Gut zu wissen
Auf diese Weise können verschiedene Früchte, aber auch robustere Kräuterblätter ausgebacken werden.

● Tipp
Für Bananenbeignets den Calvados durch weißen Rum ersetzen.

Kochschule
Marinieren >> S. 215
Frittieren >> S. 214

Zutaten

80 g Butter
1 Vanilleschote
1 Ananas
100 g Rohrohrzucker
50 g brauner Rum
250 g Vanilleeis (S. 203)

Ananasspieße ★

Für 4 Personen

Zubereitung: 20 Minuten
Garzeit: 75 Minuten

Die Butter klären.

Die Vanilleschote der Länge nach in vier gleiche Teile schneiden und im Backofen bei 30-40 °C etwa 60 Minuten trocknen.

Die Ananas schälen und in 3 Zentimeter dicke Scheiben, anschließend in gleichmäßige Würfel mit 3 Zentimeter Kantenlänge schneiden. Jeden Würfel mithilfe einer Dressiernadel durchbohren und durch jeweils drei Würfel ein Stück getrocknete Vanilleschote ziehen. Auf diese Weise vier Spieße mit jeweils drei Ananaswürfeln herstellen.

Die geklärte Butter in einer beschichteten Pfanne erhitzen. Die Spieße auf allen Seiten leicht anbräunen, dabei regelmäßig mit dem Zucker bestreuen. Mit dem Rum flambieren und vom Herd nehmen.

Die Ananasspieße in Dessertschalen mit jeweils einer Kugel Vanilleeis anrichten.

● Gut zu wissen

Die ursprünglich aus Südamerika stammende Ananas ist heute in fast allen tropischen Ländern verbreitet. Die Sorte Victoria ist vergleichsweise klein, wird aber wegen ihres süßen, schmackhaften Fruchtfleisches besonders geschätzt. Achten Sie beim Einkauf auf Fluganans: Sie werden reif geerntet und sind wesentlich aromatischer als Früchte, die vor ihrer Reife gepflückt und per Schiff nach Europa transportiert werden.

Kochschule
Braten >> S. 219

Churros ★ (Spanisches Fettgebäck)

Zutaten

200 ml Wasser
2 g Salz
15 g + 40 g feinster Zucker
2 g Orangenblütenwasser
200 g Mehl
Frittierfett

Für 4 Personen
Zubereitung: 20 Minuten
Backzeit: 20 Minuten

Das Wasser mit dem Salz, 15 Gramm Zucker und dem Orangenblütenwasser aufkochen. Den Topf von der Kochstelle nehmen, das gesiebte Mehl auf einmal in die kochend heiße Flüssigkeit geben und kräftig mit einem Spatel verrühren.
Das Frittierfett auf 180 °C erhitzen. Den Teig in einen Spritzbeutel mit großer Sterntülle füllen und Streifen in das heiße Frittierfett spritzen.
Die Teigstreifen goldbraun ausbacken, mit einem Schaumlöffel herausheben und auf Küchenkrepp abtropfen lassen. Sofort mit dem restlichen Zucker bestreuen und heiß servieren.

● Tipp

Die Churros schmecken besonders gut mit Schokoladensauce (S. 120).

Kochschule
Frittieren >> S. 214

Zutaten

- 120 g Eigelb
- 75 g feinster Zucker
- 250 ml Milch
- 250 g flüssige Schlagsahne
- 1 Vanilleschote
- 1 TL Lebkuchengewürz
- 80 g Rohrohrzucker

Weihnachtliche Crème brulée ★

Für 4-6 Personen

Zubereitung: 15 Minuten
Kühlzeit: 2 Stunden
Garzeit: 40 Minuten

Das Eigelb und den Zucker in eine Schüssel geben und weißschaumig aufschlagen. Die Milch und die Sahne dazugießen und alles gründlich verrühren. Die aufgeschlitzte Vanilleschote und das herausgekratzte Mark sowie das Lebkuchengewürz dazugeben.

Mit Frischhaltefolie abdecken und etwa 2 Stunden im Kühlschrank ziehen lassen, damit sich die Aromen voll entfalten können. Anschließend durch ein feines Sieb passieren und in ofenfeste Förmchen füllen.

Die Creme in einem Wasserbad im Backofen bei maximal 90-100 °C etwa 40 Minuten stocken lassen. Nach dem Abkühlen mit dem Rohrohrzucker bestreuen. Den Zucker mit einem Créme-brulée-Brenner karamellisieren.

Kochschule
Crème brulée >> S. 92

Crêpes mit Suzette-Butter ★

Für 8 Personen
Zubereitung: 20 Minuten
Ruhezeit: 30 Minuten
Garzeit: 30 Minuten

Zutaten

Für die Crêpemasse
250 g Mehl
2 g Salz
150 g Ei
500 ml Milch
2 g Vanilleextrakt
40 g Butter, zerlassen und gebräunt
Öl zum Ausbacken

Für die Suzette-Butter
60 g Zucker
20 g + 50 g Butter
100 ml Orangensaft
abgeriebene Schale
von ½ unbehandelten Orange
40 ml Grand Marnier

Die Crêpemasse herstellen.
Das Mehl in eine Rührschüssel sieben und das Salz untermischen. Die Eier dazugeben und unter Zugabe von etwas Milch kräftig mit dem Mehl verrühren. Die restliche Milch nach und nach dazugießen und alles zu einem glatten, flüssigen Teig verarbeiten. Mit dem Vanilleextrakt aromatisieren, durch ein feines Sieb passieren, zum Schluss die Butter unterrühren. Etwa 30 Minuten quellen lassen.
In einer leicht geölten Crêpepfanne bei starker Hitze 16 Crêpes backen.

Die Suzette-Butter zubereiten.
In einem Topf den Zucker trocken karamellisieren. 20 Gramm Butter unterrühren, dann mit dem Orangensaft ablöschen. Die Orangenschale dazugeben. Aufkochen und reduzieren lassen, bis die Masse cremig ist. Mit dem Grand Marnier aromatisieren. Erneut reduzieren und zum Schluss die restliche Butter unterziehen.

Fertigstellen.
Die Crêpes nacheinander in der Suzette-Butter wenden. Zusammenfalten und heiß servieren.

Kochschule
Crêpemasse ›› S. 40
Fruchtige Suzette-Butter ›› S. 121

Beeren-Crumble ★

Für 4-6 Personen

Zubereitung: 10 Minuten
Backzeit: 20 Minuten

Den Backofen auf 180 °C vorheizen.

Das Mehl in eine Schüssel sieben. Den Zucker, die gemahlenen Mandeln dazugeben und die in Stücke geschnittene weiche Butter dazugeben. Alles zwischen den Händen feinkrümelig verreiben.

Die Beeren in eine ausgebutterte feuerfeste Form geben. Die Streusel etwa 1,5 Zentimeter dick darauf verteilen. Etwa 20 Minuten backen.

● Tipp

Den Crumble lauwarm servieren, beispielsweise mit Vanilleeis oder einem Sorbet von roten Beeren. Die Früchte entsprechend der Saison auswählen. Sehr saftiges Obst wie Zitrusfrüchte ist nicht geeignet.

Zutaten

120 g Mehl Type 405
120 g feinster Zucker
40 g Mandeln, gemahlen
120 g Butter + Butter für die Form
80 g Schwarze Johannisbeeren
80 g Brombeeren
80 g Rote Johannisbeeren
80 g Himbeeren
80 g Heidelbeeren

Zutaten
4 rosa Grapefruits

Für das Sabayon
100 g Eigelb
100 g feinster Zucker
100 g Cidre rosé

Grapefruitgratin mit Cidre ★

Für 4 Personen
Zubereitung: 20 Minuten
Backzeit: 10 Minuten

Die Früchte vorbereiten.
Die Grapefruits einschließlich der weißen Haut schälen und die Fruchtfilets auslösen.

Das Sabayon herstellen.
Das Eigelb, den Zucker und den Cidre in einen Topf geben und auf maximal 65 °C erhitzen, dabei energisch mit einem Schneebesen rühren, damit die Masse nicht ansetzt. Die Sauce kann auch auf einem Wasserbad aufgeschlagen werden.
Sie soll sehr schaumig sein und ihr Volumen verdoppeln. Während des Aufschlagens darauf achten, dass das Eigelb nicht gerinnt.

Einschichten und überbacken.
Die Grapefruitfilets dekorativ in vier Gratinschalen anordnen. Mit dem Sabayon überziehen und im Backofen unter dem vorgeheizten Grill gratinieren.

Kochschule
Zitrusfrüchte filetieren ›› S. 130
Sabayon ›› S. 123

Feine Apfeltarte mit Zimteis und Karamellsauce ★★

Für 6 Personen
Zubereitung: 30 Minuten
Reifezeit: 4 Stunden
Backzeit: 20 Minuten

Zutaten

Für das Zimteis
400 ml Vollmilch
100 g flüssige Schlagsahne
1 Zimtstange
120 g Eigelb
100 g feinster Zucker

Für die Apfelküchlein
450 g Blätterteig (S. 24)
300 g Äpfel
verquirltes Ei (nach Belieben)
50 g Zucker (nach Belieben)

Für die salzige Karamellsauce
125 g flüssige Schlagsahne
125 g feinster Zucker
10 g Butter
3 g Fleur de Sel

Das Zimteis herstellen.
Die Milch, die Sahne und das Eigelb in einen Topf füllen. Die Zimtstange dazugeben. Die Masse auf 40 °C erwärmen. Unter stetigem Rühren den Zucker hinzufügen.
Die Eismasse zur Pasteurisierung für 3 Minuten auf 85 °C erhitzen, dabei stetig weiterrühren. Die Zimtstange entfernen, die Masse mit dem Pürierstab durchmixen.
In eine Schüssel gießen und mit Frischhaltefolie abgedeckt abkühlen lassen. Anschließend mindestens 4 Stunden (besser über Nacht) bei 4 °C reifen lassen. In der Eismaschine gefrieren lassen.

Die Böden vorbereiten.
Den Blätterteig 2 Millimeter dick ausrollen und sechs Kreise mit 12 Zentimeter Durchmesser ausstechen. Vor dem Backen noch einmal 60 Minuten im Kühlschrank ruhen lassen.

Die Apfelküchlein fertigstellen und backen.
Den Backofen auf 190 °C vorheizen. Die Äpfel schälen, halbieren, vom Kerngehäuse befreien, dann in dünne Scheiben schneiden. Fächerförmig leicht überlappend auf den Blätterteigböden anordnen. Für eine schöne goldbraune Farbe die Äpfel nach Belieben leicht mit verquirltem Ei bestreichen und nach etwa der Hälfte der Backzeit mit dem Zucker bestreuen. Die Küchlein 20 Minuten backen.

Die salzige Karamellsauce herstellen.
Die Sahne erhitzen. In einem Topf den Zucker trocken zu Karamell kochen. Zunächst die Butter, dann nach und nach die heiße Sahne unterrühren. Erneut zum Kochen bringen und glatt rühren, mit Fleur de Sel abschmecken.

Anrichten.
Die noch warmen Tartes auf Teller verteilen. Mit je einer Kugel Eis belegen und mit der Karamellsauce beträufeln.

Kochschule
Geeiste Cremes >> S. 204
Blätterteig >> S. 24
Salzige Karamellsauce >> S. 119

Schokoladenküchlein mit flüssigem Kern ★

Für 6 Personen
Zubereitung: 20 Minuten
Kühlzeit: 120 Minuten
Backzeit: 15 Minuten

Zutaten
300 g dunkle Schokolade (70 % Kakaoanteil)
250 g Butter + Butter für die Formen
250 g Ei
40 g Zucker
80 g Rohrohrzucker
110 g Mehl Type 405 + Mehl für die Formen
3 g Backpulver
100 g weiße Schokolade
25 g Kakaobutter

Den Backofen auf 170 °C vorheizen.

Die Schokolade hacken und zusammen mit der Butter auf einem Wasserbad schmelzen.

Die Eier, den Zucker und den Rohrohrzucker in eine Schüssel geben und auf einem Wasserbad schaumig schlagen, bis die Masse bandartig vom Schneebesen fließt. Die Schüssel vom Wasserbad nehmen. Das Mehl mit dem Backpulver auf die Schokoladenmasse sieben und unterziehen, dann 2 Stunden im Kühlschrank ruhen lassen.

Die weiße Schokolade und die Kakaobutter hacken und auf einem Wasserbad schmelzen. In sechs kleine herzförmige Formen gießen und erstarren lassen.

Sechs kleine Backformen ausbuttern und mit Mehl ausstauben. Zu einem Drittel mit der dunklen Schokoladenmasse füllen. Die weißen Schokoladenherzen daraufsetzen, dann mit der restlichen Masse auffüllen.

Sofort in den vorgeheizten Ofen geben und etwa 15 Minuten backen. Unverzüglich servieren.

● Tipp
Der Kern dieser Küchlein bleibt besonders schön flüssig, wenn man sie vor dem Backen gut durchkühlt. Zu den Schokoladenküchlein nach Belieben eine Englische Creme (S. 91) servieren.

Kochschule
Genueser Biskuit >> S. 76

Zutaten

16 Weinbergpfirsiche oder Flachpfirsiche
Saft von 1 Zitrone
2 Vanilleschoten
100 g feinster Zucker
80 g Butter
1 unbehandelte Limette
verquirltes Eiweiß (nach Belieben)

Für die Himbeercoulis

125 g Himbeeren
Saft von ½ Zitrone
80 g Puderzucker

Pfirsiche »en papillote« ★

Für 8 Personen

Zubereitung: 30 Minuten
Garzeit: 15 Minuten

Die Pfirsichpäckchen vorbereiten.

Den Backofen auf 160-170 °C vorheizen.
Acht Stücke Backpapier von etwa 20 × 30 Zentimeter zurechtschneiden, in der Mitte falten und wieder aufklappen.
Die Pfirsiche in kochendes Wasser tauchen, in einer Schüssel mit Eiswasser abschrecken, dann häuten. Von den Steinen befreien und in Spalten schneiden. Mit Zitronensaft beträufeln, damit sie nicht braun werden. Die Spalten von zwei Pfirsichen auf jeweils einer Hälfte der Backpapierbögen verteilen.
Die Vanilleschoten der Länge nach vierteln und auskratzen. Das Mark auf die Pfirsichstücke geben und jeweils eine viertel Vanilleschote dazulegen. Die Früchte mit dem Zucker bestreuen und mit Butterflöckchen belegen. Die Limette waschen, die Schale über den Pfirsichen mit einem Zestenreißer abziehen.
Die freie Blatthälfte über die Früchte schlagen, die Ränder aufeinanderlegen, mehrfach nach innen umschlagen und mit Büroklammern befestigen. Um sicherzugehen, dass die Päckchen hermetisch verschlossen sind, die Papierränder nach Belieben vor dem Falten mit verquirltem Eiweiß bestreichen.
In den heißen Backofen legen. Sobald sich die Päckchen aufblähen, noch 4-5 Minuten weitergaren. Die Früchte sollen nicht zerfallen.

Die Himbeercoulis herstellen.

Die Beeren mit dem Zitronensaft pürieren, zuckern und durch ein feines Sieb passieren.

Anrichten.

Die Päckchen nach Ende der Garzeit aus dem Backofen nehmen und sofort servieren. Die Pfirsiche mit der Himbeercoulis übergießen.

● Tipp

Als Kontrast zu den warmen Pfirsichen etwas Kaltes dazu servieren, zum Beispiel eine Kugel Sorbet oder Eiscreme.

Kochschule

Fruchtcoulis >> S. 128
Früchte blanchieren und häuten >> S. 216
In der Papierhülle garen >> S. 217

Cointreau-Soufflé ★

Für 6 Personen

Zubereitung: 75 Minuten
Backzeit: 15 Minuten

Zutaten

Für die Löffelbiskuits
100 g Eiweiß
80 g feinster Zucker
65 g Eigelb
65 g Mehl Type 405
15 g Speisestärke
Puderzucker zum Bestauben

Für den Sirup
60 ml Wasser
30 g Zucker
30 ml Cointreau

Für die Konditorcreme
250 ml Milch
¼ Vanilleschote
40 g Eigelb
50 g feinster Zucker
25 g Speisestärke
10 ml Cointreau

Zum Fertigstellen der Soufflémasse
45 g Eigelb
120 g Eiweiß
100 g + 25 g Zucker
25 g Butter, zerlassen

Kochschule
Löffelbiskuits >> S. 73
Konditorcreme >> S. 99
Tränken >> S. 133

Die Löffelbiskuits herstellen.
Den Backofen auf 200 °C vorheizen.
Aus Eiweiß und Zucker eine Französische Meringenmasse herstellen (S. 176). Das verquirlte Eigelb behutsam untermischen. Das Mehl mit der Speisestärke darübersieben und mit einem Teigschaber vorsichtig unterziehen. Die Masse in einen Spritzbeutel mit Lochtülle füllen und Streifen auf ein mit Backpapier ausgelegtes Blech dressieren. Mit Puderzucker bestauben und warten, bis der Zucker geschmolzen ist. Erneut bestauben, dann sofort in den vorgeheizten Ofen schieben und 10-15 Minuten backen.

Den Sirup herstellen.
Das Wasser mit dem Zucker erhitzen und kochen lassen, bis sich der Zucker aufgelöst hat. Den abgekühlten Sirup mit dem Cointreau aromatisieren.

Die Konditorcreme herstellen.
Die Milch mit der aufgeschlitzten Vanilleschote und dem ausgekratzten Mark in einen Topf geben und erhitzen. Das Eigelb, den Zucker und die Speisestärke in einer Schüssel mit dem Schneebesen weißcremig aufschlagen. Sobald die Milch zu sieden beginnt, die Hälfte zu der Eigelbmasse gießen und glatt rühren. Zu der restlichen Milch in den Topf geben, aufkochen und unter ständigem Rühren 2-3 Minuten kochen lassen. Mit dem Cointreau aromatisieren, durch ein Sieb in eine Schüssel gießen, mit Frischhaltefolie belegen und im Kühlschrank rasch abkühlen.

Die Soufflémasse fertigstellen.
Die Konditorcreme mit dem Eigelb verrühren. Das Eiweiß steif schlagen, dabei nach und nach 100 Gramm Zucker einrieseln lassen. Den Eischnee vorsichtig unter die Konditorcreme heben.

Die Soufflés backen.
Den Backofen mit einem eingeschobenen Blech auf 180 °C vorheizen. Sechs Souffléförmchen mit der zerlassenen Butter ausstreichen und mit dem restlichen Zucker ausstreuen. Einige Löffelbiskuits mit dem Sirup tränken. Die Förmchen zur Hälfte mit der Soufflémasse füllen, mit einer Lage getränkter Löffelbiskuits bedecken und mit der restlichen Soufflémasse auffüllen. Die Oberfläche glatt streichen. Mit dem Daumen rundherum zwischen Masse und Rand entlangfahren, damit die Soufflés im Ofen gleichmäßig aufgehen. Die Förmchen auf das Backblech stellen und die Soufflés 10-15 Minuten backen. Aus dem Ofen nehmen, mit Puderzucker bestauben und sofort servieren.

● **Tipp**
Soufflés vorzugsweise mit Ober- und Unterhitze backen.

Zutaten
Für die Teigböden
170 g leicht gesalzene Butter
150 g Zucker
100 g Eigelb
250 g Mehl Type 405
7 g Backpulver

Für die Füllung
800 g Äpfel
1 Zitrone
50 g leicht gesalzene Butter
50 g Zucker
100 g Cidre rosé

Für die Karamellmousse
125 g feinster Zucker
80 g + 250 g flüssige Schlagsahne
20 g Butter
3 g Fleur de Sel

Für den gesponnenen Zucker
200 g Zucker
60 ml Wasser
20 g Glukosesirup

Traou-Mad-Törtchen ★★

Für 8 Personen
Zubereitung: 90 Minuten
Backzeit: 17 Minuten

Die Traou-Mad-Böden herstellen.
Den Backofen auf 180 °C vorheizen.
Den Teig herstellen wie auf S. 32 beschrieben und 5 Millimeter dick ausrollen. Mit Dessertringen von 8 Zentimeter Durchmesser Kreise ausstechen. Den Teig in den Dessertringen auf ein mit Backpapier ausgelegtes Blech setzen. Im heißen Ofen etwa 17 Minuten backen, bis die Böden goldbraun sind. Die Böden aus den Dessertringen lösen und auf einem Kuchengitter auskühlen lassen.

Den Belag herstellen.
Die Äpfel schälen, mit der halbierten Zitrone abreiben und in Spalten schneiden. In der heißen Butter von beiden Seiten goldgelb braten. Die Apfelspalten sollen weich sein, aber nicht zerfallen. Mit Zucker bestreuen, dann aus der Pfanne nehmen. Den Fond mit dem Cidre ablöschen. Aufkochen und reduzieren, bis eine cremige Konsistenz erreicht ist.

Die Karamellmousse herstellen.
In einem Topf den Zucker trocken karamellisieren. Vom Herd nehmen und mit 80 Gramm Sahne ablöschen. Mithilfe eines Schneebesens die Butter unterziehen. Das Fleur de Sel unterrühren und die Masse abkühlen lassen. Die restliche Sahne steif schlagen und vorsichtig unter den Karamell heben.

Den gesponnenen Zucker herstellen.
Aus Zucker, Wasser und Glukosesirup einen goldbraunen Karamell kochen und zu Engelshaar verarbeiten wie auf S. 134 beschrieben. Das Engelshaar zu einer Kugel formen und vorsichtig auf Backpapier legen.

Das Dessert fertigstellen.
Acht Dessertringe auf Teller setzen, die Traou-Mad-Böden hineinlegen. Die Apfelspalten gleichmäßig darauf verteilen. Die Karamellmousse in einen Spritzbeutel füllen und jeweils einen dicken Tupfer in die Mitte spritzen. Die Ringe entfernen, die Törtchen mit etwas eingekochter Sauce übergießen und mit dem Engelshaar dekorieren.

● Gut zu wissen
Traou Mad ist ein traditionelles Buttergebäck aus Pont-Aven in der Bretagne. Wörtlich übersetzt bedeutet der Name »gute Sachen«.

Kochschule
Traou-Mad-Gebäck ›› S. 32
Zuckerdekor ›› S. 134

Kouign-amann (Bretonischer Butterkuchen) ★★

Zutaten
100 g Butter
100 g leicht gesalzene Butter
200 g Zucker

Für den Hefeteig
5 g frische Hefe
etwa 150 ml lauwarmes Wasser
250 g Mehl Type 550
5 g Salz

Für 8 Personen
Zubereitung: 40 Minuten
Ruhezeit: 70 Minuten
Kühlzeit: 80 Minuten
Backzeit: 20 Minuten

Den Hefeteig herstellen.
Die Hefe in dem Wasser auflösen. Zusammen mit dem Mehl in die Rührschüssel der Küchenmaschine füllen. Mit dem Knethaken auf der niedrigsten Stufe 2 Minuten kneten, anschließend 30 Minuten ruhen lassen.
Auf Stufe 2 weiterkneten, bis der Teig glatt und elastisch ist. Falls die Konsistenz zu fest wird, noch etwas lauwarmes Wasser zugeben, allerdings muss der Teig Stand haben, er darf nicht kleben und soll sich leicht von den Fingern lösen. Das Salz 5 Minuten vor Ende des Knetvorgangs hinzufügen. Den Teig in eine Schüssel füllen und mit einem feuchten Tuch abdecken. Je nach Raumtemperatur 35-40 Minuten gehen lassen. Anschließend mit Frischhaltefolie belegen und für 20 Minuten in den Kühlschrank stellen.

Fertigstellen.
Beide Buttersorten auf Raumtemperatur bringen und miteinander verkneten. Den Teig wie für Blätterteig ausrollen und die Butter darin einschlagen (S. 24). Zwei einfache Touren geben. Die Arbeitsfläche vor jeder Tour mit Zucker bestreuen und den Teig nach jeder Tour 20 Minuten kühlen.
Den Teig 1 Zentimeter dick zu einem Rechteck mit einer Schmalseitenlänge von 20 Zentimetern ausrollen. Das Teigrechteck aufrollen und in 1,5 Zentimeter dicke Scheiben schneiden. In die Mulden einer Silikonbackform legen (Durchmesser 8-9 Zentimeter, Tiefe 2-3 Zentimeter). Den Teig an einem warmen, zugluftfreien Ort 30-40 Minuten gehen lassen.
Den Backofen auf 200 °C vorheizen. Die Küchlein etwa 20 Minuten backen, bis die Oberfläche goldbraun karamellisiert ist. Die fertig gebackenen Kouing-amann umdrehen und zurück in die Mulden legen, damit sich auch die andere Seite mit Butter vollsaugt.

● Tipp
Das Gebäck schmeckt frisch aus dem Ofen am allerbesten.

● Gut zu wissen
Kouign-amann ist eine Spezialität der Stadt Douarnenez im Finistère, dem Westzipfel der Bretagne, und bedeutet übersetzt »Butterkuchen«.

Kochschule
Weißbrotteig >> S. 50
Blätterteig >> S. 24

Alexis Bouillet präsentiert sein Rezept

Kalte Desserts

Alexis Bouillet

Juniorenweltmeister im Bereich Patisserie, World Skills Competition 2011

»Um den allerhöchsten Ansprüchen zu genügen, braucht man erstklassige Grundprodukte, ein umfassendes Know-how und vor allem eine große Portion Leidenschaft und Liebe zu seinem Beruf. Ich präsentiere hier zwei Petit Fours: Als Verfechter der klaren, schnörkellosen Küche habe ich ein einfaches Törtchen neu interpretiert und ihm einen Hauch Sexappeal verliehen. Die unverkennbaren Aromen, cremiger Karamell und süße Vanille mit ihrem einzigartigen Duft, sind eindeutige Reminiszenzen an meine Kindheit. Einer meiner Lieblingsplätze war der Garten meiner Großmutter, in dem ich als kleiner Junge immer die Beeren pflücken und naschen durfte. Die Erinnerung an Himbeeren mit ihrem säuerlich-fruchtigen Aroma hat mich zu Red Power inspiriert, einem Törtchen, in dem sich Vanille und Himbeeren in vollendeter Harmonie ergänzen. Als Liebhaber schöner Präsentationen habe ich die beiden Petit Fours mit einem Zuckerschaustück zu den Themen Wildnis und Blumen in Szene gesetzt. Diese Kreation war eine meiner Arbeiten während des internationalen Wettbewerbs, aus dem ich als Juniorenweltmeister im Bereich Patisserie hervorgegangen bin.«

Vanille-Karamell-Tartelette Red Power

Für 40 Petit Fours
Zubereitung: 2 Stunden
Backzeit: 25 Minuten
Kühlzeit: 2 Stunden

Zutaten
Für die Vanille-Karamell-Tartelettes
Für die Tarteletteböden
184 g Butter + Butter für die Formen
70 g Puderzucker
1 Vanilleschote
1 Prise Salz
146 g Mehl
38 g Eiweiß

Für die Vanille-Mascarpone-Creme
2 g Blattgelatine
64 ml Vollmilch
64 g flüssige Schlagsahne
25 g Eigelb
10 g feinster Zucker
3 g Vanille
120 g Mascarpone

Für den halbflüssigen Karamell
70 g flüssige Schlagsahne
4 g Vanilleschote
1 Prise Salz
35 g feinster Zucker
20 g Butter

Für die Karamellglasur
15 g Blattgelatine
574 g feinster Zucker
24 g Butter
482 g flüssige Schlagsahne
42 g Speisestärke
70 ml Wasser

Für die Dekoration
Blattgold
gehackte Mandeln

Für Red Power
Für die Madeleine-Biskuitmasse
100 g Ei
92 g feinster Zucker
8 g Vanille
82 g Mehl
3 g Backpulver
90 g Butter, zerlassen
34 ml Milch

Die Tarteletteböden herstellen.
Die Butter, den Zucker und das ausgekratzte Vanillemark cremig rühren. Das Salz und das Mehl einarbeiten, das Eiweiß unterrühren. Den Teig in gefettete Mini-Dessertringe mit 3,5 Zentimeter Durchmesser füllen. Im Ofen bei 180 °C etwa 14 Minuten backen.

Die Vanille-Mascarpone-Creme herstellen.
Die Gelatine in etwas kaltem Wasser einweichen. Die Milch, die Sahne, das Eigelb, den Zucker und das ausgekratzte Vanillemark in einen Topf geben und unter Rühren auf 85 °C erhitzen. Die ausgedrückte Gelatine dazugeben und unter ständigem Rühren sorgfältig auflösen. Mit dem Mascarpone vermischen und mindestens 2 Stunden abkühlen lassen. Die Creme aufschlagen und mit einem Spritzbeutel in Flexipan-Halbkugelformen mit 2,5 Zentimeter Durchmesser füllen. Ins Gefrierfach geben.

Den halbflüssigen Karamell herstellen.
Die Sahne mit dem ausgekratzten Vanillemark und dem Salz erhitzen. Den Zucker trocken karamellisieren, bis er sich goldgelb verfärbt. Mit der Butter und der Vanillesahne ablöschen. Gründlich verrühren und mit dem Pürierstab durchmixen. Abkühlen lassen.

Die Karamellglasur herstellen.
Die Gelatine in etwas kaltem Wasser einweichen. Den Zucker trocken karamellisieren, bis er sich goldgelb verfärbt. Mit der Butter und anschließend mit der Sahne ablöschen und aufkochen. Die mit dem kaltem Wasser angerührte Speisestärke dazugeben. Erneut zum Kochen bringen und 1 Minute kochen lassen. Die ausgedrückte Gelatine einrühren und die Glasur mit dem Pürierstab durchmixen.

Die Tartelettes fertigstellen.
Den Karamell mit einem Spritzbeutel auf die gebackenen Tarteletteböden dressieren. Die gefrorenen Halbkugeln aus Vanille-Mascarpone-Creme aus den Formen lösen und mit der auf 25 °C erwärmten Karamellglasur überziehen. Auf die Böden setzen und mit etwas Blattgold und gehackten Mandeln dekorieren.

Die Madeleine-Biskuitmasse für Red Power herstellen.
Die Eier mit dem Zucker und dem ausgekratzten Vanillemark weißschaumig schlagen. Das Mehl und das Backpulver darübersieben und unterziehen. Zum Schluss die zerlassene Butter und die Milch einarbeiten. Die Masse mit einem Spritzbeutel in Habkugelformen mit etwa 4 Zentimeter Durchmesser füllen. Im Ofen bei 175 °C etwa 8 Minuten backen. Aus den Formen lösen und die Ränder mit einem Ausstecher glätten.

Die Himbeerpaste herstellen.

In einem Topf das Himbeerpüree und den Invertzucker auf 45 °C erhitzen. Den Zucker und das Pektin mischen und unter Rühren in die Flüssigkeit rieseln lassen. 15 Sekunden kochen lassen. Flexipan-Halbkugelformen mit 2,5 Zentimeter Durchmesser halbhoch mit der Himbeerpaste füllen. Im Kühlschrank fest werden lassen.

Die Bayerische Creme herstellen.

Die Gelatine in etwas kaltem Wasser einweichen. Die Milch mit der Sahne und dem Eigelb verrühren und in einem Topf auf 85 °C erhitzen. Die ausgedrückte Gelatine einrühren, den Zucker und das Himbeerpüree hinzufügen. Die Sahne cremig-steif schlagen und unter die auf 25 °C abgekühlte Creme heben. In die Halbkugelformen auf die Himbeerpaste füllen und im Gefrierfach fest werden lassen.

Die gelierte Vanillesahne herstellen.

200 Gramm Sahne mit dem Mascarpone, dem ausgekratzten Vanillemark und dem Zucker verrühren. Die restliche Sahne mit der eingeweichten und ausgedrückten Gelatine erhitzen, zu der Sahnemischung gießen und die Masse mit dem Pürierstab durchmixen. Für mindestens 2 Stunden in den Kühlschrank stellen.

Die Tartelettes fertigstellen.

Die gefrorenen Halbkugeln aus den Formen lösen. Die Vanillesahne aufschlagen, in einen Spritzbeutel füllen und mit einer Dekortülle auf die Halbkugeln dressieren. Mit rotem Samtspray übersprühen. Auf die Madeleine-Böden setzen.

Für die Himbeerpaste
262 g Himbeerpüree
36 g Invertzucker
36 g feinster Zucker
4 g Pektin NH

Für die Bayerische Creme mit Himbeeren
3 g Blattgelatine
45 g Vollmilch
45 g flüssige Sahne
18 g Eigelb
7 g feinster Zucker
96 g Himbeerpüree
72 g flüssige Schlagsahne

Für die gelierte Vanillesahne
200 g + 50 g flüssige Sahne
50 g Mascarpone
4 g Vanille
65 g feinster Zucker
1 g Blattgelatine

Für die Dekoration
rotes Samtspray

Exotisch gefüllte Crêpes ★

Zutaten

Für die Crêpemasse
125 g Mehl Type 405
2 g Salz
20 g Zucker
75 g Ei
250 g Milch, lauwarm
2 g Vanilleextrakt
20 g Butter, zerlassen und gebräunt

Für die Diplomatencreme
5 g Blattgelatine
250 g Milch
¼ Vanilleschote
40 g Eigelb
65 g feinster Zucker
30 g Speisestärke
250 g flüssige Schlagsahne

Für die Füllung
2 Mangos
40 g Butter
40 g brauner Zucker
20 g weißer Rum
2 Passionsfrüchte

Für 8 Personen
Zubereitung: 75 Minuten
Ruhezeit: 30 Minuten
Backzeit: 30 Minuten

Den Crêpeteig herstellen.
Das Mehl in eine Schüssel sieben, das Salz und den Zucker dazugeben. Eine Mulde hineindrücken und das Ei hineingeben. Mit einem Schneebesen unter Zugabe von etwas Milch gründlich vermengen. Die restliche Milch dazugießen und kräftig weiterrühren, bis der Teig glatt und flüssig ist. Mit dem Vanilleextrakt aromatisieren, durch ein feines Sieb passieren, zum Schluss die Butter unterrühren. Die Masse etwa 30 Minuten quellen lassen. In einer Crêpepfanne mit etwas Öl bei starker Hitze acht Crêpes backen.

Die Diplomatencreme herstellen.
Die Gelatine in etwas kaltem Wasser einweichen.
In einem Topf die Milch mit dem ausgekratzten Vanillemark erhitzen.
Das Eigelb, den Zucker und die Speisestärke in eine Schüssel geben und gründlich verrühren. Sobald die Milch zu sieden beginnt, die Hälfte unter die Eigelbmasse rühren. Zu der restlichen Milch in den Topf gießen, aufkochen und unter ständigem Schlagen mit dem Schneebesen 2-3 Minuten kochen lassen. Den Topf vom Herd nehmen und die ausgedrückte Gelatine mit dem Schneebesen einrühren.
Die Masse in eine Schüssel füllen, mit Frischhaltefolie belegen und auf Zimmertemperatur abkühlen lassen.
Die Sahne cremig-steif schlagen. Die abgekühlte, aber noch nicht fest gewordene Konditorcreme mit dem Schneebesen glatt rühren und die geschlagene Sahne mit einem Teigschaber vorsichtig unterheben.

Die Füllung herstellen.
Die Mangos schälen und in Würfel schneiden. Die Butter in einer Pfanne erhitzen und die Fruchtwürfel hineingeben. Mit dem braunen Zucker bestreuen und rasch karamellisieren. Mit dem Rum flambieren.

Fertigstellen.
Die Crêpes auf Teller verteilen. Die Diplomatencreme mithilfe eines Spritzbeutels großzügig auf die jeweilige Mitte dressieren. Die abgekühlten Mangowürfel und etwas Passionsfruchtfleisch darauf verteilen. Die Crêpes zu Säckchen zusammenfügen und mit Zahnstochern verschließen.
Auf Tellern anrichten und nach Belieben mit den restlichen Fruchtwürfeln servieren.

Kochschule
Crêpemasse ›› S. 40
Diplomatencreme ›› S. 103
Braten ›› S. 219

Erdbeermousse in der Zuckerkugel ★★★

Für 8 Personen

Zubereitung: 120 Minuten
Kochzeit: 30 Minuten

Zutaten

Für die Zuckerkugeln
500 g Zucker
150 ml Wasser
200 g Glukosesirup
rosa Speisefarbe

Für die Erdbeermousse
8 g Blattgelatine
300 g Erdbeerpüree
50 g feinster Zucker
300 g flüssige Schlagsahne

Für die gelierte Johannisbeercoulis
4 g Blattgelatine
250 g Rote-Johannisbeeren-Püree
etwa 50 g Zucker (je nach Säuregehalt der Beeren)

Für die Fertigstellung
8 kleine runde Biskuitscheiben (S. 76)
4 Erdbeeren
200 g heller Vergeoise-Zucker
8 Rispen Rote Johannisbeeren

Die Zuckerkugeln herstellen.
Den Zucker mit den übrigen Zutaten in einem Topf vermischen und auf 160 °C erhitzen. Auf eine Silikonmatte gießen und so weit abkühlen lassen, dass keine Verbrennungsgefahr besteht. Die Zuckermasse mithilfe der Matte mehrfach von außen nach innen zusammenschlagen, damit sie gleichmäßig abkühlt. Die auf 75-80 °C abgekühlte Masse unter eine Wärmequelle (Zuckerlampe, Rotlichtlampe) legen. Etwa ein Achtel abtrennen, zu einer Kugel formen und auf die Spitze des erhitzten Röhrchens des Zuckerblasebalgs stecken. Vorsichtig pumpen, um zu überprüfen, ob das Röhrchen dicht umschlossen ist. Kontinuierlich Luft einpumpen, bis die gewünschte Form entstanden ist. Vor einem Ventilator auskühlen lassen. Mit einer erhitzten Messerklinge vorsichtig eine Öffnung in die fertige Kugel schneiden, dabei keinen Druck ausüben, die Wärme der Klinge bringt den Zucker zum Schmelzen. Auf diese Weise acht Zuckerkugeln herstellen.

Die Erdbeermousse herstellen.
Die Gelatine in etwas kaltem Wasser einweichen. Ein Drittel des Erdbeerpürees mit dem Zucker erhitzen. Vom Herd nehmen und zur Bindung die ausgedrückte Gelatine einrühren. Das restliche Erdbeerpüree dazugeben, um die Masse auf etwa 25 °C abzukühlen. Die Sahne cremig-steif schlagen und nach und nach vorsichtig mit einem Schneebesen unterheben.

Die gelierte Johannisbeercoulis herstellen.
Die Gelatine in etwas kaltem Wasser einweichen. Das Fruchtpüree mit dem Zucker erhitzen. Vom Herd nehmen und die ausgedrückte Gelatine unter Rühren darin auflösen.

Fertigstellen.
Die Erdbeermousse mit einem Spritzbeutel in die Zuckerkugeln füllen. Mit einer kleinen Biskuitscheibe und einer der Länge nach halbierten Erdbeere garnieren (der Biskuit verhindert das Absinken der Erdbeere). Etwas Vergeoise-Zucker auf die Teller geben und die Zuckerkugeln daraufsetzen. Mit den Johannisbeerrispen und der Coulis anrichten.

● Tipp

Die Herstellung der Zuckerkugeln ist eine Herausforderung. Der Einfachheit halber kann man die Creme auch in Gläsern servieren.

Kochschule
Zuckerschwan >> S. 168
Früchtemousse >> S. 109
Gelierte Coulis mit Gelatine >> S. 129

Zutaten
frische Früchte nach Wahl
8 Löffelbiskuits (S. 73)

Für die Bayerische Creme
80 g Eigelb
250 ml Milch
125 g feinster Zucker
8 g Blattgelatine
1 Vanilleschote
400 g Schlagsahne

Für die Himbeercoulis
125 g Himbeerpüree
15 g feinster Zucker

Für die Aprikosencoulis
160 g Aprikosenpüree
15 g feinster Zucker
40 ml Wasser

Für die Blasenglukose
80 g Glukosesirup

Kochschule
Bayerische Creme >> S. 97
Fruchtcoulis >> S. 128
Blasenglukose >> S. 138

Bayerische Creme mit Früchtecoulis ★

Für 8 Personen
Zubereitung: 45 Minuten
Garzeit: 90 Minuten
Kühlzeit: 30 Minuten

Die Bayerische Creme herstellen.
Das Eigelb mit der Milch und dem Zucker verquirlen, das ausgekratzte Vanillemark dazugeben.
Die Gelatine in etwas kaltem Wasser einweichen.
Die Eigelbmasse in einem Topf unter Rühren erhitzen, bis das Thermometer 85 °C anzeigt, die Creme eindickt und den Kochlöffel überzieht (zur Rose abziehen). Den Topf dabei falls nötig hin und wieder vom Herd ziehen, damit das Eigelb nicht durch zu starke Wärmeeinwirkung gerinnt.
Die Creme in eine Schüssel gießen und mit dem Vanilleextrakt aromatisieren. Die ausgedrückte Gelatine unterrühren, um die Masse zu binden.
Mit Frischhaltefolie abdecken.
Die Creme auf Zimmertemperatur abkühlen lassen.
Die Sahne steif schlagen.
Die abgekühlte Creme mit einem Schneebesen glatt rühren und die geschlagene Sahne nach und nach vorsichtig mit einem Teigschaber unterheben.

Die Himbeercoulis herstellen:
Sämtliche Zutaten in einen Topf geben, erhitzen und 1 Minute kochen. Abkühlen lassen.

Die Aprikosencoulis herstellen.
Sämtliche Zutaten in einem Topf erhitzen und 10 Minuten kochen lassen.

Die Blasenglukose herstellen.
Mithilfe eines Metallspatels den Glukosesirup dünn auf ein mit Backpapier oder einer Silikonmatte bedecktes Blech streichen und für etwa 60 Minuten in den 150 °C heißen Backofen schieben (bei leicht geöffneter Ofentür).

Fertigstellen.
Die Bayerische Creme mithilfe eines Spritzbeutels abwechselnd mit den beiden Coulis dekorativ in Dessertgläser füllen, dabei ab und zu ein Stück Löffelbiskuit mit hineingeben. Mit den frischen Früchten und Stücken von Blasenglukose dekorieren.

● Tipp
Die Glukose bläht sich im Backofen auf und wirft Blasen. Nach einer Stunde sollte sie glasklar und mit Blasen durchsetzt sein. Falls die Blasen beim Herausziehen des Blechs in sich zusammenfallen, zurück in den Ofen schieben und weiter trocknen lassen. Nach Belieben vor dem Einschieben in den Backofen einige Tropfen Speisefarbe auf die Glukose träufeln, um der Blasenglukose eine effektvolle Note zu verleihen.

Blancmanger mit weißem Nugat und Birnencoulis ★

Für 8 Personen
Zubereitung: 15 Minuten
Kühlzeit: 3 Stunden
Garzeit: 30 Minuten

Das Blancmanger herstellen.
Die Gelatine in etwas kaltem Wasser einweichen. Die Milch, den Zucker, die Nugatmasse, die aufgeschlitzte Vanilleschote und das ausgekratzte Mark in einen Topf geben und erhitzen. Vom Herd ziehen, die Vanilleschote entfernen, die ausgedrückte Gelatine einrühren und die Masse sofort in Portionsformen gießen. Für 3 Stunden in den Kühlschrank stellen.

Die Birnencoulis herstellen.
Die Birnen schälen und mit dem Zitronensaft beträufeln. Halbieren, vom Kerngehäuse befreien und in kleine Würfel schneiden. Mit dem Zucker in einen Topf geben und 30 Minuten köcheln lassen. Mit einem Stabmixer fein pürieren.

Fertigstellen.
Das abgekühlte und fest gewordene Blancmanger aus den Formen stürzen, mit der Coulis und Birnenchips servieren.

Zutaten
Birnenchips (S. 131)

Für das Blancmanger
18 g Blattgelatine
1 l Vollmilch
180 g Zucker
80 g weißer Nugat (S. 159), püriert
1 Vanilleschote

Für die Birnencoulis
300 g Birnen
15 g Zitronensaft
25 g Zucker

Kochschule
Fruchtchips ›› S. 131
Fruchtcoulis ›› S. 128

Quarkcreme mit Heidelbeeren ★

Zutaten
300 g Quark
100 g Heidelbeeren

Für die Französische Meringenmasse
60 g Eiweiß
70 g feinster Zucker

Für 4 Personen
Zubereitung: 20 Minuten
Kühlzeit: 60 Minuten

Für die Meringenmasse in einer Schüssel das Eiweiß steif schlagen, dabei nach und nach den Zucker einrieseln lassen. Die Meringenmasse vorsichtig mit dem Quark vermischen und die Heidelbeeren dazugeben (frisch oder kurz in Butter geschwenkt und abgekühlt).
Die Creme in Dessertgläsern oder Schalen anrichten und bis zum Servieren in den Kühlschrank stellen.

● Tipp
Die Süßspeise mit Löffelbiskuits oder anderem Kleingebäck nach Wahl servieren. Mit verschiedenen Früchten der Saison variieren.

Kochschule
Französische Meringenmasse ›› S. 176

Zutaten

150 g Brombeeren
einige Stängel Zitronenverbene

Für die Blinimasse
125 g Mehl Type 405
1 g Salz
20 g Eigelb
250 ml Milch
60 g Eiweiß
20 g feinster Zucker
20 g Butter, zerlassen und leicht gebräunt
Pflanzenöl

Für die Diplomatencreme
4 g Blattgelatine
125 ml Milch
¼ Vanilleschote
20 g Eigelb
20 g feinster Zucker
15 g Mehl Type 405
125 g flüssige Schlagsahne

Blini mit Brombeeren ★

Für 8 Personen

Zubereitung: 75 Minuten
Garzeit: 40 Minuten

Die Blinimasse herstellen.
Das Mehl in eine Schüssel sieben und mit dem Salz mischen. Das Eigelb dazugeben und mit etwas lauwarmer Milch gründlich verrühren. Die restliche Milch dazugießen und kräftig weiterrühren, bis der Teig glatt und flüssig ist. Durch ein feines Sieb passieren. Aus dem Eiweiß und dem Zucker eine Französische Meringenmasse herstellen (S. 176) und vorsichtig unter den Teig heben. Die Butter dazugeben. In einer Blinipfanne mit etwas Öl bei starker Hitze backen. Wenn keine Spezialpfanne zur Hand ist, Dessertringe in eine Pfanne setzen und den Teig hineingießen. Die Blini auf einem Kuchengitter abkühlen lassen.

Die Diplomatencreme herstellen.
Die Gelatine in etwas kaltem Wasser einweichen.
In einem Topf die Milch mit dem ausgekratzten Vanillemark erhitzen.
Das Eigelb, den Zucker und das Mehl in eine Schüssel geben und gründlich verrühren.
Sobald die Milch zu sieden beginnt, die Hälfte unter die Eigelbmasse rühren. Zu der restlichen Milch in den Topf gießen, aufkochen und unter ständigem Schlagen mit dem Schneebesen 2-3 Minuten kochen lassen.
Den Topf vom Herd nehmen und die ausgedrückte Gelatine mit dem Schneebesen einrühren.
Die Masse in eine Schüssel füllen, mit Frischhaltefolie belegen und auf Zimmertemperatur abkühlen lassen.
Die Sahne cremig-steif schlagen. Die abgekühlte, aber noch nicht fest gewordene Konditorcreme mit dem Schneebesen glatt rühren und die geschlagene Sahne mit einem Teigschaber vorsichtig unterheben.

Fertigstellen.
Die Diplomatencreme in einen Spritzbeutel füllen. Auf jeden Teller einen Tupfer Creme geben, dann jeweils einen Blini darauflegen und leicht andrücken. Den Rand und die Mitte der Blini mit Brombeeren belegen, dazwischen Abstand lassen. In die Zwischenräume Creme dressieren. Als Abschluss mit einem zweiten Blini bedecken. Mit Brombeeren und Zitronenverbene dekorieren.

Kochschule
Blinimasse ›› S. 41
Französische Meringenmasse ›› S. 176
Diplomatencreme ›› S. 103

Ananas-Mango-Carpaccio ★

Zutaten
1 Mango
1 Ananas
300 g feinster Zucker
750 ml Wasser
2 Stängel Ysop
1 g Sichuanpfeffer
100 g Balsamico
50 g feinster Zucker

Für 4-6 Personen

Zubereitung: 40 Minuten
Ruhezeit: 60 Minuten + 1 Nacht
Kochzeit: 10 Minuten

Die Mango und die Ananas schälen. Beide Früchte in 2 Millimeter dicke Scheiben schneiden. Das geht am besten mit einer Aufschnittmaschine.

Den Zucker mit dem Wasser in einen Topf füllen und zum Kochen bringen. Von der Kochstelle nehmen, einen Stängel Ysop und den Sichuanpfeffer in den Sirup geben und 60 Minuten ziehen lassen. Anschließend durch ein feines Sieb passieren und erneut aufkochen. Den Sirup auf zwei Töpfe verteilen, in den einen die Ananas-, in den anderen die Mangoscheiben geben und jeweils 2-3 Minuten garen. Vom Herd nehmen. Die Früchte in dem Sirup abkühlen und über Nacht ziehen lassen.

Den Balsamico mit dem Zucker sirupartig einkochen. Die Desserteller damit dekorieren.

Die Ananas- und die Mangoscheiben in Quadrate mit 4 Zentimeter Seitenlänge schneiden und im Schachbrettmuster auf den Tellern anordnen.

Einige Ysopblättchen und Szechuan-Pfefferkörner darauf verteilen.

● Gut zu wissen

Carpaccio, eine italienische Vorspeise aus hauchdünn aufgeschnittenem rohem Rinderfilet, wurde um 1950 von Giuseppe Cipriani, dem Besitzer von Harry's Bar in Venedig, kreiert. Er benannte das Gericht nach dem venezianischen Maler Vittore Carpaccio (1460–1526), der für seine leuchtenden Rottöne berühmt war. Mittlerweile findet der Begriff allgemein für Zubereitungen aus sehr dünn aufgeschnittenen und oft auch marinierten Zutaten Verwendung.

Zutaten

Für den Maronenbiskuit
225 g Maronencreme (ungezuckert, Fertigprodukt)
110 g feinster Zucker
135 g Butter
110 g Ei
25 g brauner Rum
100 g Mehl Type 405
2 g Backpulver
Butter für die Formen

Für die Schokoladentaler
200 g dunkle Schokolade
Transferfolie mit Muster

Für die Maronen-Panna-cotta
3 g Blattgelatine
250 g flüssige Schlagsahne
½ Vanilleschote
50 g Maronencreme
40 g feinster Zucker

Für die Dekoration
Kakaobohnensplitter

Maronenküchlein ★

Für 8 Personen
Zubereitung: 40 Minuten
Backzeit: 10 Minuten
Gefrierzeit: 2 Stunden

Den Biskuit herstellen.
Den Backofen auf 180 °C vorheizen. Die Maronencreme in der Küchenmaschine mit dem Flachrührer glatt rühren. Den Zucker, die weiche Butter, die Eier und den Rum dazugeben. Das Mehl mit dem Backpulver sieben und einarbeiten. Dessertringe mit 10 Zentimeter Durchmesser ausbuttern und mit Mehl ausstauben, auf ein mit Backpapier ausgelegtes Blech setzen und die Biskuitmasse mithilfe eines Spritzbeutels etwa 1 Zentimeter hoch spiralförmig in die Ringe dressieren. Im vorgeheizten Ofen etwa 10 Minuten backen. Aus den Ringen lösen und auf ein Kuchengitter legen.

Die Schokoladentaler herstellen.
Die Schokolade temperieren (S. 182). Auf eine Transferfolie mit dem gewünschten Muster gießen und an einem trockenen Ort abkühlen lassen. Sobald die Schokolade fest zu werden beginnt, rasch Kreise mit 3 Zentimeter Durchmesser ausstechen. Im Kühlschrank vollständig auskühlen lassen. Die Folie erst unmittelbar vor der weiteren Verwendung abziehen.

Die Panna cotta herstellen.
Die Gelatine in etwas kaltem Wasser einweichen. Die Sahne, die aufgeschlitzte Vanilleschote, das ausgekratzte Mark und die Maronencreme in einem Topf erhitzen. Den Zucker dazugeben. Vom Herd nehmen, die Vanilleschote entfernen, dann die ausgedrückte Gelatine einrühren. Die Masse in 5 Zentimeter tiefe Silikonformen mit 4 Zentimeter Durchmesser gießen und für mindestens 2 Stunden ins Gefrierfach stellen.

Fertigstellen.
Auf jeden Biskuitboden eine Panna cotta stürzen. Mit den Kakaobohnensplittern bestreuen. Nach dem Auftauen mit den Schokoladentalern dekorieren.

Kochschule
Panna cotta >> S. 93
Schokolade temperieren >> S. 182

Karamellcreme ★

Zutaten
100 g + 80 g feinster Zucker
25 ml + 25 ml Wasser
600 ml Vollmilch
200 g Ei
Vanilleextrakt

Für 6 Personen

Zubereitung: 15 Minuten
Garzeit: 40 Minuten

Den Backofen auf 90-100 °C vorheizen.

In einen Topf 100 Gramm Zucker geben und mit 25 Milliliter Wasser zu goldbraunem Karamell kochen. Vom Herd nehmen und mit dem restlichen Wasser ablöschen. Den Karamell sofort in ofenfeste Förmchen gießen.

Die Milch erhitzen. In einer Schüssel die Eier, den restlichen Zucker und den Vanilleextrakt verrühren, aber nicht schaumig schlagen. Die heiße Milch dazugießen und unterrühren. Die Mischung in die Förmchen auf den Karamellspiegel gießen. In einem Wasserbad im Backofen 35-40 Minuten stocken lassen.

● Tipp

Für die Garprobe leicht an den Förmchen rütteln: Die Creme darf nicht mehr wackeln. Die Karamellcreme kann nach Belieben auf Teller gestürzt werden.

Zutaten
300 g Erdbeeren
150 g Sauerkirschen aus dem Glas
5 ml Zitronensaft
1 Stängel Zitronenverbene
100 ml Vollmilch
Pfeffer aus der Mühle

Erdbeer-Sauerkirsch-Gazpacho ★

Für 4 Personen
Zubereitung: 30 Minuten
Kühlzeit: 60 Minuten

Die Erdbeeren waschen, vom Stielansatz befreien und vierteln. Die Sauerkirschen, den Zitronensaft und die Hälfte der Verbenenblätter dazugeben. Mit dem Stabmixer pürieren, dann durch ein feines Sieb passieren. In eine Schüssel füllen, mit Frischhaltefolie abdecken und 60 Minuten kühl stellen.

Die Milch aufschäumen.

Den Gazpacho in Gläser füllen. Auf jede Portion etwas Milchschaum geben und mit einer Umdrehung aus der Pfeffermühle übermahlen. Am Glasrand mit einem Stängel Zitronenverbene dekorieren.

● Gut zu wissen
Dieses leichte und erfrischende Dessert kann nach Belieben und der Saison entsprechend variiert werden. Es ist auch als Vordessert geeignet.

Waffeln mit Sahne und Erdbeeren ★

Zutaten
250 g Erdbeeren

Für den Grundteig
40 g Eigelb
15 g feinster Zucker
250 g Mehl Type 405
250 ml Milch
250 ml Wasser
3 g Salz
5 g Vanilleextrakt
50 g Butter, zerlassen

Für die Französische Meringenmasse
60 g Eiweiß
25 g feinster Zucker

Für die Chantilly-Sahne
150 g flüssige Schlagsahne
20 g Puderzucker
Vanilleextrakt

Für 5 Personen

Zubereitung: 30 Minuten
Backzeit: 30 Minuten

Den Grundteig herstellen.

Das Eigelb und den Zucker in eine Schüssel geben und mit einem Schneebesen weißschaumig schlagen. Das Mehl sowie nach und nach die Milch unterrühren. Das Salz, den Vanilleextrakt und die zerlassene Butter einarbeiten.

Die Französische Meringenmasse herstellen.

Das Eiweiß steif schlagen, dabei nach und nach den Zucker einrieseln lassen. Den Eischnee vorsichtig mit einem Teigschaber unter den Grundteig heben.

Die Chantilly-Sahne herstellen.

Die Sahne steif schlagen. Den Puderzucker darübersieben und unterschlagen. Mit Vanilleextrakt aromatisieren.

Fertigstellen.

Die Waffeln in einem vorgeheizten Waffeleisen backen. Auf einem Kuchengitter abkühlen lassen. Die Chantilly-Sahne in einen Spritzbeutel mit Sterntülle füllen und auf fünf Waffeln dressieren. Mit Erdbeervierteln belegen und mit den restlichen Waffeln bedecken.

● Tipp

Nach Belieben die Hälfte der Milch durch Bier ersetzen, das den Teig besonders locker und luftig macht und ihm einen leicht würzigen Geschmack verleiht. Der Teig kann ganz nach Wunsch aromatisiert werden, der Fantasie sind keine Grenzen gesetzt. Als Beigabe zu frisch gebackenen Waffeln passt auch Schokoladensauce ganz ausgezeichnet.

Kochschule
Französische Meringenmasse ›› S. 176
Chantilly-Sahne ›› S. 94

Schnee-Eier ★

Für 8 Personen

Zubereitung: 45 Minuten
Ruhezeit: 60 Minuten
Garzeit: 30 Minuten

Zutaten

1 l Milch
50 g Mandelblättchen, geröstet
4 halbierte, aufgeschlitzte Vanilleschoten

Für die Französische Meringenmasse
240 g Eiweiß
80 g Zucker

Für die Englische Creme
500 ml Milch
1 Vanilleschote
80 g Eigelb
75 g feinster Zucker

Für den gesponnenen Zucker
150 g Zucker
50 g Glukosesiurp
50 ml Wasser

Die Französische Meringenmasse herstellen.
Das Eiweiß steif schlagen, dabei nach und nach den Zucker einrieseln lassen.

Die Englische Creme herstellen.
Die Milch, die aufgeschlitzte Vanilleschote und das ausgekratzte Mark in einem Topf erhitzen. Das Eigelb und den Zucker in einer Schüssel weißschaumig schlagen. Sobald die Milch zu sieden beginnt, die Hälfte zu der Eimasse gießen und glatt rühren. Zu der restlichen Milch in den Topf geben und unter ständigem Rühren mit einem Spatel auf 85 °C erhitzen. Den Topf hin und wieder vom Herd ziehen, damit das Eigelb nicht durch zu starke Wärmeeinwirkung gerinnt. Die Creme ist fertig, wenn sie eindickt und den Spatel deckend überzieht. Durch ein feines Sieb in eine Schüssel passieren, mit Frischhaltefolie belegen und in den Kühlschrank stellen.

Die Schnee-Eier pochieren.
In einem Topf die Milch zum Kochen bringen. Mit einer Schöpfkelle Nocken von der Meringenmasse abstechen und in der siedenden Milch 3-4 Minuten pochieren, dabei immer wieder wenden. Auf Küchenpapier abtropfen lassen, dann rasch kalt stellen.

Den gesponnenen Zucker herstellen.
Zucker, Glukosesirup und Wasser zu Karamell kochen und daraus gesponnenen Zucker herstellen wie auf S. 134 beschrieben.

Anrichten.
Die Englische Creme auf Portionsschalen oder tiefe Teller verteilen und jeweils ein Schnee-Ei daraufsetzen. Mit dem gesponnenen Zucker, den gerösteten Mandelblättchen und den Vanilleschoten verzieren.

Kochschule
Französische Meringenmasse >> S. 176
Englische Creme >> S. 91
Zuckerdekor >> S. 134

Früchte in Sirup ★

Für 4 Personen

Zubereitung: 30 Minuten
Marinieren: 1 Nacht
Kochzeit: 5 Minuten

Zutaten

150 ml Wasser
80 g feinster Zucker
1 Vanilleschote
Schale von ½ unbehandelten Limette
8 Aprikosen
1 Zuckermelone
8 Rispen Rote Johannisbeeren

In einem Topf das Wasser mit dem Zucker, der aufgeschlitzten Vanilleschote und der Limettenschale aufkochen.

Die Aprikosen halbieren und den Stein entfernen. Aus der Melone mit einem Parisienne-Stecher kleine Kugeln ausstechen. Die Aprikosenhälften und Melonenkugeln in den kochenden Sirup geben. Den Topf vom Herd nehmen und die Früchte über Nacht marinieren lassen.

Die Früchte mit ihrem Sirup in tiefen Tellern anrichten. Mit jeweils einer Johannisbeerrispe und nach Belieben mit einem Stück Vanilleschote dekorieren.

Zutaten

120 g mittelfeiner Bulgur
150 ml Orangensaft
30 g Zucker
¼ Bund Minze
250 g gemischte Früchte (Erdbeeren, Aprikosen, Himbeeren, Johannisbeeren ...)

Früchte-Taboulé ★

Für 4 Personen

Zubereitung: 10 Minuten
Kühlzeit: 1 Nacht

Am Vortag.
Den Bulgur, den Orangensaft, den Zucker und die in Streifen geschnittenen Minzeblätter in eine Schüssel geben und vermischen. Mit Frischhaltefolie abdecken und über Nacht im Kühlschrank stehen lassen.

Fertigstellen.
Dessertringe auf Teller setzen, an den Rand Erdbeerscheiben drücken. Die Hälfte der restlichen Früchte würfeln und mit dem Weizengrieß vermischen. In die Dessertringe füllen, dabei leicht andrücken. Die Ringe abziehen und die restlichen Früchte auf dem Taboulé verteilen.

● Tipp

Eine mit Saft und Abrieb von Zitrusfrüchten aromatisierte Butter passt gut dazu.

Schokoladenmousse ★

Für 6 Personen

Zubereitung: 15 Minuten
Kühlzeit: 2 Stunden

Zutaten

200 g dunkle Schokolade (64 % Kakaoanteil), gehackt
30 g Butter
60 g Eigelb
90 g Eiweiß
50 g feinster Zucker

Die Schokolade auf einem Wasserbad oder in der Mikrowelle schmelzen.

Die weiche, in Stücke geschnittene Butter und das Eigelb dazugeben und die Masse mit dem Schneebesen glatt rühren.

Das Eiweiß steif schlagen, dabei nach und nach den Zucker einrieseln lassen. Mit einem Teigschaber vorsichtig unter die Schokoladenmasse heben und sofort in Dessertgläser füllen.

Mit Frischhaltefolie abdecken, damit die Mousse keine Fremdgerüche annimmt, und für mindestens 2 Stunden in den Kühlschrank stellen.

● Tipp

Die Mousse mit feinen Mandel-Tuiles verziert oder mit Schokoladenperlen oder -splittern bestreut servieren. Da die Mousse rohes Ei enthält, sollte sie am Tag ihrer Zubereitung verzehrt werden.

Kochschule

Schokoladenmousse mit Eischnee >> S. 106

Zutaten
Für die Panna cotta
12 g Blattgelatine
1 l Vollmilch
200 g feinster Zucker
1 Vanilleschote

Für die Mangocoulis
100 g Mango
10 ml Zitronensaft
30 g Zucker

Panna cotta mit Mangocoulis ★

Für 4 Personen

Zubereitung: 30 Minuten
Garzeit: 30 Minuten

Die Panna cotta herstellen.
Die Gelatine in etwas kaltem Wasser einweichen. In einem Topf die Milch mit dem Zucker und der aufgeschnittenen Vanilleschote und dem ausgekratzten Mark erhitzen. Vom Herd nehmen, dann die ausgedrückte Gelatine einrühren. Die Masse durch ein feines Sieb in Eierpfännchen gießen und rasch abkühlen lassen.

Die Mangocoulis herstellen.
Die Mango schälen, das Fruchtfleisch vom Kern schneiden und würfeln. Mit dem Zitronensaft aufkochen, etwa 20 Minuten köcheln lassen, dann den Zucker dazugeben. Mit dem Stabmixer sehr fein pürieren.

Anrichten.
Auf jede Portion Panna cotta etwas Mangocoulis in Form eines Eigelbs geben.

● Tipp
Zu der Panna cotta Tuiles oder Löffelbiskuits servieren.

● Gut zu wissen
Der Zitronensaft verleiht der Mangocoulis eine frische Geschmacksnote. Die auch in vielen anderen Früchten enthaltene Zitronensäure ist ein Geschmacksträger, der für Patissiers ebenso wichtig ist wie für Köche das Salz.

Kochschule
Panna cotta ›› S. 93
Fruchtcoulis ›› S. 128

Mango-Sushi ★

Für 4 Personen

Zubereitung: 75 Minuten
Garzeit: 30 Minuten
Kühlzeit: 30 Minuten
Reifezeit: mindestens 4 Stunden
Gefrierzeit: 30 Minuten

Zutaten

½ Ananas
2 Mangos
einige Granatapfelkerne

Für den Milchreis

750 ml Vollmilch
½ Vanilleschote
150 g Rundkornreis
Zucker nach Geschmack

Für das Granatapfel-Sorbet

64 ml Wasser
43 g feinster Zucker
28 g Glukosepulver
1,3 g Stabilisator für Sorbets
330 g Granatapfelpüree

Den Milchreis zubereiten.
Die Milch mit der aufgeschlitzten Vanilleschote und dem ausgekratzten Mark erhitzen. Den Reis mit der gleichen Menge Wasser aufsetzen. Sobald das Wasser kocht, den Reis durch ein Sieb abgießen, abtropfen lassen und in die heiße Milch geben. Bei schwacher Hitze 30 Minuten ausquellen lassen, dabei alle 5 Minuten umrühren. Die Vanilleschote entfernen, den Reis nach Geschmack süßen. Mit Frischhaltefolie belegen und abkühlen lassen.

Das Granatapfel-Sorbet herstellen.
In einem Topf das Wasser auf 25 °C erwärmen, dann unter stetigem Rühren den Zucker dazugeben, anschließend das Glukosepulver und den Stabilisator unterrühren. Den Sirup zur Pasteurisierung auf 85 °C erhitzen, mit dem Pürierstab durchmixen. In eine Schüssel gießen, mit Frischhaltefolie abdecken und zum Abkühlen beiseitestellen. Den Sirup bei 4 °C mindestens 4 Stunden reifen lassen.
Anschließend mit dem gut gekühlten Granatapfelpüree vermischen und mit dem Pürierstab noch einmal 1 Minute durchmixen. Das Sorbet in der Eismaschine gefrieren lassen, in zylindrische Formen füllen und bei -18 °C lagern.

Fertigstellen.
Die Ananas schälen. In 10 Zentimeter lange Stäbchen mit einem Querschnitt von 5 × 5 Millimetern schneiden. Die Mango in sehr dünne Scheiben schneiden, vorzugsweise mithilfe einer Aufschnittmaschine. Nur die parallel zum Kern geschnittenen Scheiben verwenden. Die Schale abziehen. Die Scheiben auf Frischhaltefolie legen, den Milchreis aufstreichen und in die Mitte jeweils ein Ananasstäbchen geben. Mithilfe der Folie aufrollen. Zum Schluss die Folie mit einem Holzspatel fest um die Rollen ziehen, um sie gleichmäßig rund zu formen. Pro Person zwei bis drei Sushis zubereiten.

Anrichten.
Essstäbchen auf viereckige Teller legen, die Sushis daraufsetzen und mit jeweils einem Granatapfelkern garnieren. Mit einer Kugel Granatapfelsorbet im Holzlöffel servieren.

Kochschule
Sorbets >> S. 201

Milchreis ★

Zutaten
130 g Rundkornreis
130 ml Wasser
1 l Milch
Aroma nach Wahl
80 g Eigelb
120 g feinster Zucker
15 g Speisestärke

Für 4 Personen

Zubereitung: 15 Minuten
Garzeit: 40 Minuten

Den Reis mit dem Wasser in einen Topf füllen, zum Kochen bringen, dann in ein Sieb abgießen. Die Milch mit dem gewählten Aroma aufkochen. Den abgetropften Reis in die Milch geben und bei schwacher Hitze oder im Backofen bei 140 °C etwa 30 Minuten ausquellen lassen.

Das Eigelb, den Zucker und die Speisestärke mit einem Spatel glatt rühren. Unter den Milchreis mischen und alles erneut erhitzen, bis die Masse wie eine Konditorcreme eindickt.

In Förmchen füllen und mit Frischhaltefolie belegen, damit sich keine Haut bildet.

● **Tipp**
Den Milchreis nach Belieben mit frischen, kandierten oder in Sirup pochierten Früchten servieren.

Grießpudding ★

Zutaten
35 g Rosinen
40 ml weißer Rum
30 g Butter
500 ml Vollmilch
90 g feiner Weizengrieß
20 g Eigelb
35 g Krokantstreusel
100 g Mangocoulis (S. 128)

Für 4 Personen
Zubereitung: 35 Minuten
Garzeit: 20 Minuten
Kühlzeit: 60 Minuten

Die Rosinen in dem Rum einweichen. Auflaufförmchen oder Dessertringe ausbuttern.

In einem Topf die Milch erhitzen. Sobald sie zu sieden beginnt, den Grieß unter kräftigem Rühren mit einem Schneebesen einrieseln lassen.
15-20 Minuten köcheln lassen, dabei stetig rühren. Vom Herd nehmen und mit dem Eigelb binden. Den größten Teil der Rosinen und Krokantstreusel untermischen.

In die vorbereiteten Förmchen füllen und mit Frischhaltefolie belegen. Vollständig auskühlen lassen. Auf Teller stürzen, mit der Mangocoulis umgießen und mit den restlichen Rosinen und Krokantstreuseln dekorieren.

Kochschule
Grieß kochen ›› S.. 213

Zutaten
20 g Kakaopulver

Für die Crememasse
250 g Mascarpone
200 g flüssige Schlagsahne
80 g Eiweiß
20 g Zucker

Für die Biskuitmasse
100 g Eiweiß
85 g feinster Zucker
67 g Eigelb
67 g Mehl Type 405
15 g Speisestärke
Puderzucker zum Bestauben

Für den Tränksirup
100 ml Kaffee
30 g Zucker
25 ml Kaffeelikör

Tiramisu ★★

Für 8 Personen
Zubereitung: 60 Minuten
Backzeit: 10-12 Minuten

Die Crememasse herstellen.
Den Mascarpone und die Sahne in der Küchenmaschine aufschlagen, bis eine schlagsahneähnliche Konsistenz erreicht ist. Aus Eiweiß und Zucker eine Französische Meringenmasse herstellen (S. 176) und unter die Mascarponemasse ziehen.

Den Biskuit herstellen.
Den Backofen auf 200 °C vorheizen. Aus Eiweiß und Zucker eine Französische Meringenmasse herstellen (S. 176). Das verquirlte Eigelb dazugeben und behutsam mit einem Teigschaber untermischen. Das Mehl mit der Speisestärke darübersieben und mit einem Teigschaber vorsichtig unterziehen. Die Masse in einen Spritzbeutel mit Lochtülle füllen und dicht an dicht Streifen auf ein mit Backpapier ausgelegtes Blech dressieren. Die Streifen sollen beim Backen zusammenlaufen, sodass später Kreise ausgestochen werden können. Mit Puderzucker bestauben. Wenn der Zucker nach 5 Minuten geschmolzen ist, erneut überstauben, sofort in den Ofen schieben und im vorgeheizten Ofen 10-12 Minuten backen.

Für den Tränksirup.
In einem Topf den Kaffee mit dem Zucker unter Rühren aufkochen. Abkühlen lassen und mit dem Kaffeelkör aromatisieren.

Fertigstellen.
Für jedes Dessertglas drei Biskuitböden mit den entsprechenden Durchmessern ausstechen. Mit dem Kaffeesirup tränken. Die Crememasse 1 Zentimeter hoch in die Gläser füllen und mit jeweils einer Biskuitscheibe bedecken. Den Vorgang zweimal wiederholen und mit einer Cremeschicht abschließen. Die Oberfläche mit einer Palette glatt streichen. Ganz oder zum Teil mit Kakaopulver bestauben. Nach Belieben einen ausgestochenen Biskuitwürfel daraufsetzen, um das Dessert optisch zu vergrößern.

Kochschule
Löffelbiskuits >> S. 73
Französische Meringenmasse >> S. 176
Tränken >> S. 133

Schoko-Kaffee-Verrine ★

Für 8 Personen
Zubereitung: 60 Minuten
Garzeit: 15 Minuten
Kühlzeit: 120 Minuten

Zutaten
50 ml Kaluha (Kaffeelikör)

Für die Bayerische Creme mit Kaffee
- 40 g Eigelb
- 125 ml Milch
- 55 g feinster Zucker
- 4 g Blattgelatine
- Kaffee-Extrakt
- 200 g flüssige Schlagsahne

Für die Mascarponecreme
- 150 g Mascarpone
- 150 g flüssige Schlagsahne
- 60 g feinster Zucker
- 1 Vanilleschote

Für die Spekulatius
- 100 g Mehl Type 405
- 2 g Backpulver
- 50 g leicht gesalzene Butter
- 50 g Rohrohrzucker
- 15 g feinster Zucker
- 1 g Salz
- 2 g Zimt, gemahlen
- 5 ml Vollmilch
- 25 g Ei
- 1 g Vanilleextrakt

Für die Dekoration
Dunkle Glanzglasur (S. 116)

Die Bayerische Creme mit Kaffee herstellen.
In einer Schüssel das Eigelb mit der Milch und dem Zucker verquirlen.
Die Gelatine in etwas kaltem Wasser einweichen.
In einem Topf die Eigelbmasse unter Rühren erhitzen, bis das Thermometer 85 °C anzeigt und die Creme eindickt und den Kochlöffel überzieht (zur Rose abziehen). Den Topf dabei falls nötig hin und wieder vom Herd ziehen, damit das Eigelb nicht durch zu starke Wärmeeinwirkung gerinnt.
Die Creme in eine Schüssel gießen und mit dem Kaffee-Extrakt aromatisieren. Die ausgedrückte Gelatine unterrühren, um die Masse zu binden. Mit Frischhaltefolie abdecken.
Die Creme auf Zimmertemperatur abkühlen lassen.
Die Sahne steif schlagen.
Die abgekühlte Creme mit einem Schneebesen glatt rühren und die geschlagene Sahne nach und nach vorsichtig mit einem Teigschaber unterheben.

Die Mascarponemasse herstellen.
Den Mascarpone, die Sahne, den Zucker und das ausgekratzte Vanillemark in die Rührschüssel der Küchenmaschine geben und schlagen, bis eine schlagsahneähnliche Konsistenz erreicht ist. Bis zur weiteren Verwendung in den Kühlschrank stellen.

Spekulatius backen.
Den Backofen auf 180 °C vorheizen. Die Zutaten in der angegebenen Reihenfolge zu einem geriebenen Mürbeteig verarbeiten (S. 18). 3 Millimeter dick ausrollen und beliebig ausstechen. Auf ein mit Backpapier oder einer Silikonmatte bedecktes Blech geben und je nach Größe 7-8 Minuten backen. Die erkalteten Plätzchen zerkrümeln.

Anrichten.
Das Innere der Dessertgläser mithilfe einer Spritztüte marmorartig mit der Glanzglasur dekorieren. Die Gläser zur Hälfte mit der Kaffeecreme füllen, dann mit Kaluha beträufeln. Die Mascarponecreme bis zum Rand oder kuppelförmig einfüllen, mit Spekulatiusbröseln bestreuen. Nach Belieben mit der restlichen Glasur verzieren.

Kochschule
Bayerische Creme ›› S. 97
Spekulatius ›› S. 20
Dunkle Glanzglasur ›› S. 116

Pineau-Cassis-Verrine ★

Für 6 Personen

Zubereitung: 75 Minuten
Garzeit: 30 Minuten

Zutaten

6 Rispen Schwarze Johannisbeeren
75 g Kakaopulver

Für das Pineau-Gelee
5 g Blattgelatine
200 g Pineau des Charentes
6 Himbeeren

Für den Schokoladenbiskuit ohne Mehl
150 g Eigelb
190 g Eiweiß
240 g feinster Zucker
75 g Kakaopulver

Für die Cassis-Mousse
8 g Blattgelatine
300 g Schwarze-Johannisbeeren-Püree
50 g feinster Zucker
300 g flüssige Schlagsahne und/oder Italienische Meringenmasse (S. 177)

Das Pineau-Gelee herstellen.
Die Gelatine in etwas kaltem Wasser einweichen. Den Pineau erhitzen und 1 Minute kochen lassen, damit der Alkohol verdampft. Vom Herd nehmen und sofort die ausgedrückte Gelatine darin auflösen. In sechs Gläser füllen und jeweils eine Himbeere hineinlegen. Abkühlen und fest werden lassen.

Den Biskuit herstellen.
Den Backofen auf 170 °C vorheizen. In einer Schüssel das Eigelb verquirlen. Aus Eiweiß und Zucker eine Französische Meringenmasse herstellen (S. 176) und zu dem Eigelb geben. Das Kakaopulver darübersieben und alles vorsichtig mit einem Teigschaber vermischen. Die Biskuitmasse 5 Millimeter dick auf ein mit Backpapier oder einer Silikonmatte ausgelegtes Blech streichen und etwa 20 Minuten backen.

Die Cassis-Mousse herstellen.
Die Gelatine in etwas kaltem Wasser einweichen. Ein Drittel des Johannisbeerpürees mit dem Zucker verrühren und erhitzen. Vom Herd nehmen und die gut ausgedrückte Gelatine darin auflösen. Das restliche kalte Johannisbeerpüree dazugeben, um die Masse auf 20–25 °C abzukühlen. Die Sahne steif schlagen und mit einem Schneebesen vorsichtig unterheben. Nach Belieben die Sahne ganz oder zum Teil durch Italienische Meringenmasse ersetzen.

Fertigstellen.
Aus dem Schokoladenbiskuit sechs Teigkreise mit dem Durchmesser der Dessertgläser sowie sechs etwas größere Kreise ausstechen. Die kleineren auf das Pineau-Gelee legen und die Gläser mithilfe eines Spritzbeutels mit Lochtülle dreiviertel hoch mit der Cassis-Mousse befüllen. Mit den Johannisbeerrispen und den restlichen Biskuitscheiben garnieren.

● Tipp

Auch mit anderen Früchten wie Himbeeren oder Heidelbeeren schmeckt das Dessert vorzüglich.

● Gut zu wissen

Pineau des Charentes ist eine Spezialität der westfranzösischen Cognac-Region. Er besteht zu 75 Prozent aus unvergorenem Traubensaft und zu 25 Prozent aus Cognac und reift mindestens 18 Monate in Eichenfässern.

Kochschule

Schokoladenbiskuit ohne Mehl ›› S. 71
Französische Meringenmasse ›› S. 176
Früchtemousse ›› S. 109

Himbeerstreifen ★★

Für 8 Personen

Zubereitung: 105 Minuten
Garzeit: 50 Minuten
Kühlzeit: 60 Minuten

Den Biskuit herstellen.

Den Backofen auf 180–200 °C vorheizen. Die Pistazienpaste, 50 Gramm Zucker, das Eigelb sowie 60 Gramm Eiweiß in die Rührschüssel der Küchenmaschine geben und mit dem Flachrührer einige Minuten bearbeiten, bis eine schaumige Masse entstanden ist. Mit einem Schneebesen von Hand das Mehl unterheben. Aus dem restlichen Eiweiß und dem restlichen Zucker eine Französische Meringenmasse herstellen (S. 176). Unter die Pistazienmasse ziehen.
Die Masse mindestens 1,5 Zentimeter hoch in einen rechteckigen gefetteten Backrahmen streichen. Im heißen Ofen 12–15 Minuten backen. Auf einem Kuchengitter abkühlen lassen.

Die Himbeerpaste herstellen.

In einem Topf das Himbeerpüree mit der Glukose erwärmen (nicht aufkochen).
Das Pektin mit 27 Gramm Zucker mischen und die Pektin-Zucker-Mischung unter das Fruchtpüree rühren. Den restlichen Zucker dazugeben und alles auf 107 °C erhitzen. Die Zitronensäure-Lösung unterrühren und die Masse sofort in eine eine flache Silikonform oder in einen Backrahmen gießen.

Die Bayerische Creme herstellen.

In einer Schüssel das Eigelb mit der Milch und dem Zucker verquirlen. Die Vanilleschote und das ausgekratzte Mark dazugeben. Die Gelatine in etwas kaltem Wasser einweichen.
Die Eigelbmasse in einem Topf unter Rühren erhitzen, bis das Thermometer 85 °C anzeigt und die Creme eindickt und den Kochlöffel überzieht (zur Rose abziehen). Den Topf dabei falls nötig hin und wieder vom Herd ziehen, damit das Eigelb nicht durch zu starke Wärmeeinwirkung gerinnt.
Die Creme durch ein Sieb in eine Schüssel gießen. Die ausgedrückte Gelatine unterrühren, um die Masse zu binden. Mit Frischhaltefolie abdecken.
Die Creme auf Zimmertemperatur abkühlen lassen.
Die Sahne steif schlagen. Die abgekühlte Creme mit einem Schneebesen glatt rühren und die geschlagene Sahne nach und nach vorsichtig mit einem Teigschaber unterheben.

Die Glasur herstellen.

Die Gelatine in 40 Milliliter kaltem Wasser einweichen. In einem Topf das restliche Wasser mit dem Zucker zum Kochen bringen. Vom Herd nehmen und die ausgedrückte Gelatine in der Flüssigkeit auflösen. Die Glasur in zwei Schüsseln gießen und jeweils gelb bzw. grün einfärben. Die Verarbeitungstemperatur der Glasur beträgt 25–30 °C.

Fertigstellen.

Den Biskuit passend zurechtschneiden und in einen rechteckigen Tortenrahmen legen. In die Mitte eine etwas schmalere Lage Himbeerpaste geben. Mit der Bayerischen Creme auffüllen und die Oberfläche glatt streichen. In den Kühlschrank stellen.
Das Dessert im Tortenrahmen glasieren: Zunächst die grüne Glasur rasch und unregelmäßig auftragen, anschließend mit der gelben Glasur überziehen, dann glatt streichen. Den Rahmen lösen und das Dessert mit einem erhitzten Messer in schmale Streifen schneiden. Mit Pistazienkernen dekorieren.

● Tipp

Zum Servieren etwas Englische Creme und Fruchtcoulis auf die Teller geben, mit einem Stäbchen marmorieren und die Himbeerstreifen daraufsetzen.

Kochschule

Französische Meringenmasse ›› S. 176
Fruchtpaste ›› S. 156
Bayerische Creme ›› S. 97

Zutaten

Für den Pistazienbiskuit

60 g Pistazienpaste
50 g + 50 g Zucker
30 g Eigelb
60 g + 125 g Eiweiß
65 g Mehl
Butter für die Form

Für die Himbeerpaste

250 g Himbeerpüree mit 10 % Zuckergehalt
50 g Glukosesirup
6 g gelbes Pektin
27 g + 200 g feinster Zucker
5 g Zitronensäure-Lösung (50 %; S. 156)

Für die Bayerische Creme

80 g Eigelb
250 ml Milch
125 g feinster Zucker
1 Vanilleschote
8 g Blattgelatine
400 g flüssige Schlagsahne

Für die Glasur

8 g Blattgelatine
40 g + 150 ml Wasser
200 g Zucker
grüne und gelbe Speisefarbe

Für die Dekoration

Pistazienkerne

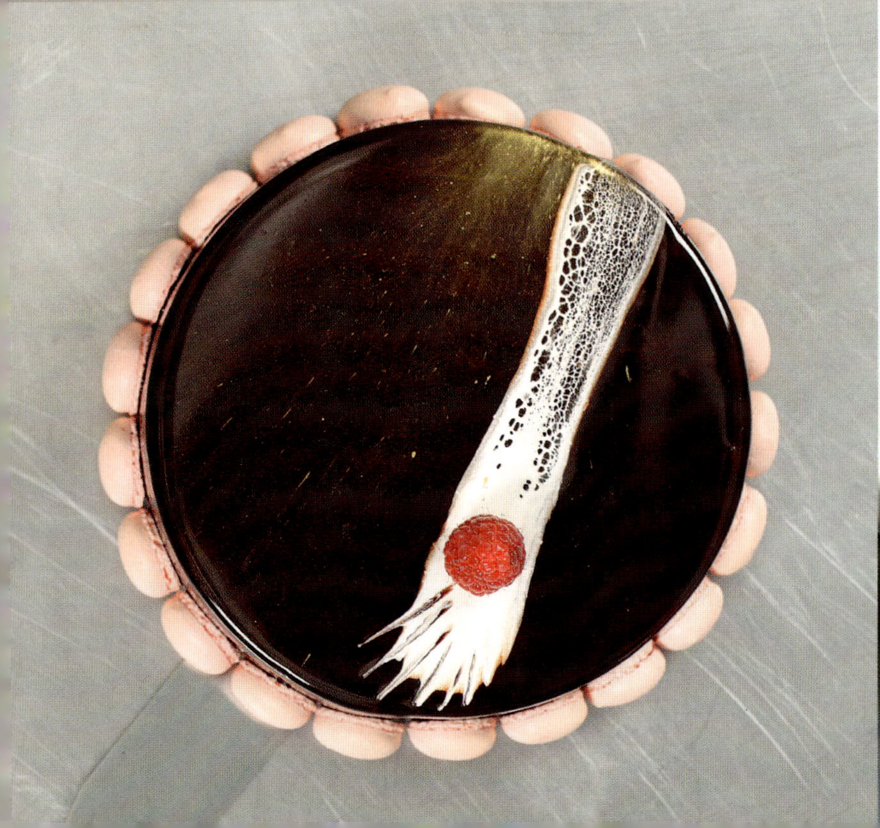

Laurent Le Daniel präsentiert sein Rezept

Torten und Törtchen

Laurent Le Daniel

Laurent Le Daniel führt eine Patisserie mit mehreren Filialen in Rennes.

»Mit diesem Dessert wollte ich ein Törtchen kreieren, dessen Äußeres keinen Hinweis auf sein Innenleben gibt. Wie der Name ›Surprise‹ schon andeutet, soll es den Gast überraschen – ein ziemlich ungewöhnliches Konzept, denn in der Regel verrät die Dekoration einer Süßspeise ihre wesentlichen Komponenten: Eine Schokoladentorte wird üblicherweise mit Schokolade, eine Nusstorte mit Nüssen verziert.
Mit diesem Dessert setze ich auf das Vertrauen meiner Gäste, ich möchte sie bei der Hand nehmen und ihnen ein gänzlich unerwartetes Geschmackserlebnis bescheren. Die rote Glasur lässt auf rote Beeren schließen, überraschenderweise führt diese Assoziation aber in die falsche Richtung. Die Komposition der Süßspeise wird jede Woche geändert, nur ihr Äußeres bleibt gleich. Alle anderen Kuchen und Torten aus unserer Produktion folgen dagegen den konventionellen Kriterien.«

Surprise

Die Pistazien-Dacquoise herstellen.

Den Backofen auf 180 °C vorheizen. Das Eiweiß mit dem feinsten Zucker sehr steif schlagen. Die Mandeln mit dem Puderzucker und dem Mehl sieben und unter den Eischnee ziehen. Die Pistazienpaste einarbeiten. Die Masse auf zwei mit Backpapier ausgelegte Bleche dressieren, mit Puderzucker bestauben und 25 Minuten backen.

Das Mango-Aprikosen-Kompott herstellen.

Das Pektin und den Zucker mischen. Die Früchte enthäuten, würfeln und in einen Topf geben. Die Fruchtpürees und die Pektin-Zucker-Mischung hinzufügen und alles unter regelmäßigem Rühren aufkochen. Die heiße Masse in kleine Silikonformen gießen – etwa 25 Gramm je Mulde. Im Gefrierfach hart werden lassen.

Die Mandelcreme herstellen.

Die Gelatine in etwas Wasser einweichen. Die Sahne, die Milch, die Marzipanrohmasse und das ausgekratzte Vanillemark erhitzen. Das Eigelb mit dem Zucker weißschaumig schlagen und ebenfalls in den Topf geben. Wie eine Englische Creme unter Rühren auf 85 °C erhitzen. Die ausgedrückte Gelatine einrühren. Abkühlen lassen, mit einem Pürierstab durchmixen, dann den Amaretto dazugeben. Die Sahne unterheben.

Fertigstellen.

Würfelformen aus Silikon zur Hälfte mit der Mandelcreme füllen. Das gefrorene Kompott in die Mitte geben, mit Creme bedecken und mit einem quadratischen Stück Pistazien-Dacquoise abschließen. Im Gefrierfach hart werden lassen, aus der Form stürzen und mit der Glasur überziehen. Mit Macarons, Royal-Glasur und Blattgold verzieren.

Für 50 Mini-Törtchen
Zubereitung: 45 Minuten
Backzeit: 30 Minuten
Gefrierzeit: 3 Stunden

Zutaten

Für die Pistazien-Dacquoise
300 g Eiweiß
240 g feinster Zucker
240 g Mandeln, sehr fein gemahlen
120 g Puderzucker
55 g Mehl
65 g Pistazienpaste
Puderzucker zum Bestauben

Für das Mango-Aprikosen-Kompott
18 g Pektin
33 g feinster Zucker
400 g Mangos
400 g Aprikosen
330 g Mangopüree
330 g Aprikosenpüree

Für die Mandelcreme
23 g Blattgelatine
350 ml Sahne
350 ml Milch
125 g Marzipanrohmasse
1 Vanilleschote
145 g Eigelb
190 g feinster Zucker
38 g Amaretto
940 g Sahne, geschlagen

Für die Dekoration
rote Glasur (S. 117)
50 rosa Macaronschalen (S. 79)
Royal-Glasur (S. 140)
Blattgold

Zutaten

Hippenmasse für den Dekorbiskuit
50 g weiche Butter
50 g Puderzucker, gesiebt
50 g Eiweiß
50 g Mehl, gesiebt
orange Speisefarbe

Für den Genueser Biskuit
100 g Ei
65 g feinster Zucker
65 g Mehl

Für den Mandelbaiserboden
240 g Eiweiß
50 g feinster Zucker
150 g Mandeln, gemahlen
100 g Puderzucker
50 g Mehl Type 405

Für die Himbeerkonfitüre
125 g Himbeeren
125 g feinster Zucker

Für die Bayerische Creme
40 g Eigelb
125 ml Milch
65 g feinster Zucker
½ Vanilleschote
4 g Blattgelatine
200 g flüssige Schlagsahne

Für die Glasur
4 g Blattgelatine
20 ml + 75 ml kaltes Wasser
100 g feinster Zucker

Für die Dekoration
12 in Alkohol eingelegte Himbeeren
Himbeercoulis

Himbeertorte ★★

Für 6 Personen

Zubereitung: 105 Minuten
Garzeit: 30 Minuten
Kühlzeit: 120 Minuten

Die Hippenmasse für den Dekorbiskuit herstellen.
Die Butter und den Puderzucker mit einem Schneebesen cremig rühren. Das Eiweiß hinzufügen und die Masse glatt rühren. Das Mehl auf einmal dazugeben und untermischen. Die Masse in der gewünschten Intensität einfärben. Dünn auf eine Silikonbackmatte streichen und mit den Fingern in kreisförmigen Bewegungen ein Muster hineinziehen. Bis zur weiteren Verwendung ins Gefrierfach legen.

Den Genueser Biskuit herstellen.
Den Backofen auf 180 °C vorheizen.
Die Eier und den Zucker in eine Schüssel geben und auf einem 60 °C heißen Wasserbad schlagen, bis die Masse bandartig vom Schneebesen fließt. Vom Wasserbad nehmen. Die Hälfte der gesiebten Mehlmenge vorsichtig mit einem Teigschaber unterziehen. Das restliche Mehl einrieseln lassen und locker einarbeiten, damit die Masse nicht zusammenfällt.
Die Dekormasse aus dem Gefrierfach nehmen und die Biskuitmasse zügig mit einer Winkelpalette daraufstreichen.
Im vorgeheizten Ofen 10-15 Minuten backen. Der Biskuit soll weich und saftig bleiben und keine Farbe annehmen.
Nach dem Backen mit der Silikonmatte auf ein Kuchengitter ziehen.

Den Mandelbaiserboden herstellen.
Den Backofen auf 180 °C vorheizen. Aus Eiweiß und feinstem Zucker eine Französische Meringenmasse herstellen (S. 176).
Die gemahlenen Mandeln, den Puderzucker und das Mehl mischen und mit einem Teigschaber behutsam unterheben.
In einen Spritzbeutel mit Lochtülle füllen und spiralförmig auf eine Silikonbackmatte dressieren, im Durchmesser etwas kleiner als der für den Aufbau verwendete Tortenring. Im vorgeheizten Ofen 8-12 Minuten backen.

Die Himbeerkonfitüre herstellen.
Die Himbeeren und den Zucker in einen Topf geben und unter Rühren auf 107 °C erhitzen. In eine runde Form gießen, die im Durchmesser etwas kleiner ist als der für den Aufbau verwendete Tortenring. Ins Gefrierfach stellen.

Die Bayerische Creme herstellen.
In einer Schüssel das Eigelb mit der Milch und dem Zucker verquirlen. Das ausgekratzte Vanillemark dazugeben.
Die Gelatine in etwas kaltem Wasser einweichen.
In einem Topf die Eigelbmasse unter Rühren erhitzen, bis das Thermometer 85 °C anzeigt, die Creme eindickt und den Kochlöffel überzieht (zur Rose abziehen). Den Topf dabei falls nötig hin und wieder vom Herd ziehen, damit das Eigelb nicht durch zu starke Wärmeeinwirkung gerinnt.
Die Creme in eine Schüssel gießen. Die ausgedrückte Gelatine unterrühren, um die Masse zu binden. Mit Frischhaltefolie abdecken.
Die Creme auf Zimmertemperatur abkühlen lassen. Die Sahne steif schlagen. Die abgekühlte Creme mit einem Schneebesen glatt rühren und die geschlagene Sahne nach und nach vorsichtig mit einem Teigschaber unterheben.

Die Glasur herstellen.
Die Gelatine in 20 Milliliter kaltem Wasser einweichen. Das restliche Wasser mit dem Zucker aufkochen. Den Topf vom Herd nehmen und die Gelatine unter Rühren darin auflösen.
Die Verarbeitungstemperatur beträgt 25-30 °C.

Die Torte aufbauen.
Aus dem Dekorbiskuit einen Streifen schneiden, der 1 Zentimeter schmaler ist als die Höhe des Tortenrings. Den Rand des Rings vollständig mit dem Biskuitstreifen auskleiden, die farbige Seite zeigt nach außen. Den Mandelbaiserboden passgenau ausstechen, mit der weichen Seite nach oben in den Tortenring legen und mit der Einlegeflüssigkeit der Himbeeren tränken. Die Bayerische Creme halbhoch einfüllen. Mit der gefrorenen Schicht Himbeerkonfitüre belegen. Die restliche Creme daraufgeben und mit einem Spatel glatt streichen.
Die Torte im Kühlschrank fest werden lassen. Anschließend gleichmäßig mit der Glasur überziehen und mithilfe einer Spritztüte etwas Himbeercoulis dekorativ aufdressieren. Die Torte aus dem Ring lösen und am Rand mit den eingelegten Himbeeren verzieren.

Kochschule
Dekorbiskuit ›› S. 142
Genueser Biskuit ›› S. 76
Mandelbaiser ›› S. 77
Französische Meringenmasse ›› S. 176
Bayerische Creme ›› S. 97
Tortenguss marmorieren ›› S. 144

Pfirsich-Orangen-Rolle ★★

Für 8 Personen
Zubereitung: 2 Stunden
Garzeit: 30 Minuten
Kühlzeit: 3 Stunden

Zutaten

Für den Joconde-Biskuit
125 g Ei
85 g Mandeln, gemahlen
85 g Puderzucker
25 g Mehl Type 405
20 g Butter, zerlassen und gebräunt
160 g Eiweiß
40 g feinster Zucker

Für die Pfirsichmousse
8 g Blattgelatine
300 g Pfirsichpüree
50 g feinster Zucker
300 g flüssige Schlagsahne

Für die Orangenpaste
3 g Blattgelatine
15 ml kaltes Wasser
20 g + 15 g feinster Zucker
5 g + 30 g Butter
70 ml Orangensaft
30 g Eigelb

Für die Glasur
8 g Blattgelatine
40 ml + 150 ml kaltes Wasser
200 g feinster Zucker
rosa Speisefarbe

Für die Dekoration
1 rosa Grapefruit, filetiert
1 weißer Pfirsich
Orangenchips (S. 131)
getrocknete Vanilleschoten
40 g dunkle Schokolade, temperiert (S. 182)

Kochschule
Joconde-Biskuit >> S. 70
Früchte-Mousse >> S. 109
Glasur auftragen >> S. 70
Zitrusfrüchte filetieren >> S. 130
Fruchtchips >> S. 131

Den Joconde-Biskuit herstellen.

Den Backofen auf 180 °C Umluft vorheizen.
In der Rührschüssel der Küchenmaschine die Eier mit den Mandeln, dem Puderzucker und dem gesiebten Mehl schaumig schlagen. Die braune Butter unterrühren. Aus Eiweiß und feinstem Zucker eine Französische Meringenmasse herstellen (S. 176) und unter den Teig heben. Die Masse auf ein mit Backpapier ausgelegtes Blech oder in eine flache Silikonform streichen. Im vorgeheizten Ofen etwa 15 Minuten backen.

Die Pfirsichmousse herstellen.

Die Gelatine in etwas kaltem Wasser einweichen. Ein Drittel des Pfirsichpürees mit dem Zucker erhitzen. Vom Herd nehmen und die gut ausgedrückte Gelatine unter Rühren darin auflösen. Das restliche Fruchtpüree dazugeben, um die Masse auf 20-25 °C herunterzukühlen. Die Sahne steif schlagen und mit einem Schneebesen nach und nach vorsichtig unterheben.

Die Orangenpaste herstellen.

Die Gelatine in dem kalten Wasser einweichen. 20 Gramm Zucker trocken karamellisieren. Mit 5 Gramm Butter und dem Orangensaft ablöschen. Das Eigelb und den restlichen Zucker unterrühren und die Masse auf 85 °C erhitzen. Die Gelatine (nicht ausdrücken!) unter Rühren darin auflösen. Auf 35 °C abkühlen lassen, dann die restliche Butter mit dem Pürierstab untermixen. Die Masse in eine schmale, flache Form füllen und ins Gefrierfach stellen.

Die Glasur herstellen.

Die Gelatine in 40 Milliliter kaltem Wasser einweichen. Das restliche Wasser mit dem Zucker aufkochen. Den Topf vom Herd nehmen und die Gelatine unter Rühren darin auflösen. In der gewünschten Intensität einfärben. Die Verarbeitungstemperatur beträgt 25-30 °C.

Fertigstellen.

Etwas Pfirsichmousse (etwa ein Viertel hoch) in eine Dachrinnenform füllen. Die gefrorene Orangencreme vorsichtig darauflegen. Mit der restlichen Mousse auffüllen und mit einem passend zugeschnittenen Biskuitstreifen abschließen. Für etwa 3 Stunden ins Gefrierfach stellen. Anschließend vorsichtig auf ein Kuchengitter mit untergeschobener Schale stürzen und zügig mit der Glasur überziehen.
Die Rolle auf eine Platte setzen, mit Grapefruitfilets umlegen und mit den übrigen Dekorationszutaten verzieren.

Zutaten

Für den Biskuit
120 g Ei
50 g Eigelb
125 g + 15 g feinster Zucker
80 g Eiweiß
40 g Mehl Type 405
30 g Speisestärke

Für den Tränksirup
50 g Zucker
50 ml Wasser
5 g Vanilleextrakt

Für die Buttercreme
250 g feinster Zucker
70 ml Wasser
80 g Eigelb
250 g Butter
grüne Speisefarbe
100 g Vollmilchschokolade, geschmolzen

Biskuitrolle Schoko-Vanille ★★

Für 8 Personen

Zubereitung: 90 Minuten
Backzeit: 30 Minuten
Kühlzeit: 120 Minuten

Den Biskuit herstellen.
Den Backofen auf 200 °C vorheizen.
Die Eier, das Eigelb und 125 Gramm Zucker in eine Schüssel geben und mit dem Handrührgerät schaumig schlagen. Das Eiweiß mit dem restlichen Zucker steif schlagen und vorsichtig unterheben. Das Mehl mit der Speisestärke darübersieben und unterziehen. Die Masse sofort 5 Millimeter dick auf ein mit Backpapier ausgelegtes Blech streichen und im vorgeheizten Ofen 6-7 Minuten backen.

Den Tränksirup herstellen.
In einem Topf das Wasser mit dem Zucker verrühren und auf 117-121 °C erhitzen. Abkühlen lassen und mit Vanilleextrakt aromatisieren.

Die Buttercreme herstellen.
In einem Topf den Zucker mit dem Wasser unter Rühren erhitzen. Den Rand immer wieder mit einem in Wasser getauchten Pinsel säubern. Den Sirup auf 117-121 °C erhitzen. Das Eigelb in der Küchenmaschine schaumig schlagen. Den heißen Sirup in die Eigelbmasse laufen lassen. Weiterschlagen, bis die Masse auf etwa 30 °C abgekühlt ist und eine dickschaumige Konsistenz erreicht hat. Die in Stücke geschnittene weiche Butter bei mittlerer Geschwindigkeit einarbeiten.
Für die Dekoration zwei kleine Portionen Buttercreme zur Seite stellen, davon eine grün einfärben. Die restliche Menge mit der flüssigen Schokolade in der gewünschten Intensität aromatisieren.

Fertigstellen und dekorieren.
Den Biskuit mit dem Sirup tränken und dünn mit der Schokoladen-Buttercreme einstreichen. Mithilfe des Backpapiers fest aufrollen, zur Stabilisierung in das Backpapier wickeln und für 2 Stunden in den Kühlschrank legen. Anschließend wieder auswickeln, die Enden abschneiden und als »Astlöcher« auf dem »Baumstamm« anbringen. Die Anschnitte mit heller Buttercreme bestreichen. Die Biskuitrolle mithilfe eines Spritzbeutels mit breiter Tülle vollständig mit der Schokoladen-Buttercreme überziehen. Die grün gefärbte Buttercreme in eine Spritztüte füllen und eine »Efeuranke« aufdressieren.

● Gut zu wissen

In Frankreich kennt man diese Biskuitrolle in Form eines Baumstamms als bûche de noël. *Sie ist das traditionelle Weihnachtsdessert.*

Kochschule

Biskuitrolle ›› S. 78
Buttercreme ›› S. 95
Tränken ›› S. 133

Pistazienrolle ★★★

Für 8 Personen

Zubereitung: 2 Stunden
Backzeit: 40 Minuten
Kühlzeit: 3 Stunden

Zutaten

Für die Pistaziencreme
8 g Blattgelatine
250 ml Milch
50 g Pistazienpaste
80 g Eigelb
125 g feinster Zucker
400 g flüssige Schlagsahne
grüne Speisefarbe

Für den Biskuit
120 g Ei
50 g Eigelb
125 g + 15 g feinster Zucker
80 g Eiweiß
40 g Mehl
30 g Speisestärke

Für die Nugatbuttercreme
620 g Buttercreme (S. 95)
50 g Nugatmasse (S. 160)

Für den Dacquoise-Boden
115 g Puderzucker
115 g Haselnüsse, sehr fein gemahlen
25 g Mehl
165 g Eiweiß
85 g feinster Zucker

Für die Glasur
4 g Blattgelatine
20 ml Wasser
125 ml Milch
75 g flüssige Schlagsahne
25 g Glukosesirup
150 g weiße Schokolade, gehackt
150 g helle Fettglasur, gehackt
grüne Speisefarbe
10 g Titandioxid

Kochschule
Bayerische Creme >> S. 97
Buttercreme >> S. 95
Französische Meringenmasse >> S. 176
Haselnuss-Dacquoise >> S. 72
Glasur auftragen >> S. 148
Schokoladendekor >> S. 182

Die Pistaziencreme herstellen.

Die Gelatine in etwas kaltem Wasser einweichen. Die Milch und die Pistazienpaste in einem Topf erhitzen. Das Eigelb und den Zucker in einer Schüssel mit einem Schneebesen weißschaumig schlagen. Sobald die Milch zu sieden beginnt, die Hälfte unter die Eigelbmasse rühren. Zu der restlichen Milch in den Topf geben und erhitzen, bis das Thermometer 85 °C anzeigt. Vom Herd nehmen, die ausgedrückte Gelatine einrühren und die grüne Speisefarbe dazugeben. Die Creme durch ein feines Sieb in eine Schüssel passieren, mit Frischhaltefolie belegen und auf etwa 25 °C abkühlen lassen. Die Sahne steif schlagen und unterheben.

Die Biskuitrolle herstellen.

Den Backofen auf 180 °C vorheizen. In einer Schüssel die Eier, das Eigelb und 125 Gramm Zucker mit dem Handrührgerät dickschaumig schlagen. Das Eiweiß steif schlagen, dabei den restlichen Zucker einrieseln lassen. Vorsichtig unter die Eigelbmasse heben. Das Mehl mit der Speisestärke darübersieben und mit einem Teigschaber unterziehen. Die Masse 3 Millimeter dick auf ein mit Backpapier ausgelegtes Blech streichen. Im vorgeheizten Ofen hellbraun backen. Anschließend gleich auf ein Kuchengitter ziehen. Die Buttercreme mit dem Nugat verrühren, den Biskuit damit einstreichen und aufrollen.

Den Dacquoise-Boden herstellen.

Den Backofen auf 200 °C vorheizen. Den Puderzucker mit den Haselnüssen und dem Mehl in eine Schüssel sieben. Aus Eiweiß und Zucker eine Französische Meringenmasse herstellen (S. 176) und mit einem Teigschaber behutsam unter die gesiebte Mischung ziehen. In einen Spritzbeutel mit Lochtülle füllen. In Streifen auf ein mit Backpapier oder einer Silikonmatte bedecktes Blech dressieren. Im vorgeheizten Ofen 8-12 Minuten backen.

Die Glasur herstellen.

Die Gelatine in dem Wasser einweichen. In einem Topf die Milch und die Sahne mit der Glukose aufkochen. Vom Herd nehmen, die Schokolade, die Fettglasur und die Gelatine unterrühren. Die Speisefarbe dazugeben und die Masse mit dem Pürierstab durchmixen. Etwa zwei Esslöffel entnehmen und mit dem Titandioxid verrühren. Unter die restliche Glasur mischen.

Fertigstellen.

Eine Dachrinnenform halbhoch mit der Pistaziencreme füllen. Die Biskuitrolle hineindrücken und die Form mit der Creme auffüllen. Mit einem passend zugeschnittenen Streifen Dacquoise abschließen. Für etwa 3 Stunden ins Gefrierfach stellen. Anschließend vorsichtig auf ein Kuchengitter mit untergeschobener Schale stürzen und zügig mit der Glasur überziehen. Nach Belieben dekorieren.

Zutaten

Für die Bayerische Creme
8 g Blattgelatine
80 g Eigelb
100 g feinster Zucker
250 g Erdbeer- und Himbeerpüree
400 g flüssige Schlagsahne

Für den Tränksirup
100 ml Wasser
100 g Zucker
5 g Vanilleextrakt

Für die Löffelbiskuitmasse
150 g Eiweiß
125 g feinster Zucker
100 g Eigelb
100 g Mehl Type 405
25 g Speisestärke
25 g Puderzucker

Für die Dekoration
150 g Himbeeren
200 g Erdbeeren
25 g Puderzucker

Erdbeer-Himbeer-Charlotte ★★

Für 6–8 Personen
Zubereitung: 60 Minuten
Garzeit: 30 Minuten
Kühlzeit: 120 Minuten

Die Bayerische Creme herstellen.
Die Gelatine in etwas kaltem Wasser einweichen. Das Eigelb und den Zucker in einer Schüssel weißschaumig schlagen. Das Fruchtpüree in einem Topf aufkochen, vom Herd nehmen und die Eigelbmasse unterrühren. Auf 85 °C erhitzen, vom Herd ziehen und die gut ausgedrückte Gelatine einrühren.
Die Creme auf etwa 20 °C abkühlen lassen. Die Sahne steif schlagen. Die abgekühlte Fruchtmasse mit einem Schneebesen glatt rühren und die geschlagene Sahne vorsichtig unterheben.

Den Tränksirup herstellen.
In einem Topf das Wasser mit dem Zucker unter Rühren aufkochen. Abkühlen lassen und mit dem Vanilleextrakt aromatisieren.

Den Biskuitstreifen herstellen.
Den Backofen auf 200 °C vorheizen. Aus Eiweiß und Zucker eine Französische Meringenmasse herstellen (S. 176). Das Eigelb unterziehen. Das Mehl mit der Speisestärke darübersieben und mit einem Teigschaber vorsichtig unterziehen. Ein Blech mit Backpapier auslegen. Die Masse in einen Spritzbeutel mit Lochtülle füllen und Teigstreifen dicht an dicht sowie zwei Spiralen mit je 16 Zentimeter Durchmesser aufdressieren. Mit Puderzucker bestauben und warten, bis er geschmolzen ist. Nach 5 Minuten erneut bestauben, in den vorgeheizten Ofen schieben und 10 Minuten backen.

Die Charlotte aufbauen.
Den Biskuitstreifen als Rand in einen Tortenring stellen, solange er noch warm und formbar ist. Falls nötig in der Höhe anpassen. Auskühlen lassen. Eine Biskuitscheibe als Boden in den Tortenring legen und mithilfe eines Pinsels mit etwas Sirup tränken. Die Bayerische Creme bis zur halben Höhe einfüllen und mit einigen Himbeeren und klein geschnittenen Erdbeeren belegen. Mit der zweiten Biskuitscheibe bedecken. Leicht andrücken, damit keine Blasen entstehen, und mit dem Sirup tränken. Den Tortenring mit der restlichen Creme auffüllen und in den Kühlschrank stellen. Den Tortenring abnehmen. Die Charlotte mit Himbeeren und geviertelten Erdbeeren garnieren und vor dem Servieren leicht mit Puderzucker bestauben.

Kochschule
Bayerische Creme >> S. 97
Löffelbiskuits >> S. 73
Tränken >> S. 133
Eine Charlotte aufbauen >> S. 145

Schokoladenmousse-Torte ★★★

Für 8 Personen
Zubereitung: 2 Stunden
Gefrierzeit: 4 Stunden
Garzeit: 40 Minuten

Den Schokoladenbiskuit herstellen.

Den Backofen auf 180 °C vorheizen. Die Marzipanrohmasse mit den Eiern, dem Eigelb und 65 Gramm Zucker geschmeidig rühren. Das Eiweiß mit dem restlichen Zucker steif schlagen (Französische Meringenmasse, S. 176) und mit einem Teigschaber vorsichtig unter die Marzipanmasse heben. Das Mehl mit dem Kakaopulver darübersieben und behutsam unterziehen. Zum Schluss die flüssige Butter und die geschmolzene Kakaomasse dazugeben. Die Biskuitmasse homogen verrühren und mithilfe eines Spritzbeutels mit Lochtülle etwa 1 Zentimeter dick spiralförmig in einen gefetteten Dessertring dressieren, der im Durchmesser etwas kleiner ist als der für den Aufbau verwendete Tortenring. Im vorgeheizten Ofen etwa 10 Minuten backen.

Die gelierte Coulis herstellen.

Den Zucker und das Pektin mischen. Das Himbeerpüree mit dem Glukosesirup und dem Invertzucker erhitzen. Sobald 45 °C erreicht sind, die Zucker-Pektin-Mischung dazugeben. Etwa 2 Minuten unter Rühren kochen lassen. Anschließend in einen Dessertring mit dem gleichen Durchmesser wie für den Biskuitboden gießen und ins Gefrierfach stellen.

Die Schokoladenmousse herstellen.

In einer Schüssel auf einem 45-50 °C heißen Wasserbad das Wasser, den Zucker und das Eigelb erhitzen, dabei kräftig schlagen, bis eine luftige Masse entsteht, die bandartig vom Schneebesen fließt. Die Sahne steif schlagen. Die Schokolade in einem Wasserbad bei 45-50 °C schmelzen. Zunächst die Schlagsahne behutsam unter die Pâte à bombe ziehen, dann ein Drittel der Masse mit der geschmolzenen Schokolade verrühren. Zum Schluss die restliche Masse unterheben.

Die dunkle Glanzglasur herstellen.

Die Gelatine in 50 Milliliter kaltem Wasser einweichen. In einem Topf das restliche Wasser und die Sahne mit dem Zucker und dem Invertzucker aufkochen. Das Kakaopulver einstreuen und glatt rühren. Erneut aufkochen und unter ständigem Rühren 2 Minuten kochen lassen. Den Topf vom Herd nehmen, die Gelatine mit dem Einweichwasser dazugeben und in der heißen Flüssigkeit auflösen. Mit dem Pürierstab durchmixen. In eine Schüssel füllen, mit Frischhaltefolie belegen und bis zur weiteren Verwendung beiseitestellen.

Die Macaronschalen herstellen.

Den Backofen auf 155 °C vorheizen. Die Mandeln mit dem Puderzucker im Mixer zu Pulver verarbeiten, dann in einer Schüssel mit 50 Gramm Eiweiß vermischen. Aus dem restlichen Eiweiß, dem feinsten Zucker und dem Wasser eine Italienische Meringenmasse herstellen (S. 177). Vorsichtig mit Speisefarbe abtönen. Beide Massen mit einer Teigkarte vermischen, dabei immer wieder in kreisenden Bewegungen von unten nach oben rühren, bis eine homogene, zähflüssige Masse entstanden ist. Mithilfe eines Spritzbeutels mit Lochtülle gleichmäßige Tupfer auf ein mit Backpapier oder einer Silikonmatte bedecktes Blech dressieren. 30 Minuten trocknen lassen, bis die Oberfläche nicht mehr klebrig ist. Damit die Unterseite der Macarons nicht zu schnell fest wird, unter dem Blech mit den Macarons ein leeres Blech einschieben. Etwa 12 Minuten backen. Sie dürfen keinesfalls braun werden.

Die Torte in umgekehrter Reihenfolge aufbauen.

Den Tortenring auf eine Hart-PVC-Folie setzen. Bis zur halben Höhe mit der Schokoladenmousse füllen, dabei darauf achten, dass am Rand keine Luftblasen entstehen. Die gefrorene Himbeercoulis möglichst waagerecht darauflegen. Mit der restlichen Mousse bedecken und am oberen Rand gerade so viel Platz lassen, dass der Schokoladenbiskuit-Boden hineinpasst und mit dem Tortenring abschließt. Die Torte für 4 Stunden ins Gefrierfach stellen.

Fertigstellen und dekorieren.

Die Torte aus dem Ring lösen und auf ein Kuchengitter stürzen. Die Glasur auf 27-28 °C erwärmen und die Torte gleichmäßig damit überziehen (S. 148). Am unteren Rand rundherum mit Macaronschalen verzieren. Die Oberfläche nach Belieben dekorieren.

Kochschule
Schokoladenbiskuit >> S. 69
Französische Meringenmasse >> S. 176
Italienische Meringenmasse >> S. 177
Fruchtcoulis >> S. 128
Schokoladenmousse mit Pâte à bombe >> S. 107
Dunkle Glanzglasur >> S. 116
Glasur auftragen >> S. 148
Macarons >> S. 79

Zutaten

Für den Schokoladenbiskuit

200 g Marzipanrohmasse
70 g Ei
95 g Eigelb
65 g + 60 g feinster Zucker
110 g Eiweiß
50 g Mehl Type 405
20 g Kakaopulver
50 g Butter, zerlassen + Butter für die Formen
50 g Kakaomasse, geschmolzen

Für die gelierte Coulis

25 g feinster Zucker
3 g Pektin NH
200 g Himbeerpüree
25 g Glukosesirup
15 g Invertzucker

Für die Schokoladenmousse

20 ml Wasser
50 g feinster Zucker
50 g Eigelb
450 g flüssige Schlagsahne
250 g dunkle Schokolade
(64 % Kakaoanteil), gehackt

Für die dunkle Glanzglasur

10 g Blattgelatine
50 ml + 100 ml Wasser
80 g flüssige Schlagsahne »extra«
70 g feinster Zucker
85 g Invertzucker
70 g Kakaopulver

Für die Macaronschalen

150 g Mandeln, sehr fein gemahlen
150 g Puderzucker
50 + 55 g Eiweiß
150 g feinster Zucker
50 ml Wasser
rosa Speisefarbe

Zutaten

Für den Schokoladenbiskuit ohne Mehl
150 g Eigelb
190 g Eiweiß
240 g feinster Zucker
75 g Kakaopulver, gesiebt

Für den Knusper-Nugat
25 g Milchschokolade, gehackt
25 g Kakaobutter, gehackt
80 g Haselnusspaste
50 g Nugat (S. 160)
80 g Hippenbrösel

Für die Schokoladenmousse
1 Streifen Schale von einer unbehandelten Orange
200 g flüssige Schlagsahne oder Vollmilch
200 g dunkle Schokolade (64 % Kakaoanteil), gehackt
250 g Sahne, geschlagen

Für den Samtüberzug
80 g Kakaobutter
80 g Vollmilchkuvertüre, gehackt

Für die Dekoration
geschmolzene Schokolade
1 zweifarbige Gitterrolle aus Schokolade (S. 184)
Haselnüsse
Engelwurz (nach Belieben)

Kochschule
Schokoladenbiskuit ohne Mehl >> S. 71
Französische Meringenmasse >> S. 176
Knusper-Nugat >> S. 190
Schokoladenmousse mit Ganache >> S. 106
Samtiger Überzug aus Schokolade >> S. 119

Schoko-Nugat-Torte ★★

Für 8 Personen
Zubereitung: 90 Minuten
Kühlzeit: 2 Stunden 30 Minuten
Garzeit: 30 Minuten

Den Schokoladenbiskuit herstellen.
Den Backofen auf 170 °C vorheizen. In einer Schüssel das Eigelb verquirlen. Aus Eiweiß und Zucker eine Französische Meringenmasse herstellen (S. 176) und zu dem Eigelb geben. Das Kakaopulver darübersieben und alles vorsichtig mit einem Teigschaber vermischen. Auf ein mit Backpapier oder einer Silikonbackmatte ausgelegtes Blech streichen. Im vorgeheizten Ofen etwa 20 Minuten backen.

Den Knusper-Nugat herstellen.
Die Milchschokolade und die Kakaobutter in eine Schüssel geben und auf einem Wasserbad auf maximal 50 °C erhitzen und schmelzen. Die Schüssel herausnehmen, die Haselnusspaste, den Nugat und anschließend die Hippenbrösel behutsam unterrühren. Einen Dessertring, der im Durchmesser etwas kleiner ist als der Tortenring für den Aufbau, auf eine Silikonmatte setzen. Für die Füllschicht die Masse 5 Millimeter hoch in den Ring gießen. Im Gefrierfach hart werden lassen.

Die Schokoladenmousse herstellen.
Die Orangenschale in die Sahne bzw. Milch geben, erhitzen und 2-3 Minuten ziehen lassen. Die heiße Flüssigkeit durch ein feines Sieb über die Schokolade gießen und homogen verrühren. Sobald die Ganache eindickt und cremig wird (bei etwa 25-30°C), die steif geschlagene Sahne vorsichtig unterheben.

Die Torte aufbauen.
Einen Tortenring auf eine mit Frischhaltefolie ausgelegte Platte setzen. Den passend ausgestochenen Biskuitboden hineinlegen - er muss nicht getränkt werden. Die Schokoladenmousse 1 Zentimeter hoch einfüllen. Die gefrorene Nugatschicht darauflegen, mit der restlichen Mousse bis zum Rand auffüllen. Glatt streichen und für 2 Stunden ins Gefrierfach stellen.

Den Samtüberzug herstellen.
Die Kakaobutter und die Kuvertüre in einem Wasserbad bei 50 °C schmelzen und verrühren. Sofort mithilfe einer Spritzpistole auf die gefrorene Torte sprühen (der Samteffekt entsteht nur auf einer eiskalten Oberfläche). Nach Wunsch dekorieren. Auftauen lassen und kalt servieren.

● Gut zu wissen
Im Fachhandel wird fertiges Samtspray in verschiedenen Farben angeboten. Für den selbst hergestellten Samtüberzug kann eine andersfarbige Kuvertüre gewählt oder fettlösliche Speisefarbe unter die Masse gemischt werden.

Macaron-Törtchen mit Maronencreme ★

Zutaten

Für die Macaronschalen
150 g Mandeln, sehr fein gemahlen
150 g Puderzucker
50 g + 55 g Eiweiß
150 g feinster Zucker
50 ml Wasser
rosa Speisefarbe

Für die Maronencreme
150 g Butter
150 g Maronenpüree (Fertigprodukt)
8 ml Rum

Für 6 Personen
Zubereitung: 60 Minuten
Ruhezeit: 30 Minuten
Backzeit: 12 Minuten

Die Macaronschalen herstellen.
Den Backofen auf 155 °C vorheizen. Die Mandeln mit dem Puderzucker im Mixer zu Pulver verarbeiten, dann in einer Schüssel mit 50 Gramm Eiweiß vermischen. Aus dem restlichen Eiweiß, feinstem Zucker und Wasser eine Italienische Meringenmasse zubereiten (S. 177). Beide Massen mit einer Teigkarte vermischen, dabei immer wieder in kreisenden Bewegungen von unten nach oben rühren, bis eine homogene, zähflüssige Masse entstanden ist. Mit Speisefarbe abtönen.
In einen Spritzbeutel mit Lochtülle füllen und jeweils acht Tupfer dicht nebeneinander zu einem Kranz auf eine Silikonbackmatte dressieren. 30 Minuten trocknen lassen, bis die Oberfläche nicht mehr klebrig ist. Damit die Unterseite der Macarons nicht zu schnell fest wird, unter dem Blech mit den Macarons ein leeres Blech einschieben. Etwa 12 Minuten backen. Die Macarons dürfen keinesfalls braun werden. Sofort nach dem Backen auf der Backmatte ins Gefrierfach geben, damit sie sich leichter ablösen lassen.

Die Maronencreme herstellen.
Die weiche Butter, das Maronenpüree und den Rum in die Rührschüssel der Küchenmaschine geben und mit dem Flachrührer schaumig schlagen.

Fertigstellen.
Einen Macarons-Kranz umdrehen und mithilfe eines Spritzbeutels acht dicke Tupfer Maronencreme aufdressieren. Mit einem zweiten Kranz passgenau abdecken und mit Puderzucker bestauben.

● Tipp
Die Macarons können in jeder beliebigen Farbe koloriert werden und auch bei den Cremes zum Füllen ist die Auswahl groß.

Kochschule
Macarons >> S. 79
Italienische Meringenmasse >> S. 177

Zutaten

Für das Litschi-Apfel-Kompott

4 g Blattgelatine
200 g Äpfel
150 g Litschis
50 g feinster Zucker
10 ml Soho (Litschilikör)

Für die weiße Schokoladenmousse

6 g Blattgelatine
75 g flüssige Schlagsahne
50 g Eigelb
50 g feinster Zucker
225 g weiße Schokolade, gehackt
375 g flüssige Schlagsahne »extra«
einige Tropfen Rosenöl

Für die dunkle Glanzglasur

15 g Blattgelatine
150 ml Wasser
130 g flüssige Schlagsahne »extra«
100 g feinster Zucker
125 g Invertzucker
100 g Kakaopulver

Für die Macaronschalen

150 g Mandeln, sehr fein gemahlen
150 g Puderzucker
50 g + 55 g Eiweiß
150 g feinster Zucker
50 ml Wasser

Für die Dekoration

kristallisierte Rosenblütenblätter (S. 169)
1 Gitterrolle aus Schokolade (S. 184)
kandierte Engelwurz
Blattgold

Litschi-Rosen-Traum ★★★

Für 8 Personen
Zubereitung: 2 Stunden
Kühlzeit: 2 Stunden
Gefrierzeit: 4 Stunden 30 Minuten
Ruhezeit: 60 Minuten
Garzeit: 30 Minuten

Das Litschi-Apfel-Kompott herstellen.
Die Gelatine in etwas kaltem Wasser einweichen. Die Früchte waschen, schälen, von den Kernen befreien und in Würfel schneiden. Mit wenig Wasser in einen Topf geben und bei schwacher Hitze garen. Zum Ende der Garzeit den Zucker und die ausgedrückte Gelatine einrühren. Das Kompott abkühlen lassen, mit dem Litschilikör parfümieren und 1 Zentimeter hoch in einen Dessertring gießen, der im Durchmesser etwas kleiner ist als der für den Aufbau verwendete Tortenring. Für 30 Minuten ins Gefrierfach stellen.

Die weiße Schokoladenmousse herstellen.
Die Gelatine in etwas kaltem Wasser einweichen. Die Sahne in einen Topf gießen und erhitzen. Das Eigelb und den Zucker in einer Schüssel mit einem Schneebesen weißschaumig schlagen. Sobald die Sahne zu sieden beginnt, die Hälfte unter die Eigelbmasse rühren. Zu der restlichen Sahne in den Topf gießen und erhitzen, bis das Thermometer 85 °C anzeigt. Die Creme durch ein feines Sieb auf die weiße Schokolade passieren, gut vermischen. Die ausgedrückte Gelatine einrühren. Die Creme auf etwa 25 °C abkühlen lassen. Die Sahne steif schlagen und mit dem Rosenöl unterheben.

Die dunkle Glanzglasur herstellen.
Die Gelatine in etwas kaltem Wasser einweichen. Das Wasser, die Sahne, den Zucker und den Invertzucker in einen Topf geben und aufkochen. Das Kakaopulver dazugeben und die Masse glatt rühren. Erneut aufkochen und unter ständigem Rühren 2 Minuten kochen lassen. Vom Herd nehmen und die ausgedrückte Gelatine einrühren. Mit dem Stabmixer homogenisieren, in eine Schüssel füllen und bis zur weiteren Verwendung mit Frischhaltefolie belegen.

Die Macaronschalen herstellen.
Den Backofen auf 155 °C vorheizen. Die Mandeln mit dem Puderzucker im Mixer zu Pulver verarbeiten, dann in einer Schüssel mit 50 Gramm Eiweiß vermischen. Aus dem restlichen Eiweiß, feinstem Zucker und Wasser eine Italienische Meringenmasse herstellen (S. 177). Beide Massen mit einer Teigkarte vermischen, dabei immer wieder in kreisenden Bewegungen von unten nach oben rühren, bis eine homogene, zähflüssige Masse entstanden ist. Mithilfe eines Spritzbeutels mit Lochtülle gleichmäßige Tupfer auf ein mit Backpapier oder einer Silikonmatte bedecktes Blech dressieren. 30 Minuten trocknen lassen, bis die Oberfläche nicht mehr klebrig ist. Damit die Unterseite der Macarons nicht zu schnell fest wird, unter dem Blech mit den Macarons ein leeres Blech in den Ofen schieben. Etwa 12 Minuten backen.

Das Dessert aufbauen.
Einen Tortenring auf eine Hart-PVC-Folie setzen. Bis zur halben Höhe mit der Schokoladenmousse füllen, dabei darauf achten, dass am Rand keine unschönen Löcher entstehen. Die gefrorene Kompotteinlage waagerecht darauflegen. Mit der restlichen Mousse auffüllen. Für 4 Stunden ins Gefrierfach stellen.
Das gefrorene Dessert aus dem Ring lösen und auf ein Kuchengitter stürzen. Die Glasur auf 27-28 °C erwärmen und die gesamte Oberfläche gleichmäßig damit überziehen (S. 148). Das fertige Dessert auf eine Servierplatte setzen. Den Rand mit Macaronschalen verzieren. Die Oberfläche mit kristallisierten Rosenblättern und den übrigen Dekorzutaten verschönern.

Kochschule
Schokoladenmousse ›› S. 106
Dunkle Glanzglasur ›› S. 116
Glasur auftragen ›› S. 148
Macarons ›› S. 79
Italienische Meringenmasse ›› S. 177

Schwarzwälder Kirschtorte ★

Für 8 Personen
Zubereitung: 90 Minuten
Backzeit: 25 Minuten

Zutaten

Für den Schokoladenbiskuit
200 g Ei
125 g feinster Zucker
110 g Mehl Type 405
15 g Kakaopulver
Butter + Mehl für die Form

Für die Chantilly-Sahne
250 g flüssige Sahne
35 g feinster Zucker
5 g Vanilleextrakt

Für den Tränksirup
50 g Wasser
50 g Zucker
50 ml Sauerkirschsaft

Für die Dekoration
100 g Schokoladenspäne
120 g eingelegte Sauerkirschen, abgetropft

Den Schokoladenbiskuit herstellen.

Den Backofen auf 180 °C vorheizen. Die Eier und den Zucker in eine Schüssel geben und auf einem 60 °C heißen Wasserbad schlagen, bis die Masse bandartig vom Schneebesen fließt. Die Hälfte des gesiebten Mehls mit einem Teigschaber vorsichtig unterziehen. Das restliche Mehl mit dem Kakao einrieseln lassen und locker einarbeiten, damit die Masse nicht zusammenfällt. Eine Form ausbuttern und mit Mehl ausstauben. Die Biskuitmasse drei Viertel hoch einfüllen, sofort in den heißen Ofen schieben und 20-25 Minuten backen. Den Biskuit nach erfolgreicher Garprobe herausnehmen und gleich auf ein Kuchengitter stürzen.

Die Chantilly-Sahne herstellen.

Die gekühlte Sahne und den Zucker in einen Schlagkessel oder in die Rührschüssel der Küchenmaschine geben und kräftig schlagen (in der Küchenmaschine bei mittlerer Geschwindigkeit), bis sie beginnt, steif zu werden. Den Vanilleextrakt hinzufügen und bei hoher Geschwindigkeit weiterschlagen, bis das maximale Volumen erreicht ist. Bis zur weiteren Verwendung in den Kühlschrank stellen.

Den Tränksirup herstellen.

In einem Topf das Wasser mit dem Zucker unter Rühren aufkochen. Abkühlen lassen, dann den Sauerkirschsaft dazugeben.

Die Torte aufbauen und dekorieren.

Den Biskuit horizontal in drei gleiche Böden schneiden und mit dem Sirup tränken. Auf den ersten Boden die Chantilly-Sahne 1 Zentimeter dick auftragen und einige Sauerkirschen darauf verteilen. Mit dem zweiten Biskuitboden bedecken und den Vorgang wiederholen. Mit dem dritten Boden abschließen und die gesamte Torte mithilfe einer Streichpalette mit der Sahne einstreichen. Die restliche Sahne in einen Spritzbeutel mit Sterntülle füllen und die gesamte Oberfläche mit Sahnerosetten verzieren. Einige Sauerkirschen darauf verteilen und den Tortenrand mit den Schokoladenspänen verzieren.

● Tipp
Anstelle der Sauerkirschen können auch andere in Sirup oder Alkohol eingelegte Kirschen verwendet werden, beispielsweise Amarenakirschen.

Kochschule
Genueser Biskuit >> S. 76
Chantilly-Sahne >> S. 94
Tränken >> S. 133

Erdbeertorte ★★

Zutaten
500 g Erdbeeren

Für den Genueser Biskuit
200 g Ei
125 g feinster Zucker
125 g Mehl

Für die Mousseline-Creme
250 ml Milch
50 g + 50 g feinster Zucker
1 Vanilleschote
40 g Eigelb
35 g Speisestärke
130 g Butter

Für den Tränksirup
120 ml Wasser
80 g Zucker
eine Spirituose (nach Belieben)

Für das marmorierte Marzipan
120 g Marzipanrohmasse
rote Speisefarbe
20 g Puderzucker oder Speisestärke

Kochschule
Genueser Biskuit >> S. 76
Mousseline-Creme >> S. 100
Tränken >> S. 133
Dekoration aus Marzipan >> S. 132

Für 6 Personen
Zubereitung: 75 Minuten
Garzeit: 35 Minuten
Kühlzeit: 120 Minuten

Den Genueser Biskuit herstellen.
Den Backofen auf 180 °C vorheizen. Die Eier und den Zucker in einer Schüssel auf einem 60 °C heißen Wasserbad schlagen, bis die Masse bandartig vom Schneebesen fließt. Die Hälfte des gesiebten Mehls mit einem Teigschaber vorsichtig unterziehen. Das restliche Mehl einrieseln lassen und locker einarbeiten. Auf ein mit Backpapier ausgelegtes Blech streichen und 20–25 Minuten backen. Auf ein Kuchengitter stürzen.

Die Mousseline-Creme herstellen.
In einem Topf die Milch mit 50 Gramm Zucker und der aufgeschlitzten und ausgekratzten Vanilleschote aufkochen. Das Eigelb und den restlichen Zucker in eine Schüssel geben und mit dem Schneebesen weißschaumig schlagen. Die Speisestärke zugeben und glatt rühren. Die kochend heiße Milch mit dem Schneebesen unterrühren. Zurück in den Topf gießen, aufkochen und wie eine Konditorcreme unter ständigem Rühren 2–3 Minuten kochen lassen. 65 Gramm in Stücke geschnittene Butter dazugeben und glatt rühren. In eine Schüssel füllen, mit Frischhaltefolie belegen und auf 40 °C abkühlen lassen. In der Küchenmaschine bei hoher Geschwindigkeit luftig aufschlagen, dabei die restliche Butter einarbeiten. Kühl stellen (nicht in den Kühlschrank).

Den Tränksirup herstellen.
In einem Topf das Wasser mit dem Zucker unter Rühren aufkochen. Abkühlen lassen und nach Belieben mit der Spirituose aromatisieren.

Die Torte aufbauen.
Einen Tortenring auf eine Platte setzen. Die Erdbeeren längs halbieren und mit der Schnittfläche am Innenrand entlang aufstellen. Aus dem Biskuit zwei Böden ausschneiden, einen in den Ring legen und mit dem Sirup tränken. Eine dicke Schicht Mousseline-Creme daraufgeben und sorgfältig zwischen und über den Erdbeeren bis zum Rand glatt verstreichen. Einige Erdbeeren darauf verteilen. Den zweiten Biskuitboden auflegen und mit dem Sirup tränken. Den Ring mit der restlichen Creme auffüllen, die Oberfläche glatt streichen und die Torte in den Kühlschrank stellen.

Die Marzipanmasse marmorieren.
Die Hälfte der Marzipanrohmasse rot färben. Die weiße und die rote Schicht übereinanderlegen (S. 132). Leicht flach drücken, halbieren und erneut übereinanderlegen, so dass sich die Anzahl der Streifen bereits verdoppelt hat. Den Vorgang mehrere Male wiederholen. Die Masse mit den Streifen nach oben auf Speisestärke oder Puderzucker 2 Millimeter dick zur Kreisplatte ausrollen. Die Marzipanplatte auf die Torte legen und mit dem Rollholz fest über die Ringkante fahren, um das überstehende Marzipan zu entfernen. Den Tortenring abnehmen. Nach Belieben dekorieren.

Cassistorte mit Mandelbaiser ★★

Für 8 Personen
Zubereitung: 90 Minuten
Backzeit: 15 Minuten
Kühlzeit: 120 Minuten

Zutaten

120 g Birnen in Sirup

Für das Mandelbaiser
240 g Eiweiß
50 g feinster Zucker
150 g Mandeln, gemahlen
100 g Puderzucker
50 g Mehl Type 405

Für die Cassis-Mousse
8 g Blattgelatine
300 g Schwarze-Johannisbeeren-Püree
50 g feinster Zucker
300 g flüssige Schlagsahne

Für die Glasur
8 g Blattgelatine
40 ml + 150 ml Wasser
200 g feinster Zucker
rote Speisefarbe

Kochschule
Mandelbaiser ›› S. 77
Französische Meringenmasse ›› S. 176
Früchtemousse ›› S. 109
Tortenguss marmorieren ›› S. 144
Eine Spritztüte herstellen ›› S. 147

Die Mandelbaiserböden herstellen.

Den Backofen auf 180 °C vorheizen. Aus dem Eiweiß und dem feinsten Zucker eine Französische Meringenmasse herstellen (S. 176). Die gemahlenen Mandeln mit dem Puderzucker vermischen und mit einem Teigschaber vorsichtig unterheben, damit die Eiweißmasse nicht zusammenfällt. In einen Spritzbeutel mit Lochtülle füllen und zwei Spiralen auf eine Silikonbackmatte dressieren, im Durchmesser etwas kleiner als der für den Aufbau verwendete Tortenring. Im vorgeheizten Ofen etwa 15 Minuten backen.

Die Cassis-Mousse herstellen.

Die Gelatine in etwas kaltem Wasser einweichen. Ein Drittel des Johannisbeerpürees mit dem Zucker in einen Topf geben und erhitzen. Vom Herd nehmen und die gut ausgedrückte Gelatine einrühren. Das restliche Johannisbeerpüree dazugeben und die Masse auf 20-25 °C abkühlen lassen. Die Sahne steif schlagen und nach und nach vorsichtig mit einem Schneebesen unterheben.

Die Torte aufbauen.

Einen Tortenring auf einen Bogen Backpapier setzen. Die Mandelbaiserböden passgenau ausstechen. Einen Boden in den Tortenring legen (er muss nicht getränkt werden). Die Cassis-Mousse 2 Zentimeter hoch einfüllen. Die Birnen in Würfel schneiden und auf der Oberfläche verteilen. Mit dem zweiten Boden bedecken, dann die restliche Cassis-Mousse daraufgeben. Glatt streichen und in den Kühlschrank stellen.

Die Glasur herstellen.

Die Gelatine in 40 Milliliter kaltem Wasser einweichen. Das restliche Wasser mit dem Zucker in einen Topf geben und aufkochen. Vom Herd nehmen und die Gelatine einrühren. Die Hälfte der Glasur rot einfärben. Vor der Verwendung auf 25-30 °C abkühlen lassen. Die Torte kreuz und quer mit etwas roter Glasur bespritzen, dann mit der transparenten Glasur überziehen und beide Glasuren mithilfe einer langen Palette miteinander verstreichen, sodass ein marmorierter Effekt entsteht. Die Torte auf eine Platte setzen und den Ring entfernen. Gut gekühlt servieren.

● Tipp

Nach Belieben mit einer Spritztüte Ornamente aus geschmolzener Schokolade aufdressieren. Die Torte kann auch mit anderen Früchten wie Himbeeren oder Aprikosen hergestellt werden.

Zutaten
80 g Mandelblättchen, geröstet

Für den Genueser Biskuit
200 g Ei
125 g feinster Zucker
125 g Mehl Type 405
Butter + Mehl für die Form

Für die Buttercreme
250 g Zucker
70 ml Wasser
80 g Eigelb
250 g Butter
Kaffee-Extrakt

Für den Tränksirup
50 ml Wasser
50 g Zucker
20 g Kaffee-Extrakt

Mokkatorte ★★

Für 8 Personen
Zubereitung: 75 Minuten
Garzeit: 30 Minuten

Den Genueser Biskuit herstellen.
Den Backofen auf 180 °C vorheizen.
Die Eier und den Zucker in eine Schüssel geben und auf einem 60 °C heißen Wasserbad schlagen, bis die Masse bandartig vom Schneebesen fließt. Die Hälfte der gesiebten Mehlmenge vorsichtig mit einem Teigschaber unterziehen. Das restliche Mehl einrieseln lassen und locker einarbeiten, damit die Masse nicht zusammenfällt. Eine Form ausbuttern und mit Mehl ausstauben. Die Biskuitmasse drei Viertel hoch einfüllen und 15–20 Minuten backen. Nach erfolgreicher Garprobe auf ein Kuchengitter stürzen.

Die Kaffee-Buttercreme herstellen.
In einem Topf den Zucker mit dem Wasser aufkochen und auf 117–121 °C erhitzen. Das Eigelb in die Rührschüssel der Küchenmaschine geben und schaumig schlagen. Den heißen Zuckersirup einlaufen lassen und einige Minuten weiterschlagen, bis die Masse auf etwa 30 °C abgekühlt ist und eine dickschaumige Konsistenz angenommen hat. Die in Stücke geschnittene weiche Butter bei mittlerer Geschwindigkeit einarbeiten und die Creme mit dem Kaffee-Extrakt aromatisieren. In eine Schüssel füllen, mit Frischhaltefolie belegen und in den Kühlschrank stellen.

Den Tränksirup herstellen.
In einem Topf das Wasser mit dem Zucker unter Rühren aufkochen. Abkühlen lassen, mit dem Kaffee-Extrakt aromatisieren.

Die Torte aufbauen und dekorieren.
Den Biskuit horizontal in drei gleiche Teile schneiden und mit dem Sirup tränken. Den ersten Boden 1 Zentimeter hoch mit Buttercreme bestreichen. Mit dem zweiten Boden bedecken und den Vorgang wiederholen. Mit dem dritten Boden abschließen und die gesamte Torte mithilfe einer Streichpalette mit Buttercreme einstreichen. Auf der Oberseite mit einem Sägemesser ein Muster einritzen (S. 126). Den Tortenrand rundherum mit den gerösteten Mandelblättchen bestreuen. Mithilfe eines Spritzbeutels die restliche Buttercreme in Rosetten und Tupfern auf die Torte dressieren.

● Gut zu wissen
Diese Torte wurde im 19. Jahrhundert in Paris kreiert. Sie, und natürlich auch der Mokka, sind nach der jemenitischen Hafenstadt benannt, von der aus seit Mitte des 16. Jahrhunderts Kaffee nach Europa verschifft wurde.

Kochschule
Genueser Biskuit ›› S. 76
Buttercreme ›› S. 95
Tränken ›› S. 133
Eine Torte überziehen ›› S. 126

Opéra-Torte ★★★

Für 8 Personen

Zubereitung: 2 Stunden 15 Minuten
Garzeit: 40 Minuten
Kühlzeit: 60 Minuten

Zutaten

200 g dunkle Schokoladenglasur (S. 117)

Für den Joconde-Biskuit
125 g Ei
90 g Mandeln, gemahlen
90 g Puderzucker
25 g Mehl Type 405
20 g Butter, goldbraun zerlassen
160 g Eiweiß
40 g feinster Zucker

Für die Kaffee-Buttercreme
250 g Zucker
70 ml Wasser
80 g Eigelb
250 g weiche Butter
Kaffee-Extrakt

Für den Tränksirup
60 ml Wasser
60 g Zucker
20 g Kaffee-Extrakt

Für die Ganache
150 g dunkle Schokolade
(64 % Kakaoanteil), gehackt
150 g Sahne

Kochschule
Joconde-Biskuit >> S. 70
Buttercreme >> S. 95
Tränken >> S. 133
Orangenganache >> S. 186
Eine Spritztüte herstellen >> S. 147

Den Joconde-Biskuit herstellen.

Den Backofen auf 180 °C Umluft vorheizen.
In der Rührschüssel der Küchenmaschine die Eier mit den Mandeln, dem Puderzucker und dem gesiebten Mehl schaumig schlagen. Die Butter unterrühren. Aus Eiweiß und feinstem Zucker eine Französischen Meringenmasse herstellen (S. 176) und unter den Teig heben. Die Masse 3-5 Millimeter dick auf ein mit Backpapier oder einer Silikonmatte ausgelegtes Blech streichen und etwa 15 Minuten backen.

Die Kaffee-Buttercreme herstellen.

Den Zucker mit dem Wasseraufkochen und auf 117-121 °C erhitzen. Das Eigelb in der Küchenmaschine schaumig schlagen. Den heißen Zuckersirup einlaufen lassen und einige Minuten weiterschlagen, bis die Masse auf etwa 30 °C abgekühlt ist und eine dickschaumige Konsistenz angenommen hat. Die in Stücke geschnittene weiche Butter bei mittlerer Geschwindigkeit einarbeiten. Die Creme mit dem Kaffee-Extrakt aromatisieren. In eine Schüssel füllen, mit Frischhaltefolie belegen und in den Kühlschrank stellen.

Den Tränksirup herstellen.

In einem Topf das Wasser mit dem Zucker unter Rühren aufkochen. Abkühlen lassen und mit dem Kaffee-Extrakt aromatisieren.

Die Ganache herstellen.

Die Schokolade auf einem Wasserbad auf 55-58 °C erwärmen und schmelzen. In der Zwischenzeit die Sahne aufkochen. Den Topf vom Herd nehmen. Die Schokolade in die kochend heiße Sahne gießen, dabei ständig mit dem Schneebesen rühren, bis eine stabile Emulsion entstanden ist.

Die Torte aufbauen und dekorieren.

Einen rechteckigen Tortenrahmen auf einen Bogen Backpapier setzen. Den Biskuit passgenau ausstechen und horizontal in vier gleiche Böden teilen. Den ersten Boden dünn mit der Schokoladenglasur bestreichen, anziehen lassen und mit der bestrichenen Seite nach unten in den Tortenrahmen legen. Mit dem Sirup tränken und eine 4 Millimeter dicke Schicht Ganache aufstreichen. Den zweiten Boden darauflegen, tränken und 3 Millimeter dick mit der Buttercreme bestreichen. Mit dem dritten Boden bedecken. Erneut tränken, Buttercreme aufstreichen und mit dem vierten Biskuitboden abschließen. Tränken, dünn mit Buttercreme bestreichen und die Torte für 1 Stunde in den Kühlschrank stellen.
Die gekühlte Torte gleichmäßig mit der Glasur überziehen und mit einer Palette glatt streichen. Nach Belieben kann die Oberfläche stattdessen auch mit Ganache bestrichen werden. Falls nötig, die Ränder gerade schneiden und die Torte mithilfe einer Spritztüte mit flüssiger Schokolade oder etwas zuvor entnommener Ganache dekorieren.

Philippe Urraca präsentiert sein Rezept

Klassiker und neue Favoriten

Philippe Urraca

Philippe Urraca ist technischer Direktor von La Compagnie des Desserts in Lézignan-Corbières.

»Eines Tages kam ich auf den Gedanken, die klassischen Himbeer-Schokoladen-Tartelettes neu zu interpretieren und zeitgemäß als Fingerfood zu präsentieren. Dabei sollte natürlich das ausgewogene Verhältnis zwischen Teigboden und Ganache erhalten bleiben.
Ob als Tarte oder als Tellerdessert – knusprig-zarter Teig, Himbeere und Schokolade vereinen sich in vollendeter Harmonie und versprechen subtilen Genuss.«

Schoko-Himbeer-Tartelette

Den Schokoladenmürbeteig herstellen.
Den Backofen auf 150 °C vorheizen.
Die Kakaomasse und die Butter schmelzen und mit dem Zucker verrühren. Das Ei und das Salz dazugeben. Das Mehl mit dem Kakaopulver und den gemahlenen Mandeln vermischen und mit der Kakaomasse homogen verkneten. Den Teig in Frischhaltefolie wickeln und 20 Minuten im Kühlschrank ruhen lassen.
Den Teig 2 Millimeter dick ausrollen. Daraus zehn Rechtecke à 11 × 3 Zentimeter für die Böden schneiden sowie zehn weitere Rechtecke à 8 × 2 Zentimeter. Auf ein mit Backpapier bedecktes Blech legen und 12 Minuten backen.

Die Himbeerganache herstellen.
Die Schokolade schmelzen. Das Himbeerpüree mit der Sahne und der Butter aufkochen. Homogen verrühren, auf die geschmolzene Schokolade gießen, durchmixen und mit dem Himbeergeist parfümieren. Die Ganache 1 Zentimeter dick auf eine Platte streichen und im Gefrierfach fest werden lassen. Anschließend in 10 × 2,5 Zentimeter große Rechtecke schneiden.

Die Schokoladenglasur herstellen.
Das Wasser mit dem Zucker, der Sahne und der Glukose aufkochen und über die Fettglasur gießen. Die geschmolzene Schokolade unterrühren. Vor dem Glasieren auf 35 °C abkühlen lassen.

Fertigstellen.
Die Ganachestreifen mit der Schokoladenglasur überziehen und auf die größeren Teigstreifen legen. Die kleineren Teigstreifen in die Ganache stecken. Mit jeweils einer Himbeere und etwas Blattgold dekorieren.

Für 10 Personen
Vorbereitung: 1 Stunde
Zubereitung: 20 Minuten
Gefrierzeit: 20 Minuten

Zutaten

Für den Schokoladenmürbeteig
15 g Kakaomassse
140 g Butter
80 g Puderzucker
50 g Ei
1,5 g Salz
250 g Mehl
20 g Kakaopulver
30 g Mandeln, gemahlen

Für die Himbeerganache
280 g dunkle Schokolade
(64 % Kakaoanteil), gehackt
150 g Himbeerpüree
125 g flüssige Schlagsahne
14 g Butter
20 g Himbeergeist

Für die Schokoladenglasur
100 ml Wasser
100 g Zucker
250 g flüssige Schlagsahne
50 g Glukose
500 g braune Fettglasur, gehackt
100 g dunkle Schokolade, geschmolzen

Für die Dekoration
10 Himbeeren
Blattgold

Zutaten

Für den Teig
500 g Mehl
20 g frische Hefe
250 ml lauwarmes Wasser
10 g Salz
10 g feinster Zucker
200 g Ei
250 g Butter + Butter für die Förmchen
80 g Rosinen, in 50 ml Rum eingeweicht

Für den Sirup
250 g feinster Zucker
500 ml Wasser
Aroma nach Wahl (Sternanis, Zitruszesten, Zimtstange ...)

Für die Fertigstellung
60 g Aprikosenkonfitüre
40 ml Wasser
150 g flüssige Schlagsahne
20 g Puderzucker
Vanilleextrakt
200 g rote Beeren

Kochschule
Baba- oder Savarinteig >> S. 43
Tränken >> S. 133
Chantilly-Sahne >> S. 94

Baba mit Rum ★★

Für 8 Personen
Zubereitung: 120 Minuten
Backzeit: 25 Minuten

Den Teig herstellen.
Das Mehl in eine Schüssel sieben, in die Mitte eine Mulde drücken. Die Hefe in der Hälfte der Flüssigkeit auflösen und hineingeben.
Das Salz auf den Rand streuen, den Zucker hinzufügen.
Alles mit einem Spatel vermischen, dann nach und nach die verquirlten Eier dazugeben.
Den Teig kräftig kneten, bis er elastisch ist, dabei die restliche Flüssigkeit untermengen. Diesen Arbeitsgang kann auch der Knethaken der Küchenmaschine übernehmen. Sobald der Teig nicht mehr klebt und sich vom Rand der Schüssel löst, nicht weiterkneten.
Die Butter zerlassen und einarbeiten. Die Teigschüssel mit Frischhaltefolie abdecken und den Teig 30-40 Minuten bei 25-28 °C gehen lassen.
Wenn sich das Volumen verdoppelt hat, den Teig abschlagen, indem man ihn zusammendrückt und kurz durchknetet. Die in dem Rum eingeweichten Rosinen unterkneten.

Die Babas backen.
Den Backofen auf 180-200 °C vorheizen. Die Förmchen ausbuttern und mithilfe eines Spritzbeutels oder einer Teigkarte zur Hälfte füllen. Den Teig erneut gehen lassen, bis er den Rand der Förmchen erreicht.
Im vorgeheizten Ofen etwa 25 Minuten backen. Für die Garprobe mit einem Holzspieß in die Babas stechen. Kommt er sauber wieder heraus, ist der Teig durchgebacken. Die Babas zum Abkühlen auf ein Kuchengitter legen.

Den Sirup herstellen.
Sämtliche Zutaten in einen Topf geben, erhitzen und 2-3 Minuten kochen lassen. Auf etwa 40 °C abkühlen lassen. Die Babas nacheinander in den heißen Sirup tauchen und auf eine Platte setzen. Mehrere Male mithilfe einer Schöpfkelle mit dem Sirup übergießen. Die Babas sind vollgesogen, wenn man sie mit einer Nadel ohne Widerstand durchstechen kann. Auf einem Kuchengitter abtropfen lassen, dann auf einer Platte anrichten.

Die Babas fertigstellen.
Die Konfitüre mit etwas Wasser aufkochen, durch ein Sieb passieren und mit einem Pinsel auf die Babas streichen. Die Sahne mit dem Puderzucker steif schlagen, mit Vanilleextrakt aromatisieren. In einen Spritzbeutel mit Sterntülle füllen und in die Mitte der Babas dressieren. Mit den Beeren dekorieren.

● Tipp
Das Salz auf den Mehlrand geben, damit es nicht mit der Hefe in Kontakt kommt. Die Babas nach dem Eintauchen in den Sirup nach Belieben mit Rum oder einer anderen Spirituose übergießen.

Cannelés (Bordelaiser Küchlein) ★

Für 8 Personen

Zubereitung: 30 Minuten
Backzeit: 60 Minuten

Zutaten
125 g Mehl
250 g feinster Zucker
500 ml Milch
25 g Butter
60 g Eigelb
50 g Ei
30 g Rum
20 g Bienenwachs oder Butter

Den Backofen auf 200 °C vorheizen.

Das Mehl und den Zucker in einer Schüssel mischen. In einem Topf die Milch mit der Butter auf 40-50 °C erhitzen und langsam auf die Mehl-Zucker-Mischung gießen, dabei ständig rühren, um Klümpchenbildung zu vermeiden. Anschließend das Eigelb, das Ei und den Rum einarbeiten.

Die Cannelé-Förmchen mit Bienenwachs oder Butter einfetten und zu neun Zehnteln mit der Masse füllen. In den vorgeheizten Ofen geben, die Temperatur auf 180 °C herunterschalten und die Cannelés etwa 1 Stunde backen. Anschließend sofort aus den Formen lösen.

● Tipp

Die Cannelés geraten noch besser, wenn der Teig bereits am Vortag hergestellt wird. Während der Teigruhe quillt das Mehl auf und bindet das im Teig enthaltene Wasser.

● Gut zu wissen

Cannelés sind eine Spezialität aus dem Bordelais. Dort gibt es für die Küchlein spezielle Formen aus Kupfer, sie gleichen Mini-Gugelhupfformen. Cannelés sind die perfekten Begleiter zu einer Tasse Tee oder Kaffee am Nachmittag und lassen sich auch problemlos transportieren.

Italienische Blätterteigtaschen ★

Für 12 Blätterteigtaschen

Zubereitung: 60 Minuten
Kühlzeit: 30 Minuten
Backzeit: 20 Minuten

Zutaten

50 g Rosinen,
in 10 ml braunem Rum eingeweicht
Puderzucker

Für die Teigtaschen
300 g Blätterteig (S. 24)
80 g Butter
80 g feinster Zucker

Für die Konditorcreme
300 ml Milch
1 Vanilleschote
40 g Eigelb
60 g feinster Zucker
30 g Mehl oder Speisestärke

Für den Brandteig
150 ml Wasser
2 g Salz
2 g Zucker
60 g Butter
90 g Mehl
150 g Ei

Die Konditorcreme herstellen.
Die Milch in einen Topf gießen und mit dem ausgekratzten Vanillemark erhitzen. Das Eigelb, den Zucker und das Mehl in einer Schüssel kräftig verrühren. Sobald die Milch zu sieden beginnt, die Hälfte zu der Eigelbmasse gießen und glatt rühren. Zu der restlichen Milch in den Topf geben und aufkochen. Unter ständigem Rühren mit dem Schneebesen 2-3 Minuten kochen lassen. In eine Schüssel füllen, mit Frischhaltefolie belegen und zum Abkühlen beiseitestellen.

Den Brandteig herstellen.
Das Wasser, das Salz, den Zucker und die in Stücke geschnittene Butter in einen Topf geben und zum Kochen bringen. Von der Kochstelle nehmen und das gesiebte Mehl auf einmal in die kochend heiße Flüssigkeit geben. Zurück auf den Herd stellen und die Masse unter kräftigem Rühren mit einem Spatel abbrennen, bis sie sich als Kloß vom Topfboden löst. In eine Schüssel füllen und etwas abkühlen lassen. Die Eier mit dem Spatel nacheinander einarbeiten, bis ein homogener Teig entstanden ist.

Fertigstellen.
Den Backofen auf 180 °C vorheizen.
Den Blätterteig 3 Millimeter dick zu einem 20 × 40 cm großen Rechteck ausrollen. Die Butter schmelzen, mit einem Pinsel auf den Teig streichen und mit dem Zucker bestreuen. Von der Längsseite her eng aufrollen (die Teigrolle soll 35 Zentimeter lang sein und einen Durchmesser von 8 Zentimeter haben). In Frischhaltefolie wickeln und für 30 Minuten in den Kühlschrank legen. Den Teig anschließend in 1,5 Zentimeter dicke Scheiben schneiden, jede Scheibe 2 Millimeter dick ausrollen. Eine Scheibe in die Hand nehmen und mit den Fingern zur Mitte hin zu einer tütenförmigen Teigtasche formen. Dabei soll die schönere Seite nach außen zeigen.
Die Brandmasse mit der Konditorcreme und den abgetropften Rosinen vermischen. Die Teigtaschen damit füllen, auf ein mit Backpapier bedecktes Blech legen und im heißen Ofen etwa 20 Minuten backen. Vor dem Servieren mit Puderzucker bestauben.

● Gut zu wissen

Die Ränder werden nach dem Befüllen nicht verschlossen, weil der Brandteig im Backofen aufgeht und die Füllung stabilisiert.

Kochschule
Konditorcreme >> S. 99
Brandteig >> S. 34

Apfeltaschen ★

Für 10 Apfeltaschen

Zubereitung: 45 Minuten
Kühlzeit: 3 Stunden
Backzeit: 30 Minuten

Zutaten

verquirltes Ei zum Bestreichen
Läuterzucker (S. 237)

Für den Blätterteig
200 g Mehl Type 550
4 g Salz
100 ml Wasser
150 g Butter (oder Ziehfett)

Für das Apfelkompott
500 g Äpfel
1 Zitrone
40 g Zucker
Aroma nach Wahl (Zimt, Vanille, Zitronenschale ...)

Den Blätterteig herstellen.

Das Mehl in eine Schüssel oder auf die Arbeitsfläche sieben und in die Mitte eine Vertiefung drücken. Das Salz darüberstreuen und das Wasser in die Mitte gießen. Alles rasch zu einem homogenen, glatten Teig verkneten und etwa 20 Minuten im Kühlschrank ruhen lassen.

Die Butter so bearbeiten, dass es die gleiche Konsistenz wie der Grundteig hat. Den Teig in Form eines Kreuzes ausrollen, das zur Mitte hin etwas dicker ist. Die zu einem quadratischen Block geformte Butter in die Mitte legen und die vier Teigflügel darüberschlagen (wie die Rückseite eines Briefumschlags). Das Teigpaket zu einem Rechteck ausrollen, das etwa dreimal so lang ist wie breit.

Den Teigstreifen dreifach übereinanderschlagen, um 90 Grad drehen und den gesamten Arbeitsgang wiederholen (ausrollen und zusammenfalten). Dabei muss der Teig exakt Kante auf Kante zusammengelegt und ausgerollt werden, aber nicht zu dünn, um die feinen Schichten aus Butter und Teig nicht zu beschädigen. Den Teig 20 Minuten im Kühlschrank ruhen lassen. Anschließend zwei weitere einfache Touren geben, wieder 20 Minuten kühlen und die letzten beiden Touren geben. Erneut mindestens 20 Minuten kühlen.

Das Apfelkompott herstellen.

Die Äpfel schälen und mit der halbierten Zitrone abreiben. Halbieren, vom Kerngehäuse befreien, dann in Würfel schneiden. In einen Topf füllen und das gewählte Aroma dazugeben. Zugedeckt dünsten, dabei zu Anfang etwas Wasser hinzufügen, um die Dampfentwicklung und damit den Garprozess zu beschleunigen. Die Äpfel sollen weich werden, aber nicht zerfallen. Zum Schluss den Zucker unterrühren, das Kompott abkühlen lassen.

Die Apfeltaschen füllen und backen.

Den Blätterteig 4 Millimeter dick ausrollen. Kreise mit 16-17 Zentimeter Durchmesser ausstechen. Nacheinander zu etwa 20 Zentimeter langen Ovalen ausrollen, die am oberen und unteren Rand dicker sind als in der Mitte. Großzügig mit dem Apfelkompott füllen. Die Ränder mit verquirltem Ei bestreichen, die Teigstücke zusammenklappen und sorgfältig verschließen. Die Oberseiten ebenfalls mit Ei bestreichen, die Taschen in den Kühlschrank stellen. Nach 1 Stunde erneut mit Ei bestreichen und mit einem spitzen Messer ein Blatt oder ein anderes Muster einritzen.

Auf ein mit Backpapier bedecktes Blech legen und 30 Minuten bei 170 °C backen. Anschließend mit Läuterzucker bestreichen.

Kochschule
Blätterteig >> S. 24
Kompott kochen >> S. 210

Croquembouche ★★

Für 8 Personen

Zubereitung: 2 Stunden 30 Minuten
Backzeit: 40 Minuten

Den Brandteig herstellen.

In einem Topf das Wasser mit dem Salz, dem Zucker und der in Stücke geschnittenen Butter zum Kochen bringen. Den Topf von der Kochstelle nehmen und das gesiebte Mehl auf einmal in die kochend heiße Flüssigkeit geben.
Zurück auf den Herd stellen und die Masse unter kräftigem Rühren mit einem Spatel abbrennen, bis sie sich als Kloß vom Topfboden löst.
In eine Schüssel füllen und etwas abkühlen lassen. Der Teig darf nicht heißer als 50 °C sein, damit die Eier nicht gerinnen. Die Eier mit dem Spatel einzeln einarbeiten. Den Teig in einen Spritzbeutel mit Lochtülle (8 mm) füllen und gleichmäßig große Tupfen auf ein mit Backpapier oder einer Silikonmatte ausgelegtes Blech dressieren. Mit verquirltem Ei bestreichen. Zum Schluss die Oberfläche mit einer in kaltes Wasser getauchten Gabel glätten. Bei 200 °C 15-20 Minuten backen, dann auf 170 °C herunterschalten und die Windbeutel weitere 20 Minuten trocknen lassen.

Die Konditorcreme herstellen.

Die Milch in einen Topf gießen und mit dem ausgekratzten Vanillemark erhitzen. Das Eigelb, den Zucker und das Puddingpulver in einer Schüssel kräftig verrühren.
Sobald die Milch zu sieden beginnt, die Hälfte zu der Eigelbmasse gießen und glatt rühren. Zu der restlichen Milch in den Topf geben und aufkochen. Unter ständigem Rühren mit dem Schneebesen 2-3 Minuten kochen lassen. Zum Schluss die in Stücke geschnittene Butter unterrühren. Die Creme in eine Schüssel füllen, mit Frischhaltefolie belegen und rasch abkühlen lassen.

Den Krokant herstellen.

Den Zucker und die Glukose in einen Topf geben und zu Karamell kochen. Den Topf vom Herd nehmen, die Butter und die noch warmen Mandeln unterrühren. Die Masse auf Backpapier oder eine Silikonmatte streichen und abkühlen lassen.
Sobald die Krokantmasse weich und formbar ist, ausrollen und ausstechen oder in die gewünschte Form schneiden.
Für die rechts abgebildete Croquembouche wird eine Platte von etwa 25 Zentimeter Durchmesser benötigt sowie etwa 16 gebogene Dreiecke für die Verzierung. Die Dreiecke noch warm über ein Nudelholz oder in eine Dachrinnenform legen, um sie leicht rund zu biegen.

Die Royal-Glasur herstellen.

Den Puderzucker sieben. 75 Gramm in eine Schüssel geben und mithilfe eines Spatels mit dem Eiweiß verrühren. Kräftig bearbeiten, dabei nach und nach den restlichen Puderzucker einarbeiten. Nach Belieben Zitronensaft oder Essig dazugeben und weiterschlagen, bis die Masse weiß und steif ist. Gegebenenfalls mehr Puderzucker hinzufügen, wenn die Glasur fester sein soll.

Den Karamell herstellen.

Den Zucker, den Glukosesirup und das Wasser in einen Topf geben und bei starker Hitze aufkochen. Sobald sich der Karamell goldbraun verfärbt, den Topf vom Herd nehmen.

Die Croquembouche aufbauen.

Die Windbeutel erst unmittelbar vor dem Aufbau mit einer kleinen Sterntülle von unten einstechen und mit der gut gekühlten Konditorcreme füllen. Mit der Oberseite in den Karamell tauchen, mit dem Karamell nach unten auf eine Silikonmatte legen und den Karamell fest werden lassen (die Windbeutel müssen relativ flach sein und der Karamell darf nicht zu flüssig sein). Die Windbeutel aufrecht stehend mit der Karamellschicht nach außen auf einer runden Platte mit etwas Karamell aneinanderkleben, so dass sie einen Kranz bilden. Weitere Reihen mit jeweils einem Windbeutel weniger in versetzter Anordnung daraufsetzen, dabei auf die Symmetrie des Aufbaus achten, bis schließlich ein Kegel entstanden ist. Die Torte auf die Krokantplatte setzen, mit Karamell befestigen. Die Dreiecke aus Krokant ebenfalls mit Karamell an der Basis befestigen. Mit Royal-Glasur verzieren.

● Gut zu wissen

Deutlich einfacher ist die Herstellung der Croquembouche, wenn man sie einfach auf einen Mürbeteigboden setzt und die Verzierungen weglässt.

Kochschule

Brandteig >> S. 34
Konditorcreme >> S. 99
Krokant >> S. 166
Royal-Glasur >> S. 140

Zutaten

Für den Brandteig
250 ml Wasser
5 g Salz
5 g feinster Zucker
100 g Butter
150 g Mehl Type 550
250 g Ei (Mindestmenge)
verquirltes Ei zum Bestreichen

Für die Konditorcreme
500 ml Milch
½ Vanilleschote
80 g Eigelb
100 g feinster Zucker
45 g Puddingpulver
80 g Butter

Für den Krokant
150 g Zucker
100 g Glukosesirup
10 g Butter
100 g Mandeln, gehackt und geröstet

Für die Royal-Glasur
100 g Puderzucker
20 g Eiweiß
2 g Zitronensaft oder Weißweinessig
(nach Belieben)

Für den Karamell
500 g Zucker
100 g Glukosesirup
150 ml Wasser

Macaron-Variationen ★★

Zutaten

Für die Macaron-Masse
150 g Mandeln, sehr fein gemahlen
150 g Puderzucker
50 + 55 g Eiweiß
150 g feinster Zucker
50 ml Wasser
Aroma und/oder Speisefarbe nach Wahl

Für die erste Füllcreme
125 g weiße Schokolade, gehackt
8 g Kakaobutter
100 g Aprikosenpüree
8 g Sahne
einige Safranfäden
50 g getrocknete weiche Aprikosen, fein gehackt

Für die zweite Füllcreme
100 g + 100 g flüssige Schlagsahne
1 Vanilleschote
100 g weiße Schokolade, fein gehackt

Für die dritte Füllcreme
50 g Ei
60 g feinster Zucker
2 g Zitronenschale
30 g Zitronensaft
100 g Butter

Für 20 Macarons
Zubereitung: 40 Minuten
Ruhezeit: 30 Minuten
Backzeit: 12 Minuten

Die Macarons herstellen.
Die Mandeln mit dem Puderzucker im Mixer zu Pulver verarbeiten, dann in einer Schüsselbmit 50 Gramm Eiweiß gründlich vermischen.
Aus dem restlichen Eiweiß, feinstem Zucker und Wasser eine Italienische Meringenmasse herstellen (S. 176).
Die beiden Massen mit einer Teigkarte vermischen, dabei Aroma und/oder Speisefarbe nach Wahl hinzufügen. Immer wieder in kreisenden Bewegungen von unten nach oben durchrühren, bis eine homogene, zähflüssige Masse entstanden ist.
Mithilfe eines Spritzbeutels 40 gleichmäßige Tupfer auf ein mit Backpapier oder einer Silikonmatte ausgelegtes Blech dressieren. 30 Minuten trocknen lassen, bis die Oberfläche nicht mehr klebrig ist. Damit die Unterseite der Macarons nicht zu schnell fest wird, unter dem Blech mit den Macarons ein leeres Blech einschieben. 12 Minuten bei 155 °C backen. Die Macarons dürfen keinesfalls braun werden.

Die erste Füllcreme herstellen.
Die Schokolade und die Kakaobutter in eine Schüssel geben und auf einem Wasserbad schmelzen. Vom Wasserbad nehmen und die restlichen Zutaten dazugeben. Mit dem Schneebesen glatt rühren und in den Kühlschrank stellen.

Die zweite Füllcreme herstellen.
100 Gramm Sahne in einen Topf gießen und mit dem ausgekratzten Vanillemark erhitzen. Vom Herd ziehen, die Schokolade dazugeben und mit einem Schneebesen glatt rühren. Abkühlen lassen. Mit der restlichen Sahne in die Küchenmaschine geben und cremig-steif schlagen.

Die dritte Füllcreme herstellen.
Alle Zutaten mit Ausnahme der Butter in eine Schüssel geben und auf einem Wasserbad auf 83 °C erhitzen, dabei hin und wieder umrühren. Auf 40 °C abkühlen lassen. Die Butter dazugeben und mit dem Stabmixer gründlich durchmixen.

Die Macarons zusammensetzen.
Die Hälfte der Schalen umdrehen und mithilfe eines Spritzbeutels mit Lochtülle mit den Cremes füllen. Die restlichen Schalen daraufsetzen und behutsam andrücken.

Kochschule
Macarons ›› S. 79
Italienische Meringenmasse ›› S. 177

Himbeer-Millefeuille ★★

Für 4 Personen
Zubereitung: 2 Stunden 30 Minuten
Kühlzeit: 80 Minuten
Backzeit: 10 Minuten

Zutaten

250 g Himbeeren
Puderzucker
Schokoladenröllchen

Für den Blätterteig
200 g Mehl Type 550
4 g Salz
100 ml Wasser
150 g Butter (oder Ziehfett)

Für die Diplomatencreme
5 g Blattgelatine
250 ml Milch
¼ Vanilleschote
40 g Eigelb
65 g feinster Zucker
30 g Mehl
250 g flüssige Schlagsahne

Kochschule
Blätterteig >> S. 24
Diplomatencreme >> S. 103

Den Blätterteig herstellen.

Das Mehl in eine Schüssel oder auf die Arbeitsfläche sieben und in die Mitte eine Vertiefung drücken. Das Salz darüberstreuen und das Wasser in die Mitte gießen. Alles rasch zu einem homogenen, glatten Teig verkneten und etwa 20 Minuten im Kühlschrank ruhen lassen.
Die Butter so bearbeiten, dass sie die gleiche Konsistenz wie der Grundteig hat. Den Teig in Form eines Kreuzes ausrollen, das zur Mitte hin etwas dicker ist. Die zu einem quadratischen Block geformte Butter in die Mitte legen und die vier Teigflügel darüberschlagen (wie die Rückseite eines Briefumschlags). Das Teigpaket zu einem Rechteck ausrollen, das etwa dreimal so lang ist wie breit. Den Teigstreifen dreifach übereinanderschlagen, um 90 Grad drehen und den gesamten Arbeitsgang wiederholen (ausrollen und zusammenfalten). Dabei muss der Teig exakt Kante auf Kante zusammengelegt und ausgerollt werden, aber nicht zu dünn, um die feinen Schichten aus Butter und Teig nicht zu beschädigen. Den Teig 20 Minuten im Kühlschrank ruhen lassen. Anschließend zwei weitere einfache Touren geben, wieder 20 Minuten kühlen, dann die letzten beiden Touren geben. Erneut mindestens 20 Minuten kühlen.
Den Backofen auf 180 °C vorheizen. Den Blätterteig 3 Millimeter dick zu einem Rechteck in Größe des Backblechs ausrollen und der Länge nach in 12 Zentimeter breite Streifen schneiden. Mit einem Stipproller darüberfahren, damit er nicht zu stark aufgeht. Mit Zucker bestreuen und etwa 15 Minuten backen.

Die Diplomatencreme herstellen.

Die Gelatine in etwas kaltem Wasser einweichen. In einem Topf die Milch mit dem ausgekratzten Vanillemark erhitzen. Das Eigelb, den Zucker und das Mehl in eine Schüssel geben und kräftig verrühren. Sobald die Milch zu sieden beginnt, die Hälfte unter die Eigelbmasse rühren. Zu der restlichen Milch in den Topf gießen, aufkochen und unter ständigem Rühren mit dem Schneebesen 2-3 Minuten kochen lassen. Vom Herd ziehen, die ausgedrückte Gelatine dazugeben und glatt rühren. Die Creme in eine Schüssel füllen, mit Frischhaltefolie belegen und auf Zimmertemperatur abkühlen lassen. Die Sahne steif schlagen. Wenn die Creme abgekühlt ist und zu gelieren beginnt, die Sahne mit einem Teigschaber vorsichtig unterheben.

Die Millefeuilles aufbauen.

Die abgekühlten Blätterteigstreifen in 4 × 12 Zentimeter große Rechtecke schneiden. Den jeweils ersten Teigboden im Schachbrettmuster mit Himbeeren und Cremetupfern garnieren, mit dem zweiten Boden bedecken und den Vorgang einmal wiederholen. Mit Puderzucker bestreuen, zum Schluss mit Schokoröllchen und Himbeeren garnieren.

Zutaten

50 g Zucker (zum Bestreuen)

Für den Blätterteig

200 g Mehl Type 550
4 g Salz
100 ml Wasser
150 g Butter (oder Ziehfett)

Für die Mousseline-Creme

250 ml Milch
100 g feinster Zucker
½ Vanilleschote
40 g Eigelb
35 g Speisestärke
130 g Butter

Für die Marmorierung

200 g weißer Fondant
20 g dunkle Schokolade, gehackt

Millefeuille mit Mousseline-Creme ★★

Für 6 Personen
Zubereitung: 2 Stunden 30 Minuten
Kühlzeit: 80 Minuten
Backzeit: 10 Minuten

Den Blätterteig herstellen.

Das Mehl in eine Schüssel oder auf die Arbeitsfläche sieben und in die Mitte eine Vertiefung drücken. Das Salz darüberstreuen und das Wasser in die Mitte gießen. Alles rasch zu einem homogenen, glatten Teig verkneten und etwa 20 Minuten im Kühlschrank ruhen lassen.
Die Butter so bearbeiten, dass sie die gleiche Konsistenz wie der Grundteig hat. Den Teig in Form eines Kreuzes ausrollen, das zur Mitte hin etwas dicker ist. Die zu einem quadratischen Block geformte Butter in die Mitte legen und die vier Teigflügel darüberschlagen (wie die Rückseite eines Briefumschlags). Das Teigpaket zu einem Rechteck ausrollen, das etwa dreimal so lang ist wie breit.
Den Teigstreifen dreifach übereinanderschlagen, um 90 Grad drehen und den gesamten Arbeitsgang wiederholen (ausrollen und zusammenfalten). Dabei muss der Teig exakt Kante auf Kante zusammengelegt und ausgerollt werden, aber nicht zu dünn, um die feinen Schichten aus Butter und Teig nicht zu beschädigen. Den Teig 20 Minuten im Kühlschrank ruhen lassen. Anschließend zwei weitere einfache Touren geben, wieder 20 Minuten kühlen, dann die letzten beiden Touren geben. Erneut mindestens 20 Minuten kühlen.
Den Backofen auf 180 °C vorheizen. Den Blätterteig etwa 3 Millimeter dick zu einem Rechteck in Größe des Backblechs ausrollen und der Länge nach in 12 Zentimeter breite Streifen schneiden. Mit einem Stipproller darüberfahren, damit er nicht zu stark aufgeht. Mit Zucker bestreuen und etwa 15 Minuten backen.

Die Mousseline-Creme herstellen.

Die Milch mit 50 Gramm Zucker und dem ausgekratzten Vanillemark aufkochen. Das Eigelb und den restlichen Zucker in eine Schüssel geben und mit einem Schneebesen weißschaumig schlagen. Die Speisestärke hinzufügen und glatt rühren. Die kochend heiße Milch unter Rühren mit dem Schneebesen dazugießen. Zurück in den Topf geben, aufkochen und unter ständigem Rühren 2-3 Minuten kochen lassen. 65 Gramm Butter dazugeben und mit dem Schneebesen glatt rühren. In eine Schüssel füllen, mit Frischhaltefolie belegen und auf 40 °C abkühlen. In die Rührschüssel der Küchenmaschine geben und mit dem Flachrührer bei hoher Geschwindigkeit luftig aufschlagen, dabei die in Stücke geschnittene restliche Butter einarbeiten.

Den Millefeuille zusammensetzen.

Den ersten Blätterteigstreifen mithilfe einer Palette 8 Millimeter dick mit der Creme bestreichen. Mit dem zweiten Teigstreifen bedecken und den Vorgang wiederholen. Mit dem dritten Streifen abschließen, dabei soll die flachere Unterseite nach oben zeigen.

Mit Fondant überziehen und marmorieren.

Den Fondant auf maximal 40 °C erwärmen und falls nötig mit etwas Wasser verdünnen. Die Schokolade schmelzen und in eine Spritztüte füllen. Den Fondant mithilfe einer Palette zügig aufstreichen und anschließend der Länge nach sechs bis acht parallel verlaufende Schokoladenstreifen auf den feuchten Fondant spritzen. Anschließend sofort mit einem Zahnstocher im Abstand von 4 Zentimetern diagonale Linien in beide Richtungen durch die Schokoladenstreifen ziehen. Vor dem Aufschneiden den Fondant gut trocknen lassen.

● Tipp
Damit der Blätterteig beim Backen schön flach bleibt, kann man ihn nach der Hälfte der Backzeit beschweren, beispielsweise mit einem Kuchengitter aus Metall.

Kochschule
Blätterteig ›› S. 24
Mousseline-Creme ›› S. 100
Fondantglasur marmorieren ›› S. 143
Eine Spritztüte herstellen ›› S. 147

Paris-Brest-Kuchen ★★

Für 8 Personen

Zubereitung: 60 Minuten
Backzeit: 45 Minuten

Zutaten
30 g Puderzucker

Für den Brandteig
250 ml Wasser
5 g Salz
5 g Zucker
100 g Butter
150 g Mehl Type 550
250 g Ei (Mindestmenge)
verquirltes Ei zum Bestreichen
30 g Mandelblättchen

Für die Mousseline-Nugat-Creme
250 ml Milch
100 g Zucker
½ Vanilleschote
40 g Eigelb
35 g Speisestärke
80 g Nugatmasse (S. 160)
130 g Butter

Kochschule
Brandteig >> S. 34
Mousseline-Creme >> S. 100

Den Brandteig herstellen.

In einem Topf das Wasser mit dem Salz, dem Zucker und der in Stücke geschnittenen Butter zum Kochen bringen.
Den Topf von der Kochstelle nehmen und das gesiebte Mehl auf einmal in die kochend heiße Flüssigkeit geben.
Zurück auf den Herd stellen und die Masse unter kräftigem Rühren mit einem Spatel abbrennen, bis sie sich als Kloß vom Topfboden löst. In eine Schüssel umfüllen und etwas abkühlen lassen. Der Teig darf nicht heißer als 50 °C sein, damit die Eier nicht gerinnen.
Die Eier mit dem Spatel einzeln einarbeiten.
Den Teig in einen Spritzbeutel mit Lochtülle (10 Millimeter) füllen und einen Teigring mit 17 Zentimeter Durchmesser auf ein mit Backpapier oder einer Silikonmatte ausgelegtes Blech dressieren. Direkt an der Außenseite entlang einen zweiten und mittig auf die beiden Teigringe einen dritten aufdressieren. Daneben mit etwas Abstand einen vierten Ring mit demselben Durchmesser (17 Zentimeter) spritzen.
Mit dem verquirlten Ei bestreichen und den aus drei Ringen bestehenden Teigkranz mit den Mandelblättchen bestreuen. Bei 190 °C 20-25 Minuten backen, dann weitere 20 Minuten bei 170 °C mit leicht geöffneter Ofentür. Anschließend gleich auf ein Kuchengitter setzen, damit das Gebäck keine Feuchtigkeit zieht.

Die Mousseline-Creme herstellen.

Die Milch mit 50 Gramm Zucker und dem ausgekratzten Vanillemark aufkochen. Das Eigelb und den restlichen Zucker in eine Schüssel geben und mit einem Schneebesen weißschaumig schlagen. Die Speisestärke dazugeben und glatt rühren. Die kochend heiße Milch mit dem Schneebesen unterrühren. Den Nugat dazugeben. Zurück in den Topf gießen, aufkochen und unter ständigem Rühren 2-3 Minuten kochen lassen. 65 Gramm Butter dazugeben und mit dem Schneebesen glatt rühren. Die Creme in eine Schüssel füllen und mit Frischhaltefolie belegen.
Auf 40 °C abkühlen lassen. In die Rührschüssel der Küchenmaschine geben und mit dem Flachrührer bei hoher Geschwindigkeit luftig aufschlagen, dabei die in Stücke geschnittene restliche Butter einarbeiten. Die Creme in eine Schüssel füllen und kühl (nicht kalt) stellen.

Fertigstellen.

Den großen Teigkranz mit einem Sägemesser quer durchschneiden. Den unteren Teil mit einer Schicht Mousseline-Creme bestreichen und den separat gebackenen Ring darauflegen. Die Mousseline-Creme in einen Spritzbeutel mit gezackter Tülle füllen und spiralförmig aufdressieren. Den Deckel falls nötig zurechtschneiden, mit Puderzucker bestauben und auf die Creme setzen.

Zutaten

Für den Blätterteig
200 g Mehl Type 550
4 g Salz
100 ml Wasser
150 g Butter (oder Ziehfett)
verquirltes Ei zum Bestreichen

Für die Mandelcreme
100 g Butter
100 g Zucker
100 g Ei
100 g Mandeln, gemahlen
15 g Speisestärke
Aroma nach Wahl (Vanilleextrakt, Rum)

Für den Sirup
50 ml Wasser
50 g Zucker

Kochschule
Blätterteig >> S. 24
Mandelcreme >> S. 90
Eine Pithiviers-Torte verzieren >> S. 146

Pithiviers-Torte ★★

Für 6 Personen

Zubereitung: 60 Minuten
Kühlzeit: 2 Stunden 40 Minuten
Backzeit: 40 Minuten

Den Blätterteig herstellen.
Das Mehl in eine Schüssel oder auf die Arbeitsfläche sieben und in die Mitte eine Vertiefung drücken. Das Salz darüberstreuen und das Wasser in die Mitte gießen. Alles rasch zu einem homogenen, glatten Teig verkneten und etwa 20 Minuten im Kühlschrank ruhen lassen.
Die Butter so bearbeiten, dass sie die gleiche Konsistenz wie der Grundteig hat. Den Teig in Form eines Kreuzes ausrollen, das zur Mitte hin etwas dicker ist. Die zu einem quadratischen Block geformte Butter in die Mitte legen und die vier Teigflügel darüberschlagen (wie die Rückseite eines Briefumschlags). Das Teigpaket zu einem Rechteck ausrollen, das etwa dreimal so lang ist wie breit. Den Teigstreifen dreifach übereinanderschlagen, um 90 Grad drehen und den gesamten Arbeitsgang wiederholen (ausrollen und zusammenfalten). Dabei muss der Teig exakt Kante auf Kante zusammengelegt und ausgerollt werden, aber nicht zu dünn, um die feinen Schichten aus Butter und Teig nicht zu beschädigen. Den Teig 20 Minuten im Kühlschrank ruhen lassen. Anschließend zwei weitere einfache Touren geben, wieder 20 Minuten kühlen, dann die letzten beiden Touren geben. Erneut mindestens 20 Minuten kühlen.

Die Mandelcreme herstellen.
In einer Schüssel die Butter und den Zucker mit einem Schneebesen cremig rühren. Die Eier dazugeben und kräftig schlagen, bis alles gut vermischt ist. Die Mandeln und die Speisestärke untermischen und mit dem Schneebesen glatt rühren. Zum Schluss nach Belieben aromatisieren.

Die Torte fertigstellen.
Den Blätterteig 3-4 Millimeter dick ausrollen. Zwei Kreise mit mindestens 20 Zentimeter Durchmesser ausstechen und die Ränder bogenförmig zurechtschneiden. Den ersten Boden auf ein mit Backpapier bedecktes Blech legen und den Rand mithilfe eines Pinsels mit verquirltem Ei bestreichen. Die Mandelcreme mit etwas Abstand vom Rand 1 Zentimeter dick auftragen. Den zweiten Teigboden vorsichtig auf die Creme legen. Mit dem Ei bestreichen, dabei darauf achten, dass nichts über den Rand hinunterläuft. Für 20 Minuten in den Kühlschrank stellen. Ein zweites Mal sorgfältig mit Ei einstreichen und verzieren wie auf S. 146 beschrieben. Erneut 60 Minuten im Kühlschrank ruhen lassen. Anschließend bei 170 °C 35-40 Minuten backen. In der Zwischenzeit für den Sirup das Wasser mit dem Zucker aufkochen, dann abkühlen lassen. Die Torte noch heiß mithilfe eines Pinsels mit dem Sirup überziehen. Durch die Wärme trocknet der Sirup und verleiht dem Kuchen einen schönen Glanz.

● Gut zu wissen
Die Pithiviers-Blätterteigtorte ist seit Mitte des 19. Jahrhunderts eine Spezialität der französischen Stadt Pithiviers im Departement Loiret (Zentralregion).

Windbeutel mit Mangocreme ★★

Für 8 Personen
Zubereitung: 90 Minuten
Backzeit: 50 Minuten

Die Kreise aus Zuckerteig herstellen.
Das Mehl in eine Schüssel oder auf die Arbeitsfläche sieben. Mit dem Zucker und der Butter feinkrümelig verreiben. Zu einer Kugel zusammendrücken. Den Teig zwischen zwei Bögen Backpapier hauchdünn ausrollen (1-2 Millimeter). Im Gefrierfach fest werden lassen und anschließend Kreise oder Rechtecke ausschneiden, die rundherum 5 Millimeter größer sind als die ungebackenen Windbeutel.

Den Brandteig herstellen.
Für den Brandteig das Wasser, die Milch, das Salz, den Zucker und die in Stücke geschnittene Butter in einen Topf geben und zum Kochen bringen. Den Topf von der Kochstelle nehmen und das gesiebte Mehl auf einmal in die kochend heiße Flüssigkeit geben und untermengen. Zurück auf den Herd stellen und mit einem Spatel unter kräftigem Rühren abbrennen, bis sich die Masse als Kloß vom Topfboden löst. In eine Schüssel füllen und etwas abkühlen lassen.
Die Eier mit dem Spatel nach und nach einarbeiten. Den Teig in einen Spritzbeutel mit Lochtülle (8 Millimeter) füllen und Kugeln in zwei verschiedenen Größen auf ein mit Backpapier oder einer Silikonmatte ausgelegtes Blech dressieren. Die Windbeutel mit den rohen Zuckerteigkreisen belegen. Bei 180 °C 25-30 Minuten und weitere 20 Minuten bei 170 °C mit leicht geöffneter Ofentür backen. Zum Abkühlen sofort auf ein Kuchengitter setzen, damit das Gebäck keine Feuchtigkeit zieht.

Die Buttercreme herstellen.
In einem Topf den Zucker mit dem Wasser auf 117-121 °C erhitzen. Das Eigelb in der Küchenmaschine schaumig aufschlagen. Den heißen Sirup einlaufen lassen, dann einige Minuten weiterschlagen, bis die Masse auf etwa 30 °C abgekühlt ist und eine dickschaumige Konsistenz erreicht hat. Die in Stücke geschnittene weiche Butter bei mittlerer Geschwindigkeit einarbeiten. Die Creme in eine Schüssel füllen, mit Frischhaltefolie belegen und in den Kühlschrank stellen.

Die Mangocreme herstellen.
Den Fruchtsaft in einen Topf gießen und erhitzen. Das Eigelb, den Zucker und das Puddingpulver in eine Schüssel geben und mit einem Schneebesen schaumig schlagen. Sobald der Saft zu sieden beginnt, die Hälfte in die Eigelbmasse gießen und glatt rühren. Zu der restlichen Flüssigkeit in den Topf geben und erneut erhitzen. Unter ständigem Schlagen mit dem Schneebesen 2-3 Minuten kochen lassen. Vom Herd nehmen und auf Zimmertemperatur abkühlen lassen. Die Sahne steif schlagen und vorsichtig unter die Creme heben. Die Creme in einen Spritzbeutel mit Sterntülle füllen, die Windbeutel vorsichtig von unten mit der Tülle anstechen und füllen.

Fertigstellen.
Den Fondant auf maximal 40 °C erhitzen, gelb einfärben und die Konsistenz gegebenenfalls mit etwas Wasser verdünnen. Die Windbeutel mit der oberen Hälfte in den Fondant tauchen, dabei ablaufende Tropfen mit dem Finger abstreifen. Mit dem Spritzbeutel einen kleinen Klecks Buttercreme auf die obere Mitte der großen Windbeutel spritzen und jeweils ein Schokoladenquadrat befestigen. Die kleinen Windbeutel daraufsetzen und rundherum mit dekorativ aufdressierten Buttercremespritzern verzieren.

Zutaten

100 g Fondant
gelbe Speisefarbe
100 g weiße Schokoladentäfelchen (5 × 5 cm)

Für die Kreise aus Zuckerteig

100 g Mehl
100 g Rohrohrzucker
100 g Butter

Für den Brandteig

125 ml Wasser
125 ml Milch
5 g Salz
5 g feinster Zucker
100 g Butter
150 g Mehl Type 550
250 g Ei (Mindestmenge)

Für die Buttercreme

125 g Zucker
35 ml Wasser
40 g Eigelb
125 g Butter

Für die Mangocreme

400 ml Mangosaft
100 ml Passionsfruchtsaft
80 g Eigelb
100 g feinster Zucker
45 g Puddingpulver
250 g flüssige Schlagsahne

Kochschule

Brandteig mit Zuckerteig >> S. 37
Buttercreme >> S. 95
Pâte à bombe >> S. 197
Diplomatencreme >> S. 103

Kokosmakronen ★

Zutaten
60 g Kokosraspel

Für die Makronenmasse
250 g Kokosraspel
250 g feinster Zucker
150 g Ei
25 g Mehl Type 405

Für die Schokoladensauce
125 g flüssige Schlagsahne
100 g dunkle Schokolade, gehackt

Für 15 Makronen
Zubereitung: 20 Minuten
Backzeit: 6 Minuten

Die Makronen herstellen.
Den Backofen auf 180 °C vorheizen.
Die Kokosraspel, den Zucker, die Eier und das Mehl in eine Schüssel geben und gründlich verrühren. Die Masse mit den Fingern zu kleinen Pyramiden formen und auf ein mit Backpapier ausgelegtes Blech setzen. Im heißen Ofen 5-6 Minuten backen. Anschließend sofort auf ein Kuchengitter setzen, damit das Gebäck keine Feuchtigkeit zieht.

Die Schokoladensauce herstellen.
Die Sahne aufkochen, vom Herd ziehen und über die gehackte Schokolade gießen. Die Schokolade einige Minuten in der heißen Sahne schmelzen lassen, anschließend die Sauce mit einem Schneebesen glatt rühren. Die Makronen mit der Spitze in die Sauce und gleich danach in die Kokosraspel tauchen.

Kochschule
Makronen >> S. 75
Schokoladensaucen >> S. 120

Saint-Honoré-Torte ★★

Für 12 Personen

Zubereitung: 2 Stunden
Kühlzeit: 2 Stunden
Backzeit: 80 Minuten

Den Blätterteig herstellen.

Das Mehl in eine Schüssel oder auf die Arbeitsfläche sieben und in die Mitte eine Vertiefung drücken. Das Salz darüberstreuen und das Wasser in die Mitte gießen. Alles rasch zu einem homogenen, glatten Teig verkneten und etwa 20 Minuten im Kühlschrank ruhen lassen.
Die Butter so bearbeiten, dass sie die gleiche Konsistenz wie der Grundteig hat. Den Teig in Form eines Kreuzes ausrollen, das zur Mitte hin etwas dicker ist. Die zu einem quadratischen Block geformte Butter in die Mitte legen und die vier Teigflügel darüberschlagen (wie die Rückseite eines Briefumschlags). Das Teigpaket zu einem Rechteck ausrollen, das etwa dreimal so lang ist wie breit.
Den Teigstreifen dreifach übereinanderschlagen, um 90 Grad drehen und den gesamten Arbeitsgang wiederholen (ausrollen und zusammenfalten). Dabei muss der Teig exakt Kante auf Kante zusammengelegt und ausgerollt werden, aber nicht zu dünn, um die feinen Schichten aus Butter und Teig nicht zu beschädigen. Den Teig 20 Minuten im Kühlschrank ruhen lassen. Anschließend zwei weitere einfache Touren geben, wieder 20 Minuten kühlen, dann die letzten beiden Touren geben. Erneut mindestens 20 Minuten kühlen.
Den Blätterteig 3 Millimeter dick ausrollen und zwei Teigkreise mit jeweils 18 Zentimeter Durchmesser ausstechen. Auf ein mit Backpapier oder einer Silikonmatte bedecktes Blech legen und nochmals 60 Minuten kühlen.

Den Brandteig herstellen.

Für den Brandteig das Wasser, das Salz, den Zucker und die in Stücke geschnittene Butter in einen Topf geben und zum Kochen bringen. Den Topf von der Kochstelle nehmen und das gesiebte Mehl auf einmal in die kochend heiße Flüssigkeit geben und untermengen. Zurück auf den Herd stellen und mit einem Spatel unter kräftigem Rühren abbrennen, bis sich die Masse als Kloß vom Topfboden löst. In eine Schüssel füllen und etwas abkühlen lassen. Die Eier mit dem Spatel nach und nach einarbeiten.
Die Blätterteigkreise mit dem verquirlten Ei bestreichen.
Den Brandteig in einen Spritzbeutel mit Lochtülle füllen und auf den äußeren Rand der Böden einen Ring und zur Mitte hin eine offene Spirale dressieren (S. 35). Mit dem restlichen Brandteig kleine, gleichmäßig große Windbeutel für den Tortenrand auf das Backblech spritzen. Bei 190 °C 25-30 Minuten, dann bei 170 °C und leicht geöffneter Ofentür 20 Minuten backen. Zum Abkühlen sofort auf ein Kuchengitter legen, damit das Gebäck keine Feuchtigkeit zieht.

Die Chiboust-Creme herstellen.

Die Gelatine in etwas kaltem Wasser einweichen. Die Milch mit dem ausgekratzten Vanillemark in einen Topf geben und erhitzen. Das Eigelb, 100 Gramm Zucker und das Mehl in eine Schüssel geben und mit einem Schneebesen kräftig verrühren. Sobald die Milch zu sieden beginnt, die Hälfte zu der Eimasse gießen und glatt rühren. Zu der restlichen Milch in den Topf gießen und aufkochen. Unter ständigem Schlagen mit dem Schneebesen 2-3 Minuten kochen lassen. Den Topf vom Herd nehmen und die ausgedrückte Gelatine einrühren. Aus dem Eiweiß, dem restlichen Zucker und dem Wasser eine Italienische Meringenmasse herstellen (S. 177). Mit dem Schneebesen vorsichtig unter die noch warme Creme heben.

Den Karamell herstellen.

Sämtliche Zutaten in einen Topf geben und bei starker Hitze zu goldbraunem Karamell kochen. Vom Herd nehmen, den Karamell im Topf lassen, damit er nicht zu schnell hart wird, und den Topf auf einem Dessertring abstellen.

Die Torte aufbauen.

Die Windbeutel mit der oberen Hälfte in den Karamell tauchen und mit dem Karamell nach unten auf Backpapier oder eine Silikonbackmatte legen. Wenn der Karamell fest geworden ist, die Windbeutel mit etwas flüssigem Karamell dicht an dicht auf den Teigring kleben. Die Chiboust-Creme mithilfe eines Spritzbeutels mit Sterntülle großzügig in die Mitte spritzen und jeweils einen mit Karamell überzogenen Windbeutel daraufsetzen.

● Gut zu wissen

Die Saint-Honoré-Torte wurde 1847 von dem Pariser Patissier Chiboust kreiert. Einige Jahre später eröffnete sein Schüler Auguste Julien ein eigenes Geschäft und entwickelte die Torte in der heute bekannten Form. Sie wurde nach dem heiligen Honorius benannt, dem Schutzpatron der Müller und Bäcker.

Kochschule

Blätterteig ›› S. 24
Brandteig ›› S. 34
Chiboust-Creme ›› S. 104

Zutaten

Für den Blätterteig

200 g Mehl Type 550
4 g feines Salz
100 ml Wasser
150 g Butter (oder Ziehfett)
verquirltes Ei zum Bestreichen

Für den Brandteig

250 ml Wasser
5 g Salz
5 g feinster Zucker
100 g Butter
150 g Mehl Type 550
250 g Ei (Mindestmenge)

Für die Chiboust-Creme

10 g Blattgelatine
500 ml Milch
½ Vanilleschote
80 g Eigelb
100 g + 480 g feinster Zucker
60 g Mehl
240 g Eiweiß
160 ml Wasser

Für den Karamell

250 g Zucker
50 g Glukosesirup
75 ml Wasser

Yann Brys präsentiert sein Rezept

Kekse und einfache Kuchen

Yann Brys

Yann Brys ist zurzeit als Kreativdirektor des Hauses Dalloyau in Paris tätig.

»Zu diesem Rezept hat mich ein großer Klassiker der französischen Patisserie inspiriert: Der Mont Blanc, ein Dessert, das ich ganz besonders liebe und das Kindheitserinnerungen wachruft. Ich wollte einen Kuchen kreieren, der alle Aromen der berühmten Süßspeise in sich vereint, ohne die Texturen der einzelnen Komponenten zu verfälschen. Unter dieser Maßgabe habe ich einen sehr lockeren, mit Vanille aromatisierten Teig entwickelt, der Splitter von kandierten Maronen und alten Rum enthält. Auch optisch sollte mein Kuchen an das Mont-Blanc-Dessert erinnern, mit den charakteristischen Maronenfäden, die es so unwiderstehlich machen. Einige kleine Baiserplättchen sorgen für eine knusprige Note und deuten schneebedeckte Berge an.
Die Klassiker der französischen Küche zeitgemäß zu überarbeiten ist eine überaus anspruchsvolle und interessante Aufgabe. Dabei kann man ein Produkt vollkommen neu und seinen eigenen Vorlieben entsprechend gestalten.«

Kastenkuchen »Mont Blanc«

Den Teig herstellen.
Den Backofen auf 175 °C vorheizen. Die weiche Butter, den Zucker und den Honig gründlich vermischen. Die Vanilleschote der Länge nach halbieren, das Mark auskratzen und dazugeben. Die Hälfte der Eiermenge unter die Mischung rühren. Das Mehl mit dem Backpulver darübersieben und unterziehen. Die restlichen Eier unterrühren. Die zerstoßenen glasierten Maronen, die Orangenschale und den Rum dazugeben und behutsam einarbeiten. Eine Kastenform ausbuttern und mit Mehl ausstauben, den Teig einfüllen und 35–40 Minuten backen. Für die Garprobe mit einem spitzen Messer in den Kuchen stechen: Bleibt die Klinge sauber, ist der Kuchen durchgebacken.

Den Sirup herstellen.
In einem Topf das Wasser und den Zucker erhitzen, vom Herd nehmen und den Rum dazugeben. Den Kuchen sofort nach dem Backen mithilfe eines Pinsels mit dem Sirup tränken. Die Seiten mit gehackten Haselnüssen bestreuen.

Die Maronenfäden herstellen.
Das Wasser und den Zucker erhitzen. Den Rum dazugeben. Die Maronenpaste nach und nach mit dem Rumsirup geschmeidig rühren und anschließend mit der Maronencreme vermischen. In einen Spritzbeutel mit sehr feiner Lochtülle füllen und die Kuchenoberfläche mit Maronenfäden überziehen. Zum Schluss mit Puderzucker bestauben.

Die Baiserplättchen herstellen.
Den Puderzucker in eine Schüssel sieben. Das Eiweiß und die Orangenschale dazugeben und alles gründlich verrühren. Die Masse in dünnen Kreisen auf Backpapier streichen. Im Backofen 4 Stunden bei 40 °C trocknen lassen. Dekorativ auf den Maronenfäden verteilen. Den Kuchen bei Raumtemperatur mit einer guten Tasse Tee servieren.

Für 1 Kuchen
Zubereitung: 60 Minuten
Backzeit: 4 Stunden 40 Minuten

Zutaten

Für den Teig
115 g Butter + Butter für die Form
110 g feinster Zucker
15 g Akazienhonig
1 Vanilleschote
150 g Ei
135 g Mehl Type 550 + Mehl für die Form
3 g Backpulver
75 g glasierte Maronen
abgeriebene Schale von ½ unbehandelten Orange
15 g brauner Rum
Haselnüsse, gehackt

Für den Sirup
50 ml Wasser
40 g feinster Zucker
5 g brauner Rum

Für die Maronenfäden
15 ml Wasser
15 g feinster Zucker
3 g brauner Rum
100 g Maronenpaste
50 g Maronencreme
Puderzucker

Für die Baiserplättchen
50 g Puderzucker
7 g Eiweiß
abgeriebene Schale von ½ unbehandelten Orange

Pistazienbiskuit mit Himbeerfüllung ★★

Zutaten

Für den Pistazienbiskuit
100 g Ei
50 g Eigelb
175 g feinster Zucker
135 g Mehl Type 405
2 g Backpulver
30 g Butter
70 g Pistazienpaste
50 g flüssige Schlagsahne
2 g Salz

Für die Buttercreme
125 g Zucker
35 ml Wasser
40 g Eigelb
125 g Butter
Vanilleextrakt

Für die Himbeerpaste
250 g Himbeerpüree mit 10 % Zuckergehalt
50 g Glukosesirup
6 g gelbes Pektin
27 g + 200 g feinster Zucker
5 g Zitronensäure-Lösung (50 %, S. 156)

Kochschule
Buttercreme ›› S. 95
Fruchtpaste ›› S. 156

Für 6 Personen

Zubereitung: 90 Minuten
Backzeit: 10 Minuten
Kühlzeit: 60 Minuten

Den Pistazienbiskuit herstellen.

Den Backofen auf 180 °C vorheizen.
Die Eier, das Eigelb und den Zucker in eine Schüssel geben und mit dem Schneebesen kräftig aufschlagen. Das Mehl mit dem Backpulver darübersieben. Die Butter, die Pistazienpaste, die Sahne und das Salz in einen Topf geben und bei milder Hitze schmelzen. Zu der Eimasse geben und alles sorgfältig zu einem homogenen Teig verarbeiten. Auf einem mit Backpapier ausgelegtem Blech 1 Zentimeter dick verstreichen. Sofort in den heißen Ofen schieben und etwa 10 Minuten backen.

Die Buttercreme herstellen.

In einem Topf den Zucker mit dem Wasser auf 117-121 °C erhitzen. Das Eigelb in der Küchenmaschine aufschlagen. Den heißen Sirup einlaufen lassen und einige Minuten weiterschlagen, bis die Masse auf etwa 30 °C abgekühlt ist und eine dickschaumige Konsistenz angenommen hat. Die in Stücke geschnittene weiche Butter bei mittlerer Geschwindigkeit einarbeiten. Die Buttercreme mit dem Vanilleextrakt aromatisieren, in eine Schüssel füllen und mit Frischhaltefolie belegen.

Die Himbeerpaste herstellen.

In einem Topf das Fruchtpüree mit der Glukose erwärmen (nicht aufkochen). Das Pektin mit 27 Gramm Zucker mischen und die Pektin-Zucker-Mischung unter das Fruchtpüree rühren. Den restlichen Zucker dazugeben und alles auf 107 °C erhitzen. Die Zitronensäure-Lösung unterrühren und die Masse sofort in eine Silikonform, in einen Tortenring oder in eine andere Form gießen. Für 1 Stunde in den Kühlschrank stellen. Abgekühlt auf ein mit Zucker bestreutes Schneidebrett stürzen.

Aufbauen.

Den Pistazienbiskuit in drei gleiche Teile schneiden. Einen Biskuitboden in einen rechteckigen Tortenrahmen legen. Mithilfe einer Palette eine dünne Schicht Buttercreme aufstreichen. Die Fruchtpaste ebenfalls passend zuschneiden, dabei die Messerklinge falls nötig mit Alkohol reinigen, damit sie, ohne zu kleben, durch die Paste gleitet. Den Biskuit mit einer Lage Fruchtpaste belegen und mit dem zweiten Biskuit bedecken. Den Vorgang wiederholen und mit Biskuit abschließen.

● Tipp

Den Kuchen mit einem scharfen Messer vorsichtig in Würfel oder Streifen schneiden. Als eigenständiges Dessert mit einer Englischen Creme servieren oder in kleinen Stücken dekorativ um Süßspeisen herum anordnen.

Financiers mit Pistazien ★

Zutaten

125 g Butter + Butter für die Formen
150 g feinster Zucker
75 g Pistazien, gemahlen
120 g Eiweiß
60 g Mehl Type 405

Kochschule
Financiers >> S. 75

Für 8 Financiers

Zubereitung: 25 Minuten
Backzeit: 10 Minuten

Den Backofen auf 170 °C Umluft vorheizen.
In einem Topf die Butter zerlassen und anbräunen.
Den Zucker, die Pistazien und das Eiweiß in einer Schüssel verrühren und auf einem Wasserbad auf 50 °C erwärmen. Vom Wasserbad nehmen. Nach und nach die Butter und anschließend das gesiebte Mehl unterziehen.
Zu einer glatten und homogenen Masse verarbeiten.
In gefettete kleine Financierformen (Barren) oder andere Förmchen nach Wahl füllen. Im heißen Ofen etwa 10 Minuten backen.

● Tipp

Anstelle von Pistazien gemahlene Mandeln verwenden und den Teig mit Zitronen- oder Orangenzesten aromatisieren. Auch einen Versuch wert: vor dem Einfüllen des Teiges eine frische Himbeere in jedes Förmchen legen.

Zutaten
200 Backpflaumen ohne Stein
30 ml brauner Rum
140 g Mehl Type 405
80 g feinster Zucker
100 g Ei
500 g Milch, lauwarm
Butter für die Form

Far breton (Bretonischer Backpflaumenkuchen) ★

Für 6 Personen
Zubereitung: 30 Minuten
Backzeit: 35 Minuten

Den Backofen auf 200 °C vorheizen.
Die Backpflaumen mit dem Rum übergießen und ziehen lassen.
Das Mehl und den Zucker in eine Schüssel geben und in die Mitte eine Mulde drücken. Die Eier aufschlagen und in die Mulde geben. Mit einem Schneebesen kräftig verrühren, dabei nach und nach die Milch zugießen.
Eine tiefe Back- oder Auflaufform ausbuttern. Die Backpflaumen auf dem Boden verteilen und mit der Eiermasse übergießen.
Im vorgeheizten Ofen etwa 35 Minuten backen. In der Form abkühlen lassen.

Brownies mit warmer Schokoladensauce ★

Für 20 Brownies
Zubereitung: 40 Minuten
Backzeit: 10 Minuten

Zutaten

Für die Brownies
110 g Butter
60 g dunkle Schokolade
100 g Ei
200 g feinster Zucker
65 g Mehl Type 405
25 g Mandeln, gemahlen
5 g Vanilleextrakt
1 Prise Zimt
75 g Walnüsse, gehackt

Für die Schokoladensauce
100 g dunkle Schokolade
125 g flüssige Schlagsahne

Die Brownies zubereiten.
Die Butter und die Schokolade auf einem Wasserbad schmelzen.
Die Eier mit dem Zucker weißschaumig schlagen. Die flüssige Schokoladen-Butter-Mischung dazugießen und glatt rühren. Das Mehl darübersieben, mit den gemahlenen Mandeln unterziehen. Mit dem Vanilleextrakt und dem Zimt aromatisieren, zum Schluss die gehackten Nüsse untermischen.
Den Teig 2-3 Zentimeter hoch in eine Silikonform mit rechteckigen Vertiefungen füllen und bei 160-170 °C etwa 10 Minuten backen. Für die Garprobe mit einem Messer in den Teig stechen: Bleibt die Klinge sauber, ist der Teig durchgebacken.

Die Schokoladensauce zubereiten.
Die Schokolade fein hacken. In einem Topf die Sahne aufkochen, vom Herd nehmen und über die Schokolade gießen. Die Schokolade in der heißen Flüssigkeit schmelzen lassen. Nach einigen Minuten gut durchrühren.

Anrichten.
Die Brownies aus der Form lösen, auf Teller verteilen und mit etwas Schokoladensauce übergießen.

● Gut zu wissen
Brownies stammen ursprünglich aus den USA. Dort werden dafür vorzugsweise Pecannüsse verwendet, aber auch mit Haselnüssen, Mandeln oder Pistazien schmecken die saftigen Küchlein wunderbar. Wer keine Form mit kleinen rechteckigen Mulden zur Hand hat, backt die Masse einfach in einer gefetteten rechteckigen Auflaufform und teilt sie nach dem Abkühlen in Stücke.

Kochschule
Brownies ›› S. 74
Schokoladensaucen ›› S. 120

Marmorkuchen Pistazie-Orange ★

Zutaten

Für den Teig
100 g Eigelb
70 g Rohrohrzucker
5 g Vanilleextrakt
250 g Butter + Butter für die Form
150 g + 30 g feinster Zucker
130 g Eiweiß
7 g Salz
250 g Mehl Type 405
3 g Backpulver

Aromen
20 g Pistazienpaste
grüne Speisefarbe
abgeriebene Schale von 1 unbehandelten Orange
orange Speisefarbe

Für die Glasur
50 g Aprikosenkonfitüre
25 ml Wasser

Für 10 Personen

Zubereitung: 30 Minuten
Backzeit: 45 Minuten

Den Backofen auf 170 °C vorheizen.
In einer Schüssel das Eigelb mit dem Rohrohrrzucker und dem Vanilleextrakt weißschaumig schlagen. In einer zweiten Schüssel die Butter mit 150 Gramm feinstem Zucker cremig rühren. Die beiden Massen vermischen. Das Eiweiß mit dem Salz und dem restlichen Zucker zu einer Französischen Meringenmasse (S. 176) verarbeiten und vorsichtig unter die Eigelbmasse heben. Das Mehl mit der Speisestärke und dem Backpulver darübersieben und unterziehen.
Die Masse teilen und eine Hälfte gründlich mit der Pistazienpaste und grüner Speisefarbe vermischen. Unter die andere Hälfte die Orangenschale und etwas orange Speisefarbe rühren. Beide Teige mit Löffeln und/oder einem Spritzbeutel abwechselnd in eine gefettete Kastenform füllen.
Die Form auf der Arbeitsfläche aufstoßen. Den Teig vor dem Backen der Länge nach mit einem gebutterten Messer einritzen, damit er gleichmäßig aufgeht und sich in der Mitte aufwölbt. Die Form in den vorgeheizten Ofen schieben und den Kuchen etwa 45 Minuten backen. Nach erfolgreicher Garprobe auf ein Kuchengitter stürzen.
Für die Glasur die Aprikosenkonfitüre mit dem Wasser erwärmen, durch ein Sieb streichen und auf den ausgekühlten Kuchen pinseln. Den Kuchen nach Belieben dekorieren.

Kochschule
Marmorkuchen >> S. 59
Französische Meringenmasse >> S. 176

Schoko-Cookies ★

Für 24 Cookies

Zubereitung: 30 Minuten
Kühlzeit: 60 Minuten
Backzeit: 20 Minuten

Zutaten

250 g Butter
200 g Vollrohrzucker
100 g Ei
20 g Eigelb
300 g Mehl
6 g Backpulver
100 g Haselnüsse, gemahlen
350 g Schokoladenperlen

Die Butter und den Zucker in eine Schüssel geben und mit einem Schneebesen cremig rühren. Die Eier und das Eigelb hinzufügen und die Mischung kräftig schlagen, bis eine homogene Emulsion entstanden ist.

Das Mehl mit dem Backpulver darübersieben, die gemahlenen Haselnüsse sowie die Schokoladenperlen dazugeben und alles gründlich verrühren.

Den Teig auf einen Bogen Backpapier legen und zu einer Rolle formen. Das Papier darüberschlagen und mithilfe eines Gitters fest um die Teigrolle ziehen. Den Teig für 60 Minuten in den Kühlschrank stellen.

Den Backofen auf 180 °C vorheizen.

Den gekühlten Teig in 1 Zentimeter dicke Scheiben schneiden. Die Cookies auf ein mit Backpapier bedecktes Blech oder in eine Cookie-Backform aus Silikon legen.

Die Cookies im vorgeheizten Ofen 12-15 Minuten backen, bis sie goldbraun sind. Auf einem Kuchengitter abkühlen lassen.

Kochschule
Cookies >> S. 74

Joghurtkuchen ★

Für 6 Personen
Zubereitung: 15 Minuten
Backzeit: 30 Minuten

Zutaten
100 g Ei
250 g feinster Zucker
150 g Joghurt
60 ml Öl
11 g Backpulver
200 g Mehl Type 405
Butter für die Form

Den Backofen auf 170 °C vorheizen.
In einer Schüssel die Eier und den Zucker mit einem Schneebesen weißschaumig schlagen. Den Joghurt und das Öl dazugeben und gründlich unterschlagen. Zum Schluss das mit dem Backpulver gemischte Mehl einarbeiten.
Backformen für Minikuchen ausbuttern, den Teig einfüllen und im heißen Ofen etwa 30 Minuten backen.

Zutaten

125 g Weizenmehl Type 405
125 g Roggenmehl
15 g Backpulver
2 g Lebkuchengewürz
150 g flüssige Schlagsahne
250 g Honig
30 g Butter + Butter für die Form
100 g Zucker
150 g Ei

Honigkuchen ★

Für Personen
Zubereitung: 25 Minuten
Backzeit: 40 Minuten

Den Backofen auf 170 °C vorheizen.
Beide Mehlsorten mit dem Backpulver und dem Lebkuchengewürz in eine Schüssel sieben.
Die Sahne, den Honig, die Butter und den Zucker auf einem Wasserbad erwärmen, bis die Butter geschmolzen ist. Zu der Mehlmischung geben und mit dem Handrührgerät glatt rühren. Anschließend die Eier unterziehen.
Den Teig in eine ausgebutterte Kastenform füllen und im heißen Ofen etwa 40 Minuten backen. Für die Garprobe mit einem spitzen Messer an der dicksten Stelle in den Kuchen stechen: Bleibt die Klinge sauber, ist der Kuchen durchgebacken. Zum Auskühlen auf ein Gitter stürzen.

● Gut zu wissen

Lebkuchengewürz besteht in der Regel aus Zimt, Sternanis oder Anis, Kardamom, Gewürznelke, Muskatnuss und Ingwer.
Imker stellen ihre Bienenvölker der Jahreszeit entsprechend an verschiedenen Standplätzen auf. Die Blüten bestimmen die Honigsorte, sodass der Honigkuchen im Geschmack unterschiedlich ausfallen kann.

Kinderkuchen ★

Für 6 Personen

Zubereitung: 45 Minuten
Backzeit: 15 Minuten

Zutaten

Für das Fruchtgelee
12 g Blattgelatine
75 ml Zitronensaft
125 ml Ananassaft
40 g Gummibärchen

Für den Teig
125 g Butter
100 g Zucker
50 g Ei
70 g Rosinen
30 g Sesamsamen, geröstet
250 g Mehl Type 405
5 g Backpulver

Für die Chantilly-Sahne
100 g flüssige Schlagsahne
15 g Puderzucker
einige Tropfen Vanilleextrakt

Für die Dekoration
bunte Bonbonkugeln oder Gummibärchen

Das Fruchtgelee herstellen.
Die Gelatine in etwas kaltem Wasser einweichen.
Die Fruchtsäfte aufkochen und die Gummibärchen darin auflösen. Die gut ausgedrückte Gelatine einrühren. In eine quadratische Form gießen.

Den Teig herstellen.
Den Backofen auf 180 °C vorheizen. Die Butter und den Zucker in einer Schüssel cremig rühren. Das Ei dazugeben, dann die Rosinen und die Sesamsamen untermischen. Das Mehl mit dem Backpulver darübersieben und einarbeiten. Den Teig 5 Millimeter dick ausrollen und im vorgeheizten Ofen 14-15 Minuten backen.

Die Chantilly-Sahne herstellen.
Die Sahne in eine gut gekühlte Schüssel geben und mit dem Zucker und dem Vanilleextrakt steif schlagen.

Aufbauen.
Den gebackenen Teig in etwa 4 × 10 Zentimeter große Streifen schneiden. Das Fruchtgelee in etwa 2 cm breite Streifen schneiden. Die Chantilly-Sahne in einen Spritzbeutel füllen und dünn auf die Teigstreifen spritzen, dann das Fruchtgelee darauf platzieren. Kleine Sahnetupfer auf das Fruchtgelee dressieren und die Bonbons dazwischensetzen.

Kochschule
Fruchtgelee >> S. 122
Mürbeteig >> S. 22
Chantilly-Sahne >> S. 94

Zitronenkuchen ★

Für 6 Personen

Zubereitung: 25 Minuten
Backzeit: 40 Minuten

Zutaten

250 g Ei
350 g feinster Zucker
4 g Salz
abgeriebene Schale von 1 unbehandelten Zitrone
150 g flüssige Schlagsahne
10 ml Rum
270 g Mehl Type 405
5 g Backpulver
100 g Butter, zerlassen, + Butter für die Form

Für die Glasur
50 g Aprikosenkonfitüre

Kochschule
Orangenkuchen >> S. 59

Den Backofen auf 180 °C vorheizen. Die Eier, den Zucker und das Salz in eine Schüssel geben und mit einem Schneebesen weißschaumig schlagen. Die abgeriebene Zitronenschale, die Sahne und den Rum hinzufügen und die Masse glatt rühren. Das Mehl mit dem Backpulver darübersieben und sorgfältig unterrühren. Zum Schluss die flüssige Butter einarbeiten.
Eine Kastenform ausbuttern und nach Belieben mit Backpapier auskleiden. Den Teig einfüllen und im heißen Ofen 35-40 Minuten backen. Den fertig gebackenen Kuchen sofort auf ein Gitter stürzen. Für die Glasur die Konfitüre mit etwas Wasser erwärmen und durch ein Sieb streichen. Noch warm auf den Kuchen pinseln. Den Kuchen vor dem Anschneiden vollständig auskühlen lassen.

● Gut zu wissen
In Frischhaltefolie eingeschlagen bleibt der Zitronenkuchen einige Tage frisch.

Zutaten

125 g Butter + Butter für die Form
125 g feinster Zucker
125 g Ei
125 g Mehl Type 405
6 g Backpulver
125 g Äpfel, in Scheiben geschnitten

Eischwerkuchen mit Äpfeln ★

Für 6 Personen

Zubereitung: 25 Minuten
Backzeit: 40 Minuten

Den Backofen auf 170 °C vorheizen. In einer Schüssel die Butter mit dem Zucker cremig rühren. Die Eier hinzufügen und die Mischung kräftig schlagen. Das Mehl mit dem Backpulver darübersieben und einarbeiten. Den Teig in eine ausgebutterte Form füllen.
Dekorativ mit den Apfelscheiben belegen und etwa 40 Minuten im heißen Ofen backen. Für die Garprobe mit einem spitzen Messer in den Teig stechen: Bleibt die Klinge sauber, ist der Kuchen durchgebacken.

Manuel Lopez präsentiert sein Rezept

Tartes und Tartelettes

Manuel Lopez

Manuel Lopez führt eine Confiserie in Royan (Poitou-Charentes).

»Die meisten Menschen, selbst die größten Naschkatzen, sind nicht mit den feinen Unterschieden zwischen Confiseur, Chocolatier und Patissier vertraut. Ein Confiseur geht einem Handwerk nach, dessen Ursprünge weit in die Vergangenheit zurückreichen: Er stellt seine Waren aus Zucker her, einem Produkt, das für viele Menschen verknüpft ist mit Glücksempfindungen und Erinnerungen an die Kindheit, an Geburtstage, Weihnachten und süße Exzesse …
Das Dessert, das ich hier vorstellen möchte, vereint traditionelle Komponenten (Fruchtpaste aus der Auvergne, weißer Nugat aus Montélimar …) mit Produkten, die nicht nur Kinder lieben, wie Marshmallows und Schokolade, in unterschiedlichen Farben und Konsistenzen. Eine ungewöhnliche Zusammenstellung mit einem erstaunlichen Resultat – schließen Sie die Augen und kosten Sie selbst: Ich verspreche Ihnen einen süßen Traum!«

Süßer Traum

Den weißen Nugat herstellen.
Den Backofen auf 150 °C vorheizen. Die Mandeln und die Pistazien etwa 20 Minuten im heißen Ofen rösten. 125 Gramm Zucker, den Glukosesirup und das Wasser in einen Topf geben und aufkochen. Den Honig mit dem Vanilleextrakt in einem zweiten Topf erhitzen. Das Eiweiß mit dem Salz in der Küchenmaschine steif schlagen, dabei den restlichen Zucker dazugeben. Sobald der Honig 120 °C erreicht hat, langsam in den Eischnee gießen, dabei auf niedriger Stufe weiterschlagen. Anschließend den auf 145 °C erhitzten Zuckersirup vorsichtig in die Eiweißmasse laufen lassen. Die Rührschüssel aus der Küchenmaschine nehmen und die gerösteten Mandeln und Pistazien mit einem Spatel unterziehen. Die Masse auf eine Silikonbackmatte oder einen gefetteten Bogen Backpapier streichen. Abkühlen lassen.

Die Himbeerpaste herstellen.
Das Himbeerpüree in einen Topf geben und mit dem Zucker und dem Pektin erhitzen. Sobald die Masse kocht, den Glukosesirup dazugeben und 105 °C erhitzen. Den Zitronensaft unterrühren. Den Boden einer Form mit gefettetem Backpapier auslegen. Die Fruchtmasse etwa 1 Zentimeter hoch hineingießen und abkühlen lassen.

Den Pistazien-Schaumzucker herstellen.
Das Wasser, den Zucker und 50 Gramm Invertzucker in einen Topf geben und erhitzen. Die Gelatine in etwas kaltem Wasser einweichen. Sobald der Sirup zu kochen beginnt, das Zuckerthermometer in den Topf hängen. Bei 125 °C vom Herd nehmen und die ausgedrückte Gelatine einrühren. Den restlichen Invertzucker in die Rührschüssel der Küchenmaschine geben und einschalten. Den Sirup langsam einlaufen lassen und die Geschwindigkeit erhöhen, bis die Masse ihr Volumen vergrößert hat und die Konsistenz fester wird. Auf niedrige Geschwindigkeit zurückschalten und das Pistazienaroma sowie die grüne Speisefarbe dazugeben. Die Masse in eine Form gießen, deren Boden mit gefettetem Backpapier ausgelegt ist und deren Ränder ebenfalls gefettet sind. Mit Frischhaltefolie abdecken, ohne dass sie die Oberfläche berührt. Abkühlen lassen.

Das Dessert am folgenden Tag aufbauen.
Den Nugat von dem Backpapier befreien und in ein Rechteck mit den für den Kuchen gewünschten Maßen schneiden. Dazu ein scharfes Messer verwenden (idealerweise mit zwei Griffen) und den Nugat glatt durchschneiden, nicht sägen. Die Fruchtpaste auf die gleiche Größe zuschneiden und auf den Nugatboden legen. Den Schaumzucker auf ein Brett oder auf die Arbeitsfläche legen, mit einer Mischung aus Speisestärke und Puderzucker bestreuen, damit er sich leichter schneiden lässt, und passend zuschneiden. Auf die Fruchtpaste legen und mit Schokoladenspänen dekorieren. Mit einem scharfen Messer und glattem Schnitt in Scheiben schneiden (wie einen Kastenkuchen) oder in mundgerechte Häppchen portionieren. In Frischhaltefolie gewickelt sind sie einige Wochen haltbar.

Für 10 Personen (ergibt etwa 50 Häppchen)
Zubereitung: 60 Minuten
Garzeit: 40 Minuten

Zutaten

Für den weißen Nugat
100 g Mandeln, gehäutet
25 g Pistazien, gehäutet
125 g + 5 g Zucker
40 g Glukosesirup
30 ml Wasser
50 g Honig
3 g Vanilleextrakt
30 g Eiweiß
1 Prise Salz

Für die Himbeerpaste
400 g Himbeerpüree
400 g Zucker
10 g gelbes Pektin
60 g Glukosesirup
Saft von 1 Zitrone

Für den Pistazien-Schaumzucker
50 ml Wasser
140 g Zucker
50 g+ 60 g Invertzucker
10 g Blattgelatine
3 g Pistazienaroma oder Mandelaroma
3 Tropfen grüne Speisefarbe

Außerdem
20 g Puderzucker
30 g Speisestärke
Späne von gefärbter weißer Schokolade

Clafoutis (Kirschauflauf) ★

Zutaten
80 g Mehl Type 405
200 g Ei
125 g feinster Zucker
2 g Salz
250 ml Milch
30 g Butter, zerlassen, + Butter für die Form
500 g Kirschen

Für 6 Personen
Zubereitung: 25 Minuten
Backzeit: 30 Minuten

Den Backofen auf 180 °C vorheizen.

Das Mehl in eine Schüssel sieben und in die Mitte eine Mulde drücken. Die Eier mit dem Zucker und dem Salz weißschaumig schlagen und in die Mulde gießen. Mit einem Schneebesen kräftig verrühren, dabei nach und nach die Milch und die zerlassene Butter dazugeben.

Eine Tarteform ausbuttern und die Kirschen (sie werden nicht entsteint) auf dem Boden verteilen. Die Eiermasse hineingießen und im heißen Ofen etwa 30 Minuten backen.

● Tipp
Als Variante den Teig aus 150 g Ei, 100 g Zucker, 375 g Mascarpone, 300 g Milch, 100 g Speisestärke und 100 g gemahlenen Mandeln herstellen.

● Gut zu wissen
Die Kirschkerne mögen zwar beim Essen als störend empfunden werden, verleihen der Speise aber ein leichtes Mandelaroma. Außerdem bleibt der Saft in den Früchten und durchweicht nicht den Teig.

Pariser Flan-Tarte ★

Für 6 Personen
Zubereitung: 45 Minuten
Kühlzeit: 40 Minuten
Backzeit: 20 Minuten

Zutaten
Für den Mürbeteig
125 g Mehl Type 405
65 g feinster Zucker
65 g Butter + Butter für die Form
50 g Ei
1 g Salz

Für die Flan-Füllung
500 ml Milch
40 g Eigelb
100 g feinster Zucker
47 g Vanillepuddingpulver

Den Mürbeteig herstellen.
Das Mehl in eine Schüssel oder auf die Arbeitsfläche sieben, in der Mitte eine Mulde formen. Den Zucker und die weiche Butter in die Mulde geben und kräftig mit den Fingerspitzen vermischen, bis eine cremige Masse entstanden ist. Das Ei und das Salz hinzufügen und untermengen. Zum Schluss das Mehl mit einem Spatel untermengen oder von Hand zügig einarbeiten.
Den Teig zu einer dicken Scheibe formen, in Frischhaltefolie wickeln und in den Kühlschrank legen. Vor dem Ausrollen etwa 20 Minuten ruhen lassen.
Anschließend 2-3 Millimeter dick ausrollen und eine ausgebutterte Backform damit auslegen. Den Teigrand rundherum gleichmäßig hochziehen. Im Kühlschrank fest werden lassen.

Die Flan-Füllung herstellen.
Die Milch in einem Topf erhitzen. Das Eigelb, den Zucker und das Puddingpulver in eine Schüssel geben und gut verrühren. Sobald die Milch zu sieden beginnt, die Hälfte unter die Eigelbmasse rühren. Zu der restlichen Milch in den Topf gießen und aufkochen. 2-3 Minuten kochen lassen, dabei ständig mit dem Schneebesen schlagen.

Fertigstellen.
Die Füllcreme auf dem Teig verteilen und vollständig abkühlen lassen. Den Backofen auf 190 °C vorheizen. Die Tarte etwa 20 Minuten backen, bis die Oberfläche appetitlich goldbraun gefärbt ist.

Kochschule
Flan >> S. 105
Mürbeteig >> S. 22

Elsässer Reneklodentarte ★

Zutaten

Für den Mürbeteig
125 g Mehl Type 405
65 g feinster Zucker
65 g Butter + Butter für die Form
50 g Ei
1 g Salz

Für die Füllmasse
125 ml Milch
125 g flüssige Schlagsahne
100 g Ei
20 g Eigelb
50 g feinster Zucker
Vanilleextrakt
Pflaumenbrand

Für den Belag
250 g Renekloden
50 g Himbeeren

Für 4 Personen

Zubereitung: 30 Minuten
Kühlzeit: 20 Minuten
Backzeit: 30 Minuten

Den Mürbeteig herstellen.
Das Mehl in eine Schüssel oder auf die Arbeitsfläche sieben, in der Mitte eine Mulde formen. Den Zucker und die weiche Butter in die Mulde geben und kräftig mit den Fingerspitzen vermischen, bis eine cremige Masse entstanden ist. Das Ei und das Salz hinzufügen und untermengen. Zum Schluss das Mehl mit einem Spatel untermengen oder von Hand zügig einarbeiten.
Den Teig zu einer dicken Scheibe formen, in Frischhaltefolie wickeln und in den Kühlschrank legen. Vor dem Ausrollen etwa 20 Minuten ruhen lassen.

Die Füllmasse herstellen.
In einer Schüssel sämtliche Zutaten miteinander verrühren, aber nicht schaumig schlagen. Durch ein feines Sieb gießen.

Den Belag vorbereiten.
Die Renekloden waschen, halbieren und von ihrem Stein befreien.

Die Tarte vorbereiten und backen.
Den Backofen auf 180 °C vorheizen.
Den Teig 2-3 Millimeter dick ausrollen. Einen Backring mit 18 Zentimeter Durchmesser (oder eine Tarteform) ausbuttern, mit dem Teig auskleiden und auf ein mit Backpapier bedecktes Blech stellen.
Die Reneklodenhälften mit der Schnittfläche nach oben auf dem Boden verteilen. In der Mitte die Himbeeren anordnen. Mit der Füllmasse übergießen, sofort in den Ofen schieben und etwa 30 Minuten backen. Anschließend gleich auf ein Kuchengitter setzen und den Backring entfernen, um die Bildung von Kondenswasser zu vermeiden.

Kochschule
Mürbeteig >> S. 22
Eiercreme >> S. 92

Birnentarte mit Mandelcreme ★

Für 6 Personen
Zubereitung: 60 Minuten
Kühlzeit: 20 Minuten
Backzeit: 30 Minuten

Zutaten
80 g Aprikosenkonfitüre
40 ml Wasser

Für den süßen Auslegeteig
150 g Mehl Type 405
75 g Butter + Butter für die Form
20 g Eigelb
10 g Zucker
3 g feines Salz
50 ml Wasser

Für die Mandelcreme
50 g Butter
50 g Zucker
50 g Ei
50 g Mandeln, gemahlen
10 g Speisestärke
Vanilleextrakt
1 EL Rum

Für den Belag
400 ml Wasser
200 g Zucker
½ Vanilleschote
3 Birnen
½ Zitrone

Den süßen Auslegeteig herstellen.

Das Mehl in eine Schüssel oder auf die Arbeitsfläche sieben. Die Butter in Stücke schneiden und mit den Fingerspitzen in das Mehl reiben. Zügig zwischen den Händen feinkrümelig verreiben. Die Mischung aufhäufen, in die Mitte eine großflächige Mulde drücken. Das Eigelb hineingeben. Zucker und Salz in dem Wasser auflösen und ebenfalls dazugießen. Alles mit den Fingerspitzen vermischen und mit dem Handballen ein- bis zweimal durchwalken, bis eine homogene Masse entstanden ist.
Den Teig zu einer Kugel formen, leicht flach drücken, in Frischhaltefolie wickeln und etwa 20 Minuten im Kühlschrank ruhen lassen.

Die Mandelcreme herstellen.

Die Butter und den Zucker in eine Schüssel geben und mit einem Schneebesen cremig rühren. Das Ei hinzufügen und die Mischung kräftig schlagen, bis eine homogene Emulsion entstanden ist. Zum Schluss die gemahlenen Mandeln und die Speisestärke einarbeiten. Mit Vanilleextrakt und Rum aromatisieren.

Die Birnen pochieren.

Das Wasser mit dem Zucker und der aufgeschlitzten Vanilleschote aufkochen. Die Birnen schälen und mit der Zitrone abreiben. Das Kerngehäuse vorsichtig von unten herausstechen. Die Früchte in den kochenden Sirup geben und mit einem Gewicht beschweren, damit sie vollständig untergetaucht bleiben. 10-12 Minuten köcheln und anschließend in dem Sirup abkühlen lassen.

In die Form füllen und backen.

Den Backofen auf 175 °C vorheizen.
Den Teig 2-3 Millimeter dick ausrollen. Einen gefetteten Backring oder eine Tarteform mit 20 Zentimeter Durchmesser auf ein mit Backpapier bedecktes Blech stellen und mit dem Teig auskleiden. Die Mandelcreme auf den Teigboden geben und gleichmäßig verstreichen. Die Birnen halbieren, die einzelnen Hälften quer in dünne Scheiben schneiden und zusammengesetzt auf der Creme anordnen. Etwa 30 Minuten im heißen Ofen backen.
Anschließend gleich auf ein Kuchengitter setzen und den Backring lösen. Abkühlen lassen. Die Aprikosenkonfitüre mit dem Wasser erhitzen, durch ein Sieb streichen und die Tarte damit einpinseln.

Kochschule
Süßer Auslegeteig >> S. 30
Mandelcreme >> S. 90

Zutaten

Für den Zuckerteig
250 g Mehl Type 405
125 g Butter + Butter für die Form
100 g feinster Zucker
3 g Salz
50 g Ei

Für die Ganache
150 g flüssige Schlagsahne
1 Vanilleschote
150 g dunkle Schokolade (64 % Kakaoanteil), gehackt
30 g Butter

Für die Schokoladenmousse
100 g flüssige Schlagsahne
100 g dunkle Schokolade (64 % Kakaoanteil), gehackt
140 g Sahne, geschlagen

Für das Dekor
Schokoladenröllchen, -fächer oder -flammen (S. 183)

Schokoladentarte ★★

Für 8 Personen

Zubereitung: 90 Minuten
Kühlzeit: 20 Minuten
Backzeit: 20 Minuten

Den Zuckerteig herstellen.
Das Mehl in eine Schüssel oder auf die Arbeitsfläche sieben, in die Mitte eine Mulde drücken und die in Stücke geschnittene Butter hineingeben. Butter und Mehl zwischen den Händen rasch zu einer feinkrümeligen Masse verreiben. Je kürzer die Butter bearbeitet wird, desto besser die Konsistenz des fertigen Gebäcks.
Den Zucker und das Salz dazugeben. Das Ei mit einer Gabel verquirlen und untermischen. Mithilfe einer Teigkarte zu einem homogenen Teig zusammenfügen, aber keinesfalls kneten.
Den Teig zu einer dicken Scheibe formen, in Frischhaltefolie wickeln und vor dem Ausrollen etwa 20 Minuten im Kühlschrank ruhen lassen.
Den Backofen auf 160 °C vorheizen. Den Teig 3 Millimeter dick ausrollen und zwei gefettete Backringe mit 15 Zentimeter Durchmesser damit auskleiden und auf ein mit Backpapier bedecktes Blech setzen. Im heißen Ofen 15-20 Minuten blindbacken (S. 212), dann auf einem Kuchengitter abkühlen lassen.

Die Ganache herstellen.
Die Sahne mit dem ausgekratzten Vanillemark in einen Topf geben und langsam bis zum Siedepunkt erhitzen. Vom Herd nehmen, die gehackte Schokolade hineingeben und mit einem Spatel glatt rühren, dabei nach und nach die in Stücke geschnittene Butter dazugeben. Die Ganache auf den Tarteboden gießen und abkühlen lassen.

Die Schokoladenmousse herstellen.
In einem Topf die Sahne erhitzen und 2-3 Minuten sieden lassen. Durch ein feines Sieb auf die Schokolade gießen und mit einem Schneebesen homogen verrühren. Sobald die Masse eindickt und cremig wird (bei etwa 20-25 °C), die steif geschlagene Sahne vorsichtig unterheben.

Fertigstellen und dekorieren.
Die Schokoladenmousse in einen Spritzbeutel mit Sterntülle füllen und auf den äußeren Rand der Tarte dekorative Tupfer dressieren. Mit beliebigen Dekorelementen aus Schokolade verzieren.

Kochschule
Zuckerteig ›› S. 18
Blindbacken ›› S. 212
Orangenganache ›› S. 186
Schokoladenmousse mit Ganache ›› S. 106

Ananans-Kokos-Tarte ★

Zutaten
60 g Aprikosenkonfitüre
30 ml Wasser

Für den Zuckerteig
150 g Mehl Type 405
75 g Butter + Butter für die Form
60 g feinster Zucker
2 g Salz
50 g Ei

Für die Kokoscreme
50 g Butter
50 g Zucker
50 g Ei
5 g Vanilleextrakt
5 ml Rum
30 g Mandeln
20 g Kokosraspel

Für den Belag
1 Ananas
60 g Butter
1 Vanilleschote
60 g Rohrohrzucker
40 ml Rum

Für 6 Personen
Zubereitung: 80 Minuten
Kühlzeit: 20 Minuten
Backzeit: 30 Minuten

Den Zuckerteig herstellen.
Das Mehl in eine Schüssel oder auf die Arbeitsfläche sieben, in die Mitte eine Mulde drücken und die in Stücke geschnittene Butter hineingeben. Butter und Mehl zwischen den Händen rasch zu einer feinkrümeligen Masse verreiben. Je kürzer die Butter bearbeitet wird, desto besser die Konsistenz des fertigen Gebäcks.
Den Zucker und das Salz dazugeben. Das Ei mit einer Gabel verquirlen und untermischen. Mithilfe einer Teigkarte zu einem homogenen Teig zusammenfügen, aber keinesfalls kneten.
Den Teig zu einer dicken Scheibe formen, in Frischhaltefolie wickeln und vor dem Ausrollen etwa 20 Minuten im Kühlschrank ruhen lassen.

Die Kokoscreme herstellen.
Die Butter und den Zucker cremig rühren. Das Ei dazugeben und die Mischung kräftig schlagen, bis eine homogene Emulsion entstanden ist. Mit Vanilleextrakt und Rum aromatisieren. Die Mandeln und die Kokosraspel dazugeben und weiterschlagen, bis die Creme eine schaumige Konsistenz hat.

Den Belag vorbereiten.
Die Ananas schälen und in Würfel mit 1 Zentimeter Seitenlänge schneiden. In einer Pfanne die Butter erhitzen. Die Ananaswürfel mit der halbierten Vanilleschote und dem ausgekratzten Mark hineingeben und etwas Farbe annehmen lassen. Nach der Hälfte der Garzeit mit dem Zucker bestreuen und mit dem Rum flambieren. Vom Herd ziehen. Die Ananaswürfel sollen leicht gebräunt sein, aber nicht zerfallen. Abkühlen lassen.

Fertigstellen.
Den Backofen auf 180 °C vorheizen.
Den Teig 3 Millimeter dick ausrollen. Einen gefetteten Backring mit 20 Zentimeter Durchmesser auf ein mit Backpapier bedecktes Blech stellen und mit dem Teig auslegen. Die Ananaswürfel darauf verteilen und mit der Kokoscreme bedecken. Etwa 30 Minuten in heißen Ofen backen. Anschließend gleich auf ein Kuchengitter setzen. Abkühlen lassen.
Die Aprikosenkonfitüre mit dem Wasser erhitzen, durch ein Sieb streichen und die Tarte damit einpinseln.

Kochschule
Zuckerteig ›› S. 18
Mandelcreme ›› S. 90

Zutaten

Für den Zuckerteig
250 g Mehl Type 405
125 g Butter + Butter für die Form
100 g feinster Zucker
3 g Salz
50 g Ei

Für die Zitronencreme
150 ml Zitronensaft
50 ml Wasser
100 g Ei
20 g Eigelb
75 g feinster Zucker
15 g Speisestärke
50 g Butter
115 g flüssige Schlagsahne

Für die Italienische Meringenmasse
60 g Wasser
200 g feinster Zucker
100 g Eiweiß

Für die Dekoration
kandierte Zitronenschale (S. 211)

Kochschule
Zuckerteig >> S. 18
Zitronencreme >> S. 105
Italienische Meringenmasse >> S. 177

Zitronentarte mit Baiserhaube ★★

Für 8 Personen
Zubereitung: 90 Minuten
Kühlzeit: 20 Minuten
Backzeit: 15 Minuten

Den Zuckerteig herstellen.
Das Mehl in eine Schüssel oder auf die Arbeitsfläche sieben, in die Mitte eine Mulde drücken und die in Stücke geschnittene Butter hineingeben. Butter und Mehl zwischen den Händen rasch zu einer feinkrümeligen Masse verreiben. Je kürzer die Butter bearbeitet wird, desto besser die Konsistenz des fertigen Gebäcks.
Den Zucker und das Salz dazugeben. Das Ei mit einer Gabel verquirlen und untermischen. Mithilfe einer Teigkarte zu einem homogenen Teig zusammenfügen, aber keinesfalls kneten.
Den Teig zu einer dicken Scheibe formen, in Frischhaltefolie wickeln und vor dem Ausrollen etwa 20 Minuten im Kühlschrank ruhen lassen.
Den Backofen auf 160 °C vorheizen.
Den Teig 3-4 Millimeter dick ausrollen und zwei gefettete Backringe mit jeweils 15 Zentimeter Durchmesser damit auskleiden. Auf ein mit Backpapier bedecktes Blech stellen und 15-20 Minuten blindbacken. Auf einem Kuchengitter abkühlen lassen.

Die Zitronencreme herstellen.
Den Zitronensaft und das Wasser in einen Topf gießen und zum Kochen bringen. Die Eier, das Eigelb und den Zucker in einer Schüssel weißschaumig schlagen. Die Speisestärke dazugeben und den kochend heißen Zitronensaft darübergießen. Mit einem Schneebesen glatt rühren. Die Masse zurück in den Topf geben, aufkochen und unter ständigem Rühren 2-3 Minuten kochen lassen. Vom Herd nehmen und die Butter unterziehen. Die Creme in eine Schüssel füllen, mit Frischhaltefolie belegen und rasch abkühlen. Die Sahne steif schlagen und vorsichtig unter die Creme heben.

Die Italienische Meringenmasse herstellen.
Das Wasser und den Zucker in einen Topf geben und erhitzen. Sobald der Sirup 110 °C erreicht hat, das Eiweiß in der sauberen und fettfreien Rührschüssel der Küchenmaschine steif schlagen. Den 117-120 °C heißen Sirup langsam in den Eischnee laufen lassen und weiterschlagen, bis die Meringenmasse vollständig abgekühlt ist. Sie soll sehr fest und glänzend sein und beim Herausziehen des Schneebesens zahlreiche Spitzen bilden.

Fertigstellen und dekorieren.
Die Zitronencreme mithilfe eines Spritzbeutels mit Lochtülle auf die ausgekühlten Tarteböden dressieren. Die Meringenmasse in einen Spritzbeutel mit Loch- oder Sterntülle füllen und gleichmäßige Tupfer auf die Creme dressieren, dabei kleine Spitzen hochziehen. Die Tartes unter den vorgeheizten Backofengrill schieben, bis sich die Baiserspitzen goldbraun färben. Mit kandierter Zitronenschale dekorieren.

Käseküchlein ★

Zutaten

Für den süßen Auslegeteig
125 g Mehl Type 405
63 g Butter + Butter für die Form
20 g Eigelb
10 g feinster Zucker
3 g Salz
40 ml Wasser

Für die Füllung
500 g Quark
4 g abgeriebene Schale von einer unbehandelten Zitrone
150 g Eigelb
50 g Vanillepuddingpulver oder Speisestärke
150 g Eiweiß
150 g feinster Zucker
100 ml Milch

Für 4 Personen
Zubereitung: 60 Minuten
Kühlzeit: 20 Minuten
Backzeit: 25 Minuten

Den süßen Auslegeteig herstellen.
Das Mehl in eine Schüssel oder auf die Arbeitsfläche sieben. Die Butter in Stücke schneiden und mit den Fingerspitzen in das Mehl reiben. Zügig zwischen den Händen feinkrümelig verreiben. Die Mischung aufhäufen, in die Mitte eine großflächige Mulde drücken. Das Eigelb hineingeben. Zucker und Salz in dem Wasser auflösen und ebenfalls dazugießen. Alles mit den Fingerspitzen vermischen und mit dem Handballen ein- bis zweimal durchwalken, bis eine homogene Masse entstanden ist.
Den Teig zu einer Kugel formen, leicht flach drücken, in Frischhaltefolie wickeln und etwa 20 Minuten im Kühlschrank ruhen lassen.
Anschließend 2-3 Millimeter dick ausrollen. Teigkreise mit einem Durchmesser von 10 Zentimetern ausstechen und gefettete Tartelettringe damit auskleiden.

Die Füllung herstellen.
Den Quark, die Hälfte der Zitronenschale, das Eigelb und das Puddingpulver in eine Schüssel geben und gründlich verrühren.
Das Eiweiß steif schlagen, dabei den Zucker einrieseln lassen (Französische Meringenmasse, S. 176). Den Eischnee vorsichtig unter die Frischkäsemasse heben. Die Milch unterrühren, damit die Masse etwas zusammenfällt und geschmeidiger wird.

Fertigstellen.
Den Backofen auf 170 °C vorheizen. Die Tartelettböden auf ein mit Backpapier bedecktes Blech stellen, mit der Frischkäsemasse füllen und im heißen Ofen 20-25 Minuten backen.
Die fertigen Käseküchlein zum Auskühlen auf ein Kuchengitter stellen und mit der restlichen Zitronenschale bestreuen.

Kochschule
Süßer Auslegeteig >> S. 30
Französische Meringenmasse >> S. 176

Zutaten
350 g gemischte frische Früchte (Rote Johannisbeeren, Pflaumen, Aprikosen, Erdbeeren, Schwarze Johannisbeeren, Physalis ...)
1 Päckchen Tortenguss fix klar
250 ml Wasser

Für den Zuckerteig
250 g Mehl Type 405
150 g Butter
100 g feinster Zucker
3 g Salz
50 g Ei

Für die Diplomatencreme
3 g Blattgelatine
125 ml Milch
¼ Vanilleschote
20 g Eigelb
30 g feinster Zucker
15 g Speisestärke
125 g flüssige Schlagsahne

Tartelettes mit frischen Früchten ★★

Für 8 Personen
Zubereitung: 60 Minuten
Kühlzeit: 20 Minuten
Backzeit: 15 Minuten

Den Zuckerteig herstellen.
Das Mehl in eine Schüssel oder auf die Arbeitsfläche sieben, in die Mitte eine Mulde drücken und die in Stücke geschnittene Butter hineingeben. Butter und Mehl zwischen den Händen rasch zu einer feinkrümeligen Masse verreiben. Je kürzer die Butter bearbeitet wird, desto besser die Konsistenz des fertigen Gebäcks.
Den Zucker und das Salz dazugeben. Das Ei mit einer Gabel verquirlen und untermischen. Mithilfe einer Teigkarte zu einem homogenen Teig zusammenfügen, aber keinesfalls kneten.
Den Teig zu einer dicken Scheibe formen, in Frischhaltefolie wickeln und vor dem Ausrollen etwa 20 Minuten im Kühlschrank ruhen lassen.
Den Backofen auf 160 °C vorheizen.
Den Teig 3 Millimeter dick ausrollen. Gefettete Tarteletteringe mit 8 Zentimetern auf ein mit Backpapier belegtes Blech stellen und mit dem Teig auskleiden. Etwa 15 Minuten blindbacken und anschließend auf einem Kuchengitter abkühlen lassen.

Die Diplomatencreme herstellen.
Die Gelatine in etwas kaltem Wasser einweichen.
In einem Topf die Milch mit dem ausgekratzten Vanillemark erhitzen. Eigelb, Zucker und Speisestärke in eine Schüssel geben und gründlich verrühren. Sobald die Milch zu sieden beginnt, die Hälfte unter die Eigelbmasse rühren. Zu der restlichen Milch in den Topf gießen, aufkochen und unter ständigem Schlagen mit dem Schneebesen 2-3 Minuten kochen lassen. Den Topf vom Herd nehmen und die ausgedrückte Gelatine mit dem Schneebesen einrühren. Die Masse in eine Schüssel füllen, mit Frischhaltefolie belegen und auf Zimmertemperatur abkühlen lassen. Die Sahne cremig-steif schlagen. Die abgekühlte, aber noch nicht fest gewordene Creme mit dem Schneebesen glatt rühren und die geschlagene Sahne mit einem Teigschaber vorsichtig unterheben.

Fertigstellen.
Die Teigböden dreiviertelhoch mit der Diplomatencreme füllen. Die Früchte kuppelförmig darauf anordnen. Den Tortenguss mit kochendem Wasser verrühren und mit einem Pinsel auf die Früchte streichen. Zum Schluss die Physalis auf die Früchtekuppel setzen.

Kochschule
Zuckerteig ›› S. 18
Blindbacken ›› S. 212
Diplomatencreme ›› S. 103

Apfel-Pfirsich-Tartelettes ★

Für 4 Personen
Zubereitung: 60 Minuten
Kühlzeit: 20 Minuten
Backzeit: 20 Minuten

Zutaten

Für den süßen Auslegeteig
125 g Mehl Type 405
63 g Butter + Butter für die Form
20 g Eigelb
10 g feinster Zucker
3 g feines Salz
40 ml Wasser

Für das Pfirsichkompott
3 Pfirsiche
40 g Zucker

Für die Dekoration
2 Äpfel
40 g Aprikosenkonfitüre
20 ml Wasser

Den süßen Auslegeteig herstellen.
Das Mehl in eine Schüssel oder auf die Arbeitsfläche sieben. Die Butter in Stücke schneiden und mit den Fingerspitzen in das Mehl reiben. Zügig zwischen den Händen feinkrümelig verreiben. Die Mischung aufhäufen, in die Mitte eine großflächige Mulde drücken. Das Eigelb hineingeben. Zucker und Salz in dem Wasser auflösen und ebenfalls dazugießen. Alles mit den Fingerspitzen vermischen und mit dem Handballen ein- bis zweimal durchwalken, bis eine homogene Masse entstanden ist.
Den Teig zu einer Kugel formen, leicht flach drücken, in Frischhaltefolie wickeln und etwa 20 Minuten im Kühlschrank ruhen lassen.
Den Teig 2-3 Millimeter dick ausrollen. Gefettete Tarteletteringe mit etwa 8 Zentimeter Durchmesser auf ein mit Backpapier belegtes Blech stellen und mit dem Teig auskleiden.

Das Pfirsichkompott herstellen.
Die Pfirsiche kurz in kochendes Wasser tauchen, häuten und abkühlen lassen. Anschließend halbieren, vom Stein befreien und in Würfel schneiden. Mit wenig Wasser in einen Topf geben und bei schwacher Hitze köcheln lassen, bis der Saft verdampft ist. Den Zucker unterrühren und das Kompott abkühlen lassen.

Die Tartelettes füllen und backen.
Den Backofen auf 185 °C vorheizen.
Die Teigböden mit dem Pfirsichkompott füllen. Die Äpfel schälen, halbieren, vom Kerngehäuse befreien und in dünne Scheiben schneiden. Die Apfelscheiben kreisförmig auf dem Kompott anordnen, sodass es vollständig bedeckt ist. Die Tartelettes im vorgeheizten Ofen 15-20 Minuten backen, bis die Äpfel an den Rändern gebräunt sind. Anschließend gleich auf ein Kuchengitter setzen und abkühlen lassen. Die Aprikosenkonfitüre mit dem Wasser erhitzen, durch ein Sieb streichen und die Tartelettes damit einpinseln.

● Tipp
Die Apfelspalten bekommen eine schöne goldbraune Farbe, wenn man sie vor dem Backen dünn mit verquirltem Ei bestreicht.

Kochschule
Süßer Auslegeteig ›› S. 30
Früchte blanchieren und häuten ›› S. 216
Kompott kochen›› S. 210

Tarte Tatin ★

Für 6 Personen
Zubereitung: 60 Minuten
Kühlzeit: 20 Minuten
Backzeit: 35 Minuten

Zutaten
1,2 kg Äpfel
1 Zitrone

Für den süßen Auslegeteig
125 g Mehl Type 405
63 g Butter + Butter für die Form
20 g Eigelb
10 g feinster Zucker
2 g Salz
40 ml Wasser

Für den Karamell
120 g feinster Zucker
120 g Butter

Den süßen Auslegeteig herstellen.
Das Mehl in eine Schüssel oder auf die Arbeitsfläche sieben. Die Butter in Stücke schneiden und mit den Fingerspitzen in das Mehl reiben. Zügig zwischen den Händen feinkrümelig verreiben. Die Mischung aufhäufen, in die Mitte eine großflächige Mulde drücken. Das Eigelb hineingeben. Zucker und Salz in dem Wasser auflösen und ebenfalls dazugießen. Alles mit den Fingerspitzen vermischen und mit dem Handballen ein- bis zweimal durchwalken, bis eine homogene Masse entstanden ist. Den Teig zu einer Kugel formen, leicht flach drücken, in Frischhaltefolie wickeln und etwa 20 Minuten im Kühlschrank ruhen lassen.

Die Äpfel vorbereiten.
Die Äpfel schälen, halbieren, vom Kerngehäuse befreien und mit der halbierten Zitrone abreiben.

Den Karamell herstellen.
In einem Topf den Zucker trocken zu goldgelbem Karamell kochen. Sofort in eine ofenfeste runde Form gießen und schwenken, bis der Boden gleichmäßig überzogen ist. Die in kleine Würfel geschnittene kalte Butter auf dem Karamell verteilen.

Fertigstellen.
Den Backofen auf 180 °C vorheizen. Die Apfelhälften eng aneinander und schräg nach oben stehend kreisförmig in die Form setzen. Den Mürbeteig so groß wie die Form ausrollen und die Äpfel mit der Teigscheibe bedecken. Die Tarte in den vorgeheizten Ofen schieben und etwa 35 Minuten backen. Sobald der Teig goldbraun und knusprig ist, mit einer Spicknadel überprüfen, ob die Äpfel weich sind. Die Form aus dem Ofen nehmen, sofort mit einer Servierplatte bedecken und umdrehen (Vorsicht, der Karamell ist sehr heiß!). Abkühlen lassen und die Form entfernen.

● Tipp
Wenn die Tarte schon zu weit abgekühlt ist, die Form kurz auf dem Herd oder mit einem Gasbrenner wieder kurz erhitzen und vorsichtig abheben. Die Tarte Tatin nach Belieben mit Crème fraîche oder einer Kugel Vanilleeis servieren.

● Gut zu wissen
Die Tarte entstand angeblich 1898 aufgrund eines Missgeschicks einer der betagten Schwestern Tatin, die in der Sologne ein Hotelrestaurant führten. Der berühmte französische Gastrokritiker Curnonsky veröffentlichte 1926 das Rezept für »La Tarte des Desmoiselles Tatin«.

Kochschule
Süßer Auslegeteig ›› S. 30

Tartelettes mit karamellisierten Nüssen ★

Für 6 Personen
Zubereitung: 60 Minuten
Kühlzeit: 20 Minuten
Backzeit: 15 Minuten

Zutaten

Für den Zuckerteig
- 150 g Mehl Type 405
- 75 g Butter
- 60 g feinster Zucker
- 2 g Salz
- 50 g Ei

Für die Füllung
- 50 g Pekannüsse
- 50 g Haselnüsse
- 50 g Pinienkerne
- 150 g Zucker
- 10 g Butter
- 120 g flüssige Schlagsahne
- 50 g Pistazien

Den Zuckerteig herstellen.
Das Mehl in eine Schüssel oder auf die Arbeitsfläche sieben, in die Mitte eine Mulde drücken und die in Stücke geschnittene Butter hineingeben. Butter und Mehl zwischen den Händen rasch zu einer feinkrümeligen Masse verreiben. Je kürzer die Butter bearbeitet wird, desto besser die Konistenz des fertigen Gebäcks.
Den Zucker und das Salz dazugeben. Das Ei mit einer Gabel verquirlen und untermischen. Mithilfe einer Teigkarte zu einem homogenen Teig zusammenfügen, aber keinesfalls kneten.
Den Teig zu einer dicken Scheibe formen, in Frischhaltefolie wickeln und vor dem Ausrollen etwa 20 Minuten im Kühlschrank ruhen lassen.
Anschließend den Backofen auf 160 °C vorheizen. Den Teig 3-4 Millimeter dick ausrollen und gefettete Tarteletteringe mit 8 Zentimeter Durchmesser damit auskleiden. Auf ein mit Backpapier belegtes Blech stellen und 12-15 Minuten blindbacken. Auf einem Kuchengitter abkühlen lassen.

Die Füllung herstellen.
Pekannüsse, Haselnüsse und Pinienkerne in einer trockenen Pfanne oder im Backofen rösten.
In einem Topf den Zucker unter ständigem Rühren schmelzen. Sobald er sich goldbraun verfärbt, die in Stücke geschnittene Butter einrühren. Die erhitzte Sahne dazugießen und den Karamell unter weiterer Wärmezufuhr glatt rühren. Die gerösteten Nüsse und die Pistazien untermischen.

Fertigstellen.
Die Karamell-Nuss-Mischung sofort in die Tartelettes füllen und abkühlen lassen.

● Tipp
Hier steht und fällt der Geschmack mit dem Karamell: bleibt er zu hell, entwickelt er kein Aroma, wird er zu dunkel, schmeckt er schnell bitter. Also nicht aus den Augen lassen!

Kochschule
Zuckerteig >> S. 18
Blindbacken >> S. 212

David Wesmaël präsentiert sein Rezept

Geeiste Süßspeisen

David Wesmaël

David Westmaël führt ein Ausbildungsinstitut für Patissiers in Lille.

»Der Vacherin gehört zu den Klassikern unter den geeisten Süßspeisen, die jeder Franzose von Kindesbeinen an kennt. Ich habe es als große Herausforderung empfunden, ihn neu und zeitgemäß zu interpretieren, mit dem Ziel, eine breite Klientel für das traditionelle Dessert im neuen Gewand zu gewinnen. Es sollte eine originelle, spielerische Note haben, gleichzeitig aber relativ unkompliziert sein, damit es auch in der heimischen Küche zubereitet werden kann. Schließlich verfügt ein normaler Haushalt in der Regel nicht über die Geräte, die man für die Herstellung von Eiscremes und Sorbets benötigt. Daher wollte ich ein einfaches Rezept für Fruchtsorbets entwickeln, die nicht in der Eismaschine, sondern wie Granitas im Tiefkühlgerät gefroren werden. Die richtige Balance zwischen dem Aroma der Früchte und der kraftvollen Süße des Zuckers ist entscheidend für das Gelingen dieser herrlich erfrischenden Sorbets. Meine Vacherin-Version vereint harmonisch die unterschiedlichen Texturen: knuspriges Baiser, zartcremige Chantilly-Sahne und frisch-fruchtige Sorbets.«

Vacherin 2.0

Für 6 Personen
Zubereitung: 60 Minuten
Gefrierzeit: 4 Stunden
Backzeit: 20 Minuten

Zutaten

Für die Schweizer Meringenmasse
100 g Eiweiß
200 g feinster Zucker

Für das Apfelsorbet
3 Äpfel der Sorte Granny Smith
20 ml Zitronensaft
28 ml Wasser
42 g feinster Zucker

Für das Aprikosensorbet
250 g Aprikosen
50 ml Wasser
55 g feinster Zucker

Für das Himbeersorbet
200 g Himbeeren
65 ml Wasser
55 g feinster Zucker

Für das Zitronensorbet
3 Zitronen
120 ml Wasser
75 g Zucker

Für die Chantilly-Sahne
500 g flüssige Schlagsahne
75 g Puderzucker
½ Vanilleschote

Für die Dekoration
bunte Zuckerperlen

Die Schweizer Meringenmasse herstellen.

Das Eiweiß und den Zucker in einen Schlagkessel geben und auf einem Wasserbad unter ständigem Schlagen auf 45 °C erhitzen. Die Masse in die Rührschüssel der Küchenmaschine füllen und weiterschlagen, bis sie vollständig abgekühlt ist und eine dickschaumige Konsistenz angenommen hat. Von einem Gefrierbeutel eine Ecke abschneiden, sodass eine 3 Zentimeter große Öffnung entsteht. Einen Streifen Klebeband um die Öffnung herumkleben. Durch den Klebestreifen wird sie verstärkt und kann nicht ausreißen, sodass kontrolliert gespritzt werden kann. Die Meringenmasse in den Spritzbeutel füllen und 12 dünne Streifen mit 18 Zentimeter Länge und 3 Zentimeter Breite auf ein mit Backpapier oder einer Silikonmatte bedecktes Blech dressieren. Bei 120 °C etwa 20 Minuten backen, dabei die Ofentür einen Spalt offen lassen. Anschließend das Backpapier vorsichtig auf ein Gitter ziehen und die Baiserstreifen abkühlen lassen. Anschließend in Frischhaltefolie wickeln und kühlen.

Das Apfelsorbet herstellen.

Die Äpfel waschen, schälen, vom Kerngehäuse befreien und grob zerteilen. Mit dem Zitronensaft im Mixer pürieren, 210 Gramm Apfelpüree abwiegen. Das Wasser und den Zucker in einen Topf geben und unter ständigem Rühren mit einem Schneebesen aufkochen. Auf 30 °C abkühlen lassen, zu dem Apfelpüree gießen und mit dem Pürierstab durchmixen. Die Sorbetmasse in eine Eiswürfelschale füllen (Kantenlänge je 2,5 cm) und im Gefrierfach vollständig durchfrieren lassen.

Das Aprikosensorbet herstellen.

Die Aprikosen waschen, halbieren und die Steine entfernen. In den Mixer geben und pürieren. 195 Gramm Aprikosenpüree abwiegen. Das Wasser und den Zucker in einen Topf geben und unter ständigem Rühren mit einem Schneebesen aufkochen. Auf 30 °C abkühlen lassen, zu dem Aprikosenpüree gießen und mit dem Pürierstab durchmixen. Die Masse in eine Eiswürfelschale füllen (Kantenlänge je 2,5 cm) und im Gefrierfach vollständig durchfrieren lassen.

Das Himbeersorbet herstellen.

Die Himbeeren waschen und im Mixer pürieren. Durch ein feines Sieb passieren, um die Kerne zu entfernen. 180 Gramm Himbeerpüree abwiegen. Das Wasser und den Zucker in einen Topf geben und unter ständigem Rühren mit einem Schneebesen aufkochen. Auf 30 °C abkühlen lassen, zu dem Himbeerpüree gießen und mit dem Pürierstab durchmixen. Die Masse in eine Eiswürfelschale füllen (Kantenlänge je 2,5 cm) und im Gefrierfach vollständig durchfrieren lassen.

Das Zitronensorbet herstellen.
Die Zitronen waschen und auspressen, 105 Milliliter Zitronensaft abmessen. Das Wasser und den Zucker in einen Topf geben und unter ständigem Rühren mit einem Schneebesen aufkochen. Auf 30 °C abkühlen lassen, zu dem Zitronensaft gießen und mit dem Pürierstab durchmixen. Die Masse in eine Eiswürfelschale füllen (Kantenlänge je 2,5 cm) und im Gefrierfach vollständig durchfrieren lassen.

Die Chantilly-Sahne herstellen.
Die gut gekühlte Sahne in die ebenfalls gekühlte Rührschüssel der Küchenmaschine gießen, den Puderzucker und das ausgekratzte Vanillemark dazugeben und die Sahne sehr steif schlagen. Zum Aufdressieren der Sahne einen Spritzbeutel wie für die Meringenmasse vorbereiten.

Den Vacherin aufbauen.
Die im Tiefkühlfach vorgekühlten Teller bereitstellen. Mit dem sahnegefüllten Spritzbeutel jeweils einen kleinen Tupfer auf die Tellermitte spritzen und einen ebenfalls gekühlten Baiserstreifen darauflegen. Die Sorbetwürfel auslösen und in farblich abwechselnder Reihenfolge auf den Baiserstreifen aneinanderreihen. Die Chantilly-Sahne mit gleichmäßigem Druck auf den Spritzbeutel und leichten Auf- und Abwärtsbewegungen in kleinen Wellen aufdressieren. Mit einem zweiten Baiserstreifen belegen, dann eine weitere Schicht Sahne aufspritzen. Die Teller und die Vacherins mit bunten Zuckerperlen bestreuen, um zusätzliche Farbakzente zu setzen.
Die Baiserstreifen mit den Sorbetwürfeln können fertig vorbereitet im Tiefkühlfach gelagert werden; vor dem Servieren dann nur noch die Chantilly-Sahne dazugeben. Den Vacherin nach Belieben mit einer Fruchtcoulis servieren.

Eisrolle Erdbeer-Vanille ★★★

Für 12 Personen

Zubereitung: 2 Stunden 30 Minuten
Backzeit: 30 Minuten
Reifezeit: 4 Stunden
Gefrierzeit: 3 Stunden

Den Mandelbiskuit herstellen.

Den Backofen auf 180 °C Umluft vorheizen.
Das Marzipan in der Küchenmaschine geschmeidig rühren, dabei nach und nach das Eiweiß und den Invertzucker dazugeben. Sobald die Masse cremig und glatt ist, die noch warme Butter einlaufen lassen und die Masse weiter aufschlagen, bis sie schaumig ist. Zwischen zwei 5 Millimeter hohen Teigstäben auf ein mit Backpapier oder einer Silikonmatte bedecktes Blech streichen und 15 Minuten backen.

Die Macarons herstellen.

Den Backofen auf 155 °C vorheizen. Die Mandeln mit dem Puderzucker zu Pulver verarbeiten, dann mit 50 Gramm Eiweiß vermischen. Aus dem restlichen Eiweiß, dem feinsten Zucker und dem Wasser eine Italienische Meringenmasse herstellen(S. 177). Beide Massen mithilfe einer Teigkarte vermischen. Mithilfe eines Spritzbeutels mit Lochtülle tropfenförmig auf ein mit Backpapier oder einer Silikonmatte bedecktes Blech dressieren. 30 Minuten trocknen lassen, bis die Oberfläche nicht mehr klebrig ist. Damit die Unterseite der Macarons nicht zu schnell fest wird, unter dem Blech mit den Macarons ein leeres Blech in den Ofen schieben. Etwa 12 Minuten backen. Sie dürfen keinesfalls braun werden.

Die Cassis-Paste herstellen.

In einem Topf das Fruchtpüree mit der Glukose erwärmen (nicht aufkochen). Das Pektin mit 14 Gramm Zucker mischen und die Pektin-Zucker-Mischung unter das Fruchtpüree rühren. Den restlichen Zucker dazugeben und alles auf 107 °C erhitzen. Die Zitronensäure-Lösung unterrühren und die Masse sofort 5 Millimeter hoch in eine Silikonform gießen. Nach dem Abkühlen auf ein mit Kristallzucker bestreutes Schneidebrett stürzen und in schmale Streifen schneiden. Die Messerklinge immer wieder mit Alkohol reinigen, damit sie gut durch die Fruchtpaste gleitet.

Das Erdbeersorbet herstellen.

Das Wasser mit dem Zucker aufkochen. Zu dem Erdbeerpüree gießen und mit dem Pürierstab durchmixen. Die Masse auf 4 °C abkühlen lassen. In der Eismaschine gefrieren lassen. Das Sorbet in eine kleine Dachrinnenform füllen, einen Streifen Cassis-Paste in die Mitte drücken und ins Gefrierfach stellen.

Die geeiste Vanillecreme herstellen.

Milch, Sahne und Eigelb in einen Topf füllen, die aufgeschlitzte Vanilleschote mit dem ausgekratzten Mark dazugeben und auf 40 °C erwärmen. Den Zucker hinzufügen und alles unter Rühren auf 85 °C erhitzen. Durch ein Sieb passieren, auf 4 °C herunterkühlen, dann in der Eismaschine gefrieren lassen.

Die Rolle zusammensetzen.

Drei Viertel der geeisten Vanillecreme in eine Rehrückenform füllen. Das Erdbeersorbet hineindrücken und mit einem passend zugeschnittenen Streifen Mandelbiskuit abschließen. Für einige Stunden oder über Nacht ins Gefrierfach stellen.

Am folgenden Tag die Hippen backen.

Den Backofen auf 170–180 °C vorheizen. Die weiche Butter und den Puderzucker mit einem Schneebesen kräftig schlagen. Das Eiweiß dazugeben und glatt rühren. Das gesiebte Mehl dazugeben und einarbeiten. Die Masse mit Vanilleextrakt aromatisieren. Mit einem Esslöffel oder einem Spritzbeutel kleine Teighäufchen auf ein mit Backpapier ausgelegtes Blech setzen und mit dem Löffelrücken tropfenförmig verstreichen. Im Ofen einige Minuten leicht bräunen. Noch warm zu gewölbten Blättern formen.

Das Samtspray herstellen.

Die Kuvertüre und die Kakaobutter auf einem Wasserbad schmelzen. Die heiße Mischung in eine Spritzpistole füllen.

Die Rolle dekorieren.

Die gefrorene Rolle auf ein Kuchengitter stürzen und gleichmäßig mit dem Samtspray einsprühen. Damit ein Samteffekt entsteht, muss die Oberfläche eiskalt sein. Die Rolle nach Belieben mit Chantilly-Sahne, Macarons, Früchten und Hippen dekorieren.

Kochschule

Macarons ›› S. 79
Fruchtpaste ›› S. 156
Sorbets ›› S. 201
Geeiste Cremes ›› S. 204
Hippen ›› S. 83
Samtiger Überzug aus Schokolade ›› S. 119

Zutaten

Für den Mandelbiskuit
250 g Marzipanrohmasse
100 g Eiweiß
25 g Invertzucker
75 g Butter, zerlassen und gebräunt

Für die Macarons
75 g Mandeln, sehr fein gemahlen
75 g Puderzucker
50 g Eiweiß
75 g feinster Zucker
25 ml Wasser

Für die Cassis-Paste
125 g Schwarze-Johannisbeeren-Püree mit 10 % Zuckergehalt
25 g Glukosesirup
3 g gelbes Pektin
14 g + 100 g feinster Zucker
2,5 g Zitronensäure-Lösung (50 %; S. 156)

Für das Erdbeersorbet
100 ml Wasser
250 g feinster Zucker
650 g Erdbeerpüree

Für die geeiste Vanillecreme
400 ml Vollmilch
100 g flüssige Schlagsahne »extra«
120 g Eigelb
1 Vanilleschote
100 g feinster Zucker

Für die Hippenmasse
50 g weiche Butter
50 g Puderzucker
50 g Eiweiß
50 g Mehl
Vanilleextrakt

Für das Samtspray
150 g dunkle Kuvertüre, gehackt
150 g Kakaobutter

Für die Dekoration
Chantilly-Sahne (S. 94)
Erdbeeren und Rote Johannisbeeren

Geeiste Kaffeetorte ★★

Für 8 Personen

Zubereitung: 105 Minuten
Backzeit: 20 Minuten
Gefrierzeit: 3 Stunden

Zutaten

Für den Mandelbiskuit
250 g Ei
60 g Eigelb
225 g + 50 g feinster Zucker
300 g Mandeln, gemahlen
125 g Speisestärke
25 g Puderzucker
175 g Butter, zerlassen
100 g Eiweiß

Für die geeiste Kaffeecreme
400 ml Vollmilch
100 g flüssige Schlagsahne »extra«
120 g Eigelb
100 g feinster Zucker
Kaffee-Extrakt

Für die Glasur
4 g Blattgelatine
125 ml Milch
75 g flüssige Schlagsahne
40 g Invertzucker
125 g weiße Kuvertüre, geschmolzen
125 g helle Fettglasur, geschmolzen
7 ml Rum (nach Belieben)
Kaffee-Extrakt
10 g Titandioxid

Für die Dekoration
60 g dunkle Schokolade, gehackt
Kaffeebohnen mit dunklem Schokoladenüberzug

Den Mandelbiskuit herstellen.
Den Backofen auf 180 °C vorheizen.
Die Eier, das Eigelb und 225 Gramm feinsten Zucker in der Küchenmaschine weißschaumig schlagen. Die gemahlenen Mandeln mit der Speisestärke und dem Puderzucker darübersieben und vorsichtig mit einem Teigschaber unterziehen. Die lauwarme Butter dazugeben. Das Eiweiß mit dem restlichen Zucker zu steifem Schnee schlagen und vorsichtig unterheben. Die Biskuitmasse auf ein mit Backpapier oder einer Silikonmatte ausgelegtes Blech streichen und im heißen Ofen etwa 20 Minuten backen. Auf einem Kuchengitter auskühlen lassen, dann aus der Teigplatte zwei Böden ausstechen oder -schneiden.

Die geeiste Kaffeecreme herstellen.
In einem Topf oder auf einem Wasserbad alle Zutaten unter Rühren auf 85 °C erhitzen, aber keinesfalls zum Kochen bringen. Die Creme abkühlen lassen. Dann in die Eismaschine füllen und gefrieren lassen.

Die Torte aufbauen.
Einen Tortenring auf eine mit Backpapier ausgelegte Kuchenplatte stellen und mit einem Biskuitboden auslegen. Zum Aushärten ins Gefrierfach geben. Zur Hälfte mit der geeisten Kaffeecreme füllen, dabei die Creme sorgfältig mit etwas Druck verstreichen, damit sich keine Luftblasen bilden. Mit dem zweiten Biskuitboden bedecken, den Ring bis zum oberen Rand mit der geeisten Kaffeecreme auffüllen und die Oberfläche glatt streichen. Erneut ins Gefrierfach stellen.

Die Torte glasieren.
Die Gelatine in etwas kaltem Wasser einweichen. In einem Topf die Milch, die Sahne und den Invertzucker aufkochen. Vom Herd ziehen und die weiße Kuvertüre, die Fettglasur sowie die gut ausgedrückte Gelatine unterrühren. Mit Rum und Kaffee-Extrakt aromatisieren. Etwa zwei Esslöffel der Glasur entnehmen, mit dem Titandioxid vermischen und unter die restliche Glasur rühren. Die Torte auf ein Gitter setzen und zügig mit der Glasur übergießen. Mit einer Palette glatt streichen. Die Torte zurück ins Gefrierfach stellen. Die dunkle Schokolade schmelzen, in eine Spritztüte füllen und die Torte nach Belieben verzieren.

Kochschule
Mandelbiskuit ›› S. 71
Geeiste Cremes ›› S. 204
Französische Meringenmasse ›› S. 176
Glasur auftragen ›› S. 148
Eine Spritztüte herstellen ›› S. 147

Café

Zutaten

Für den Krokant
75 g feinster Zucker
50 g Glukosesirup
5 g Butter
50 g Mandeln, geröstet und gehackt

Für die geeiste Creme
400 ml Vollmilch
100 g flüssige Schlagsahne »extra«
120 g Eigelb
1 Vanilleschote
100 g feinster Zucker

Für den Japonais-Boden
120 g Eiweiß
100 g feinster Zucker
250 g Puderzucker
100 g Mandeln, gemahlen
100 g Haselnüsse, gemahlen

Für das Aprikosensorbet
110 ml Wasser
25 ml Zitronensaft
70 g feinster Zucker
50 g Glukosepulver
15 g Invertzucker
2 g Stabilisator für Sorbets
500 g Aprikosenpüree

Für die Schweizer Meringenmasse
100 g Eiweiß
200 g feinster Zucker

Für die Dekoration
einige Aprikosenhälften
Aprikosencoulis

Kochschule
Krokant >> S. 166
Geeiste Cremes >> S. 204
Japonais-Boden >> S. 74
Sorbets >> S. 201
Schweizer Meringenmasse >> S. 176

Eistorte Krokant-Aprikose ★★★

Für 6 Personen
Zubereitung: 2 Stunden 20 Minuten
Reifezeit: 4 Stunden
Gefrierzeit: 4 Stunden

Den Krokant herstellen.
Den Zucker und die Glukose in einen Topf geben und unter Rühren zu Karamell kochen. Den Topf vom Herd nehmen, die Butter unterrühren, anschließend die Mandeln. Die Masse auf Backpapier oder eine Silikonmatte streichen und abkühlen lassen. Sobald die Krokantmasse weich und formbar ist, ausrollen. Einige Stücke für die Dekoration ausschneiden oder -stechen, den Rest nach dem Erkalten zerkleinern.

Die geeiste Creme herstellen.
Die Milch, die Sahne und das Eigelb in einen Topf füllen. Die Vanilleschote aufschlitzen und zusammen mit dem ausgekratzten Mark dazugeben. Die Masse auf 40 °C erwärmen. Unter stetigem Rühren den Zucker hinzufügen. Die Eismasse für 3 Minuten auf 85 °C erhitzen, dabei stetig weiterrühren. Die Vanille- schote entfernen, die Masse mit dem Pürierstab durchmixen. In eine Schüssel gießen und mit Frischhaltefolie abgedeckt etwas abkühlen lassen. Anschließend mindestens 4 Stunden bei 4 °C reifen lassen. In der Eismaschine weiterverarbeiten, dann die Krokantsplitter untermischen.

Den Japonais-Boden herstellen.
Den Backofen auf 120 °C vorheizen.
Das Eiweiß zu Schnee schlagen, dabei den feinsten Zucker einrieseln lassen. Den Puderzucker mit den gemahlenen Mandeln und Haselnüssen vermengen und behutsam unter die Meringenmasse ziehen. Auf ein mit Backpapier oder einer Silikonmatte ausgelegtes Blech streichen oder mit einem Spritzbeutel aufdressieren. Den Boden 90–120 Minuten backen.

Das Aprikosensorbet herstellen.
In einem Topf das Wasser mit dem Zitronensaft auf 25 °C erwärmen, dann unter stetigem Rühren den Zucker dazugeben, anschließend das Glukosepulver, den Invertzucker und den Stabilisator unterrühren. Den Sirup zur Pasteurisierung für 3 Minuten auf 85 °C erhitzen, mit dem Pürierstab durchmixen. In eine Schüssel gießen, mit Frischhaltefolie abdecken und zum Abkühlen beiseitestellen. Den Sirup im Kühlschrank mindestens 4 Stunden reifen lassen. Anschließend mit dem gut gekühlten Aprikosenpüree vermischen und mit dem Pürierstab noch einmal 1 Minute durchmixen. Das Sorbet in der Eismaschine weiterverarbeiten. Etwa 1 Zentimeter hoch in eine Form streichen, die im Durchmesser etwas kleiner ist als der zum Aufbau verwendete Tortenring. Bei -18 °C lagern.

Die Schweizer Meringenmasse herstellen.
Das Eiweiß mit dem Zucker verrühren und im Wasserbad auf etwa 45 °C erhitzen. Herausnehmen und in der Küchenmaschine aufschlagen, bis die Eiweiß-Zucker-Mischung ihr Volumen verdoppelt hat und ein fester, glänzender Schaum entstanden ist. Die Masse weiterschlagen, bis sie vollständig abgekühlt ist.

Die Torte aufbauen.
Den Japonais-Boden in einen Tortenring legen und mit einer gleichmäßigen Schicht Krokanteis bestreichen. Mit dem Aprikosensorbet bedecken und den Ring mit dem restlichen Krokanteis auffüllen. Die Oberfläche glatt streichen und die Torte im Gefrierfach hart werden lassen. Anschließend die Meringenmasse mithilfe einer Spritztüte auf die Torte dressieren und mit einem Gasbrenner leicht bräunen. Die Oberfläche mit Krokantspitzen, einigen in Butter kurz gegarten Aprikosenhälften und etwas Aprikosencoulis dekorieren.

Macarons mit Erdnusseis ★★

Für 10 Personen
Zubereitung: 75 Minuten
Backzeit: 12 Minuten
Reifezeit: 12 Stunden
Gefrierzeit: 4 Stunden

Die Macarons herstellen.
Den Backofen auf 155 °C vorheizen. Die Mandeln mit dem Puderzucker zu Pulver verarbeiten, dann mit 50 Gramm Eiweiß vermischen. Aus dem restlichen Eiweiß, dem feinsten Zucker und dem Wasser eine Italienische Meringenmasse herstellen (S. 177). Beide Massen mit einer Teigkarte vermischen, dabei immer wieder in kreisenden Bewegungen von unten nach oben rühren, bis eine homogene, zähflüssige Masse entstanden ist. Eine Hälfte der Masse mit brauner Speisefarbe verrühren. Die braune und die helle Marcaronmasse in einen Spritzbeutel mit Lochtülle füllen. Gleichmäßige Tupfer auf ein mit Backpapier oder einer Silikonmatte bedecktes Blech dressieren. 30 Minuten trocknen lassen, bis die Oberfläche nicht mehr klebrig ist. Damit die Unterseite der Macarons nicht zu schnell fest wird, unter dem Blech mit den Macarons ein leeres Blech in den Ofen schieben. Etwa 12 Minuten backen. Sie dürfen keinesfalls braun werden..

Das Erdnusseis herstellen.
Die Milch, die Sahne und das Eigelb in einen Topf füllen. Die Vanilleschote aufschlitzen und zusammen mit dem ausgekratzten Mark hinzufügen. Alles auf 40 °C erwärmen. Unter stetigem Rühren das Milchpulver, den Zucker, das Glukosepulver sowie den Stabilisator dazugeben. Die Eismasse zur Pasteurisierung auf 85 °C erhitzen, dabei stetig weiterrühren. Die Vanilleschote entfernen, die Masse mit dem Pürierstab durchmixen.
In eine Schüssel gießen, mit Frischhaltefolie abdecken und etwas abkühlen lassen. Anschließend 12 Stunden bei 4 °C reifen lassen. In der Eismaschine weiterverarbeiten. Gegen Ende des Gefrierprozesses den Pastis dazugießen. Das Eis in eine Schüssel füllen und die Erdnüsse mit einem Spatel gleichmäßig untermischen. In eine Gefrierbox füllen und bei -18 °C lagern.

Anrichten
Aus der Eismasse kleine Kugeln ausstechen und jeweils mit zwei Macarons zusammensetzen.

Kochschule
Macarons >> S. 79
Italienische Meringenmasse >> S. 177
Cremeeis >> S. 203

Zutaten

Für die Macarons
150 g Mandeln, sehr fein gemahlen
150 g Puderzucker
50 + 55 g Eiweiß
150 g feinster Zucker
50 ml Wasser
braune Speisefarbe

Für das Erdnusseis
1036 ml Vollmilch
250 g flüssige Schlagsahne »extra«
144 g Eigelb
1 Vanilleschote
75 g Milchpulver
260 g feinster Zucker
80 g Glukosepulver
7 g Stablilisator für Eiscreme
25 g Pastis (Spirituose)
150 g Erdnüsse, geröstet und gehackt

Norwegisches Omelett ★★

Für 8 Personen
Zubereitung: 90 Minuten
Backzeit: 15 Minuten
Reifezeit: 12 Stunden
Gefrierzeit: 3 Stunden

Zutaten

40 g Mandelblättchen, geröstet

Für den Genueser Biskuit
200 g Ei
125 g feinster Zucker
125 g Mehl Type 405

Für die geeiste Vanillecreme
1036 ml Vollmilch
390 g flüssige Schlagsahne »extra«
60 g Eigelb
1 Vanilleschote
65 g Milchpulver
295 g feinster Zucker
50 g Glukosepulver
6 g Stabilisator für Eiscreme

Für die Italienische Meringenmasse
200 g feinster Zucker
60 ml Wasser
100 g Eiweiß

Zum Flambieren
80 ml Grand Marnier

Kochschule
Genueser Biskuit >> S. 76
Geeiste Cremes >> S. 204
Italienische Meringenmasse >> S. 176
Eine Torte überziehen >> S. 126

Den Genueser Biskuit herstellen.
Den Backofen auf 200 °C vorheizen. Die Eier und den Zucker in einer Schüssel verquirlen. Auf einem 60 °C heißen Wasserbad schlagen, bis die Masse dick wird und bandartig vom Schneebesen fließt. Die Hälfte des gesiebten Mehls vorsichtig unterziehen. Die zweite Hälfte darübersieben und ebenfalls behutsam einarbeiten. Die Masse 4-5 Zentimeter dick auf ein mit Backpapier bedecktes Blech streichen und etwa 15 Minuten backen. Auf ein Kuchengitter stürzen und abkühlen lassen.

Die geeiste Vanillecreme herstellen.
Die Milch, die Sahne und das Eigelb in einen Topf füllen. Die Vanilleschote aufschlitzen und zusammen mit dem ausgekratzen Mark hinzufügen. Die Masse auf 40 °C erwärmen. Unter stetigem Rühren das Milchpulver, den Zucker, das Glukosepulver sowie den Stabilisator dazugeben.
Die Eismasse zur Pasteurisierung für 3 Minuten auf 85 °C erhitzen, dabei stetig weiterrühren. Die Masse mit dem Pürierstab durchmixen.
In eine Schüssel gießen, mit Frischhaltefolie abdecken und etwas abkühlen lassen. Anschließend 12 Stunden bei 4 °C reifen lassen. In der Eismaschine weiterverarbeiten, dann in eine Gefrierbox füllen und bei -18 °C lagern.

Die Italienische Meringenmasse herstellen.
Den Zucker und das Wasser in einen Topf geben und zum Kochen bringen. In der Zwischenzeit das Eiweiß in der Rührschüssel der Küchenmaschine steif schlagen. Sobald der Sirup 117-120 °C erreicht hat, in einem dünnen Strahl in den Eischnee laufen lassen und weiterschlagen, bis die Meringenmasse vollständig abgekühlt ist.

Das Dessert aufbauen.
Aus dem Biskuit zwei 18 × 8 Zentimeter große Rechtecke ausschneiden. Auf den ersten Boden eine 6 Zentimeter hohe Schicht Vanilleeis streichen. Mit dem zweiten Biskuitboden abdecken, die Seiten glatt streichen und erneut im Gefrierfach hart werden lassen. Anschließend rundherum mit der Meringenmasse bestreichen. Die restliche Masse in einen Spritzbeutel mit Sterntülle füllen und dekorativ aufdressieren.

Fertigstellen.
Die Meringenmasse kurz unter dem sehr heißen Backofengrill oder mit einem Gasbrenner bräunen. Den Grand-Marnier in einem kleinen Topf auf etwa 40 °C erhitzen, entzünden und sofort über das Dessert gießen. Mit gerösteten Mandelblättchen bestreuen.

Zutaten

Für die pochierten Pfirsiche
4 Pfirsiche
500 ml Wasser
250 g Zucker
½ Vanilleschote

Für die Johannisbeercoulis
125 g Rote Johannisbeeren
20 ml Wasser
15 g feinster Zucker

Für das Vanilleeis
518 ml Vollmilch
125 g flüssige Schlagsahne »extra«
72 g Eigelb
½ Vanilleschote
37 g Milchpulver
130 g feinster Zucker
40 g Glukosepulver
3,5 g Stabilisator für Eiscreme

Für die Chantilly-Sahne
100 g flüssige Schlagsahne
15 g Puderzucker
Vanilleextrakt

Pfirsich Melba ★★

Für 8 Personen

Zubereitung: 75 Minuten
Garzeit: 25 Minuten
Reifezeit: 12 Stunden
Gefrierzeit: 3 Stunden

Die Pfirsiche pochieren.
Die Pfirsiche kurz in kochendes Wasser tauchen, dann häuten. Das Wasser mit dem Zucker und der aufgeschlitzten Vanilleschote aufkochen. Die Pfirsiche 6-8 Minuten in dem aromatisierten Sirup pochieren. Vom Herd nehmen und in dem Sirup abkühlen lassen. Anschließend halbieren und von den Steinen befreien.

Die Johannisbeercoulis herstellen.
Die Beeren mit dem Wasser aufkochen. Den Zucker unterrühren, die Coulis durch ein feines Sieb passieren und abkühlen lassen.

Das Vanilleeis herstellen.
Die Milch, die Sahne und das Eigelb in einen Topf füllen. Die Vanilleschote aufschlitzen und zusammen mit dem ausgekratzten Mark hinzufügen. Die Mischung auf 40 °C erwärmen .
Unter stetigem Rühren das Milchpulver, den Zucker, das Glukosepulver und den Stabilisator dazugeben. Die Eismasse zur Pasteurisierung für 3 Minuten auf 85 °C erhitzen, dabei stetig weiterrühren. Die Vanilleschote entfernen, die Masse mit dem Pürierstab durchmixen.
In eine Schüssel gießen und mit Frischhaltefolie abgedeckt etwas abkühlen lassen. Anschließend mindestens 12 Stunden bei 4 °C reifen lassen. In der Eismaschine weiterverarbeiten. Das fertige Eis in eine Gefrierbox füllen und bei -18 °C lagern.

Die Chantilly-Sahne herstellen.
Die gekühlte Sahne mit dem Zucker schlagen, bis sie steif zu werden beginnt. Den Vanilleextrakt dazugeben und einige Sekunden kräftig (bei hoher Geschwindigkeit) weiterschlagen, bis die Sahne ihr maximales Volumen erreicht hat.

Anrichten.
Jeweils eine große Kugel Vanilleeis in vorgekühlte Schalen geben. Einen halben Pfirsich daraufsetzen, mit der Johannisbeercoulis überziehen und mit einigen Tupfern Chantilly-Sahne verzieren.

Kochschule
Früchte blanchieren und häuten ›› S. 216
Fruchtcoulis ›› S. 128
Cremeeis ›› S. 203
Chantilly-Sahne ›› S. 94

Rotweinbirne »Helene« ★

Für 4 Personen

Zubereitung: 75 Minuten
Garzeit: 12 Minuten
Kühlzeit: 2 Stunden
Reifezeit: 12 Stunden
Gefrierzeit: 3 Stunden

Zutaten

Für die Rotweinbirnen
500 ml Rotwein
250 g Zucker
½ Vanilleschote
4 Birnen
1 Zitrone

Für das Vanilleeis
518 ml Vollmilch
125 g flüssige Schlagsahne »extra«
72 g Eigelb
½ Vanilleschote
37 g Milchpulver
130 g feinster Zucker
40 g Glukosepulver
3,5 g Stabilisator für Eiscreme

Für die Schokoladensauce
125 g flüssige Schlagsahne
100 g dunkle Schokolade (64 % Kakaoanteil), gehackt

Für die Chantilly-Sahne
100 g flüssige Schlagsahne
15 g Puderzucker
Vanilleextrakt

Kochschule
Pochieren >> S. 218
Cremeeis >> S. 203
Schokoladensaucen >> S. 120
Chantilly-Sahne >> S. 94

Die Birnen pochieren.
Den Rotwein, den Zucker und die aufgeschlitzte Vanilleschote in einen Topf geben und aufkochen. Die Birnen schälen, mit der halbierten Zitrone abreiben und die Kerngehäuse von unten vorsichtig herausstechen. In den kochenden Sirup geben und mit einem kleinen Gitter und einem Gewicht beschweren, damit sie vollständig untergetaucht bleiben. 10-12 Minuten sanft köcheln, dann in dem Sirup abkühlen lassen.

Das Vanilleeis herstellen.
Die Milch, die Sahne und das Eigelb in einen Topf füllen. Die Vanilleschote aufschlitzen und zusammen mit dem ausgekratzten Mark dazugeben. Die Mischung auf 40 °C erwärmen .
Unter stetigem Rühren das Milchpulver, den Zucker, das Glukosepulver und den Stabilisator hinzufügen. Die Eismasse zur Pasteurisierung für 3 Minuten auf 85 °C erhitzen, dabei stetig weiterrühren. Die Vanilleschote entfernen, die Masse mit dem Pürierstab durchmixen.
In eine Schüssel gießen und mit Frischhaltefolie abgedeckt etwas abkühlen lassen. Anschließend mindestens 12 Stunden bei 4 °C reifen lassen. In der Eismaschine weiterverarbeiten. Das fertige Eis in eine Gefrierbox füllen und bei -18 °C lagern..

Die Schokoladensauce herstellen.
Die Sahne aufkochen, vom Herd nehmen und über die gehackte Schokolade gießen. Einige Minuten schmelzen lassen, anschließend mit einem Schneebesen glatt rühren.

Die Chantilly-Sahne herstellen.
Die gekühlte Sahne mit dem Zucker in einen Schlagkessel oder in die Rührschüssel der Küchenmaschine geben. Mit einem Schneebesen kräftig schlagen (in der Maschine bei mittlerer Geschwindigkeit), bis sie steif zu werden beginnt. Den Vanilleextrakt dazugeben und einige Sekunden kräftig (bei hoher Geschwindigkeit) weiterschlagen, bis die Sahne ihr maximales Volumen erreicht hat.

Anrichten.
Mit einem Löffel Eisnocken ausstechen und jeweils eine Nocke in vorgekühlte Servierschalen geben. Eine der Länge nach halbierte Birne darauflegen. Die Sahne in einen Spritzbeutel mit Sterntülle füllen und um die Birne herum dicke Tupfer dressieren. Mit Schokoladensauce übergießen und sofort servieren.

Zutaten
300 g Vanilleeis (S. 203)
Mandelblättchen, geröstet

Für den Brandteig
250 ml Wasser
5 g Salz
5 g feinster Zucker
100 g Butter
125 g Mehl Type 550
250 g Ei
verquirltes Ei zum Bestreichen

Für die Schokoladensauce
125 g flüssige Sahne
100 g dunkle Schokolade
(64 % Kakaoanteil), gehackt

Profiteroles ★★

Für 8 Personen
Zubereitung: 60 Minuten
Backzeit: 30 Minuten

Den Brandteig herstellen.
Den Backofen auf 180 °C vorheizen.
In einem Topf das Wasser mit dem Salz, dem Zucker und der in Stücke geschnittenen Butter zum Kochen bringen. Den Topf von der Kochstelle nehmen und das gesiebte Mehl auf einmal in die kochend heiße Flüssigkeit geben. Zurück auf den Herd stellen und die Masse unter kräftigem Rühren abbrennen, bis sie sich als Kloß vom Topfboden löst. In eine Schüssel umfüllen und auf etwa 50 °C abkühlen lassen. Nach und nach die Eier untermischen. Der Teig soll glänzen und schwer reißend vom Rührgerät fallen. In einen Spritzbeutel mit Lochtülle füllen und auf ein mit Backpapier oder einer Silikonmatte ausgelegtes Blech dressieren. Mit verquirltem Ei bestreichen. Zum Schluss die Oberfläche mit einer in kaltes Wasser getauchten Gabel glätten. Im heißen Ofen 25-30 Minuten backen. Sofort aufschneiden.

Die Schokoladensauce herstellen.
Die Sahne aufkochen, vom Herd nehmen und über die gehackte Schokolade gießen. Einige Minuten schmelzen lassen und anschließend mit einem Schneebesen glatt rühren.

Anrichten.
Die Profiteroles quer halbieren. Auf die untere Hälfte eine dicke Kugel Vanilleeis geben, den Deckel daraufsetzen und mit der warmen Schokoladensauce übergießen. Mit gerösteten Mandelblättchen dekorieren.

Kochschule
Brandteig >> S. 34
Schokoladensaucen >> S. 120

Geeistes Soufflé mit kandierten Früchten ★★

Für 8 Personen
Zubereitung: 75 Minuten
Garzeit: 30 Minuten
Kühlzeit: 4 Stunden

Zutaten

Für die Pâte à bombe
50 ml Wasser
150 g feinster Zucker
200 g Eigelb

Für die Italienische Meringenmasse
40 ml Wasser
120 g feinster Zucker
60 g Eiweiß

Für die Fertigstellung
750 g flüssige Schlagsahne
125 g kandierte Früchte, fein gewürfelt, eingelegt in 80 ml Kirschwasser

Die Pâte à bombe herstellen.

Das Wasser und den Zucker in einem Topf unter Rühren auf 118-121 °C erhitzen. Das Eigelb mit einem Schneebesen schaumig schlagen. Den heißen Sirup hineinlaufen lassen, dabei weiterschlagen, bis die Masse vollständig abgekühlt ist.

Die Italienische Meringenmasse herstellen.

Das Wasser mit dem Zucker in einen Topf geben und zum Kochen bringen. In der Zwischenzeit das Eiweiß in einem einwandfrei sauberen und fettfreien Schlagkessel (oder in der Rührschüssel der Küchenmaschine) steif schlagen. Sobald der Sirup eine Temperatur von 117-120 °C erreicht hat, in einem dünnen Strahl in den Eischnee laufen lassen und weiterschlagen, bis die Meringenmasse vollständig abgekühlt ist.

Fertigstellen.

Die Sahne steif schlagen. Von der Italienischen Meringenmasse einige Esslöffel abnehmen. Den Rest vorsichtig mit der Pâte à bombe mischen, anschließend die geschlagene Sahne unterziehen. Die abgetropften kandierten Früchte dazugeben.
Jeweils eine Manschette aus Backpapier um die Förmchen legen und mit Klebeband befestigen. Die Soufflémasse in die Förmchen füllen und mit einem Spatel glatt streichen. Für mindestens 4 Stunden ins Gefrierfach stellen. Anschließend die Manschetten entfernen, etwas Meringenmasse auf den Soufflés verteilen, kleine Spitzen ziehen und mit einem Gasbrenner leicht bräunen. Die Soufflés sofort servieren.

Kochschule
Pâte à bombe >> S. 197
Italienische Meringenmasse >> S. 177

Eis am Stiel Himbeer-Ananas ★★

Für 6 Personen
Zubereitung: 60 Minuten
Backzeit: 20 Minuten
Reifezeit: mindestens 4 Stunden
Gefrierzeit: 4-5 Stunden

Zutaten

Für das Ananas-Ingwer-Sorbet
75 ml Wasser
80 g feinster Zucker
30 g Glukosepulver
1,5 g Stabilisator für Sorbets
300 g Ananaspüree
5 g frisch geriebener Ingwer

Für das Himbeersorbet
110 ml Wasser
60 g feinster Zucker
30 g Glukosepulver
1,3 g Stabilisator für Sorbets
330 g Himbeerpüree

Für den Schokoladenbiskuit ohne Mehl
150 g Eigelb
190 g Eiweiß
240 g feinster Zucker
75 g Kakaopulver

Zum Servieren
Himbeercoulis (S. 128)

Am Vortag das Ananas-Ingwer-Sorbet herstellen.
In einem Topf das Wasser auf 25 °C erwärmen, dann unter stetigem Rühren den Zucker dazugeben, anschließend das Glukosepulver und den Stabilisator unterrühren. Den Sirup zur Pasteurisierung auf 85 °C erhitzen, mit dem Pürierstab durchmixen. In eine Schüssel gießen, mit Frischhaltefolie abdecken und abkühlen lassen.
Den Sirup im Kühlschrank mindestens 4 Stunden reifen lassen. Anschließend das gut gekühlte Ananaspüree und den Ingwer dazugeben und noch einmal durchmixen. Das Sorbet in der Eismaschine gefrieren lassen. Dann in Formen für Eis am Stiel füllen (2 Zentimeter Durchmesser, 10 Zentimeter lang), Holzstäbchen hineinstecken und bei -18 °C lagern.

Das Himbeersorbet herstellen.
Den Sirup zubereiten und reifen lassen wie für das Ananas-Ingwer-Sorbet beschrieben. Anschließend das gut gekühlte Himbeerpüree dazugeben und noch einmal durchmixen. Das Sorbet in der Eismaschine gefrieren lassen.
Die Sorbetmasse in Formen für Eis am Stiel spritzen, die etwas größer sind als die für das Ananas-Ingwer-Sorbet verwendeten (4-5 Zentimeter Durchmesser, 10 Zentimeter lang), dabei die Formen nur zu etwa einem Drittel füllen.
Das gefrorene Ananas-Ingwer-Sorbet aus den Formen lösen und in die Formen mit dem Himbeersorbet drücken, sodass diese nun vollständig ausgefüllt sind. Für 4-5 Stunden tiefkühlen.

Den Schokoladenbiskuit herstellen.
Den Backofen auf 170 °C vorheizen. In einer Schüssel das Eigelb verquirlen. Aus Eiweiß und Zucker eine Französische Meringenmasse herstellen (S. 176) und zu dem Eigelb geben. Das Kakaopulver darübersieben und alles vorsichtig mit einem Teigschaber vermischen.. Die Masse auf ein mit Backpapier oder einer Silikonmatte ausgelegtes Blech streichen und etwa 20 Minuten backen.

Anrichten.
Den abgekühlten Biskuit in Rechtecke mit dem Umfang der Eisportionen schneiden und jeweils mit einem Eis am Stiel belegen. Vor dem Servieren etwas Himbeercoulis aufspritzen.

Kochschule
Sorbets ›› S. 201
Schokoladenbiskuit ohne Mehl ›› S. 71

Nugateis am Stiel ★★

Für 10 Personen

Zubereitung: 60 Minuten
Reifezeit: 12 Stunden
Gefrierzeit: 4 Stunden

Die geeiste Nugatcreme herstellen.
Die Milch und die Sahne in einen Topf geben. Die Vanilleschote aufschlitzen und zusammen mit dem ausgekratzten Mark hinzufügen. Die Masse auf 40 °C erwärmen. Unter stetigem Rühren das Milchpulver, den Zucker, den Invertzucker sowie den Stabilisator dazugeben. Zum Schluss die Nugatmasse unterrühren. Die Eismasse zur Pasteurisierung für 3 Minuten auf 85 °C erhitzen, dabei stetig weiterrühren. Die Vanilleschote entfernen.
Die Masse mit dem Pürierstab durchmixen. In eine Schüssel gießen und mit Frischhaltefolie abgedeckt etwas abkühlen lassen. Anschließend mindestens 12 Stunden bei 4 °C reifen lassen. In der Eismaschine gefrieren lassen, dann in Formen für Eis am Stiel füllen und mindestens 4 Stunden bei -18 °C tiefkühlen. Vorsichtig aus den Formen lösen, in die auf 30 °C erwärmte Fettglasur tauchen und sofort mit den gehackten Mandeln bestreuen. Bis zum Verzehr im Tiefkühlfach lagern.

Zutaten

300 g dunkle Fettglasur
300 g helle Fettglasur
150 g Mandeln, gehackt und geröstet

Für die geeiste Nugatcreme
1036 ml Vollmilch
100 g flüssige Schlagsahne extra«
½ Vanilleschote
70 g Milchpulver
80 g feinster Zucker
80 g Invertzucker
6 g Stabilisator für Eiscreme
250 g Nugatmasse (S. 160)

Kochschule
Geeiste Nugatcreme >> S. 205

Zutaten
100 g Haselnüsse
100 g Mandeln
100 g Pistazien
60 g kandierte Orangenschale
60 g kandierte Kirschen
20 ml Wasser
55 g Zucker
100 g Honig
½ Vanilleschote
120 g Eiweiß
500 g flüssige Schlagsahne
100 g Krokantstreusel (S. 166)
200 g Himbeercoulis (S. 128)
6 Rispen Rote Johannisbeeren

Kochschule
Italienische Meringenmasse ›› S. 177

Geeister weißer Nugat ★

Für 8 Personen
Zubereitung: 40 Minuten
Gefrierzeit: 4 Stunden

Die Haselnüsse und die Mandeln rösten. Abkühlen lassen und grob hacken. Die Pistazien ebenfalls hacken, die kandierte Orangenschale und die Kirschen fein würfeln.
Für die Italienische Meringenmasse das Wasser mit dem Zucker, dem Honig und dem ausgekratzten Vanillemark erhitzen.
Das Eiweiß in der Küchenmaschine steif schlagen. Den 120 °C heißen Zuckersirup in den Eischnee laufen lassen und weiterschlagen, bis die Meringenmasse vollständig abgekühlt ist. Die Sahne steif schlagen und unterheben, die gehackten Mandeln, Nüsse und Pistazien, die fein gewürfelten kandierten Früchte und die Krokantstreusel vorsichtig unterziehen. Die Masse in Portionsförmchen füllen und für mindestens 4 Stunden ins Gefrierfach stellen. Auf Teller stürzen, mit der Himbeercoulis umgießen und mit den Johannisbeerrispen dekorieren.

Rosa Schokoladeneis am Stiel ★★

Für 10 Personen
Zubereitung: 60 Minuten
Garzeit: 30 Minuten
Gefrierzeit: 4 Stunden

Zutaten
rosa Streuzucker

Für die geeiste Schokoladenmousse
250 ml Vollmilch
150 g Eigelb
125 g feinster Zucker
100 g Invertzucker
100 g Glukosesirup
375 g dunkle Schokolade
(50 % Kakaoanteil), gehackt
350 g flüssige Schlagsahne »extra«

Für die Glasur
300 g weiße Schokolade
300 g helle Fettglasur
8 g Blattgelatine
40 ml Wasser
250 ml Milch
150 g flüssige Schlagsahne
50 g Glukose
rote Speisefarbe

Kochschule
Geeiste Mousses auf Milchbasis >> S. 200

Die geeiste Schokoladenmousse herstellen.
Die Milch in einen Topf gießen und erhitzen.
Das Eigelb mit dem Zucker in einer Schüssel weißschaumig schlagen.
Sobald die Milch zu sieden beginnt, die Hälfte zu der Eigelbmasse gießen. Glatt rühren und zu der restlichen Milch in den Topf geben. Den Invertzucker und den Glukosesirup unterrühren. Die Masse erhitzen, bis das Thermometer 85 °C anzeigt und die Creme eindickt. Dabei hin und wieder vom Herd ziehen, damit das Eigelb nicht durch zu starke Wärmeeinwirkung gerinnt.
Die Creme auf die Schokolade gießen. Gut umrühren, mit Frischhaltefolie belegen und rasch auf etwa 20 °C abkühlen.
Die Sahne steif schlagen und vorsichtig unter die abgekühlte Creme heben. Sofort in Formen für Eis am Stiel füllen und mindestens 3-4 Stunden bei -18 °C gefrieren lassen.

Die Glasur herstellen.
Die weiße Schokolade und die Fettglasur hacken und in eine Schüssel füllen. Die Gelatine in dem Wasser einweichen. Die Milch, die Sahne und die Glukose in einen Topf geben und aufkochen. Vom Herd ziehen und die Gelatine mit ihrem Wasser einrühren. Mit dem Pürierstab durchmixen. Über die weiße Schokolade und die Fettglasur gießen. Glatt rühren und auf drei Schalen verteilen. Eine Glasur weiß lassen, die beiden anderen in unterschiedlicher Intensität rosa einfärben.

Fertigstellen.
Das tiefgefrorene Eis am Stiel aus den Formen lösen, auf ein Kuchengitter legen und so rasch wie möglich glasieren, dabei mit den verschiedenen Farbtönen ein Streifenmuster auftragen. Mit dem rosa Zucker bestreuen.

Glossar

A

Abbrennen
Vorgang bei der Zubereitung von Brandteig. Die Masse wird unter Hitzezufuhr mit einem Kochlöffel (am besten aus Holz) so lange kräftig gerührt, bis sich ein Kloß bildet, der sich vom Topf löst. Dabei verdampft überschüssige Feuchtigkeit.

Abschäumen
Den Schaum, der sich auf der Oberfläche einer kochenden Flüssigkeit (Zuckersirup, Konfitüre, Gelee) sammelt, immer wieder mit einem Schaumlöffel entfernen.

Abschlagen
Arbeitsschritt bei der Herstellung von Hefeteig. Wenn der Teig nach dem Aufgehen sein Volumen verdoppelt hat, wird er mit der Faust zusammengestoßen und noch einmal kurz durchgeknetet, damit die während der Teiggare entstandenen Luftbläschen entweichen.

Aprikotieren
Das Überziehen oder Bestreichen noch warmer Gebäckstücke mit Aprikotur. Dafür wird Aprikosenkonfitüre mit etwas Wasser aufgekocht und durch ein feines Sieb passiert. Sie verhindert das rasche Austrocknen des Gebäcks und verleiht ihm feinen Glanz. Darüber hinaus dient sie als Grundlage für den Fall, dass eine Fondantglasur aufgetragen werden soll.

Ausrollstäbe
Siehe Teigstäbe.

B

Bain-Marie
Siehe Wasserbad.

Baiser
Siehe Meringenmasse.

Bandartig vom Löffel fließen
Eine Masse ist so beschaffen, dass sie langsam und ohne abzureißen vom Rührgerät abfließt.

Baumé-Grad
Auch Grad Baumé (°Bé). Eine nach dem französischen Chemiker Antoine Baumé benannte Gradeinteilung zur Dichtebestimmung von Flüssigkeiten.

Blanchieren
Das kurzzeitige Überbrühen von Lebensmitteln mit kochendem Wasser, um sie verarbeitungsfähig zu machen.

Blindbacken
Das Vorbacken eines Teiges, damit die Füllung nicht den Boden durchweicht. Um zu verhindern, dass die leere Teighülle aufgeht und außer Form gerät, wird sie mit Backpapier ausgelegt und beschwert, beispielsweise mit getrockneten Hülsenfrüchten.

Brunoise
Fachbegriff für feinwürfelig geschnittene Früchte und Gemüse. Die Kantenlänge der Würfel soll maximal 2 Millimeter betragen. Siehe auch Julienne.

C

Chemisieren
Eine Form gleichmäßig mit Gelee ausgießen oder mit Speiseeis ausstreichen, bevor die Füllung hineingegeben wird.

Chocolatier
Ein auf die Herstellung von Schokoladenprodukten spezialisierter Patissier.

Conchieren
Verfahren zur Veredelung von Schokolade. Kakaobutter, Kakaomasse, Milchpulver und Zucker werden in der sogenannten Conche so lange gerührt, bis unerwünschte Stoffe wie Wasser und Säuren entwichen sind, sodass sich alle enthaltenen Aromen voll entfalten können und die Schokolade einen zarten Schmelz bekommt.

Coulis
Eine Sauce aus besonders aromatischen, fleischigen, rohen Früchten, manchmal zuvor kurz blanchiert. Fruchtcoulis werden aus roten, gelben oder exotischen Früchten hergestellt. Sie schmecken zu warmen und kalten Süßspeisen, Eiscreme oder pochierten Früchten.

D

Deglacieren
In der Patisserie das Zugießen einer Flüssigkeit zu gekochtem Karamell, um ihn glatt zu rühren.

Dressieren
Massen oder Cremes mithilfe eines Spritzbeutels und passender Tülle in die gewünschte Form bringen.

E

Eis
Speiseeis ist eine gefrorene Masse, die aus einer Flüssigkeit, Zucker und Geschmacksstoffen (Aromen, Schokolade, Früchte, Nüsse oder Liköre) in verschiedenen Formen besteht. Die flüssige Zutat kann Wasser, Milch oder Sahne sein. Man unterscheidet

- Cremeeis: mindestens 50 Prozent Milch und je Liter Milch mindestens 270 g Vollei oder 90 g Eigelb, kein Wasserzusatz
- Milcheis: Mindestens 70 Prozent Milch
- Sorbet: mindestens 25 Prozent, bei Zitrusfrüchten 15 Prozent Fruchtanteil; keine Zugabe von Milch(-bestandteilen) oder Ei.

Eistreiche
Verquirltes, nicht schaumig aufgeschlagenes, eventuell mit etwas Milch oder Wasser verdünntes Ei oder Eigelb zum Bestreichen von fertig bearbeiteten und geformten Teigstücken, damit sie während des Backens eine goldbraune Farbe und schönen Glanz entwickeln.

Emulsion
Homogenes, fein verteiltes Gemisch einer wässerigen und einer fetthaltigen Komponente, die normalerweise nicht mischbar sind. Man unterscheidet zwischen einer Wasser-in-Öl-Emulsion (Butter, Margarine) und einer Öl-in-Wasser-Emulsion (Milch, Sahne).

F

Fleur de Sel
Die französische Bezeichnung bedeutet wörtlich übersetzt »Salzblüte«. Das besonders hochwertige Meersalz entsteht nur an heißen und windstillen Tagen als hauchdünne Schicht an der Wasseroberfläche und wird in Handarbeit mit einer Holzschaufel abgeschöpft.

Fondant
Schmelzglasur aus Zuckersirup, die häufig eingefärbt und aromatisiert wird und als Füllmasse oder Überzug für Konfekt und Gebäck dient.

Frappieren
Das Kaltschlagen heiß aufgeschlagener Saucen, Cremes und Massen in einem Eiswasserbad, um sie rasch abzukühlen. Dazu wird der Topf in eine mit Eiswürfeln gefüllte Schüssel gestellt. Auf diese Weise behalten die Zubereitungen ihre luftige Konsistenz und fallen nicht zusammen.

Fruchtpüree
Fertige Fruchtpürees, pur oder mit einem geringen Zuckeranteil, sind im Gastronomiefachhandel erhältlich oder über das Internet zu bestellen.

G

Ganache
Siehe Patisserie-Cremes.

Gasbrenner
Kleines, gasbetriebenes Gerät zum schnellen Erhitzen und Bräunen von Oberflächen, etwa für Crème brulée oder Norwegisches Omelett.

Glasieren
1. Das vollständige oder teilweise Überziehen der Oberfläche einer Speise mit einer Glasur (Fondant, Läuterzucker, Zuckerguss, Kuvertüre).
2. Das Überglänzen eines Gebäckstücks unmittelbar nach dem Backen, entweder durch Aufstreichen eines Sirups oder durch Überstauben mit Puderzucker und erneutes kurzes Erhitzen im Backofen.

Grundmix
Basiszubereitung für Eiscreme und Sorbets, aus der alle Geschmacksvarianten durch Untermischen der entsprechenden Komponenten (Schokolade, Fruchtpürees usw.) erstellt werden.

Gummiarabikum
Ein aus afrikanischen Akazienarten gewonnener Pflanzensaft, der in der Lebensmittelindustrie als Stabilisator, Füllstoff und teilweise auch als Verdickungsmittel eingesetzt wird. Er ist unter der Nummer E 401 als Lebensmittelzusatzstoff zugelassen.

H

Hart-PVC-Folie
Transparente Unterlage zum Ausformen und Trocknen temperierter Schokolade, beispielsweise für Dekorzwecke. Die Schokolade lässt sich leicht ablösen und bewahrt einen schönen Glanz. Die Folie ist auch zum Ausrollen von Teigen ohne Mehlzugabe geeignet.

I

Impfen
Das Abkühlen warmer Schokolade durch Unterrühren fester Schokolade (fein gehackt oder in Form von Drops oder Callets). Um die gewünschte Temperatur zu erreichen, erfolgt die Zugabe in kleinen Portionen.

Invertzucker
Ein Sirup aus Traubenzucker und Fruchtzucker zu gleichen Teilen. Er entsteht, wenn der Zweifachzucker Saccharose (Kristallzucker) durch Einwirkung des Enzyms Invertase oder durch Säure in seine Bestandteile Glukose (Traubenzucker) und Fruktose (Fruchtzucker) zerlegt wird.

J

Julienne
Fachbegriff für die gestiftelte Schnittart.

K

Kandieren
Auch Konfieren genannte Konservierungsmethode für frisches Obst oder Zitrusschalen, bei welcher der Zuckergehalt der Früchte durch Übergießen mit einer konzentrierten warmen Zuckerlösung auf mindestens 70 Prozent gesteigert und der Wassergehalt entsprechend reduziert wird. Der Vorgang wird so oft wiederholt, bis sich eine Zuckerkruste gebildet hat.

Kannelieren
Das Schneiden schmaler, v-förmiger Furchen in die Schale von Früchten (Orangen, Zitronen) mit einem spitzen Haushaltsmesser oder einem speziellen Kanneliermesser, um ihnen ein dekoratives Aussehen zu verleihen.

Karamellisieren
1. Das Schmelzen und Bräunen von Zucker bei starker Hitze. Dabei entsteht eine goldgelbe bis dunkelbraune Masse mit den je nach Kochgrad unterschiedlichen Aromen.
2. Das Überziehen von Mandeln, Nüssen usw. mit einer heißen Karamellmasse.
3. Das Bräunen einer aufgestreuten Zuckerschicht unter dem Backofengrill oder mithilfe eines Gasbrenners.

Klären (Butter)
Das Zerlassen und langsame Aufkochen von Butter bei schwacher Hitze. Dabei wird nicht gerührt, sondern nur der entstehende Schaum von der Oberfläche entfernt. Die Butter lässt man so lange köcheln, bis sie ihre milchige Farbe verliert und sich kein Schaum mehr bildet.

Kompott
Zubereitung aus frischen oder getrockneten Früchten, die ganz oder in Stücke geschnitten nur gedünstet oder in einem leichten Zuckersirup sanft gekocht werden. Je nach Frucht kann der Sirup mit passenden Zutaten aromatisiert werden.

Kristallisation/kristallisieren
Die Aushärtung flüssiger Schokolade durch die Bildung von Kristallen (siehe Temperieren).

L

Läuterzucker
Reiner, farbloser Zuckersirup, der aus raffiniertem Kristallzucker und Wasser hergestellt wird. Die Bezeichnung stammt aus früheren Zeiten, als der Zucker noch durch Aufkochen mit Wasser von Verunreinigungen befreit, also »geläutert« werden musste. Seine Dichte wird in Baumé-Grad (°Bé) gemessen.

M

Marinieren
Ein aus dem Französischen entlehnter Begriff (*mariné* = in Salzwasser eingelegt) für das Einlegen roher Lebensmittel in eine gewürzte, oft saure Flüssigkeit. Die Gewürze und die Säure dringen in das Produkt ein und machen es zarter und aromatischer. Die Methode diente ursprünglich der Haltbarmachung von Speisen in Salzlake für lange Seereisen.

Mazerieren
Das Einlegen von frischen, getrockneten oder kandierten Früchten in eine aromatische alkoholhaltige Flüssigkeit, um sie zu konservieren, zu parfümieren oder um ihre Geschmacks- und Duftstoffe in der Flüssigkeit zu lösen. Zur Herstellung von Konfitüren und Marmeladen lässt man die Früchte zunächst in Zucker mazerieren.

Mehlbutter
In der Fachsprache als *beurre manié* bezeichnete, mit Mehl verknetete Butter. Sie wird in erster Linie zum Binden von Saucen verwendet, kommt aber auch bei der Herstellung von französischem Blätterteig zum Einsatz.

Meringenmasse (Baiser)
Locker und schaumig geschlagener Eischnee aus Eiweiß und Zucker im Mengenverhältnis von 1:2. Alle Hilfsmittel bei der Herstellung müssen unbedingt fettfrei sein und das Eiweiß darf keine Spuren von Eigelb enthalten. Man unterscheidet drei Arten:
- Französische Meringenmasse: kalt geschlagener Eischnee. Unter das Eiweiß wird während des Schlagens Zucker (oder Zucker und Puderzucker im Verhältnis 1:1) gemischt. Französische Meringenmasse ist die klassische Grundlage für Macarons.
- Italienische Meringenmasse: gekochter Eischnee. Auf 117–120 °C erhitzter Zucker wird unter ständigem Schlagen in den Eischnee gegossen.

Italienische Meringenmasse wird als Grundlage für Cremes und Süßspeisen, Eisbiskuits oder Sorbets verwendet.
- Schweizer Meringenmasse: warm geschlagener Eischnee. Eiweiß und Zucker werden im Wasserbad auf 45 °C erhitzt, herausgenommen und weitergeschlagen, bis eine feste Schaummasse entstanden ist. Schweizer Meringenmasse ist stabiler als kalt geschlagener Eischnee.

Montieren
Das Einschlagen von kalten Butterflocken in eine fertige Sauce unmittelbar vor dem Servieren, um sie sämiger zu machen. Dabei geht die kalte Butter mit der heißen Flüssigkeit eine Emulsion ein. Auch das Aufschlagen von Eiweiß zu Eischnee wird als Montieren bezeichnet.

N

Nappieren
Das gleichmäßige Überziehen einer Speise mit einer dicken Flüssigkeit wie einer Creme, einem Gelee oder einer Sauce (von französisch *nappe*, »Tischtuch«).

Nussbutter
Hell gebräunte und durch ein Tuch passierte flüssige Butter. Während des Erhitzens entsteht der nussähnliche Geschmack, weil sich der enthaltene Milchzucker am Topfboden absetzt und karamellisiert.

O

Officemesser
Kleines, handliches Messer mit spitz zulaufender Klinge, das perfekt zum Schälen, Abziehen oder Schneiden von Obst und Gemüse geeignet ist.

P

Parisienne-Stecher
Löffelartiges Spezialmesser zum Ausstechen kleiner Kugeln aus Früchten und Gemüse zur dekorativen Gestaltung von Tellern und Platten. Er besteht aus einer hohlen Halbkugel aus Edelstahl an einem kurzen Griff. Der Rand ist scharfkantig und fungiert als Klinge.

Passieren
Flüssigkeiten und weiche Massen durch ein Haar- oder Spitzsieb gießen, streichen oder drücken, um Trüb- und Schwebstoffe auszufiltern bzw. feste Bestandteile zurückzuhalten.

Pasteurisieren
Verfahren zur Steigerung der Haltbarkeit von meist flüssigen Lebensmitteln. Durch das kurzzeitige Erhitzen auf 60–90 °C werden die meisten Mikroorganismen wie Milchsäurebakterien und Hefen sowie viele krankheitserregende Bakterien abgetötet.

Pâte à bombe
Begriff der französischen Küche für eine aufgeschlagene Eiermasse, die als Grundlage für verschiedene schaumige Süßspeisen verwendet wird.

Patisserie
Die Patisserie umfasst alle Erzeugnisse auf der Basis eines Teiges, sei es als Boden oder als Hülle. Darüber hinaus schließt sie die Glacerie (Eisherstellung) und die Confiserie (Zuckerbäckerei) mit ein.

Patisserie-Cremes
Diese Cremes werden nicht als eigenständiges Gericht serviert, sondern für die Weiterverarbeitung in Süßspeisen und Torten verwendet. Folgende Basisvarianten gibt es:
- Buttercreme: Emulgierte und aromatisierte Creme auf der Grundlage von (sehr frischer) Butter, Zucker und Eiern.
- Chantilly-Sahne: Mehr oder weniger steif geschlagene Sahne, die mit Zucker und Vanille aromatisiert wird.
- Ganache: auch Pariser-Creme genannte Zubereitung aus Schokolade und Sahne (oder Butter und Milch). Sie wird zur Füllung von Torten und Pralinen, zum Garnieren von Süßspeisen oder auch zur Herstellung von Petit Fours verwendet.
- Konditorcreme: Zubereitung aus Eiern, Zucker, Milch und Mehl, die als Füllcreme oder als Grundlage von Süßspeisen verwendet wird.
- Mandelcreme (Frangipane): Zubereitung aus Zucker, Butter, Eiern und gemahlenen Mandeln, je nach Verwendung zusätzlich mit Rum aromatisiert.

Pektin
Ein pflanzliches Polysaccharid, das vor allem aus Äpfeln und Zitrusschalen gewonnen wird und als Geliermittel zum Einsatz kommt. Man unterscheidet im Wesentlichen zwischen hochmethyliertem oder hochverestertem Pektin (im Handel als gelbes Pektin zu finden) sowie niedrigmethyliertem oder niedrigverestertem Pektin (im Handel als Pektin NH zu finden). Das gelbe Pektin entfaltet seine Gelierwirkung zusammen mit Zucker und Säure und ist deshalb besonders für Fruchtzubereitungen geeignet. Pektin NH geliert auch mit Kalzium und ist thermoreversibel, das heißt, das gelierte Produkt kann durch Erwärmen wieder verflüssigt werden.

Pochieren
Zubereitungsmethode, bei der man das Gargut auf schonende Weise in einer 72–85 °C heißen Flüssigkeit gar ziehen lässt.

Pré-Dessert
Siehe Vordessert.

R

Reduzieren
Das Einkochen einer Flüssigkeit. Durch das Kochen bei starker Hitze verdampft das enthaltene Wasser, die Zubereitung wird dickflüssiger und der Geschmack konzentrierter. Eine Reduktion ist eine auf ein Minimum eingekochte Flüssigkeit.

Reifen
Bezeichnung für das Ruhen einer pasteurisierten Eis- oder Sorbetmasse. Das Reifen findet bei einer Temperatur um 4 °C statt. Nach einer Ruhezeit von etwa 6 Stunden gilt die Masse als gereift.

S

Saccharose
Chemische Bezeichnung für Rohrzucker und Rübenzucker. Saccharose ist ein Zweifachzucker, der aus Traubenzucker (Glukose) und Fruchtzucker (Fruktose) besteht.

Salamander
Elektrisch betriebenes Gerät, das starke Oberhitze durch Infrarotstrahlung erzeugt. In Restaurantküchen dient er zum Gratinieren, Überbacken, Glasieren, Karamellisieren, aber auch zum kurzfristigen Warmhalten fertig zubereiteter Speisen.

Schlagsahne »extra«
Schlagsahne mit einem Fettgehalt von 36 Prozent. Sie lässt sich besonders luftig aufschlagen. Im Handel auch als Konditorsahne bezeichnet.

Schokolade
Mit »Schokolade« dürfen nur Produkte bezeichnet werden, deren Anteil an Kakaotrockenmasse mindestens 35 Prozent beträgt. Man unterscheidet zwischen verschiedenen Sorten:
- Dunkle Schokolade enthält mindestens 35 Prozent Kakaoanteil, davon mindestens 18 Prozent Kakaobutter.
- Milchschokolade enthält mindestens 20 Prozent Kakaotrockenmasse sowie 20 Prozent Trockenmasse aus Milch oder Milchprodukten.
- Weiße Schokolade enthält mindestens 20 Prozent Kakaobutter sowie 14 Prozent Milchpulver/Trockenmasse aus Milchprodukten.
- Schokoladenkuvertüre muss einen Gesamtfettgehalt von mindestens 31 Prozent haben; dieser kann bis zu 50 Prozent betragen. Durch ihren hohen Fettanteil hat Kuvertüre optimale Fließeigenschaften.

Sorbitol
Zuckeraustauschstoff, der aus Glukose gewonnen wird. Kommt als Süßungs- und Feuchthaltemittel zum Einsatz und ist für Diabetiker geeignet.

Stabilisatoren
Lebensmittelzusatzstoffe, die dafür sorgen, dass beispielsweise Eiscreme auch bei längerer Lagerung ihre Konistenz behält.

Stipproller
Auch Stippenroller genanntes Küchengerät, bestehend aus einer mit Stacheln versehenen Walze und einem Griff. Er wird zum gleichmäßigen Einstechen großflächig ausgerollter Teigböden verwendet, um die Bildung von Luftblasen während des Backens zu vermeiden. Dieser Vorgang wird in der Fachsprache als Stippen bezeichnet.

Stückgare
Gärzeit der fertig geformten Teigstücke bis zum Backbeginn.

T

Tablieren
Abkühlen warmer aufgelöster Schokolade auf einer Marmorplatte durch mehrfaches Ausstreichen und Zusammenschieben mithilfe einer langen Palette, bis die gewünschte Temperatur erreicht ist.

Teiggare
Zeitraum, in dem ein Hefeteig ruht, um die optimale Reife zu erlangen (Bildung von Poren und Kohlendioxid).

Teigkneifer
Zweischenkliger Metallstreifen mit gezacktem Rand, mit dem zwei aufeinanderliegende Teigplatten fest und dekorativ miteinander verbunden werden. Der gleiche Effekt wird erzielt, indem man die Ränder mithilfe einer Messerspitze mit regelmäßigen, leicht schrägen Einschnitten versieht.

Teigstäbe
Stäbe aus lebensmittelechtem Material zum gleichmäßigen Ausrollen von Knetteigen.

Temperieren
1. Das Vorkristallisieren von Schokolade und Kuvertüre, um die Bildung der richtigen Kristallform zu erreichen. Dabei wird die Schokolade entlang einer ihrer Sorte entsprechend festgelegten Temperaturkurve im Wasserbad geschmolzen, abgekühlt (siehe Tablieren und Impfen) und wieder um etwa 2 °C auf die optimale Verarbeitungstemperatur erwärmt.
2. Gekühlte Produkte Raumtemperatur annehmen lassen.

Titandioxid
Ein weißer Farbstoff, gewonnen aus dem natürlich vorkommenden Metall Titan, zugelassen für die Verwendung in Lebensmitteln.

Tourieren
Mit Tourieren oder Touren geben wird bei der Herstellung von Blätterteig das schichtweise Einarbeiten der Butter in den Grundteig aus Mehl, Salz und Wasser, den sogenannten Wasserteig, bezeichnet.

Transferfolie
Dünne Folie mit Motiven aus eingefärbter Kakaobutter, die zum Dekorieren von Pralinen, Torten und Desserts verwendet wird.

V

Vergeoise-Zucker
Sehr feiner, leicht feuchter, mit Karamell aromatisierter Zucker aus Zuckerrüben. Er wird aus dem Ablaufsirup gewonnen, der beim Abschleudern von auskristallisiertem Zucker anfällt. Nach einmaligem Eindampfen des Sirups entsteht hellbrauner, nach zweimaligem Eindampfen dunkelbrauner Vergeoise-Zucker.

Vordessert
Kleines zusätzliches Dessert, das in Spitzenrestaurants, analog zum »Gruß aus der Küche«, vor dem Hauptdessert serviert wird.

Vorteig
Teig aus Weizenmehl, Milch oder Wasser sowie Hefe, der zum Quellen der Mehlbestandteile angesetzt und erst nach einer gewissen Stehzeit mit den restlichen Zutaten zum Hauptteig verknetet wird.

W

Wasserbad
Bezeichnung für einen Topf mit heißem, nicht kochendem Wasser, in den eine passende Schüssel gehängt wird, um eine Zutat oder Speise zu erhitzen, zu schmelzen oder ihre Temperatur konstant zu halten. Dabei darf die Schüssel das Wasser nicht berühren, sie wird ausschließlich durch den Wasserdampf erhitzt.

Wasserteig
Grundteig für die Herstellung von Blätterteig, bestehend aus Mehl, Wasser und Salz.

Z

Zesten
Hauchdünne Streifen aus der äußeren, farbigen Schale unbehandelter Zitrusfrüchte.

Zestenreißer
Auch Zesteur genanntes kleines Küchenwerkzeug zum Abziehen hauchdünner Streifen (Zesten) von der äußeren Schale einer Zitrusfrucht.

Ziehfett
Speziell hergestellte Ziehbutter oder -margarine, die in der professionellen Patisserie für die Herstellung von Blätter- und Plunderteig verwendet wird. Bei der Verwendung von Standardbutter kann vor dem Tourieren etwas Mehl eingearbeitet werden, damit sie sich leichter ausrollen lässt.

Zitronieren
Das Einreiben oder Beträufeln von geschälten und/oder klein geschnittenen Früchten mit Zitronensaft, um zu verhindern, dass sie sich braun verfärben.

Zuckerthermometer
Thermometer aus Glas in einer feuerfesten Metall- oder Kunststoffhalterung, das zur Überwachung der Temperatur von Flüssigkeiten, insbesondere von Zuckerlösungen, in den Topf gestellt oder gehängt werden kann. Die Skala zeigt in der Regel Temperaturen von 40–200 °C an.

Zuckerwaage
Gerät zur Messung der Zuckerdichte einer Lösung. Wird die Waage in eine Zuckerlösung getaucht, sinkt der schwere Messzylinder ein und zeigt die Dichte in 0–45 Grad Baumé (siehe dort) an.

Zur Rose abziehen
Garprobe, mit der sich feststellen lässt, ob eine erhitzte Eigelbmasse bereits die richtige Cremigkeit erreicht hat. Dazu taucht man einen Kochlöffel in die heiße Masse und pustet schräg auf den Löffelrücken. Entstehen dabei wellenförmige Linien, die an eine Rose erinnern, ist die Eigelbmasse fertig. Alternativ kann man mit dem Finger einen Strich durch die am Löffel haftende Masse ziehen, dessen Ränder nicht verlaufen dürfen.

Zur Vogelnase schlagen (bec d'oiseau)
Eine Eiweißmasse wie Italienische Meringe wird so lange geschlagen, bis sie wie ein Schnabel an der Spitze des Rührbesens hängen bleibt.

Register Kochschule

Register der Rezepte

Q

R

S

T

V

W

Z

Die Videos im Überblick

Die Videosequenzen zeigen Ausschnitte aus der Arbeit professioneller Patissiers und sind nicht zwangsläufig eine exakte Wiedergabe der entsprechenden Rezepte (bezüglich Mengen, Garzeiten usw.). Dementsprechend empfiehlt es sich, die in diesem Buch vorgestellten Rezepte präzise einzuhalten.

Dank

Die Autoren danken ihren Geschäftspartnern:

- **Bordier:** Butter (www.lebeurrebordier.com)
- **Bragard:** Berufskleidung (www.bragard.fr)
- **CNGF:** Verband der französischen Speiseeishersteller (www.lemondedudessert.fr)
- **Cointreau:** Spirituosen (www.cointreau.fr)
- **Ducros:** Gewürze (www.ducros.fr)
- **Ercuis:** Die festlich gedeckte Tafel (www.ercuis.com)
- **Eurolam:** Schneidewerkzeuge (www.eurolam-thiers.com)
- **GH diffusion:** Lebensmittelverpackungen (http://gh-diffusion.com)
- **Lactalis:** Milchprodukte (www.lactalis.fr)
- **Louaisil:** Obst und Gemüse
- **Lycée hôtelier Sainte-Thérèse, La Guerche-de-Bretagne:** Hotelfachschule (www.lyceehotelier.com)
- **Méchinaud:** Gemüse und Kräuter (www.mechinaud-saveurs.com)
- **Panaget:** Arbeitsplatten und Schneidebretter aus Holz (www.panaget.com)
- **Raison:** Cidre und Apfelsaft (www.loicraison.fr)
- **Raynaud:** Porzellan (www.raynaud.fr)
- **Ricard:** Spirituosen (www.ricard.fr)
- **Silikomart :** Kuchenformen und Backmatten aus Silikon (www.silikomart.com)
- **Sojasun:** Sojaprodukte (www.sojasun.com)
- **Sucreglace:** Kurse für die Arbeit mit Zucker (www.sucreglace.com)
- **Super U:** Lebensmittel (www.superu-laguerchedebretagne.com)
- **Transgourmet:** Konditoreibedarf (www.transgourmet.fr)
- **Triballat:** Milchprodukte (www.triballat.fr)
- **Vahiné:** Getrocknete und kandierte Früchte, Backzutaten (www.vahine.fr)

Ebenfalls erhältlich ...

ISBN 978-3-88472-897-0

ISBN 978-3-86244-071-9

ISBN 978-3-88472-804-8

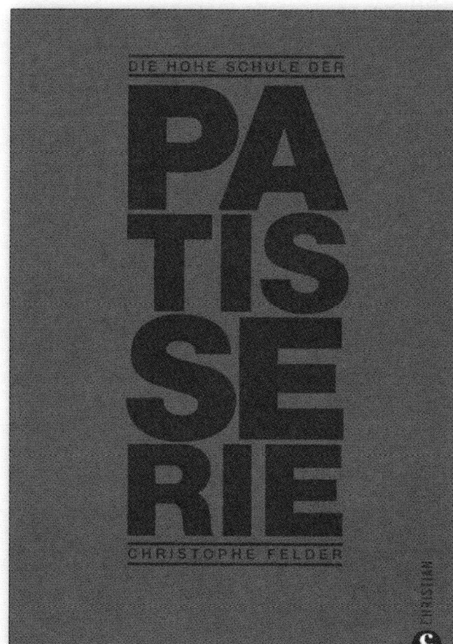

ISBN 978-3-86244-179-2

CHRISTIAN

www.christian-verlag.de

Alles, was das
Leben schön macht.
LandIDEE
Mai & Juni 2013 | Nr. 4 | 3,80 €
Land IDEE
LAND ERLEBEN UND GENIESSEN
Geliebte Wicke
SAMMELKARTEN
Heilkraft & Essgenuss
Vergessene Kräuter
MANGOLD
HEILKRAFT DES HOLUNDERS
FRISCHE SOMMERBEEREN
START IN DEN SOMMER
Wiesenschmuck und wilde Blüten
Alle 2 Monate neu am Kiosk!
Die besten Ideen kommen vom Land.
Online blättern oder Testabo mit Prämie bestellen unter:
www.landidee.info/abo